四川大學中國俗文化研究所
四川大學漢語史研究所

漢語史研究集刊

第十六輯

四川出版集團·巴蜀書社
中國·成都

目　錄

《詩經》語言研究古今談 *

向 熹

内容摘要：《詩經》語言研究是《詩經》研究的基礎。古今研究《詩經》的專書汗牛充棟，大都離不開《詩經》語言的理解和詮釋。本文對兩千年來特別是 20 世紀《詩經》詞彙語義、《詩經》語音、《詩經》文字、《詩經》語法的研究，作了一番簡要的回顧和梳理，並檢討了自己研究《詩經》語言的情況，提出了一些想法。

關鍵詞：《詩經》詞匯語義 語音 文字 語法

《詩經》是中國歷史上第一部詩歌總集，是中國詩歌之祖，中華古老文化的重要標誌之一。它成功地運用賦、比、興等藝術手法，和諧美妙的音律節奏，從紛繁現實中概括藝術形象，反映社會生活的方方面面，表達詩人的複雜心聲，給後世留下一分珍貴的文化遺產，爲歷代學者所景仰。

語言是交際的工具，也是文化的載體。《詩經》語言研究是《詩經》的基礎研究。古今名殊，方俗語異；《齊》、《魯》、《韓》、《毛》，師傳不一；詩多比興，句重意合，詞有多義，字雜通假。每一篇詩旨固然衆說紛紜，莫衷一是，語言文字方面的歧解更多，古今研究《詩經》的著作大都離不開《詩經》語言的理解與詮釋。

---

* 這是 2011 年 11 月廈門第二屆海峽兩岸國學論壇（《詩經》研究）上宣讀的論文。

一　《詩經》詞彙語義研究

　　兩千年來，無數前輩學者殫精竭慮，這方面的著作很多，新見疊出，取得了輝煌的成就。

　　"治經先考字義，次通文理。"（戴震《答某書》）《詩經》的傳箋注疏，先秦即已開始。《後漢書·徐防傳》稱："《詩》《書》《禮》《樂》，定自孔子；發明章句，始於子夏。其後諸家分析，各有異説。"（卷七四）"發明章句"，自然離不開詞語訓釋。《國語·周語下》晉叔向引《周頌·昊天有成命》"昊天有成命，二后受之。成王不敢康，夙夜基命宥密。於緝熙，亶厥心，肆其靖之"並解釋云："夫道成命者而稱昊天，翼（敬）其上也。二后受之，讓於德也。成王不敢康，敬百姓也。夙夜，恭也。基，始也。命，信也。宥，寬也。密，寧也。緝，明也。熙，廣也。亶，厚也。肆，固也。靖，龢也。"解釋了句意，也解釋了詞義。《爾雅》是我國最早的名物義類詞典，書成於漢初，許多內容是對《詩經》詞語的訓釋，可能源自先秦。如《釋詁》："謔、浪、笑、敖，戲謔也。""謔浪笑敖"見《邶風·終風》。《釋訓》："既微且尰，骭瘍爲微，腫足爲尰。""既微且尰"見《小雅·巧言》。《釋天》："振旅闐闐，出爲治兵，尚威武也；入爲振旅，反尊卑也。""振旅闐闐"見《小雅·采芑》。

　　《毛傳》是我國第一部注釋《詩經》的書，共做注釋4800餘條，正確地解釋了大量詞字的本義、古義和通假義。如《豳風·七月》"九月叔苴"《傳》："叔，拾也。""塞向墐户"《傳》："向，北出牖也。"（本義）《小雅·北山》"我從事獨賢"《傳》："賢，勞也。"《周頌·酌》"遵養時晦"《傳》："養，取也。"（古義）《衛風·芄蘭》："能不我甲"《傳》"甲，狎也。"《小雅·小宛》"題彼脊令"《傳》："題，視也。"（通假義）《毛傳》還注釋句意、章旨和表現手法"興",建立了一套比較完整的注釋方法,具有很高的權威性。清代學者評價它:"文簡而義贍,語正而道精,洵乎爲小學之津梁,群書之鈐鍵。"(陳奐《詩毛氏傳疏序》)但任何著作都不可能十全十美,絕對正確。《毛傳》也存在這樣那樣的問題。東漢鄭玄作《毛詩箋》,宗毛爲主,但鄭氏學極賅博,兼通今古文,箋《詩》依"三家"而不同《毛傳》者不少。《鄘風·相鼠》三章:"人而無止,不死何俟?"《毛傳》:"止,所止息也。"釋"止"爲居住休息之處。《鄭箋》:"止,容止。《孝經》曰:容止可觀。"釋"止"爲合理的儀容舉止,顯然更合詩意。《大雅·生民》一章:"履帝武敏,歆"《毛傳》:"帝,高辛氏之帝也。從於帝而見于天,將事齊敏也。"以爲"帝"指帝嚳。《鄭箋》:"帝,上帝也。郊禖之時,時則有大神之迹,姜嫄履之,足不能滿,履其拇指之處,心體歆歆然,如有人道感已者也,於是遂有身。"按"帝"字見於《詩經》41 處,其餘 40 處均指上帝。《白虎通·姓名》:"周姓姬氏,祖以履大人迹生也。"這是古代傳說。無夫生子,反映遠古母系氏族社會的婚姻特點。聞一多《姜嫄履大人迹考》:"所謂帝,實即代表上帝之神尸。神舞於前,姜嫄尾隨其後,踐神尸之迹而舞,其事可樂,故曰'履帝武敏歆',猶言與尸伴舞而心甚喜悦也。舞畢而相携止息於幽閒之處,因而有孕也……以意逆之,當是實情,祇是耕時與人野合而有身。後人諱言野合,則曰履人之迹,更欲神異其事,乃曰履帝迹耳。"聞氏的分析證明,《鄭箋》實際上反映了遠古婚姻狀況的歷史真實,不從《毛傳》是正確的。

唐孔穎達撰《毛詩正義》,繼承發展了六朝學者研究成果,樹立了在《詩經》研究史上一大里程碑。原則上疏不破注,實際上許多解釋不同《傳》《箋》。如《小雅·小弁》二章,"我心憂傷,惄焉如擣。"《毛傳》:"擣,心疾也。"蓋以"擣"爲"癏"或"疛"的假借字。《正義》云:"我心爲之憂傷,惄焉悲憫,有如物之擣心也。"以爲"擣"用本義，就是"用棍棒的一頭舂"。
更爲形象而生動。《小雅·巧言》四章："躍躍毚兔，遇犬獲之。"
《鄭箋》："遇犬，犬之馴者，謂田犬也。"《正義》則云："遇犬
者，言兔逢遇犬則獲耳。'遇'非犬名，故王肅云：'言其雖騰躍
逃隱，或適與犬遇而見獲'是也。"《正義》依王肅釋'遇犬'爲
遇到獵犬，是動賓詞組，十分合理。《大雅·卷阿》二章："伴奐
爾游矣，悠游爾休矣。"《毛傳》："伴奐，廣大有文章也。"孔穎
達《正義》："伴奐之言，與悠游相類。"不從《毛傳》，得到後世
學者的贊同。朱熹《集傳》："伴奐，當與《周頌·訪落》之'判
渙'同義，蓋閒適之意。"

　　宋代學術提倡思辨革新，自由研究。《詩經》學者，或尊
《序》（如呂祖謙），或疑《序》（如歐陽修），或刪《序》（如蘇
轍），或廢《序》（如鄭樵、朱熹）。名家輩出，十分活躍。朱熹
是理學大師，又是經學家和文學家。他的《詩集傳》廢《詩序》，
倡"淫詩"（指有關男女言情的詩）説。訓釋則多祖《傳》《箋》，
亦廣泛採用三家及宋代學者的注解，擇善而從，實事求是，有不
少超乎前輩的精彩之處。如《國風·正義》："風者，諸侯之詩
也。"《集傳》則云："風者，民俗歌謠之詩也。""凡詩之所謂風
者，多出於里巷歌謠之作，所謂男女相與咏歌，各言其情者也。"
《周南·兔置》："肅肅兔置，之丁丁。"《毛傳》："肅肅，敬也。"
指人。《集傳》："肅肅，整飭貌。"指網。戴震《毛鄭詩考證》認
爲："《集傳》是也。"《邶風·雄雉》："不忮不求。"《鄭箋》："不
疾害，不求備於一人。""求"是對別人言。《集傳》："求，貪
……不忮害，又不貪求於人。""求"是貪求，對自己言。《周頌
·時邁》："我求懿德，肆于時夏。"《毛傳》："夏，大也。"《鄭
箋》："樂歌大者稱夏。"《集傳》則云："夏，中國也。言求懿美
之德以布於中國也。"馬瑞辰《毛詩傳箋通釋》："樂之名夏，本
取中夏之義。《詩》言'肆於時夏'承上'我求懿德'言，宜從

朱子《集傳》謂布德於中國。"《周頌・天作》："天作高山，大王荒之。"《毛詩》："荒，大也。"此本《國語・晉語四》鄭叔詹語："在《周頌》曰：'天作高山，大王荒之。'荒，大之也。大天所作，可謂親有天也。"《集傳》云："荒，治也。言天作高山，而大王始治之。"嚴粲《詩緝》亦云："治荒爲荒，猶治亂爲亂也。今俗言開荒，即始辟之意也。"今世學者多採用這一解釋。楊樹達《小學述林》卷六："《説文》一編下《草部》云：'荒，蕪也。'蕪，謂之荒，墾治蕪穢亦謂荒，古名、動同辭之通例也。"宋代歐陽修《詩本義》、蘇轍《詩集傳》、范處義《詩補傳》、呂祖謙《呂氏家塾讀詩記》、嚴粲《詩緝》等，在詞語訓釋上都有不少精彩之處，值得參考。值得注意的是宋代學者已懂得音近義通、因聲求義的道理，並在實踐中運用。如《周南・桃夭》二章："桃之夭夭，有蕡其實。"《毛傳》："蕡，實貌。"嚴粲《詩緝》："蕡，大也。墳爲大防，鼖鼓爲大鼓……凡蕡同音之字，皆有大義，則蕡亦桃實之大貌。"清代學者詮釋古書，講究因聲求義，音近義通，訓詁本於聲音，宋人實已啓其端倪。

元明兩代《詩經》研究著作 100 餘種，出類拔萃者不多。但何楷《詩經世本古義》搜羅資料豐富，考證工夫亦深。劉玉汝《詩纘緒》、朱謀《詩故》不乏可採之處。《詩經》名物詞撰集和《詩經》音韻研究，元明學者則有比較突出的成績，值得肯定。

清代新漢學興起，自乾嘉道咸以迄清末，《詩經》語文研究專著 200 餘種。詞語訓釋、音韻、文字全面發展。顧炎武、王夫之、毛奇齡、陳啓源、惠棟、姚際恒、戴震、段玉裁、焦循、王引之、阮元、胡承珙、牟庭、馮登府、李孫富、陳喬樅、馬瑞辰、陳奐、方玉潤、魏源、俞樾、吳闓生、王先謙等（其著作並見拙著《詩經詞典》附錄），名家輩出，他們的著作成就都高，各有千秋。其中馬瑞辰《毛詩傳箋通釋》三十二卷，以《毛詩傳箋》爲本，吸收乾嘉考據成果，逐一考釋 305 篇中的疑難字句，詳盡細緻，徵引賅博，多有妙解，糾正了《傳》《箋》《疏》不少失誤，爲古、今文兼備的《詩經》研究巨著。如《小雅·小宛》三章："螟蛉有子，蜾蠃負之。"《毛傳》："負，持也。"馬瑞辰《通釋》："凡物之卵化者曰孚，其化生者亦得曰孚……負之即孚育之，非謂負持之也。《傳》訓負爲持者，持蓋恃形近之譌。《蓼莪》詩'無母何恃'，《韓詩》："恃，負也。'《説文》《廣雅》並曰：'負，恃也。' 負恃亦養育之義，故《傳》訓負爲恃，負之猶育之也。鄭君箋《詩》時，《傳》誤'恃'爲'持'，遂以爲'負持而去'，失其義矣。"《商頌·那》："萬舞有奕。"《毛詩》："奕奕然閑也。"《鄭箋》："其干舞又閑習。"朱熹《集傳》："奕奕然有次序也。"馬瑞辰《通釋》："《廣雅·釋訓》：'閑閑、奕奕，盛也。' 盛、大義近，《韓奕》詩《傳》：'奕，大也。'《説文》：'奕，大也。' 萬爲大舞，故奕爲大貌，閑亦大也……此《傳》'奕奕然閑也' 猶云奕奕然大也。《箋》訓閑習，與《傳》異義。《正義》和而一之，誤矣。"

陳奂《詩毛氏傳疏》三十卷，專疏《小序》《毛傳》，廣採漢人舊説及清代考據學和古文學派的研究成果，融會貫通，深入細緻，探索發明詩詞本義，成爲清代研究《毛詩》成就最高的名著。如《大雅·桑柔》三章："國步蔑資，天不我將。"《鄭箋》："蔑，猶輕也。"朱熹《集傳》云："蔑，滅。"陳奂《傳疏》："《版傳》云：'蔑，無也。' 蔑之爲無，猶微之爲無，靡之爲無，莫之爲無，皆取雙聲爲訓。"《小雅·小旻》五章："民雖靡膴，或哲或謀。"《毛傳》："有明哲者，有聰謀者。"《鄭箋》："有智者，有謀者。""謀"爲謀劃。陳奂《傳疏》釋"謀"爲聰明，有智謀。"謀讀爲敏，如《中庸》'人道敏政，地道敏樹'，敏或爲謀，即其證。謀亦聰也。"陳氏宗毛，但不盲從。《周南·葛覃》三章》"言告言歸。"《毛傳》："言，我也。"《傳疏》："'言、曰、云'三字同義，或皆訓'言'爲'我'，則辭義俱累矣。全《詩》

'言' 字，有在句首者爲發聲，若《漢廣》之 '言刈其楚' 之類
是也；有在句中者爲語助，若《柏舟》'静言思之' 之類是也，
'言' 皆不作 '我' 解。唯此詩之 '言告'，《泉水》之 '言邁'，
《彤弓》之 '受言'，《文王》之 '永言' 訓 '言' 爲 '我' 者，
當是祖傳訓詁如此。"

　　王先謙《詩三家義集疏》二十八卷，在馮登府、陳壽祺、陳
喬樅、李富孫等人著作的基礎上，集三家《詩》佚文遺義之大
成。各詩經文仍依《毛詩》。經文下列 "注"，臚列有三家佚文遺
説。然後列王氏之 "疏"。"疏" 下依次列《毛傳》《鄭箋》以及
歷代學者的見解，詳加疏釋，卷帙浩繁，博大精深，體例繁密，
内容宏富，爲同類著作所不及。如《小雅·斯干》三章："君子
攸芋。"《毛傳》："芋，大也。"《鄭箋》："芋，當作幠。"朱熹
《集傳》："芋，尊大也。"王引之《經義述聞》："芋，當讀爲宇。
宇，居也。"《集疏》進一步解釋説："魯，'芋' 作 '宇'……
'宇' 之言覆也。魯作 '宇'，正字，毛作 '芋'，借字。"《小
雅·節南山》五章："君子如届，俾民心闋。"《毛傳》："届，
極。"《鄭箋》："届，至也…如行至誠之道。"王先謙《集疏》：
"如届者，言王不至行政之處，不視朝也，上章 '弗躬弗親'，即
其義。君子如至而躬親其政，則庶民弗信之心息矣。"《周南·螽
斯》一章："宜爾子孫，振振兮。"《毛傳》："振振，仁厚也。"朱
熹《集傳》："振振，盛貌。"王先謙釋 "振振" 爲 "振奮有爲"。
《集疏》："《説文》：'振，奮也。'《釋言》：'振，訊也。' 郭注：
'振者，奮迅。'《太玄》'玄瑩'、'玄文' 句並云：'振，動也。'
重言之則曰：'振振'，言后妃子孫受賢母之教，莫不奮迅振動，
有爲之象也。"更合詩意。

　　總的説，馬、陳、王三先生的書各有重點，就其釋義精審，
内容豐富全面而言，都已達到清代《詩經》詞彙語義研究的最高
水平。

　　二十世紀是《詩經》研究發展的新時代。隨着現代科學思維的發展，現代語言學在中國興起，《詩經》語言研究也有進一步的提高。先後出版《詩經》詞語考釋、《詩經》注解、今譯方面的專書近 100 種。劉師培、王國維、林義光、聞一多、楊樹達、郭沫若、于省吾、屈萬里、高亨、陳子展、余冠英、程俊英、黃焯、王禮卿、袁枚等大師、學者的《詩經》研究著作中，都有詞語考釋方面的精彩內容。劉師培《毛詩詞例舉要》（1919）歸納《毛詩》字例爲"倒文、錯序、省文、互詞見意"等二十五類，每類舉例，對認識《詩經》詞彙語義提供了分析方法，無疑是一項貢獻。王國維繼承清代樸學精神，提倡"二重證據法"，將發掘的地下遺物與文獻記載互相印證，求取詞語的真正意義。《豳風·七月》："九月肅霜，十月滌場。"《毛詩》："肅，縮也。霜降而收縮萬物，滌，埽也，場功畢人也。"王國維云："肅霜，滌場，皆互爲雙聲，乃古之聯緜字，不容分別言之，肅霜猶言肅爽，滌場猶滌盪……'九月肅霜'謂九月之氣清高顥白而已，至十月則萬物搖落無餘矣。"發前人之所未發。聞一多是詩人、文學家和學者，《詩經新義》和《詩經通義》是他研究《詩經》語義的專著。他把傳統訓詁學與民俗、文化社會學結合起來，對《詩經》中許多詞語作出了生動形象的解釋，令人耳目一新。如《周南·桃夭》："桃之夭夭。"《毛傳》："夭夭，其少壯也。"《邶風·凱風》："棘心夭夭。"《毛傳》"夭夭，盛貌。"聞氏《新義》："夭夭，謂棘受風吹而屈曲也。《桃夭》篇'桃之夭夭'義同。"《邶風·匏有苦葉》："招招舟子。"《毛傳》："招招，號召之貌。"聞一多《通義》："招招，與調調、刁刁聲同，謂舟子鼓檝時身體屈申動搖之貌也。"《邶風·新臺》："魚網之設，鴻則離之。"《鄭箋》："鴻乃鳥也。"聞氏《通義》："鴻讀爲蟾，蟾即蝦蟆，故得誤絓於魚網之中，又得與魚對舉以分喻美醜。"不過新觀點也不一定完全可靠，聞先生後來在《說魚》一文中就放棄了這個觀點："我從前把'鴻'字解釋爲蝦蟆的異名，雖然證據也够確鑿的，但與《九罭篇》的'鴻'字對照，似乎仍以訓爲鳥名爲妥。"（見聞氏《全集》第三卷 240 頁）楊樹達是語言學家和金石學家，於《詩》義亦多新解。《大雅·江漢》六章："虎拜稽首，對揚王休。"《鄭箋》："休，美也。"楊氏《小學述林》卷六："'休'當爲賜予之義。"舉金文五例以證其説，至爲明確。《魯頌·閟宮》二章："敦商之旅。"《鄭箋》："敦，治。旅，衆。"楊氏《述林》卷六："敦者，伐也……此言敦商，猶《大明》篇之'燮伐大商也。'"郭沫若是詩人、劇作家、古文字學家和歷史學家，他利用《詩經》的材料研究歷史，反過來他的研究更有利於了解《詩經》，匠心獨具。如死去的父母稱"考妣"。《禮記·曲禮下》："生曰父、曰母、曰妻，死曰考、曰妣、曰嬪。"郭氏認爲這是戰國以後的説法，春秋以前是"祖妣"相配，"考母"相配。他説："古人常語，妣與祖爲配，考與母爲配。《易·小過》之六二：'過其祖，遇其妣。'《詩·小雅·斯干》：'似續妣祖。'又《周頌·豐年》及《載芟》：'烝畀妣祖。'此皆'祖妣'對文之證。《雍》之'既右烈考，亦右文母'，則'考母'對文也。金文中其例尤多……'考妣'連文，爲後起之事。《爾雅·釋親》：'父爲考，母爲妣'。當係戰國人語。"（《釋祖妣》）于省吾是古文字學家，著《詩經新證》，有不少新見解。《大雅·生民》第八章："卬盛于豆。"《毛傳》："卬，我也。"《鄭箋》："我后稷。"于氏《新證》："卬，古仰字…《説文》：'仰，舉也。'仰盛于豆者，舉盛於豆也。"《大雅·既醉》："孝子不匱。"《毛傳》："匱，竭也。"于氏《新證》："匱，本應作遺。遺、墜音近古通。孝子不遺，遺應讀墜…孝子不墜，永錫爾類，言孝子奮勉不廢墜，則永錫爾善也。"《周頌·訪落》："朕未有艾，繼猶判渙。"《鄭箋》："艾，數也。"于氏《新證》："艾之本字應作𦙄，金文凡言𦙄，多係夾輔之意。朕未有𦙄，言朕未有輔。'將予就之，繼猶判渙'，言予將就之，而未能合，正自謂其無所輔也。"于氏的新證是很有啓發意義的。臺灣學者王禮卿《四家詩怡會歸》則是二十世紀以來綜合研究《毛詩》和齊、魯、韓三家詩怡、詩義等的惟一著作，精裝四大冊，條分縷析，甚見功力，有人譽爲"經學最後之筆"，並非空言。這樣的例子舉不勝舉。前修未密，後出轉精。現代學者祇要踏踏實實下功夫，努力學習，佔有材料，掌握方法，勤於探索，勇於創新。即使是《詩經》詞彙語義這樣的基礎研究，也一定能推陳出新，做出更好的成績來。

在注釋方式上，朱熹主張向漢代學者學習，注釋必須簡明扼要，注不成文。反對注文長篇大論，喧賓奪主。這自然很有道理，但不能一概而論。某些研究性的著作，牽涉到比較複雜的人物和事實，正文不便一一説明，須要在注釋中交代清楚，就不妨詳細一些。内容決定形式，實事求是，注釋長短並沒有一定的格式要求。

名物詞彙釋是詞語研究的一個重要方面。三國吴陸璣《詩草木鳥獸蟲魚疏》二卷，對《詩經》裏涉及的 154 種動植物名稱、形態、性質、用途、産地進行了多方面的詳細描寫，是歷史上第一部研究《詩經》名物的專書。對正確理解《詩經》名物很有幫助。如《秦風·晨風》二章："山有苞櫟，隰有六駁。"《毛傳》："駁如馬，倨牙，食虎豹。"據此，"駁"是獸名。孔穎達《正義》引陸璣《草木疏》則云："駁馬，梓榆也。其樹皮青白駁犖，遥視似駁馬，故謂之駁馬。下章云'山有苞棣，隰有樹檖'，皆山隰之木相配，不宜云獸。"陸氏釋"六駁"爲木名，上下章一致，顯然是正確的。《魯頌·泮水》三章，"思樂泮水，言采其茆。"《毛傳》："茆，鳧葵也。""鳧葵"是漢代名稱，還是不好懂。陸璣《草木疏》："茆與荇菜相似，葉大如手，赤圓，有肥者，著手中滑不得停。莖大如匕柄，葉可以生食，又可鬻（煮），滑美。江南人謂之蓴菜，或謂之水葵，諸陂澤水中皆有。"把茆的形狀大小、性質特點和別名都説清楚了。水葵、蓴菜之名，至今仍然保存。

宋元明清到現在，彙釋《詩經》名物的著作達二十餘種。如宋蔡卞《毛詩名物解》二十卷，分爲釋天、釋百穀、釋草、釋木、釋鳥、釋獸、釋蟲、釋魚、釋馬、雜釋、雜解十一類，徵引發明，超過了陸璣《草木蟲魚疏》的範圍。元許謙《詩集傳名物鈔》八卷，考名物，正音釋，旁征博採，條分縷析，於朱、呂、王諸家之外，多採用陸德明《經典釋文》及孔穎達《毛詩正義》之説，填補了朱熹《集傳》中的闕遺。明毛晉《毛詩草木鳥獸蟲魚疏廣要》四卷，據後人所輯陸璣《毛詩草木鳥獸蟲魚疏》，依草、木、鳥、獸、蟲、魚之序，按《詩》中出現先後，於陸疏之下羅列衆家之説，別其異同，詳爲解釋。明馮復京（應京）《六家詩名物疏》五十五卷，所稱六家，指齊、魯、毛、韓、鄭箋、朱傳。徵引賅博，間附考證，議論皆有所本。清陳大章《詩傳名物集覽》十二卷，廣輯百家之説，上自諸子，下至明代。《四庫全書提要》評其爲“精核不足，而繁富有餘”。此外，明吳雨《毛詩鳥獸草木考》二十卷，清姚炳《詩識名解》十五卷，清焦循《詩陸疏證》二卷，清牟應震《毛詩名物考》六卷，清徐士俊《三百篇鳥獸草木記》一卷，也都有利於《詩經》名物的考釋。有的將《詩》中名物繪爲圖版。南朝梁有《毛詩圖》三卷（見《隋書·經籍志》），唐代有《毛詩草木蟲魚圖》二十卷（見《新唐書·藝文志》），均已失傳。現存者有清徐鼎《毛詩名物圖説》九卷，一鳥、二獸、三蟲、四魚、五六七草、八九木。上圖下説，有圖有説，文圖並茂。日本岡元鳳《毛詩品物圖考》七卷，爲草、木、鳥、獸、蟲、魚繪圖 211 幅，一圖一物均作簡明考證。北京中國書店 1985 年有影印本。今人陸文郁《詩草木今釋》，説明《詩經》中草木的種類、學名、異名、形態、産地、用途等，書前附有植物圖版 12 面。臺灣潘富俊著、呂勝由攝影

《詩經植物圖鑒》，列《詩經》植物 135 類，其中木本植物 61 類，草本植物 71 類，蕨類植物二類，地衣類一類。所有植物種類、特性和作用，都做了詳細解説。並附有彩色圖照，按詩篇次序排列，好看而且有用。這類著作把有關名物的名稱聚一起，可以進行比較，相當方便。不過同樣不能解決名、實一致的問題，例如"稷"，或以爲不黏的黍；或以爲穀子，其實爲小米；或以爲高粱。各説各是，難於統一。

二　《詩經》語音研究

　　《詩經》語音研究起於東漢，可分爲注音和韻讀兩部分。1. 注音問題。音隨時變，字有多音。《詩經》成書到東漢時期已六百年，有些字漢代已不能正確讀出音來，於是爲《詩經》注音的作品應運而生。陸德明《經典釋文叙録》："爲《詩》音者九人：鄭玄、徐邈、蔡氏、孔氏、阮侃、王肅、江惇、干寶、李軌。"東漢鄭玄（公元 127—200 年）的《毛詩音》當是歷史上第一部爲《毛詩》注音的專書，《舊唐書·經籍志》中尚存"《毛詩諸家音》十五卷鄭玄等注"，以後就亡失了。我國古代注音，不外譬況、直音、反切三種方式，都産生於東漢。譬況，通常用"讀若"或"讀如"表示。許慎（公元 58—127 年）《説文解字》中已廣泛使用。直音，是用一個比較易認的字爲另一個難認的字注音。如《漢書·高帝紀》"酈食其爲里門監"服虔注："（酈食其）音歷異基。"反切，是用兩個字拼成另一個字，反切上字與被切字聲母相同，反切下字與被切字韻母相同。《顔氏家訓·音辭》："孫叔然創《爾雅音義》是漢末人獨知反語，至於魏世，此事大行。"《經典釋文叙録》也説："古人音書，止爲譬況之説，孫炎始爲反語。"其實《漢書》注中已用服虔、應劭的反切十餘條。如"惴"服虔音"章瑞反"，《地理志》應劭注："墊音徒浹反。"

兩人都比鄭玄略早。鄭玄懂古音。如《詩·豳風·東山》"烝在栗薪"《鄭箋》："古聲栗、烈同也。"《小雅·常棣》"烝也無戎"《鄭箋》："古聲填、賓、塵同。"但鄭玄箋《詩》，常用譬況之法注音，不用反切。或作"A 讀如 B"。如《邶風·北風》"其舒其邪"《箋》："邪，讀如徐。"《大雅·崧高》"往近王舅"《箋》："近，聲如'彼記之子'之記。"或作"A 當爲 B"，絶大多數是改字。如《豳風·七月》"田畯至喜"《箋》："喜讀爲饎，饎，酒食也。"六朝關於《毛詩》語音的專書據《隋書·經籍志》所録，有後魏劉芳《毛詩箋音證》十卷，梁徐邈等《毛詩音》十六卷，于氏《毛詩音隱》一卷，隋魯世達《毛詩竝注音》八卷，均已亡失。陸德明《經典釋文》三十卷，其中五至七卷爲《毛詩音義》，以注音爲主，兼及釋義和校勘，集六朝音注之大成，多用反切，間用直音；一字多音，一竝注出。《釋文》影響很大，孔穎達《毛詩正義》，音釋部分採用《釋文》。朱熹《詩集傳》亦用直音或反切注音。現代《詩經》注音，有祇用直音的，如陳子展《詩經直解》；有直音和反切兼用的，如江蔭香《詩經譯注》；有兼用注音符號和直音的，如裴普賢《詩經評注讀本》、余培林《詩經正詁》，有用漢語拼音注音的，如向熹《詩經譯注》；有兼用拼音字母和直音的，如程俊英《詩經注析》、袁枚《詩經譯注》；有兼用漢語拼音和反切，並分別注明上古音和中古音的，如向熹《詩經詞典》。爲《詩經》注音，不論採用哪種形式，首先要求準確。爲此，以下幾條原則值得注意。(1) 今音源於反切，但不必泥於反切。古今音異者，古音歸古音，今音歸今音，約定俗成，以今音爲準。如"羆"，《廣韻》彼爲切，幫母；今音 pí；"柯"，《廣韻》古俄切，見母，今音 kē。"況"，《廣韻》許訪切，曉母，今音 kuàng。《豳風·東山》"蜎蜎者蠋，"《釋文》、《集傳》"蠋"都音"蜀"。但《廣韻》"蠋"爲之欲切。《現代漢語詞典》、《新華字典》祇音 zhú，依照約定俗成的原則，"蠋"不必讀爲 shǔ。

（2）多音多義字，當依義定音，對號入座。這類字可參照《釋文》注音。如"頒"，《廣韻》有符分、布還兩切，《小雅·魚藻》："有頒其首"，《釋文》："頒，符雲反，大首貌。"當音 fén，不音 bān。《說文·頁部》："頒，大頭也。"大徐音布還切，段玉裁改爲符分切，很正確。（3）毛、鄭異義，有的音亦有別。諸家或依毛，或依鄭，往往不同，當慎重選擇。《周南·關雎》："君子好逑"《毛傳》："宜爲君子之好匹。"《鄭箋》："（淑女）能爲君子和好衆妾之怨者。"《釋文》："好，毛如字，鄭呼報切。"毛鄭異音，毛音 hǎo，鄭音 hào。按鄭說迂曲，當依毛義音 hǎo，而今之注釋有依鄭音 hào 者。（4）通假字一般仍依本字注音，如須改讀，應有韻書爲據。《鄘風·載馳》："衆穉且狂"，"衆"爲"終"之假借。王引之《經義述聞》卷五："衆當讀爲終，終猶既也。"仍讀 zhòng 音，不必讀爲 zhōng。有的根據韻書須要改讀。如"弁"本音 biàn。《廣韻》皮變切。《小雅·小弁》："弁彼鸒斯。"《毛傳》："弁，樂也。"《釋文》："弁，步干切。"此當音 pán。2. 韻讀問題。《詩經》韻律和諧優美，讀來自應朗朗上口。時代發展，漢語語音發生變化，有的詩句不押韻了，於是有"協音"之說。就是人們以想象中的古音，實際上是按後代語音去"糾正"《詩經》的讀音，以求韻腳和諧，叫做"協音"。也叫"協韻"、"協句"。這種方法起源於六朝。陸德明《毛詩音義》記載了十數條協音的例子。如《召南·何彼襛矣》："曷不肅雝，王姬之車。"《釋文》："車，協韻尺奢反。又音居。或云古讀華爲敷，與居爲韻。"這種情況，陸氏以爲"古人韻緩"。《邶風·燕燕》："之子于歸，遠送于南。"《釋文》："南，如字。沈云：協句宜乃林反。今謂古人韻緩，不煩改字。"協音的風氣宋代盛行。朱熹《詩集傳》中有很多例子。如《小雅·采薇》："采薇采薇，薇亦作止。"《集傳》："作，協則故反。"《大雅·文王》："文王在上，於昭于天。"《集傳》："天，協鐵因反。"這種錯誤的協音方法,在現代某些《詩經》注釋中仍然存在。如《小雅·吉日》:"吉日維戊,既伯既禱。田車既好,四牡孔阜。"江蔭香譯註:"戊,協莫口反;禱,協丁口反;好,協許口反。"《邶風·泉水》:"載脂載舝,還車言邁。遄征于衞,不瑕有害?"程俊英《注析》:"舝,胡例反,入聲;邁,音薆;衞,音悦;害,胡例反,入聲。"讀起來不免有點兒莫名其妙。

宋代古音研究開始,也是《詩經》劃分韻部的開始。吳棫著《韻補》五卷、《詩經協韻補音》十卷(已亡失),利用韻語、聲訓、古讀、諧聲、異文等多種材料,將古韻劃分爲九類,開闢了古韻研究的途徑,但對先秦古韻的分部和每字的歸類還不明確。明陳第明確提出語音演變論斷,"時有古今,地有南北,字有更革,音有轉移,亦勢所必至"。陳氏著《毛詩古音考》,考證了《詩經》中486個字的古讀。這種古讀是他從家鄉話出發根據押韻資料而假定的,陳氏並沒有把先秦古音歸納成多少韻部。清初顧炎武著《音學五書》包括《音論》《詩本音》《易音》《唐韻正》《古音表》,離析《廣韻》,分古韻爲十部,奠定了中國古音研究的基礎。《詩本音》鈔錄《毛詩》原文,在韻脚下分別注明各自屬於《廣韻》的某一個韻。其後江永著《古韻標準》分古韻爲十三部。段玉裁著《六書音均表》,分古韻爲十七部。戴震著《聲類表》,分古韻爲九類二十五部,他的最大功勞是把入聲韻獨立出來。王念孫《與李方伯書》、江有誥《詩經韻讀》分古韻爲二十一部。丁以此《詩經正韻》分二十二部,夏炘《詩古韻表二十二部集説》,以表格形式依次列出顧炎武、江永、段玉裁、江有誥四家的古音分部與《廣韻》二百零六韻的關係,以見其異同。又以江有誥二十一部爲準,加上王念孫的至部獨立,共爲二十二部。民國以後,章炳麟《成均圖》分爲二十三部,黃侃《音略》分爲二十八部,王力先生分《詩經》時代的語音爲二十九部,戰國時代爲三十部。自宋代至今,歷時九百年,先秦古韻的分部總算已經基本完成，諸家古韻分部的主要依據是《詩經》的用韻。

《詩經》如何押韻？清代學者江永《古韻標準》、孔廣森《詩聲類》中有過舉例，但很粗略。王力先生於 1980 年著《詩經韻讀》，詳細討論了《詩經》用韻的種種情況。全書分四部分。第一部分《〈詩〉韻總論》。批判了協音說，回顧了宋代以來古韻學研究發展過程，闡述了古韻二十九部劃分、諧聲、聲調、通韻和合韻、古音擬測等問題。第二部分《〈詩經〉韻例》。討論了韻在句中的位置（韻腳、虛字腳、韻與非韻），韻在章中的位置（偶句韻、首句入韻、句句用韻、換韻、交韻、抱韻、密韻、疏韻、無韻），韻在篇中的位置（整齊和參差、迴環、遥韻、尾韻），韻式與韻部互證（陰聲與入聲分立、鄰韻分立）。第三部分《〈詩經〉入韻字音表》。用表格形式記錄《詩經》二十九個韻部的所有入韻字及其擬音，每一韻字的出現頻率。第四部分《〈詩經〉韻讀》。依 305 篇次序錄出《詩經》原文，於韻腳字加注擬音，標明韻部。本書是《詩經》用韻研究的總結，理論透徹，體例完備，條分縷析，深入淺出，是幫助讀者了解《詩經》用韻的最好參考書，今後恐怕也很難有人能夠超越。

三 《詩經》文字研究

自先秦流傳至今，《詩經》文字面貌發生了不小變化。朱鶴齡《詩經通義自序》說：

> 孔子去周公將近五百年，太史掌記未亡，曠瞍律呂未艾，賢人君子弦誦未絕也，《雅》《頌》猶殘缺失次，反魯始克正之。況經戰國之擾，秦政之燔滅，楚漢之戰鬥，能保無簡編之淆亂者哉？《書》藏魯壁，猶亡佚居半，《三百篇》特存於占畢諷誦之流傳，何獨能一無舛誤如故哉？

朱氏的看法無疑是正確的。可以從兩個方面進行討論。

（一）《毛詩》與三家《詩》的文字。秦火之後，《詩》分四家。魯、齊、韓三家漢初立於學官，用漢隸寫成，稱今文《詩》學。《毛詩》祇在民間流傳，其實也是用漢隸寫成，也許較多地保存了先秦《詩三百》的一些特點，稱古文《詩》學。魏晉以後，三家詩先後消亡，《毛詩》獨存。師承不同，方言有別，或傳鈔有誤，或有意改字，《毛詩》與三家《詩》之間、《毛詩》內部都存在這樣那樣的文字差異。研究《詩經》異文成爲一個不可忽視的課題。

陸德明的《經典釋文》記錄了《毛詩》和《韓詩》189 處異文。不及《齊詩》和《魯詩》。大約當時這兩家《詩》已經佚亡了。宋代王應麟《詩考》一卷，擴大了收集三家《詩》異文的範圍。清代馮登府《三家詩異文疏證》二卷，輯錄古籍中所見三家《詩》異文 520 餘條。陳喬樅《詩經四家詩異文考》四卷，收錄異文更多。李富孫匯集漢唐石經、宋元刻本中所有異文異義 1454 條，包括異體字、古今字、分別字、俗字、方言字、通假字、誤字、避諱改字、異字同義、異字異義，並一一進行考釋。王先謙則在以上諸家成果的基礎上完成了巨著《詩三家義集疏》二十八卷。

現代學者對《詩經》異文的形式和意義作了進一步的分析，有了新的認識。

《詩經》異文可以分爲形異、通假、通用、義異、句異等五類。

（1）形異。包括或體、增文、省文、古文、籀文、隸變、古今字、後起專字、俗字等。如《邶風·燕燕》"佇立以泣"，《楚辭》王逸注引《詩》"佇"作"竚"。《周南·關雎》"輾轉反側"，"輾"本亦作"展"。《魏風·葛屨》"要之襋之"《白帖》引作"要之棘之"。《衛風·碩人》"譚公維私"，《説文繫傳》引作"譚公維厶"。《齊風·甫田》"婉兮孌兮"《説文》引作"婉兮嬎兮"

《豳風·七月》"四之日舉趾"，《漢書·食貨志》引作"止"。《小雅·賓之初筵》"屢舞僊僊"，《文選·蜀都賦》劉淵林注引作"躚"。

（2）通假。用一個音同或音近的字代替本字。如《衛風·淇奧》"有匪君子"，《禮記·大學》引作"有斐君子"。《豳風·七月》"獻豜于公"，《周禮·大司馬》鄭注引作"獻肩于公"。

（3）通用。兩字意義相同或相近，語音可以相同或相近。如《周南·漢廣》"南有喬木"，《釋文》作"橋木"。《邶風·燕燕》"瞻望弗及"，《文選·曹子建〈上責躬應詔詩表〉》李善注引作"不及"。這類異文語音也可以不同。《檜風·匪風》"誰將西歸"，《説苑·善説》引作"孰將西歸"。

（4）義異。這類異文，字形和意義都不同。如《齊風·敝笱》"其魚魴鰥"。《太平御覽》卷九四〇引《詩》作"魴鯤"。"鰥"，大魚；"鯤"，魚子。《秦風·終南》"有紀有堂"，《韓詩》作"有杞有棠"。"紀"，山基；"堂"，山間寬平處。"杞、棠"皆木名。《周南·漢廣》"言刈其蔞"，《楚辭·大招》王逸注引《詩》作"言采其蔞"。

（5）句異。詩句詞序、結構有所不同。《周南·關雎》"鍾鼓樂之"，《韓詩外傳》卷五引作"鼓鍾樂之"。《豳風·鴟鴞》"予維音嘵嘵"，《説文·口部》引作"唯予音之嘵嘵"。《商頌·長發》"帝立子生商"，《吕氏春秋·音初》高注引《詩》作"立子生商"，無"帝"字。

研究《詩經》異文的意義，至少有以下三點：

（1）辨識錯誤。有些詩句上的錯誤，年代已久，陳陳相因，習非成是。異文可以提供認識錯誤的綫索。《大雅·皇矣》："詢爾仇方，同爾兄弟"，《後漢書·伏湛傳》、《太平御覽》卷三六六引《詩》作"同爾弟兄"。按"兄弟"不入韻，當以"弟兄"爲是。《衛風·碩人》"巧笑倩兮，美目盼兮。"《釋文》："盼，《韓詩》云：黑色也。"唐石經、朱熹《詩集傳》作"盼"。《論語·八佾》："巧笑倩兮，美目盼兮。"馬融注："盼，目動貌。"皇侃疏："目美而貌盼盼然。"作"盼"爲是。

(2) 證明字義。《小雅·小旻》："謀夫孔多，是用不集。""集"借爲"就"，作"成就"講。《毛傳》："集，就也。"《韓詩外傳》卷六引《詩》正作"是用不就"。此章"猶、就、咎、道"押幽部韻。《小雅·北山》："我從事獨賢。……'賢'作'勞'講。《毛傳》："賢，勞也。"《鹽鐵論·地廣》引《詩》正作"我從事獨勞"。

(3) 旁證古音。《邶風·谷風》："凡民有喪，匍匐救之。"《漢書·谷永傳》引作"扶服救之"。可以旁證古無清唇音之説。《大雅·皇矣》："無然畔援。"《漢書·敘傳》注引作"畔換"，"援"中古云母字，古入匣母，與"換"同音。

(二) 出土《詩經》的文字。二十世紀七十年代，我國考古工作者發掘了一批古代墓葬，出土的竹簡、帛書、銅器上有不少古籍資料，其中包括一些《詩經》殘簡和引文。學者分別進行了研究，取得了成績。

1973 年至 1974 年湖南長沙馬王堆三號漢墓出土帛書《老子》，背面有《五行》佚文，中引《詩》7 篇 29 句共 116 字，與今本《詩經》不同的就有 37 字。如《關雎》三章："窈窕淑女，寤寐求之。求之不得，寤寐思服。優哉游哉，輾轉反側。"帛書《五行》引《詩》作"茭芍□□□昧求之求之弗得晤昧思伏繇才繇才婹樞反厠"。"窈窕"作"茭芍"，"寤寐"作"晤昧"，"思服"作"思伏"，"悠哉"作"繇才"，"反側"作"反厠"。青年學者于茀《金石簡帛詩經研究》對此進行了解讀研究，指出"伏"是"服"的假借，應從《鄭箋》釋爲"事"，頗有新意。"寤寐思服"，《毛傳》："服，思之也。"《鄭箋》："服，事也……當思己職事。"今人都以"思服"連用爲複音詞。其實，"思之"

不等於"思"，鄭釋"服"爲"事"並没有錯，但不是"己之職事"而是"男女之事"。"思服"當是動賓詞組。于茀解釋説："上海簡《孔子詩論》講到'君子好色'及'以色喻於禮'……'服'不是淑女所思之事，而是君子所思之事。君子所思者何？當然是淑女，思淑女者何？男女之事耳。"這個解釋很新穎，也很有見地。

　　二十世紀七十年代湖北出土一面漢鏡，上鑄《詩經·衛風·碩人》一段文字，有人以爲《魯詩》，和今本《詩經》及王先謙《詩三家義集疏》比較，它們之間的文字差異都很大。"碩人其頎"，漢鏡作"石人姬姬"；"邢侯之姨"漢鏡作"荆侯之夷"；"齒如瓠犀"，漢鏡作"齒如會師"；"朱幩鑣鑣"，漢鏡作"帶□耕耕"。共録《碩人》22 句半，90 字，其中 9 字缺損，實存 81 字，與《毛詩》不同的 30 字，占三分之一以上。與王先謙《詩三家義集疏》所集《魯詩》佚文亦多不合，未必即是《魯詩》①。

　　1977 年安徽阜陽雙古堆出土漢早期竹簡，内有《詩經》殘簡 170 枚，包括《國風》殘詩 65 篇、《小雅》4 篇中的殘句，共838 字，其中有 204 字與今本《詩經》不同，差不多占《詩經》總字數的四分之一。也與《魯》、《齊》、《韓詩》不同。這種情況的產生，正如鄭玄所説："其始書之也，倉卒無其字，或以音類比方假借爲之，趨於近之而已。受之者非一邦之人，人用其鄉，同音異字，同字異言，於兹遂生矣。"（《經典釋文·叙録》引）地下出土文獻的發現與研究，讓我們看到了原始《詩經》形式的複雜性，有的異文可能更符合《詩》的本義，至少可以提供某種新的解釋。如《陳風·墓門》二章："夫也不良，歌以訊之。"《釋文》："訊，字又作誶。"《廣韻·至韻》引《詩》"歌以誶止。"戴震《毛鄭詩考證》："訊乃誶轉寫之譌。"阜陽《詩經》正作"歌以誶止"。《邶風·北風》三章"惠而好我，携手同車。"阜陽《詩經》作"携手同居"。按此詩一章言"携手同行，"二章言

"携手同歸",三章又言"同車",意義重複,不若"同居"之意思步步深入。《秦風·小戎》一章:"文茵暢轂,駕我騏馵。"《毛傳》:"暢轂,長轂也。"朱熹《集傳》:"暢,長也。轂者車輪之中,外持輻内受軸者也。大車之轂一尺有半,兵車之轂長三尺二寸,故兵車曰長轂。"阜陽《詩經》作"文茵象轂",胡平生、韓自强《阜陽漢簡詩經研究》:"'象轂'亦可讀如字……象指文飾,義亦可通,且正與上善'文茵'對仗。'象轂'即爲有文飾之車轂。上古之車轂,原指内受車軸,外承輻條者,以後又在此之外加套一金屬外罩,亦稱之爲轂,所謂象轂者,疑是此物。"陝西西安市秦兵馬俑博物館陳列一輛銅車,車轂上繪有文飾,阜陽《詩經》作"象轂",看來是有依據的。

四 《詩經》語法研究

我國《詩經》傳統上有文字、音韻、訓詁,統稱"小學",没有語法的名目,但訓詁學中包含一些語法内容。《毛傳》稱語氣助詞爲"辭"。如《周南·芣苢》"薄言采之",《毛傳》:"薄,辭也。"《漢廣》"不可求思",《毛傳》:"思,辭也。"《大雅·文王》"於昭于天",《毛傳》:"於,嘆辭。"《崧高》"往近王舅",《鄭箋》:"近,辭也。"後世也稱爲"語辭""語助辭""助詞""助句辭"。如《小雅·小弁》"弁彼鸒斯",《正義》:"斯者,語辭。"《邶風·雄雉》"自詒伊阻",《正義》:"伊訓維,毛爲語助也。"《鄭風·大叔于田》"抑磬控忌",朱熹《集傳》:"忌、抑皆語助辭。"《商頌·殷武》"曰商是常",馬瑞辰《通釋》:"曰猶聿,助詞也。"《鄭風·出其東門》"聊樂我員",《正義》:"云、員古今字,助句辭也。"孔穎達爲"辭"下的介説是"不爲義",就是没有詞彙意義,祇有語法意義。《國風·關雎·正義》:"字之所用,或全取以制義。'關關雎鳩'之類是也,或假辭以爲助,

'者、乎、而、只、且'之類是也……古人之韻，不協'耳、之、
兮、矣、也'之類，本取以爲辭，雖在句中，不以爲義，故處末
者，皆字上爲韻。"《邶風·柏舟》"日居月諸"《正義》："居、諸
者，語助也……是居、諸皆不爲義也。"古代學者也談到句法問
題。《小雅·雨無正》："匪舌是出。"《毛傳》："不得出是舌也。"
《周南·汝墳》："既見君子，不我遐棄。"《正義》："不我遐棄，
猶云不遐棄我。古人之語多倒，《詩》之此類衆矣。"《大雅·崧
高》六章："申伯還南，謝于誠歸。"《鄭箋》："謝于誠歸，誠歸
于謝。"《正義》："謝于誠歸，正是誠心歸於謝國。古人之語多
倒，故申明之。"孔穎達還首次提出"語法"這一術語。《左傳·
昭公二十年》伍尚謂其弟伍員曰："爾其勉之，相從爲愈。"孔穎
達疏："語法：兩人交互，乃得稱'相'，獨使員從己語，不得爲
'相從'也。"元代開始，有了集釋虛詞的專書出現。如元盧以緯
的《語助》。

　　不過，真正的《詩經》語法專題研究是二十世紀以後的事。
1911 年胡適作《三百篇'言'字解》，"這是以新文法讀吾國舊
籍之起點"（胡適語）。自後胡樸安《詩經'言'字解》(1 925)、
林之棠《詩經數字釋例》(1927)、《詩經對舉字釋例》(1 927)、
姜亮夫《毛詩連語釋例》 (1929)、黎錦熙《三百篇之'之'》
(1929)、《三百篇之主述倒文句例》(1933)、吳世昌《釋詩書之
'誕'》(1 930)、張壽林《三百篇助詞釋例》(1934)、李瑋《詩
經'載'字之分析》(1934)、陳夢家《釋詩經之'于'》(1937)、
丁聲樹《詩經'式'字説》(1 936)、《論詩經中的'何''曷'
'胡'》(1948)、邢公畹《詩經'中'字倒置問題》(1947)等二
十多篇研究《詩經》語法的論文先後問世。新中國成立後，經過
一段沉寂，《詩經》語法研究又開始活躍，迄今發表有關《詩經》
虛詞和句法的論文已在百篇以上。如王顯《詩經中跟重言作用相
當的'有'字式'其'字式'斯'字式和'思'字式》(1959)、

竹安《詩經中成對關聯詞的格式》(1959)、黃焯《詩義重章互足說》(1959)、楊伯峻《詩經句法偶談》(1978)、錢小雲《詩經助詞》(1979)、丁忱《詩經詞語研究》(1981)、黃高憲《詩經數量詞的用法及特點》(1982)、楊合鳴《略論詩經'有……其……'式》(1982)、王克仲《'載''再'通假與'載A載B'句式》(1984)、黃憲誠《淺論詩經的詞彙和語法》(1985)、崔重慶《'之'在詩騷中的一種特殊用法》(1988)、林慶彰《釋詩'彼其之子'》(1986)、孫良朋《從詩經毛傳鄭箋談賓語前置句式的變化》(1989)、季旭昇《詩經'以'字說》(1994)、余培林《詩經復字句研究》(1996)、竺家寧《詩經句法中的非SVO結構》(1996)、向熹《詩經歧義的分析》(1996)、謝躍基《詩經量詞的運用》(2004)、羅慶雲《詩經的介詞》(2006)等等，蔚爲大觀。

　　相對來說，研究《詩經》語言尤其是語法的專著則寥寥可數。向熹的《詩經語言研究》(1987)問世最早。馮浩菲的《毛詩訓詁研究》(1988)分上下兩冊，分別揭示《毛詩故訓傳》、《毛詩鄭箋》、《毛詩正義》、《詩集傳》以及清儒解《詩》的訓詁條例。非常詳細，用功甚深。其中上冊第二編《毛詩故訓傳研究》第五章《毛傳的揭示語法例》，下冊第二編《毛詩正義訓詁研究》第三章《毛詩正義有關語法的理論和條例》都是討論有關《詩經》語法問題的。本書重在揭示訓詁條例，探討《詩經》語法祇是其中一個方面。楊合鳴的《詩經句法研究》(1993)是專門研究《詩經》句法結構的書，分爲主謂式、謂主式、述賓式、賓述式、狀中式、述補式、介賓式、賓介式、定中式、連動式、兼語式、並列式、重疊式、襯字式、省略式、複句等十六章，相當全面。祇是《詩》以四言爲主，詩句主要根據音節劃分，與一般語句根據意義表達來劃分者不完全相同；又詩句多意合，易生歧義，其例極多，本書偶爾提及，沒有重點進行討論。

五　我的《詩經》研究

　　我在四川大學主要教古代漢語、漢語史一類課程。最初祇是爲了編寫《簡明漢語史》須要掌握上古漢語第一手資料，才去研究《詩經》。接觸多一些，產生了興趣，於是下決心寫《詩經》語言研究方面的書。幾十年過去，先後出版了以下五種，趁此向大家匯報一下，以求指正。

　　《詩經詞典》（1986）。這是我出的第一本書，也可能是我國第一部音義兼備的專書詞典。收錄《詩經》裏出現的單音詞2826 個和複音詞 1000 餘個。修訂本把異體字獨立列出，字頭增加爲 3336 個。《詩經》裏的歧義特多，同一句詩，同一個詞，學者往往見仁見智，各説各是。我的辦法是"首出己見，擇要兼收"。我希望把古今學者研究《詩經》訓詁研究的精華都匯集在《詩經詞典》裏，以便讀者參考。1986 年出版以後，海內外反響頗爲熱烈。1997 年出修訂本，內容有所增加。近十多年裏我又補充了材料一千餘條，新版《詩經詞典》正由商務印書館出版中。

　　《詩經古今音手册》（1987）。這是我爲編寫《詩經詞典》而做的先行工作。註明《詩經》所有字的上古音、中古音、反切和漢語拼音，書末附有《詩經》上古音分部和入韻字表。《手册》交稿在《詞典》之前，出版却在《詞典》之後。

　　《詩經語言研究》（1987）。這是在《詩經》選修課講稿的基礎上修改而成的書，也是《詩經詞典》的姊妹篇。書中介紹了前人研究《詩經》的概況，分章討論了《詩經》的文字、音韻、詞彙、句法、修辭和章法。夏傳才先生評論説："該書是 80 年代《詩經》語言研究的總結性著作，代表了《詩經》語言研究的時代水平。"（《二十世紀詩經學》）夏先生的獎掖，愧不敢當。我對自己寫的東西並不完全滿意。但我寫這本書的態度是非常認真的，從不敢草率應付讀者，則是實在的。

《詩經語文論集》（2002）。本書收集的論文可分三種情況：《詩經語言研究》沒有涉及的問題，如歧義分析；有些問題《研究》討論過，但不詳細，不全面，須要進一步討論；還有一些是關於前人研究《詩經》成果的論文。與《詩經詞典》匯集前人研究成果不同，《論集》主要是闡述一己之見，不一定正確。

《詩經譯註》（1995）。自民國以來《詩經》今譯已有多種版本問世，有全譯，有選譯，有直譯，也有意譯，各有特點，也存在這樣那樣的不足。我的《詩經譯註》盡量讓題解、注釋準確一點，做到譯文符合詩意，句式整齊，韻律和諧，並帶有一點民歌風味。這本譯著最初收在許嘉璐、梅季坤先生主編的《文白對照十三經》裏。2008 年高教出版社出版單行本，由劉曉翔先生設計，裝潢典雅質樸而富有創意。2010 年在德國萊比錫世界圖書評比中，從 634 種參選圖書中脫穎而出，獲得 "2010 年世界最美圖書" 稱號。這都是高教出版社和劉曉翔先生的功勞。新本《詩經譯注》已由商務印書館於 2013 年 3 月出版，文字略有修訂。

小　結

學術研究總會隨着時代的發展而不斷進步。《詩經》研究也不例外。

自漢代以來，無數學者辛勤耕耘，既重傳承，又多創新，成就輝煌。歷代學者遺留下來的《詩經》研究著作都是他們辛勤耕耘的結晶，首先應當好好學習，認真研究，吸取其中的有益養分。二十世紀《詩經》研究到了一個新時代。《詩經》學派生出新的學術分支，都在開花結果。《詩經》語言研究同樣向前推進了一大步。多種《詩經》譯注、《詩經》詞典、《詩經》語言研究專書（包括音韻、訓詁、詞彙、語法、修辭）相繼出版，盛況空前。當然我們的作品有的還不夠精細全面，不少分歧還要通過深入探討才能得出結論。在前人已有研究成果的基礎上，把《詩經》語言以及整個《詩經》學術研究推向更新的時代高峰，任重道遠，有待我們團結起來，繼續努力。

〔注釋〕

①羅福頤《漢魯詩鏡考釋》，載《文物》1980 年第 5 期。

〔主要參考文獻〕

《毛詩故訓傳》漢毛亨

《毛詩正義》毛亨傳、鄭玄箋、唐孔穎達疏

《毛詩草木鳥獸蟲魚疏》三國吳陸璣

《毛詩釋文》唐陸德明

《詩本義》宋歐陽修

《詩集傳》宋蘇軾

《詩補傳》宋范處義

《詩集傳》宋朱熹

《呂氏家塾讀書記》宋呂祖謙

《詩輯》宋嚴粲

《詩總聞》宋王質

《毛詩名物解》宋蔡卞

《詩經世本古義》明何楷

《詩傳名物集覽》明陳大章

《毛詩鳥獸蟲魚疏廣要》明毛晉

《日知錄》清顧炎武

《詩本音》清顧炎武

《毛詩稽古編》清陳啓源

《毛鄭詩考證》清戴震

《毛詩古義》清惠棟
《毛詩補疏》清焦循
《三家詩異文疏證》清馮登府
《詩經小學》清段玉裁
《毛詩後箋》清胡承珙
《詩毛氏傳疏》清陳奐
《毛詩平義》清俞樾
《四家詩異文考》清陳喬樅
《毛詩校刊記》清阮元
《詩經通論》清姚際恒
《毛詩傳箋通釋》清馬瑞辰
《詩經原始》清方玉潤
《詩古微》清魏源
《經義述聞》清王引之
《詩切》清牟庭
《詩經通論》清皮錫瑞
《毛詩品物圖說》日本岡公翼
《詩義會通》清吳闓生
《詩三家義集疏》王先謙
《觀堂集林》王國維
《詩經通解》林義光
《詩經學》胡樸安
《白話注解詩經》江香蓀
《詩經新義》聞一多
《詩經通義》聞一多
《風詩雜鈔》聞一多
《中國古代社會研究》郭沫若
《甲骨文字研究》郭沫若
《卷耳集》郭沫若
《澤螺居詩經新證》于省吾
《積微居小學述林》楊樹達

《詩經韻讀》王力先生

《毛詩鄭箋平議》黄焯

《詩疏平議》黄焯

《詩經直解》陳子展

《詩經詮釋》屈萬里

《詩經今注》高亨

《詩經今注今譯》馬持盈

《詩經評注讀本》裴普賢

《詩經注析》程俊英

《詩草木今釋》陸文郁

《詩經研究史概要》夏傳才

《二十世紀詩經學》夏傳才

《詩經要籍提要》夏傳才、董治安主編

《阜陽漢簡詩經研究》胡平生、韓自强

《四家詩恉會歸》王禮卿

《詩經正詁》余培林

《詩經古義新證》季旭昇

《毛詩訓詁研究》馮浩菲

《詩經研究論集》（上、下）林慶彰編

《中國歷代詩經學》林葉蓮

《詩經植物圖鑒》潘富俊、吕勝由

《詩經句法研究》楊合鳴

《詩義稽考》（十册）劉毓慶等撰

"The book of songs" (《詩經》) language study on ancient
and modern

Xiang Xi

(Department of Chinese, Sichuan University,
Chengdu610064, China)

Abstract: The book of poetry (《詩經》) is based on the research of the book of songs. Ancient and modern research of "the book of songs" (《詩經》) books an immense number of books, mostly cannot do without "the book of songs" (《詩經》) language understanding and interpretation. In this paper, for two thousand years, especially in twentieth Century "the book of songs", "book of songs" (《詩經》) lexical semantic speech, "the book of songs" (《詩經》), "book of songs" (《詩經》) text grammar study, made a brief review and combing, and review their own study of "the book of songs" (《詩經》) language situation, put forward some ideas.

Key words: The book of songs of lexical semantics; speech sound; charactsers; Grammar.

(向熹，四川大學中文系，郵編　610064)

從聯緜詞看莊組的上古擬音[*]

孫玉文

內容摘要：從雙聲聯緜詞和早期注音早期梵漢對音的角度論證精組和莊組（即照二組）聲母不能分別合併爲一類聲母。然後從聯緜詞的角度探討莊組的上古音構擬。目前主要有四種構擬方案。第一種：將莊組拆成兩類，將莊組二等併入精組，與精組合爲一類；三等仍獨立，自成一類。但是這種拆分完全缺乏事實依據，早就有人批評其不當。第二種：將整個莊組併入精組，拼三等的莊組併入二等。這樣，拼二等和三等韻母的莊組都併入二等，作爲精組。由於沒有注意到莊組二等和三等在上古是對立的，並且這種對立在上古內證材料中有明確的反映，而祇是根據填空當等辦法將二三等合成一個等，結果無法接受上古聯緜詞的事實的檢驗，因此難以成立。第三種方案，由於將三等韻的三等介音分成 j 和 rj 兩種，導致一些同韻母的字的擬音不同韻母。第四種：精組和莊組不混，但音值相近。第四種意見可取。它不改變中古的等跟上古的對應關係，因此合乎疊韻聯緜詞兩個音節之間常常同韻母的規律，也能區別莊組二等和三等。

關鍵詞：上古音構擬　聯緜詞　莊組聲母

《切韻》音系中，精組能拼一三四等韻母，莊組能拼二三等韻母。就上古諧聲、假借、異文等材料看，這兩組聲母常常相通。黃侃先生 1920 年在《國學叆林》第 1 卷第 1 期發表的《音略》中明確提出莊初牀疏分別併入精清從心。這是一個重要的學

---

* 本文的題目、摘要、關鍵詞的英文翻譯得到了張昕同志的幫助。謹致謝意。

說。如何運用這個學說去構擬上古的音值，學者們做出了新的探索，但是分歧意見一直存在。本文旨在深化這項研究。

一

精組和莊組在三等韻中有對立。例如“咀：齟”“心：蔘”等。根據歷史比較語言學的原則，從事古音構擬的學者不將精組和莊組中不同音的字上古音合併爲同音字，這是對的。上古漢語的内證材料更能證實這一點。就雙聲聯緜詞來看。先秦雙聲聯緜詞中，精清從心邪有 15 個聯緜詞。其中精精：咨嗟、呧訾、姕訾、次且、踦踖、蝍蛆、姕觜，共 7 個；清清：次䖪，祇 1 個；從從：蝤蠐、憔悴、蠐螬、蕉萃，共 4 個；心心：粟斯、蜙蝑、斯須，共 3 個。叠韻聯緜詞中，有清邪結構的“逡巡”，心邪結構的“相翔”。“逡巡”和“相翔”因爲都是叠韻聯緜詞，所以聲母方面應有區別，不然就成了叠音詞。不過正好説明上古漢語清母和邪母有分別，心母和邪母有分別。莊初崇山有 3 個聯緜詞。其中初初 1 個：參差；崇崇 1 個：瀺灂；山山 1 個：瑟縮。這些聯緜詞説明，不但精清從心邪、莊初崇山是不同的聲母類別，而且莊初崇山没有合併到精清從心中去的跡象。

拙作《先秦聯緜詞的語音研究》列出的 7 個例外都是由心山構成的，未見精莊、清初、從崇構成的聯緜詞。7 個例外是：蟰蛸、蟋蟀、螅蟀、檵槮、蕭瑟、肅爽、鸊鷉。其中，有的詞原來不一定是準雙聲，而是嚴格的雙聲，“蟰蛸”見於《詩·豳風·東山》，《釋文》：“蟰，音蕭。《説文》作‘蠨’，音夙。蛸，所交反。蟰蛸，長踦也。郭音蕭。”如果“蟰”取“蕭”一讀，則上古“蟰”心母幽部開口四等；“蛸”取“蕭”一讀，則“蛸”爲心母宵部開口四等。“蟋蟀”的“蟋”，《廣韻》收了所櫛切，這個讀音跟“蟀”是嚴格的雙聲。“螅蟀”見於《逸周書·時訓》，

《廣韻》《集韻》都没有收"螁"字，原來的音讀不明，《王力古漢語字典》"螁"下曰："後起字……蟋本屬質部，而息即從息聲的字屬職部。由於入聲韻尾的變化，故能以螁代蟋。"因此此例不能作爲上古"螁蟀"爲準雙聲的證據。"欂樆、蕭瑟"見於宋玉《九辯》，這是準雙聲。"蕭爽"見於《左傳·定公三年》，《釋文》："蕭爽，上如字，又所六反。下音霜。蕭爽，駿馬名。"如果取"所六反"，則"蕭爽"是雙聲聯緜詞。"鷫鵋"見於《楚辭·大招》，不過《集韻》"鷫"收有所六切，"鷫鵋"是雙聲聯緜詞。這樣，真正的例外衹有 2 例。

　　就早期注音看，精組原來可能有二等，跟莊組二等對立。《爾雅·釋樂》的"巢"字，《經典釋文》引孫炎的注音，就有從母二等的讀法。具體討論見下文。又《儀禮·聘禮》釋文："三秅，丁故反，四百秉爲秅。《字林》疾加反。"按："疾"，從母，"加"是二等韻。可見吕忱《字林》從母可拼二等韻。這些材料説明原來精組是有二等韻的。

　　根據俞敏先生《後漢三國梵漢對音譜》，後漢三國時期，心母對音 s，山母對音 ʂ；初母對音 kʂ。兩類分得很清楚，所以俞敏先生將精組和莊組分爲兩類聲母。稍晚的西晉，劉廣和先生《西晉譯經對音的晉語聲母系統》説，"初紐 kʂ 有了，生紐 ʂ 有了，莊、崇二紐也應當産生了，它們没有在對音裏出現，是梵文裏没有象 [tʂ] [dʐ] 的輔音。章組（照三）和精組對音一般不跟莊組（照二）混淆，從另一面證明莊組獨立"，"精組是上古就存在的音，普通擬成 [ts] 組音，梵文没有 [ts]、[dz]，精、清、從三紐的字西晉和東晉對音裏難得見着。西晉拿從紐秦字，東晉拿秦和清紐蹉字對 ch，是音近代替。心紐對 s，清清楚楚"。可見，東漢至西晉的音系中，精組和莊組是兩類不同的聲母，不能合併爲一類。結合前面所舉的雙聲聯緜詞的用例，可以肯定精莊自先秦以來一直是不同的聲母類别。

因此，想把精莊兩組分別合併成一個聲母，同時將中古本不同音的字處理爲上古的同音字，不是解決問題的好辦法。

二

從事古音構擬的學者，因爲要講語音分化的條件，所以對於莊組能否以及如何併入精組，有四種不同的看法：

（一）將莊組二等併入精組，三等仍獨立。因爲出現莊組真二等的地方，精組二等沒有字，所以不衝突。高本漢持此説。

（二）將整個莊組併入精組，拼三等的莊組併入二等。這樣，拼二等和三等韻母的莊組都併入二等，作爲精組。前提是：中古精組無二等韻母，留下了空當；拼二三等韻母的莊組基本上互補，可以併成上古的二等韻母。董同龢先生持此説。

（三）將整個莊組併入精組，但莊組二三等都有 r 介音，二等是單純的 r，三等是 rj 介音，以此解釋分化的條件。李方桂先生持此説。

（四）精組和莊組不混，但音值相近。董同龢先生原來設想過這種方案，但《上古音韻表稿》（以下多簡稱《表稿》）中放棄了。後來王力先生持此説。

高本漢的説法，是將莊組一分爲二，一歸精組，一仍爲莊組。這種拆分，沒有提出有力的證據。對此，董同龢、王力二位先生都提出了批評，分別見《表稿》第 20 頁和《漢語史稿》（重排本）第 83 頁。此不贅。以下重點分析“（二）（三）”兩種構擬。

三

董同龢先生爲證實“（二）”，提出了一些理由，但仍然無法證實其結論。他批評以上"（一）""（四）"兩種説法，以爲都不能解釋中古韻書中精莊兩組聲母中的"齒音類隔"。他認爲這是上古留下的"聲母本來未區分的遺跡"。他肯定精莊二組爲類隔，是"聲母本來未區分的遺跡"，斷定精組原來就不拼二等韻母，恐怕言之過早。《爾雅·釋樂》"大笙謂之巢"《釋文》："巢，孫、顧並仕交、莊交二反，孫又徂交反。"可見漢末孫炎所持音系中"仕、莊、徂"是不同的聲母，也就是崇、莊、從聲母不同，它們都拼二等韻母。特別值得注意的是，這裏從母的"徂"拼二等韻母，跟《廣韻》不同。很有可能，精組原來是可以拼二等韻母的。

　　他將所有的莊組二三等都併入精組，作爲精組二等。碰倒莊組二三等韻母有對立的地方仍然不少。爲了彌補這樣的缺陷，他作出了一些解釋，主要有：一是將某些中古韻母作爲例外音變，如"豺"字。二是調整某些字的歸部，如"爪"字。三是將某些有異讀的字的其中一讀處理爲後起，如"淙"的江韻一讀。但是董先生並沒有提供過硬的證據。

　　我們從聯縣詞的角度來討論他的構擬。拙作《先秦聯縣詞的語音研究》已證明，先秦聯縣詞兩音節之間"等"常常相同；疊韻聯縣詞常常同韻母。

　　董同龢的處理對於雙聲聯縣詞能解釋得通。因爲由莊組構成的雙聲聯縣詞，即使併入精組，也能維持同聲母、同等的格局。例如：

參差，《表稿》系統 ts'əm ts'a

瀺漍，《表稿》系統 dz'æm dz'ɔk

瑟縮，《表稿》系統 set sok

（按："差"字，《表稿》25 頁注意到有支韻一讀，但是説："'差'又有麻韻一音，並不衝突。"參差的"差"跟"參"一樣，都是三等韻，麻韻一讀跟它不同音。董説不解決問題）

對於二等和二等組成的叠韻聯緜詞，也能解釋得通。因爲即使聲母改成精組，但仍然是二等配二等，等第沒有改變。例如：

嵾巖，《表稿》系統 dzʼam ngam

峥嵘，《表稿》系統 dzʼeng˙□ɣweng

但是碰倒了三等和三等組成的叠韻聯緜詞，就缺乏解釋力了。例如：

齟齬，《表稿》系統 dzʼag ng iʼag

鉏鋙，《表稿》系統 dzʼag ng iʼag

蘧蔬，《表稿》系統 gʼiʼag sag

這些都是先秦出現的叠韻聯緜詞，前後兩個音節都是三等，也就是説，前後兩個音節韻母相同，在《廣韻》中也是同韻母的字。這符合叠韻聯緜詞的總規律。但是根據《表稿》的擬音，前後兩個音節都祇是同韻，而不同韻母，因爲莊組三等併入了二等。可見，《表稿》的擬音不能符合叠韻聯緜詞兩音節常常同韻母的規律，因而不可取。

漢賦中出現的聯緜詞也能證實《表稿》的處理意見有缺陷。根據《表稿》的擬音，帶有莊組聲母字的三等和其他三等韻母組成的叠韻聯緜詞不能同韻母，這不符合叠韻聯緜詞兩音節常常同韻母的規律。這一點，跟先秦叠韻聯緜詞昭示的規律一樣。例如：

嶜岑，《表稿》系統 dzʼəm ng iəm

偪仄，《表稿》系統 p iwək tsək

巋崒，《表稿》系統 kʼiw ˘ddzʼwəd

此外，當一個雙聲兼叠韻聯緜詞兩個音節祇有二三等的區別時，按照《表稿》的擬音，必然導致該聯緜詞的兩個音節同音。馬融《長笛賦》："林簫蔓荊，森槮柞樸。" 這裏 "森槮" 是聯緜詞，則兩音節讀音一定有區別。"森"《廣韻》所今切，"槮" 在

聯緜詞"森槮"中的讀音,《集韻》收錄了。銜韻師銜切:"槮,
森槮,木長皃。"可見"森"和"槮"是二三等的區別。根據
《表稿》擬音,"森"讀 səm,"槮"也讀 səm。聯緜詞的兩個音
節就同音了,不合聯緜詞兩音節讀音一定有區別的規律。

　　漢賦數量多,語音上的講究也很多,更能幫助我們看出《表
稿》擬音的缺陷。按照《表稿》的擬音,某些語音講究就揭示不
出來。《文選·司馬相如〈子虛賦〉》:"其山則盤紆岪鬱,隆崇聿
崒,岑崟參差。"李善注:"崟音吟。"這裏"岑崟"疊韻,"參
差"雙聲。"岑、崟、參、差"四個字都有į介音。但是根據《表
稿》的擬音系統,四個字分別是:dzʻəm ng įʻəm tsʻəm tsʻa,衹有
"崟"有į介音,跟其他三個字等第不同。《表稿》的這一擬音無
法揭示四個字都有į介音的語音講究。

　　《文選·王延壽〈魯靈光殿賦〉》:"屭㞒嶙峋,岑崟崉嶷。"
李善注:"屭,助力切。㞒,音力。嶙,音茲。峋,音狸。崉,
音嗇。嶷,音疑。"很明顯,這裏四個聯緜詞,八個字都是三等
韻,有į介音。《表稿》的擬音依次分別是:dzʻək lįek tsįəg lįəg
g dzʻəm ng įʻəm t ṣəngng įəg。其中"屭、岑、崉"三字沒有į介
音,其他五字有į介音。有į介音是對的,《表稿》未能將這八個
字都有į介音的語音講究揭示出來。

　　《上古音韻表稿》將整個莊組併入精組,拼三等的莊組併入
二等。這一構擬缺陷在於:忽視了拼二等和三等韻的莊組字不但
在中古有等的區別,而且上古也有相應的區別。將三等併入二
等,不能完全分辨清楚某些雙聲兼疊韻聯緜詞前後兩個音節如何
有分別,也將帶有莊組聲母的同韻母的疊韻聯緜詞人爲地析爲兩
類韻母,造成一些本來在音類上同韻母的字在擬音上不同韻母。

四

李方桂先生的上古音構擬，有一個 r 介音。這個介音出現於所有的二等韻，知組、莊組三等韻中也出現。不過，李先生説，這個 r "跟前面的聲母連起來也可以算是複輔音聲母"（24 頁）。就雙聲兼叠韻聯緜詞"緜蠻"説，這個 r 祇能處理爲介音才合適。根據李氏構擬，"緜蠻"爲 mjian mran。其中的 mj 和 mr 如果是複聲母，則"緜蠻"就不是嚴格的雙聲，祇有將 j 和 r 處理爲介音（也就是韻頭），"緜蠻"才是嚴格的雙聲。

這個 r 介音，在解釋二等與二等組成的叠韻聯緜詞時沒有問題，因爲所有的二等韻都有 r 介音。例如《文選·王褒〈洞簫賦〉》："攪搜滭捎。"李善注："攪，胡卯切。搜，所卯切。滭，胡角切。捎，所學切。"根據《上古音研究》系統，"攪搜滭捎"可分别構擬爲 grəgwx srəgwx grəkw srəkw。其中，"攪搜滭捎"兩個叠韻聯緜詞分别同韻母，王褒的語音安排技巧也能得到反映。

李先生 r 介音的構擬，拼三等韻母的聲母在同開合的情況下有兩類介音，一類是 j，聲母是知莊組以外的字；一類是 rj，聲母是知莊組的字。由於拆成兩類介音，因此不能解釋清楚知莊組的字和非知莊組的字組成叠韻聯緜詞時爲何同韻母的現象。如下列帶有莊組聲母字的叠韻聯緜詞根據《上古音研究》的構擬系統都不同韻母：

齟齬，《上古音研究》系統 drjagx ng j̇agx

鉏鋙，《上古音研究》系統 drjagx ng j̇agx

蘧蔬，《上古音研究》系統 gjag srjag

扶疏，《上古音研究》系統 bjag srjag

其實這種缺陷在知組中也存在。例如下列帶有知組聲母字的疊韻聯緜詞根據《上古音研究》的構擬系統都不同韻母：

綢繆，《上古音研究》系統 drjəgw mljəgw（按：這裏還牽涉到複聲母的構擬問題。）

篷篨，《上古音研究》系統 gjag drjag

罷池（《文選·司馬相如〈子虛賦〉》："罷池陂陀，下屬江河。"郭璞注："罷音疲。陂音婆。陀音駝。"），《上古音研究》系統 bjiar drjiar

三等韻 j 和 rj 兩類介音的構擬也無法解釋清楚漢賦的某些語音講究。例如《史記·司馬相如列傳》引司馬相如《上林賦》："潯浡滵汩，偪測泌瀄。"集解引郭璞："偪側筆櫛四音。"這裏"偪測泌瀄"是兩個疊韻聯緜詞，每一個聯緜詞的兩音節同韻母，兩個聯緜詞之間第一個音節聲母相同，第二個音節聲母相同。但是《上古音研究》的擬音無法揭示出每個聯緜詞同韻母的規律。"偪測"的讀音是 pjiək tsrjək，"泌瀄"的讀音是 pj（it tsrjit。《上古音研究》的"偪"和"測"、"泌""瀄"韻母都不相同。

《文選·張衡〈西京賦〉》："坁崿鱗眴，棧齴巉嶮。"李善注："棧，士限切。齴，音眼。巉，助奄切。嶮，魚檢切。"這裏"棧齴巉嶮"是兩個疊韻聯緜詞，每一個聯緜詞的兩音節同韻母，兩個聯緜詞之間第一個音節聲母相同，第二個音節聲母相同。但是《上古音研究》的擬音無法完全揭示同每個聯緜詞同韻母的規律。"棧齴"的讀音是 dzranx ngranx，可以說同韻母；"巉嶮"的讀音是 dzrjamx ngjamx，韻母不同。這是因爲整個二等字李先生都擬了 r 介音，所以能夠同韻母；三等字有的是 rj 介音，有的是 j 介音，導致同韻母的字在擬音上不能解釋古人的藝術技巧。

《上古音研究》將整個莊組無論拼二等還是三等都構擬一個 r 介音，三等韻則有 j 和 rj 兩類介音。其構擬缺陷在於：忽視了拼二等和三等韻的莊組字不但在中古有等的區別，而且上古也有相應的區別，將帶有莊組聲母的同韻母的疊韻聯緜詞人爲地析爲兩類韻母，造成一些本來在音類上同韻母的字卻在擬音上不同韻母。

五

關於莊組聲母的上古音構擬，有四種有影響的方案。第一種方案將莊組拆成兩類，一類歸精組，一類仍然是莊組。但是這種拆分完全缺乏事實依據，早就有人批評其不當。第二種方案，由於沒有注意到莊組二等和三等在上古是對立的，並且這種對立在上古内證材料中有明確的反映，而祇是根據填空當的辦法將二三等合成一個等，結果無法接受上古聯緜詞的事實的檢驗，因此難以成立。第三種方案，由於將三等韻的三等介音分成 r 和 rj 兩種，導致一些同韻母的字的擬音卻不同韻母。祇有第四種意見可取。它不改變中古的等跟上古的對應關係，因此能合乎疊韻聯緜詞兩個音節之間常常同韻母的規律，也能區別莊組二等和三等。

〔主要參考文獻〕

董同龢. 上古音韻表稿. 史語所集刊. 18 本，1948.

黃侃. 音略. //黃侃論學雜著. 上海：上海古籍出版社，1980。

李方桂. 上古音研究. 北京：商務印書館，1980.

劉廣和. 西晉譯經對音的晉語聲母系統. //音韻比較研究. 北京：中國廣播電視出版社，2002.

孫玉文. 先秦聯緜詞的語音研究. //古代語言現象探索. 北京：北京廣播學院出版社，2003.

王力. 漢語史稿. 重排本. 北京：中華書局，2004.

王力主編. 王力古漢語字典. 北京：中華書局，2000.

俞敏. 後漢三國梵漢對音譜. //俞敏語言學論文集. 北京：商務印書館，1999.

Rethinking the phonological reconstruction of "zhuang（莊）group" from the perspective of binding words（聯緜詞）

Sun Yuwen

(Department of Chinese, Peking University,

Beijing100871, China)

Abstract: There are four main opinions about the phonological reconstruction of "zhuang（莊）group" in ancient Chinese. The first one is represented by Bernhard Karlgren, which has drawn a lot criticism because of lacking support with historical material. This paper mainly discusses the following two opinions from the angle of Chinese binding words and points out the unreasonable aspects respectively. With the laws of binding words, this article supports the idea which is represented by Wang Li that the initial consonant of "zhuang（莊）group" cannot be classified into the same category as "jing（精）group" in ancient Chinese. They are two independent types, which just have a similar pronunciation. On such basis, the paper also explores the phonological reconstruction of "Zhuang（莊）group" in Old Chinese.

Key words: reconstruction of Old Pronunciation i　binding i words initial consonants of "zhuang（莊）group"

附記：本文的題目、摘要、關鍵詞的英文翻譯得到了張昕同志的幫助，謹致謝意。

（孫玉文，北京大學中文系，郵編　100871）

論梵語音節劃分的規則*
——梵漢對音研究的基礎之一

趙淑華

內容摘要：本文根據印度語音學著作、西藏《咒語讀誦法略集》、安然《悉曇十二例》、巴利語法書，以及梵語語法書等資料進行考察，證明梵語的音節劃分其實有兩種規則：口頭的和書寫的。在進行梵漢對音研究時，首先要清楚譯者採取了哪種規則，否則就不能正確有效利用這些材料，甚至會發生錯誤的分析。

關鍵詞：梵漢對音　音節　音節劃分　悉曇　讀咒法

一　問題的提出

1923 年俄國漢學家鋼和泰（A. von Staël–Holstein）《音譯梵書與中國古音》及汪榮寶《歌戈魚虞模古讀考》兩篇文章，提出了運用"梵漢對音"研究漢語音韻的新觀點和新方法，中外學者除了運用這類語料擬測古漢語音值、音系及譯經原語外，對此一方法的反省及語料的考察，也隨之成爲學者們的關注所在①。

＊　本項研究得到香港特別行政區研究資助局（RGC）全額資助，項目編號爲 HKIEd 844710。其間承蒙臺灣"中央大學"萬金川教授及香港教育學院/北京大學朱慶之教授細心指導，謹此誌謝。尤其，本文若能在梵漢對音研究上略顯一點參考價值，實需感謝兩位老師畫龍點睛之寶貴意見。

其間認同或反對的聲音總是此起彼落。1977 年許理和
（Zürcher:179）指出，東漢對音語料祗能作爲東漢語音研究的佐
證材料，原因之一是：譯師必須切割多音節的外來語詞，以便用
單音節的漢字音譯。柯蔚南（Coblin 1983：33）也認同許理和
的看法。因此，在其《東漢音注綱要》一書中，從未論及譯者的
音譯條例及梵語劃分音節的規則。當使用對音語料作爲佐證時，
他對梵語語段的切分是不分譯者，全依漢譯詞而定。如該書頁
83 提到：不少東漢音注顯示，許多祭部字（中古是去聲）和中
古具有韻尾-t 的字，彼此間有語音關聯。因此，他舉"賴毗"對
梵語 ra ṣmi 爲證時，便切分 ra ṣ爲"賴"（祭部；泰韻去聲）的
對應音節；舉"賴吒和羅"對梵語 rā ṣtrapāla 爲證時，切分 rā ṣ
爲"賴"（祭部；泰韻去聲）的對應音節；舉"貝多"對梵語
pattra 爲證時，切分 pat 爲"貝"（祭部；泰韻去聲）的對應音
節；舉"偈"對梵語 gāthā 爲證時，切分 gāth 爲"偈"（祭部；
薛韻入聲/祭韻去聲）的對應音節。諸如此類，最後他再擬構一
足以説明這些語料的祭部韻尾音值。然而柯蔚南自己在同書頁
79 討論東漢韻尾（The Final Consonants）時，又指出中古具有
-p，-t，-k 韻尾的對音用字，偶爾也會對應没有輔音結尾的梵
語音節，如：拘邀摩（MCk u suk mwâ）對應梵語 kusuma。如
此一來，依"所討論的漢譯字音"切分梵語語段，然後再反過來
以此梵語語段擬構"所討論的漢譯字音"，雖然切分語段依據的
是其它資料提供的信息，比如東漢音注，所以不算循環論證，但
是因爲有反例的切分可能，也就降低了對音的説服力，除非柯蔚
南先證明那些反例是無須納入考慮的例外。

　　無獨有偶，這時中國的對音研究者也正努力爲對音語料尋找
規律，排除例外，企圖確立對音研究的價值。例如：1983 年施
向東（2009：11）在其《玄奘譯著中的梵漢對音研究》裏，便提
出他歸納大量譯例所發現的四條音譯規則。其中第二條是：改變

梵語劃分音節規則以適合漢語音節結構。他認爲："梵語除了句尾之外没有閉音節。如 mu｜ñca｜mu｜ñca，mu 爲一音節，ñca 爲一音節。玄奘方音中看來並没有 ñca 這樣的音節，所以就改變音節劃分，譯爲'悶遮悶遮'：muñ｜ca｜muñ｜ca。"（案：原文以"｜"切分音節。）

1995 年，總結此前學者的努力，儲泰松發表了《梵漢對音概説》，全面説明"梵漢對音"的方法和材料。文中首先介紹梵語語音知識，其次列出漢譯佛經的音譯條例，主要是梵語複輔音的分割原則，單輔音的前後兼用（即連聲法），固定的譯音用字，以及音注類型。最後則説明研究對音的步驟及注意事項。文中雖没有明確指出梵語音節結構，但從他談"梵文複輔音分割原則"的敘述看來，他所認知的"梵文[②]"音節劃分規則，應該如同尉遲治平（2002:14）所指出的："梵文有輔音連綴，按其音節劃分規則，一律劃歸下一音節之首。"

2010 年施向東發表了《梵漢對音與借詞音系學的一些問題》，仍是維持同一看法，並指出：梵語不是單音節語言，它的音節劃分，按照古印度傳統（如《悉曇藏》所示[③]），全都是母音結尾，所有輔音都在音節的前部。祇有當一個詞是輔音結尾時，最後一個音節才是閉音節。梵語的一個音節可以母音起首，也可以單輔音起首，也可以複輔音起首。（2010:7—12）

由此看來，關於梵語音節劃分的規則，這些學者都一脈相承自 1979 年俞敏提出的説法："梵文的音節劃分法是盡可能把一連串兒輔音放到音節頭上。"（1999:8）而且因爲後漢以後，漢語已無複輔音聲母，遇到梵語複輔音時，漢譯詞便不能和這種音節劃分對應，因此必須改變梵語的音節劃分，兩者才能對應。例如：padma，俞敏（1999:8）認爲按梵語音節劃分是 pa-dma，和支謙譯"鉢摩"（鉢是入聲字，摩是明母字）不能對應，須改成 pad-ma 才可對應。（案：原文以"-"切分音節。）

由於找到了對音規律（即音譯條例），看起來似乎確立了對音語料在音韻研究中的價值。然而這一立基於"梵語音節劃分規則"的音譯條例，也就是："譯師會改變梵語劃分音節的規則以適合漢語音節結構"的看法，恐怕是需要調整的。因爲，梵語音節的劃分規則其實有兩種：口頭的和書寫的。梵漢對音研究者實將書寫的音節劃分誤認作口頭的，因而得出這樣的結論。以下即根據印度語音學著作、巴利語法書、西藏《咒語讀誦法略集》、安然《悉曇十二例》，以及現代梵語語法書，證明梵語的音節劃分其實有兩種規則，口頭的和書寫的。

二 梵語的口頭音節劃分規則——印度源語部分

（一）古代印度語音學的梵語音節劃分

古代印度語音學著作主要有兩類：Prāti ṣākhyas 和ṣikṣās。其中 Prāti ṣākhya 是針對某一部《吠陀》説明其發音、聲調、連音規則等等，所以四《吠陀》都各有自己的 Prāti ṣākhya[1]。對同一主題，不同的 Prāti ṣākhya 有時會有不同看法，從而顯露出其實際的方言特色。而ṣikṣā 則是吠陀六支[5]之一，其語音解説並不針對某特定《吠陀》，但可視爲 Prāti ṣākhya 的補充。現存最重要的ṣikṣā 是 Pā ṣinīya—ṣikṣā[6]。Prāti ṣākhyas 和ṣikṣās 都是要教人正確讀誦《吠陀》和咒語的文獻，是最古老的梵語語音學課本（phonetic textbooks），或者也可説是吠陀梵語的語音學（Phonetics）和音系學（Phonology）。儘管學者認爲 Prāti ṣ ākhyas 應是基於ṣikṣās 而編成的，但現存的ṣikṣās，其年代都晚於 Prāti ṣākhyas。梵語學者 Siddheshwar Varma[7]便認爲：Prāti ṣākhyas 的年代應是 500—150 B.C.，而那些已經亡佚的ṣ ikṣās 的年代則是 800－500 B. C. 。此外，除了這兩類專著，梵語語法著作也會論及語音學的內容，特別是帕你尼（*Pāṇini*）的《八章書》（*Aṣṭādhyāyī*）和波顛闍利（*Patañjali*）的《大疏》（*Mahābhāṣya*）。再者，《梵書》（*Brāhmaṇa*）、《森林書》（*Āraṇyaka*）、《奧義書》（*Upaniṣad*）也會出現語音學的術語。（以上參見 Allen，1953:4－6）

　　古代印度語音學家對 "音節（梵語 *akṣara*，巴利語 *akkhara*）" 的結構，基本上各派間有共通的看法，祇有在劃分元音間的複輔音時，才產生分歧。共通的部分是 "元音（svara）是音節（*akṣara*）的核心"，細節如下⑧（Allen，1953：80）：

　　1. 一個元音形成一個音節，即 V⑨。

　　2. 一個輔音和一個元音形成一個音節，即 CV。

　　3. 字首的輔音串和一個元音形成一個音節，即 C₁…CnV。

　　4. 一個元音，連同字首複輔音，並且若位於詩偈停頓處（即位於詩偈行末）時，還可加上尾隨於元音之後的一個輔音，形成一個音節，即 C₁…CnVC⑩。

　　5. 輔音附屬於元音。

　　由於 svara（元音）和 akṣara（音節）間有這種相互依存的關係，所以 akṣara 一詞也經常擴大其義而有 "元音" 的意思。

　　再者，根據 W. Sidney Allen（1953:81－83）的整理，元音間複輔音的劃分法有三種：

　　1. 元音間的複輔音，全歸給後面元音的音節⑪，亦即：

　　VC₁C₂…CnV→V－C₁C₂…CnV。例：vatsa→va－tsa。

　　2. 元音間的複輔音，第一個輔音歸前面元音的音節，其他歸後面元音的音節⑫，亦即：

　　VC₁C₂…CnV→VC₁－C₂…CnV。例：vatsa→vat-sa。

　　3. 元音間的複輔音若是以 "輔音＋半元音（semivowel，即

y, r, l, v)" 或 "輔音＋擦音（fricative, 即 ś, ṣ, s, h）" 爲始，則整個輔音串全歸後面元音的音節，否則則第一個輔音歸前面元音的音節，其他歸後面元音的音節，亦即：

3. 1：$VC_1C_2 \cdots CnV \rightarrow V-C_1C_2 \cdots CnV$。$\{ C_2 =$ y, r, l, v, ś, ṣ, s, h $\}$

3. 2：$VC_1C_2 \cdots CnV \rightarrow VC_1-C_2 \cdots CnV$。$\{ C_2 \neq$ y, r, l, v, ś, ṣ, s, h $\}$

例：vatsa→va—tsa。例：i ṣetvā→i—ṣe—tvā。例：padma→pad-ma。

若根據 Thomas Egenes（2000：64）的解説，第三種劃分法稍有不同，亦即：當複輔音的首音是非鼻音的閉塞音（non—nasal spar śa），而第二個輔音是嘶音（sibilant, 即 ś, ṣ, s）或半元音（y, r, l, v）時，則整個輔音串全歸後面的音節，否則第一個輔音歸前面元音的音節，其他歸後面元音的音節，亦即：

3. 1'：$VC_1C_2 \cdots CnV \rightarrow V-C_1C_2 \cdots CnV$。$\{ C_1 =$ non－nasal spar śa 且 C2＝y, r, l, v, ś, ṣ, s $\}$

3. 2'：$VC_1C_2 \cdots CnV \rightarrow VC_1-C_2 \cdots CnV$。$\{$ C1≠non－nasal spar śa 或 C2≠y, r, l, v, ś, ṣ, s $\}$

例：traiguṇyavi ṣayā→trai—guṇ-ya-vi-ṣa-yā

Thomas Egenes 也指出：事實上，Ṛk—Prāti śākhya 就兼持 1 和 2 兩種看法⑬，亦即像梵語 dharma 可以切割成 dhar—ma，也可以劃分爲 dha—rma。對此，Thomas Egenes 認爲，實際上 1 和 2 並沒有很大不同，因爲讀誦時從一個輔音過渡到下一個輔音，中間並沒有間斷。話雖如此，但在用漢字音寫時，恐怕就有差別了。那麼到底哪一種較可能是佛經漢譯時所面對的呢？事實上，學者們辛苦歸納出來的對音條例，若不看成反映譯師改變梵語劃分音節的規則以適合漢語音節結構,而是看作呈顯了 2 或 3 的音節劃分法,那麼答案已經很明白了。但是,也許有人會認爲,這不過是吠陀梵語的音節劃分,不足以説服人。那麼,讓我們考察一下巴利語的音節劃分。

(二) 巴利語的音節劃分

巴利語(Pāli-bhāsā,意思就是"聖典的語言")是上座部(Theravādin)[⑭] 持誦的佛教聖典所使用的語言。據蔡奇林(2008:5) 指出,從語言系統來看,巴利語是屬於印歐語系,印度伊朗語族,中古印度亞利安語的一種方言。一般將它歸類於和古典梵語(Classic Sanskrit)相對的俗語(Prākrit)。它和古典梵語同樣淵源於古代印度的吠陀梵語(Veda Sanskrit),因此彼此有着非常親近的關係。

根據 K. Manohar Gupta(2003:20-21)指出,僅管巴利語是這麼古老且自然的語言,但由於梵語語法研究之盛,且研究梵語的人也可以了解巴利語,因此人們就不認爲有另外研究巴利語法的需要。直到十世紀之後,國王們忙着抵禦回教徒的入侵,佛教在印度本土則走向衰敗,同時北印的梵語文學創作也不再風光,那時巴利語法學家才出現。主要有三個傳統:印度的 Kachchāna(1175－1181A. D.)、錫蘭的 Moggallāna(1153－1186 A. D.)、緬甸的 Saddaniti(1154 A. D.)。關於這三家,Wilhelm Geiger(1996:49-50)引述 R. O. Franke 的話指出:其實這些巴利語法學家和現代研究巴利語的人一樣,都不是基於口頭的巴利語認知,而是透過文獻來研究,並且他們的語法書也是盲目模仿梵語語法書,硬將梵語語法套在巴利語上。但是 A. K. Warder(1974:382)則認爲緬甸語法學家 Aggavaṃsa 用巴利語寫成的 Saddaniti,是涵蓋面最完整的巴利語法書。從筆者手上僅有的 James d'Alwis 及 Rev. B. Clough[⑮] 的英譯看來,似乎前兩個都沒有提到巴利語的音節(akkhara),倒是 A *Dictionary of Pāli*

Part I 頁 5 在解釋 akkhara 一詞時，引用了 *Saddanīti*357，28：
"aṭṭh' akkharā ekapadaṃ"（八個音節是一行詩偈），以作爲
akkhara 有 syllable（音節）這一義項的例句。可見在 Saddanīti
該處的 "音節"，談的是偈頌的音節，偈頌是要拿來吟誦的，所
以也就是口頭上的音節。由於筆者手上沒有此書，詳細情形目前
衹能略過。現前衹能以現代巴利語學者的研究來談巴利語的音
節。

　　關於巴利語的音節，V. Perniola（1997：4-5）在其 *Pali
Grammar* 一書中指出：一個語詞被分成數個 "音節" 而説出。
一個 "音節" 是由一個元音所構成的語音，或由一個元音加上一
個或數個輔音所構成的一組語音。例如：āpajjati 有四個音節 ā
—paj—ja—ti。音節可以區分爲開音節（open syllable）或閉音
節（close syllable）。開音節以元音結尾，閉音節以輔音或隨韻ṃ
結尾。音節也可以區分爲輕或重，輕音節以短元音結尾。重音節
以長元音，或一個輔音，或隨韻ṃ 結尾。而 Wilhelm Geiger 則
認爲：在巴利語中，一個音節衹能有一或二個音長（mora，巴利
語 mātrā），所以音節有三種：（1）具有短元音的開音節，（2）
具有長元音的開音節，（3）具有短元音的閉音節。而具有鼻化元
音（aṃ, iṃ, uṃ）的音節也算是閉音節。（1996：63）根據 Gei-
ger 的説法，蔡奇林（2000：0—3）便指出：巴利語音節結構爲：
每一音節含一元音且通常以元音結尾，但若元音後接 "雙子音"
時，則該音節以子音結尾。如：ā-nan-da, vi-ha-ra-ti, duk-kha,
saṃ-yut-ta。

　　因此，從巴利語的音節劃分規則來看，關於元音間複輔音的
劃分，是屬於上述第二種，也就是第一個輔音歸前面元音的音
節，其他歸後面元音的音節。這點和梵漢對音語料是明顯相呼應
的。此外，也讓我們考察西藏譯師及悉曇文獻是如何劃分的。

三　梵語的口頭音節劃分規則——譯經目的語部分

（一）西藏《咒語讀誦法略集》的梵語音節劃分

佛經翻譯成藏文的時間，據侃本（2008：43）所指出，大概是從鬆贊干布時期（617－650）到五世達賴喇嘛時期（1617－1682），歷時約 1065 年。能延續這麼久，自有其內外在原因，但最重要的還是歷代王室的重視與扶持。也因爲王室的介入，所以對實際的翻譯問題也能有統一的解決方式，其中影響最大的就是赤德鬆贊（khri－lde srong－brtsan，798－815）命印、藏佛教大師編寫頒佈的《翻譯名義大集》（Mahāvyutpatti）、《翻譯名義中集》（Madhyavyutpatti）、《翻譯名義小集》（Kulyavyutpatti）三書。尤其《翻譯名義中集》[16] 的序文裏，明文訂定了藏文佛典的翻譯規則及內容。關於音譯的部分，如下（胡進杉，2003：172）：

> 一個梵文音，與多種藏文詞語相對應的，應根據上下文創立最適當的詞語。像 gautama 中的 gau 這個音，與 "詞語"、"方向"、"地"、"光"、"金剛"、"牛"、"善趣" 等多種詞語相對應；又像 kausika，它與 "持吉祥草"、"喜蓮"、"臬"、"寶頂" 等相對應，翻譯起來，牽涉到很多種意思。譯文用一個詞語把它們全部包括進去又辦不到，衹譯一個意義又沒有充足的理由，這樣就不要翻譯，而保留梵文的原樣（音譯）。對於可以做多種解釋的詞語，翻譯時不能衹按一種理解翻譯，而要做到全面對應。

由此可知，藏譯佛經中也有很多梵語的藏文對音。然而因爲藏文衹有四個元音和三十個輔音，與梵語三十三個輔音、十六個元音相比，對音時就顯得不足。因此，譯師們爲配合音譯的需要，又發明了十個輔音字母，以及標示長元音、隨韻、止聲的方法，以便音譯梵語。讀者若要正確讀誦這些音譯詞，特別是強調讀出梵音的咒語，就需有人指導，因而也就有了教道讀咒的著作出現。其中那唐譯師（snar thang lo ccha ba）編輯的《咒語讀誦法略集》（sngags kyi bklag thabs bsdus pa zhes bya ba）以及他親自撰寫的《咒語讀誦法略集注釋——見而義顯》（sngags kyi bklag thabs bsdus pa zhes bya ba bzhugs so）便是藏語地區流傳最廣的讀咒法[①]。清乾隆皇帝下令編纂《大藏全咒》時，還命人將《咒語讀誦法略集》翻成滿文及蒙文，名爲《御制滿蒙藏合璧讀咒法》，收於《大藏全咒》中以作爲梵咒讀誦之指導。

據林光明先生（2005：118-123）考證，那唐譯師名叫僧伽室利（saṃ gha ṣrī），那唐（snar thang）是寺名。僧伽室利，生卒年不詳，應是 12—13 世紀的尼泊爾人。從小在西藏那唐寺學習佛法，長大後出家。曾在印度當過那爛陀寺寺主的喀什班欽釋迦室利，就是僧伽室利的老師。因此，《咒語讀誦法略集注釋——見而義顯》的年代，很可能是公元 1240 年，亦即南宋嘉熙四年。

《咒語讀誦法略集》的主要內容，一是介紹梵語字母，二是介紹字詞中字母的拼讀法。此處和我們論題有關的是複輔音的讀法。藏文對音是採用疊寫的方式來表示梵語的複輔音，如 sa-mya-ksaṃ-bu-ddhaṃ（三藐三佛陀）寫成 ༔སཾསྟྲ，由於轉寫梵語的藏文，其字母拼合規則與平常的藏文不同，因此需要指明如何拼讀。根據《咒語讀誦法略集》，複輔音的讀法，依其位置不同而有兩種（參見林光明 2005：118—123）：

（1）字首的複輔音

（a）不同的輔音相疊：將每個輔音輕而快的讀過，以輔音串後的元音或隨韻音爲主要聲調。

（b）相同的輔音相疊：以盈滿高音調念。

（2）元音間的複輔音：第一個輔音要與前一字母連讀，如：

༔སྟྲ（sa-mya-ksaṃ-bu-ddha ḥ）要讀爲 sa-myak-saṃ-bud-dha

ḥ。但有些輔音與前一字母連讀時會有音變，如 ñ 和 ṇ 與前一字母連讀時會讀成 n。

由此看來，公元 1240 年僧伽室利所了解的梵語音節劃分也是：元音間的複輔音，第一個輔音須與前一字母連讀。而如同林光明先生（2005：80，注 1）所指出：藏文的疊寫方式是取法於印度文字[18]，從而也讓人不得不連想到印度之悉曇字也是將複輔音疊置成一個字元，例如：三貌三沒馱𑖭𑖽𑖤 二般𑖫二沒𑖟馱（sa-mya-ksaṃ-bu-ddha）。那麼用悉曇字記錄的梵語詞，拼讀時是不是也同轉寫梵語的藏文一樣，元音間的複輔音，其第一個輔音須與前一字母連讀呢？讓我們看看悉曇文獻的記載。

（二）安然《悉曇十二例》的梵語音節劃分

"悉曇"是梵語 siddhaṃ（〈siddha-〈ppp. of √ sidh 成就）或 siddhāṃ（〈siddhā-）的音譯，同義的音譯還有肆曇、悉談、悉檀、悉旦、七旦等等。《悉曇字記》説："悉曇，天竺文字也。"（T54，p. 1186，a6）《梵字悉曇字母並釋義》也説："梵字悉曇者，印度之文書也。"（T54. p. 561，a）天竺即印度。印度文化區所使用的文字有多種，隨着時空的不同也一直在演變。悉曇文字是記載梵語的一種字體，五六世紀傳入中土，進而又傳播到日本。然而，爲什麼稱這種字體爲"悉曇"？筆者以爲，"悉曇"一名應該是和學習梵語字母及拼音方式的教材《悉曇章》有關。隋. 慧遠《大般涅槃經義記》卷四説："胡章之中有十二章，其〈悉曇章〉以爲第一，於中合有五十二字，悉曇兩字是題章名，餘是章體。"（T37，p. 707，a20）由此可知，"悉曇"原是章題[19]，後來才用以指稱整個教材，如義淨《南海寄歸内法傳》卷四談到"西方學法"時就説："一則創學悉談章，亦名悉地羅窣覩，斯乃小學標章之稱，但以成就吉祥爲目。本有四十九字，共相乘轉，成一十八章，總有一萬餘字。……六歲童子學之，六月方了。斯乃相傳是大自在天之所説也。"（T54，p. 228，b18）因此，隨着

《悉曇章》的傳習，進而稱呼其字體爲"悉曇"，應該是很自然的。

　　在中國，研究《悉曇章》的專著有唐代智廣的《悉曇字記》、一行的《悉曇字母表》等等。隨着佛教東傳日本，《悉曇章》的研究也得到很大的發展，不衹談文字的發音、拼讀、對音，還結合佛典中的字門及根本字來解說悉曇字母所蘊含的佛教義理，進而發展爲"悉曇學"的學問。像平安朝時代日本有所謂的入唐八大家，都傳習密教，精研悉曇，其中最有名的是弘法大師空海的《梵字悉曇字母並釋義》。元慶四年（880A. D.），安然集當時悉曇學之大成，編撰《悉曇藏》八卷進呈王室。平安朝末期，明覺《悉曇要訣》（1101A. D.）確立了日本的悉曇學，此後逐漸與漢語音韻學結合，因而產生了信範《悉曇私傳記》、了尊《悉曇輪略圖抄》、淨嚴《悉曇三密抄》等名著。（參見尉遲治平1986：17）

　　《悉曇十二例》，從内容看來應該也是安然的著作。該文卷首（T84，p. 462，b）指出：本文主要是想補充《悉曇字記》所沒有記載的，（有關梵字拼音及梵漢對音的）十二項課題。其中第四項"二字合成一音例"與本文此處所談有關，略述如下（T84，p. 462，c12）：

　　首先，安然舉以下八字的對音爲例：

（ccha,車）、（tdha, 馱）、（ddha, 馱）、（pbha, 頗）、（ddhā, 馱）、（ddhe, 提）、（ddhi,地）、（ddhaṃ, 曇）

　　指出："檢尋文例，五句字㉑上四字㉒中，各以下字隨合上字之下，皆成下字之音㉒，未見當句四字之中相合以爲二合之音㉓。"

　　接着又指出："未見以（bu, 沒）（ddhā, 馱）之'娜'爲半音的音注。"

　　然後，便以此二説反駁全真《次第記》之以“如：𑀲 (sa, 薩) 𑀭 (rva, 嚩) 字，其上‘薩’字之終音含下‘嚩’字之半音。如：𑀩 (bu, 沒) 𑀥 (ddhā, 駄) 字，其上‘沒’字之終音含下‘娜’字之半音”爲例而説明的“半音”之意。

　　很明顯，此條内容原本是要澄清所謂的“半音”，祇是剛好論及了“二字合成一音”的語流音變，所以放在這裏談。但也因此得知，全真《次第記》認爲 buddha 應讀爲 bud－dha，而安然《悉曇十二例》則認爲上字 d 和下字 dha 緊鄰一起時，二字祇要讀成下字之音 dha。所以，就全真而言，元音間的輔音串 ddh，其第一個輔音須與前一字母連讀。而安然的看法則不是很清楚，因爲他並未附上完整的梵語詞，看起來他是主張同一發音位置的雙輔音要合成一音。

　　綜上所述，學者們辛苦歸納出來的對音條例，明顯並非反映譯師改變梵語劃分音節的規則以適合漢語音節結構，反而應該看作是呈顯了口誦時的音節劃分習慣。那麼俞敏等學者所主張的音節劃分規則又是從何而來呢？

四　梵語的書寫音節劃分規則

　　俞敏等學者認爲：

　　　　梵語的音節劃分，除了語詞的最後一個音節可以輔音結尾，其他都是母音結尾。所有輔音都在音節的前部。梵語的一個音節可以母音起首，也可以單輔音起首，也可以複輔音起首。（施向東 2010：7－12）

　　經筆者考察，此説可能是源自惠特尼（Whitney）的《梵語文法》（Sanskrit Grammar）頁 4 第 9 條“天城體書寫規則”的小字夾注：

　　　　每個音節以一個母音，或是一帶有隨韻（anusvāra）的

母音，或是一帶有止聲（visarga）的母音結束。又，在此同
一音節中，隨韻和止聲是唯一可以出現在母音之後的成
分㉔。

此條規則，佩里（E. D. Perry）在其《梵語入門》（A San-
skrit Primer）頁 2 中改寫爲：

　　根據印度分開音節的方式，除了詞尾外，每一個音節必
　　須以母音或止聲（visarga）或隨韻（anusvāra）結束。但在
　　印度，一般書寫的時候，不會把句子中的詞分開，而將每個
　　詞最後的子音與下一個詞的詞首結合成一個音節。如此，以
　　子音結束的音節僅發生在句末㉕。

上述這種音節劃分法，其實和文字的寫法密切相關。因爲，
據伊斯特林（1987：234）所指出：不管是婆羅迷字（Brāhmī
script），或四世紀由婆羅迷字發展成的笈多（Gupta）王朝字，
七世紀末從笈多王朝字形成的城體字（Nāgarī script），八世紀
由城體字產生的天城體字（Devanāgarī script），乃至唐代流行於
中國的悉曇（Siddhaṃ）字，還是源自波斯·阿拉伯文字（Per-
so-Arabicscript）的佉盧字（Karoṣṭhī script），都是一種“元音
附標文字”（abugida），或稱“音素音節文字”（alpha-syllaba-
ry）㉖。這些文字，每一個書寫單位就是一個音節（syllable，梵
語：akṣara），如悉曇字 क 代表音節 ka（案：此處是用羅馬字母
音寫，不是國際音標），其中 k 是“輔音”，a 是“內在的元音”
（“inherent” vowel），但整個 क 既不能説是輔音字母，也不能説
是元音字母，因爲 क 代表的是一個音節。邵瑞祺（Richard
Salomon，1996：376）稱這種音節爲“書寫的音節”（graphic
“syllable”，梵語 akṣara），言下之意是“寫的音節”和“説的音
節”是不同的。邵瑞祺並指出：按定義，這種“書寫的音節”總
是以一個元音結尾，所以其音節結構是：V，CV，CCV 等等。

如果一個音節中有複輔音，這些輔音要結合成一個書寫單位，如：kra，悉曇字要寫成 <unk>，它是 <unk>（ka）的上部接續半體 <unk> 和 <unk>（ra）的下部接續半體 <unk> 合成的。當這個音節的語音結構祇有輔音時，比如在詞末，那麼該 "音節" 右下角就要加上一個去元音的記號（<unk>），梵語稱 virāma（stop）或 halanta（consonant-final）。如：輔音 t，天城體寫作 <unk>。

因此，俞敏等人所認知的音節劃分規則實是印度文字的書寫原則。

就梵語而言，"書寫的音節" 應是不等同 "口説的音節"。這點從梵詩格律並非祇以 "元音或止聲或隨韻的結尾" 來判斷音節的輕重，而是還考慮了 "短元音後的複輔音"[20]，也可以得證。爲什麼呢？印度人講究贊歌及咒語的誦讀，所以自古就對梵語音韻和詩律有透徹研究[21]。但贊歌及咒語是要吟誦的，所以詩律之制定基本上要符應口頭的語音習慣。此外，梵語詩律談輕重（laghu or guru，亦譯作 "長短"），輕重的辨別則以音節中的元音狀況爲判斷標準[22]——含長元音的音節是重音節，而短元音音節，若元音後接複輔音，也算重音節。爲什麼複輔音會讓這個短元音和長元音具有一樣的聲韻功能呢？如果 "口説的音節劃分" 同前面所描述的 "書寫的音節劃分" 一樣，元音間複輔音都歸給下一音節，那就無法解釋這個問題。爲什麼呢？我們可以參考 Thomas Egenes 曾給予的解答。Thomas Egenes（2000：86）認爲：當從音節劃分的角度來思考時，複輔音的的第一個輔音是要劃歸給前一音節的[23]。那麼讀前一音節時還要花點時間在這個輔音上，所以便使得即使祇含短元音的前一音節也變成重音節了。因此，誦讀詩歌梵咒所用的音節劃分，應該異於上文所談的書寫音節劃分。而誦讀的音節是口説的音節，所以從梵詩格律可知："口説的音節" 不等同 "書寫的音節"。

五　結　論

上文根據印度語音學著作、巴利語法書、西藏《咒語讀誦法略集》、安然《悉曇十二例》，以及現代梵語語法書，考察梵語音節劃分的規則。結果發現，梵語音節劃分實有口頭和書寫兩種。共通點是"一個元音"或"一個元音和幾個輔音"構成一個音節，亦即主要是 V, CV, CCV 等結構。而當元音間有複輔音時，書寫的劃分法是把所有輔音都放到音節頭上，口頭的劃分法則是第一個輔音要歸上一音節。但有的印度語音學者主張複輔音中的第二個輔音若是 y, r, l, v, ś, ṣ, s, h 中的任一個時，整個複輔音要全歸後面元音的音節。這些不一致的細節，可能是方言不同所致，筆者以爲還須參考梵語語流音變規則、梵藏對音、梵漢對音、梵夏對音等等，以作爲調整的依據。

由此可知，梵漢對音研究者，實將書寫的音節劃分誤認作口頭的。所以，雖然對音研究者注意到印度經文口耳相傳的傳統及譯經程序中的口誦，如俞敏能運用梵語的連音規則、印度語言元音間清輔音會濁化的音理、《悉曇十二例》所記載的"連聲法"等等來解決對音上的疑難[20]。但是因爲受限於對梵語音節劃分規則的認知，所以誤把"譯經流程"的現象當成"翻譯技巧"看待。也就是說，口頭上的梵語音節結構本就是如此，譯師並沒有改變梵語劃分音節規則以適合漢語音節結構。學者們辛苦歸納出來的這個對音條例，其實反映的是：音譯經過了"讀、聽、寫"的流程，乃至根據的是"口頭文本"而非"書面文本"。

此外，當我們了解了梵語口頭的音節劃分規則後，再觀察譯師們所使用的"二合"[22]、"三合"的音注，就會發現"二合"、"三合"等標記複輔音的方式，並不符合口頭音節的劃分，反而較像模仿梵字複輔音須合成一字的寫法。比如：padmakulāya,

天城體寫作 पद्मकुलाय，不空〈大佛頂陁羅尼〉音譯成 "鉢納麼二合矩攞引野"。按譯經師的建議⑤，"納麼二合"（य्）要讀成一個音節。當然譯經師不得不這麼教，否則兩個漢字都各讀一個音節，加起來就比梵語多出一個音節⑥。但實際上現代人不這樣讀梵語，古人也不這麼讀。因此，雖然從志磐《佛祖統紀》卷四十三所載的譯場組織看來，"第一譯主，正坐面外，宣傳梵文。第二證義，坐其左，與譯主評量梵文。第三證文，坐其右，聽譯主高讀梵文，以驗差誤。第四書字梵學僧，審聽梵文，書成華字，猶是梵音。第五筆受，翻梵音成華言。"（T49, p. 398, b8）音譯所面對的音節，應是聽來的 "口頭的音節"，而非看到的 "書寫的音節"。但佛經音譯真的都是經過 "讀、聽、寫" 的流程嗎？在大量 "書面文本" 傳來之後，它會不會有看着文本修正音譯詞的程序，甚至是略去 "口誦" 的程序而直接看着文本翻呢？否則爲何 "二合"、"三合" 等標記複輔音的方式並不符合口頭音節的劃分呢？

由此可知，不管是了解譯經活動，還是研究梵漢對音，都有必要澄清梵語音節劃分究竟爲何。甚至唯有在這樣的基礎之下，我們才可能配合其他相關資料，比如語流音變等等，推定譯者的翻譯技巧，進一步用於梵漢對音等研究。

〔注釋〕

①詳細回顧與評述，可參考朱慶之《佛典與漢語音韻研究——20 世紀國內佛教漢語研究回顧之一》一文。

②儲泰松及尉遲治平顯然都把梵文和梵語混爲一談，按其文意，指的應該是梵語。

③作者原注："安然《悉曇藏》《大正藏》第 84 册，No. 2702." 顯然作者不是忘了詳細出處，就是可能有其他原因而無法注上詳細出處。

④Ṛk－Veda 的語音解說文獻是Ṛk－Prāti ṣākhya，Sāma－Veda 的是Ṛ

$k-tantra-Vyākaraṇa$，*Black Yajur—Veda* 的是 *Taittirīya—Prāti ṣ ākhya*，White *Yajur—Veda* 的是 *Vājasaneyi—Prāti ṣ ākhya*（或稱 *Kātyāyanīya—Prāti? ākhya*），Atharva—Veda 的是 *Atharva—Prāti ṣ ākhya*。

⑤吠陀六支，即六"吠陀支"（梵語 *Vedā* $_ṅga$，即 *veda* 和 *a* $_ṅga$ 的複合，字面意思是"吠陀的支分"），是六種用來幫助正確唱誦、了解、運用《吠陀》（Veda）的典籍。印度文獻學者 Maurice Winternitz（1981；vol. 1, p. 249）在其《印度文獻史》一書中指出：*Muṇḍaka Upani ṣad*（I, 1, 5）是最早列出所謂的"六吠陀支"的文獻，亦即 *ṣ'ik ṣ ā kalpovyākaraṇam niruktam chando jyoti ṣam.* 而關於六支的内容，梵語學者 A. A. Macdonell（1972；266）在其《梵語文獻史》中曾給了一個簡要的説明：These are *ṣ'ik ṣa*, or phonetics（語音學）；*chandas*, or metre（詩律學）；*vyākara? a*, or grammar（文法學）；*nirukta*, or etymology（語源學）；*kalpa*, or religious practice（祭儀學）and *jyoti ṣa*, or astronomy（天文曆學）。隋·吉藏《百論疏》也曾説："六論者，一《式叉論》，釋六十四能法。二《毘伽羅論》，釋諸音聲法。三《柯剌波論》，釋諸天仙上古以來因緣、名字。四《豎底（張理反）沙論》，釋天文、地理、算數等法。五《闡陀論》，釋作首盧迦法。佛弟子、五通仙第説偈，名首盧迦（强河反）。六《尼鹿多論》，釋立一切物名因緣。"（T42，p. 251，a26）看起來，中國古德的理解與現代梵語學者有些出入。不過，現代學者們一致認爲，吠陀六支所討論的課題，在解説《吠陀》的某些《梵書》（*Brāhmaṇa*）、《森林書》（*Āraṇyaka*）中早有提及。例如：*TaittirīyaĀraṇyaka* 已經討論了字母（letters）、重音（accents）、音長（quantity）、發音（pronunciation）、連音規則（euphonic rules）（參見 A. A. Macdonell, 1972；267）因此，吠陀六支是《吠陀》老師爲了幫助學生正確唱誦、了解、運用《吠陀》而長期發展累積而成的六門學問。後來結集成精簡、有系統、需要老師解説，也就是經書體裁（sūtra-type or sūtra-form）的六類口傳文獻。（參見 M. Winternitz, 1981；vol. 1, p. 249—252）關於六支的時代，Macdonell 是置於 500—200 B. C.，另一位印度學者 Vaidya 則以爲應是 1900—800 B. C.（參見 C. V. Vaidya；

2005，Vol. 3，p. 6）

⑥雖然冠上 Pāṇini 的名字，但應該不是他的作品。此書有 Manomohan Ghosh 的譯本：*Paṇṇ ȳini ṣya s ṣiks ṣa ā*，*or*，*The Ṣiks ṣā ved ān ḡa*，*ascribed to Paṇṇin ī*：*being the most ancient work on Indo—Aryan phonetics*：*critically edited in all its five recensions with an introduction*，translation，and notes，together with its two commentaries，Calcutta：University of Calcutta，1938。

⑦Siddheshwar Varma 有一重要著作：*Critical Studies in the Phonetic Observations of Indian Grammarians*（Delhi，Munshi Ram Manohar Lal，1961），可惜未能得見。

⑧下文中 " V " 表元音，" C " 表輔音，" C_1 " 表複輔音中的第一個輔音，" C_2 " 表複輔音中的第二個輔音，" Cn " 表複輔音中的第 n 個輔音，" C_1...Cn " 表從第一個到第 n 個輔音所構成的輔音串，即文中所謂的複輔音。"→" 表左側的梵語詞，可切分爲右側以 "-" 或 "—" 隔開的數個音節。大括弧中 ｜ ｜ 中所引的是音節劃分條件，如：｜ C_2＝y, r, l, v, ś, ṣ, s, h ｜，表複輔音中的第二個輔音等於 y 或 r 或 l 或 v 或 ś 或 ṣ 或 s 或 h 時。

⑨*Atharva—Prāti ṣākhya* i，93：svaro' k ṣaraṃ（Allen 英譯作：A vowel forms a syllable. 而 Whitney 英譯作：A vowel is a syllable.）關於此條，Whitney 指出*Ṛk—Prāti ṣākhya*（xviii，17，r31）説明的較詳細，亦即：一個元音是一個音節，不管是單衹有元音，還是帶有隨韻，或結合了一些輔音。（見 Allen，1953：80；Whitney，1994：77—79。）

⑩*Vājasaneyi—Prāti ṣākhya* i，99—101：svaro' k ṣaram：sahādyair vyaṇjanaiḥ：uttarai ś cāvasitaiḥ（Allen 英譯作：A syllable is composed of a vowel，together with initial consonant（s）and，*in pausa*，a following consonant.）（見 Allen，1953：80）

⑪*Ṛk—Prāti ṣākhya*（i，23，25）既允許 "元音間的輔音串，全歸給後面元音的音節"，也允許 "元音間的輔音串，第一個輔音（saṃyogādi）歸前面元音的音節，其他歸後面元音的音節"。很可惜筆者手上沒有*Ṛk—*

Prāti ṣākhya 可查閱，但 Whitney 在 *Atharva－veda Prāti ṣākhya* 第一章
第 56 條：　"saṃyogādi pūrvasya."中提到，在 *Ṛk－Prāti ṣākhya* 中
saṃyogādi（輔音串的第一個輔音）指的其實是原來還未經過"首音復製"
(kramaja) 的輔音串的第一個，意思是說，若把復製音也算進去，那麽
saṃyogādi 指的是第二個。舉 atra 爲例，首先須復製輔音串的首音 t，於是
atra 變成 attra。然後根據 *Ṛk-Prāti ṣākhya* 就有兩種劃分音節法：at-tra 和
att-ra。劃分成 att-ra 就是"第一個輔音（saṃyogādi）歸前面元音的音節，
其他歸後面元音的音節"，而劃分成 at－tra 則是"元音間的輔音串，全歸
給後面元音的音節。"如此一來，*Ṛk-Prāti ṣākhya* 所謂的"元音間的輔音
串，全歸給後面元音的音節"，這種劃分和"書寫的音節劃分"（graphic
syllable，詳下文）並不同。因爲不管如何，前面的音節都至少會得到一個
輔音串的首音。

⑫"元音間的輔音串，第一個輔音歸前面元音的音節，其他歸後面元
音的音節"：*Atharva-veda Prāti ṣākhya* 第一章第 56 條就是這麽規定：
saṃyogādi pūrvasya. （英譯：The first consonant of a group belongs to the
preceding vowel.）但，英譯者 Whitney 指出：此條還要參考該書第三章第
28 條 saṃyogādi svarāt. （英譯：Also the first consonant of group, after a
vowel. 案：指要復製輔音串中爲首的輔音。此條要參考同章第 26 條）也
就是説：元音之後的輔音串，要復製首音以作爲上個音節之終音。例如：
agniḥ 讀成 ag－gniḥ。但筆者也注意到，第三章第 30 條 sasthāne ca. 也指
出：當此爲首的輔音之後，緊隨的是一個同發音部位（sasthāne）的輔音
時，則爲首輔音不必復製。（Whitney，1994：55－56，202－206）。筆者案：
第一章第 56 條和第三章第 28 條合起來的結果，就是《悉曇十二例》（T84,
p. 463, a9）或《悉曇要訣》（T84, p. 513, a18）所説的：連聲之法，以下
字頭聲爲上字終響也。值得深入比較二者。

⑬案：同一部 *Prāti ṣākhya* 有互相抵觸的看法並不奇怪，因爲這類學
問是長期發展累積成的。但請參考前二注。

⑭上座部也就是赤銅鍱部，是流行於斯里蘭卡（錫蘭）、緬甸、泰國、
高棉、寮國等東南亞國家的佛教。

⑮ Rev. B. Clough 的 *Pali Grammar*，實 是 *Bālāvatāra*，*Abhidhānapadīpikā*，*Dhātumanjusa* 三 書 的 節 譯。其 中 *Abhidhānappadīpikā* 是十二世紀巴利語法學家 Moggallāyana 長老的作品。)

⑯《翻譯名義中集》收於西藏大藏經《丹珠爾》的《雜部》（ngo tshar bastan bcos）中，Madhyavyutpatti 是梵名，藏名爲 sgra sbyor bam po gnyis pa，漢譯名稱有四種譯法：《聲律第二卷》、《語合》或《語合二章》、《聲明總義》、《聲明要領二卷》。以上參見胡進杉（2003：169）。

⑰林光明先生（2005：20）指出：後來的聲明譯典，如《迦羅波經》（Ka-lā-paḥi mdo，No. 4282，造者 Rgyal-poḥai lha，西藏譯師 Blo-gros brtan-pa）、《妙音聲明記論經》（Brda-sprod-pa dbya ṅs-can-gyi mdo，No. 4297，西藏譯師 Gokulanāthami śra，印度譯師 Balabhadra）等，都談到了"轉寫梵文的藏文"的發音方法。

⑱廖本聖（2002：1）根據西藏史料指出：西藏文字是第 33 代藏王鬆贊岡布（Sroṅ btsan sgam po，593—650A. D.）的大臣吞彌·額波札（THun mi sam bhota），在西北印的迦濕彌羅（Kha che，舊稱"罽賓"，今喀什米爾），跟隨婆羅門李敬（Li byin）學習各種梵文字母之後，於拉薩的瑪如（Ma ru）堡創制的。而林光明（2005：80，注 3）也指出：關於圖彌造字等説法，有些學者質疑其真實性。但從藏文與梵文的關係，包括字型、字音、字母排列順序等因素來看，藏文起於參考梵文而作，應是合理的説法。

⑲從智廣《悉曇字記》（T54，p. 1187，b24）的夾注："去聲。已上題目"看來，夾注所謂的"題目"似乎是"娜麼娑（上）囉嚕（二合）社若（而也反）（二合）也悉曇（去聲）"整個，也就是 namasarvajñāyasiddhāṃ。其中 namasarvaj śāya 意指"歸依禮敬成就一切智者"，是佛典卷首常見的歸敬偈。所以智廣《悉曇字記》這一夾注應是有誤。接着歸敬偈後有"悉曇"二字，是 siddhāṃ 的音譯，亦即《悉曇字記》卷一所云："其始曰悉曇"（T54，p. 1186，b2），也就是隋·慧遠《大般涅槃經義記》卷四所説的"題章名"。

⑳五句字：即五組輔音。五組是指發音部位喉、齶、舌、齒、脣五組，

每組有五個輔音。例如：喉音部位是 k, kh, g, gh, ṅ 五個。

㉑上四字：即每一組中除去鼻音不算的另外四個輔音。例如：k, kh, g，gh 是喉音這組的上四字。

㉒"五句字上四字中，各以下字隨合上字之下，皆成下字之音"：《悉曇要訣》卷一作："其五五句，前四字互加上下，一音呼之。"（T84, p. 506，a）

㉓相合以爲二合之音：即兩音并存，不簡化爲一音。

㉔原文作 "each syllable ending with a vowel (or a vowel modified by the nasal—sign anusvāra, or having the sign of final breathing, visarga, added: these being the only elements that can follow a vowel in the same syllable.)"

㉕原文作 "According to the Hindu mode of dividing syllables, each syllable must end in a vowel, or visarga, or anusvāra, except at the end of the word; and as ordinary Hindu usage does not divide the words of a sentence in writing, a final consonant is combined into one syllable with the initial vowel or consonant of the following word, so that a syllable ends in a consonant only at the end of the sentence." 此處中譯引自釋惠敏、釋齎因編譯《梵語初階》頁 4。又，這段話，羅世方《梵語課本》頁 44 作："在古老的梵語寫本和碑文裏，習慣的書寫形式是……按音節來劃分、書寫。音節劃分的規則是輔音＋母音，或止聲，或隨母音，就是説，一個音節必須是以母音或止聲或隨母音結束。"

㉖伊斯特林（1987：177）認爲：印度文字是在輔音音素文字基礎上，通過母音化而產生的"音節文字"。

㉗參見羅世方《梵語課本》頁 45－46。又，Whitney: Sanskrit Grammar 第 27 頁第 79 條作："For metrical purposes, syllables (not vowels) are distinguished by the grammarians as heavy (guru) or light (laghu). A syllable is heavy if its vowel is long, or short and followed by more than one consonant ('long by position'). Anusvāra and visarga count as full consonants in making a heavy syllable. The last syllable of a pāda (primary division of a verse) is reckoned as either heavy or light." 又，E. D. Perry: A Sanskrit Primer 頁 12 第 48 條也引了惠特尼這段話。《梵語初階》此處翻譯作："爲

了韻律的原故，音節分成長音節與短音節。如果其母音是長的，或是短母音，但其後緊跟着一個以上的子音，這個音節就是長的。止聲與隨韻此時被視爲一個完整的子音。"(見頁 19)

㉘六吠陀支 (Vedāṅga) 中的śikṣa 就是討論《吠陀》的語音，chanda 則是研究《吠陀》的詩律。

㉙"輕重的辨別則以音節中的元音狀況爲判斷標準"：事實上從 *Prāti śākhyas* 到帕你尼 (Pāṇini) 的《八章書》(*Aṣṭādhyāyī*)，有關 "輕重" 的定義，如：hrasvaṃ laghusamyoge（英譯：A syllable containing a short vowel, excepting before a conjunction of consonants, is light）、gruvanyai（英譯：Any other is heavy）、anunāsikaṃ ca（英譯：Also a syllable containing a nasalized vowel）（以上出自 *Atharva-Prāti śākhya*, i, 51, 52, 53)，或 hrasvaṃ laghu（中譯：短音是輕音節）、samyoge guru（中譯：在複輔音之前是重音節）及 dīghaṣ ca（中譯：長音也是重音節）（以上出自 *Aṣ tādhyāyī*, 1.4.10; 1.4.11; 1.4.12; 中譯出自段晴：278—279)，其中都沒有出現 akṣaraṃ（音節）一詞。但學者都認爲 "輕重" 是指音節的輕重。像惠特尼就指出：這些規則中的形容詞，如 hrasvaṃ（短）、dīghaṃ（長），採 "中性" 語尾變化，應視爲是因爲和没被説出來的中性名詞 akṣaraṃ（元音）一致所致。（以上參見 Whitney, 1994：53—54)

㉚"元音間複輔音的的第一個輔音要劃歸給前一音節"，*Atharva-veda Prāti śākhya* 第一章第 56 條就是這麼規定。詳前文。

㉛1988 年劉廣和在《中國大百科全書·語言文字》"梵漢對音" 詞條下，特別推崇其師俞敏在對音研究上的貢獻爲：(1) 用日本悉曇家的理論解決對音上的疑難問題，例如運用梵文母音替換規律解釋對音材料裏 i、e、ai 之間，或者 u、o、au 之間的混淆現象；用 "連聲之法" 分析梵文和漢語之間的音節對應。(2) 辨識漢譯梵音的中亞、印度方言因素，解決對音上的疑難問題，例如：利用 prakṛta（梵語方言）清輔音在兩個母音中間發生濁化的現象，來解釋對音材料裏一部分清濁輔音混淆的原因。(3) 處理對音材料時，用梵文原文和別種譯本進行校勘。(2004：74—75)

㉜儲泰松 (1995：10) 指出：闍那崛多 (523—600，梵名 Jnānagupta,

陳隋時代北印度犍陀羅國人）譯《一向出生菩薩經》卷一："八種字門……乞灑（二合）"是最早的"二合"音注。

㉝如：唐·若那譯《佛頂尊勝陀羅尼真言》中説："所注二合者，兩字相和，一時急呼，是爲二合也。"（T19，p. 389，b14）或如唐·寶思惟譯《佛説隨求即得大自在陀羅尼神咒經》中所説："讀注二合者，半上二字連聲合讀。"（T20，p. 640，a28）

㉞案：也有不標二合音注而用兩個漢字對譯雙輔音的，如 pudgala，玄奘譯成"補特伽羅"（pu-d-ga-la），yukte，施護譯作"欲訖帝"（yu-k-te）。儲泰松（1995：8）指出，這種譯法主要出現在玄奘以後，前代也有，但不成系統。值得注意的是，"補"和"欲"都是陰聲韻字，並未使用"連聲法"。相較之下，上文"缽納麽二合矩攞引野"的"缽"則是入聲字，使用了"連聲法"。

〔主要參考文獻〕

[1] 俞敏．後漢三國梵漢對音譜．//俞敏語言學論文集．北京：商務印書館，1999．案：此文 1979 年就已完成．

[2] 施向東．玄奘譯著中的梵漢對音研究．//音史尋幽．天津：南開大學出版社，2009．案：此文摘要原發表於 1983 年．

[3] 施向東．梵漢對音與藉詞音系學的一些問題．//佛經音義研究——第二屆佛經音義研究國際學術研討會論文集．南京：鳳凰出版社，2011．

[4] 蔡奇林．巴利學引論．臺北：臺灣學生書局，2008．

[5] Richard Salomon. "Brahmi and Kharoshthi", *The World's Writing Systems*. ed. by Peter T. Daniels. New York：Oxford，1996.

[6] 朱慶之．佛典與漢語音韻研究——20 世紀國内佛教漢語研究回顧之一．//漢語史研究集刊第三輯．成都：巴蜀書社，2000．

[7] 鋼和泰．音譯梵書與中國古音．國學季刊，1923（1）：1．

[8] 汪榮寶．歌戈魚虞模古讀考．國學季刊，1923（1）：2．

[9] 儲泰松．梵漢對音概説．古漢語研究，1995（29）．

[10] 尉遲治平．對音還原發凡．南陽師範學院學報，2002（1）：1．

[11] 尉遲治平．日本悉曇家所傳古漢語調值．語言研究，1986（2）．

[12] 胡進杉．藏文《聲明要領二卷》（sgra-sbyor bam-pognyis-pa）之

研究. 民族學報, 2003 (22).

[13] Zürcher, E. "Late Han Vernacular Elements of the Earliest Buddhist Translations", *Journal of the Chinese Language Teacher's Assocication*, 1977 (12).

[14] 段晴. 波你尼語法入門. 北京：北京大學出版社, 2001.

[15] 蔡奇林. 實用巴利語文法. 第二版, 2000.

[16] 侃本. 漢藏佛經翻譯比較研究. 北京：中國藏學出版社, 2008.

[17] 林光明編. 房山明咒集. 臺北：嘉豐出版社, 2008.

[18] 林光明. 藏語讀咒入門. 臺北：嘉豐出版社, 2005.

[19] 廖本聖. 實用西藏語文法. 臺北：法鼓文化, 2002.

[20] 田久弘保周譽. 批判悉曇學. 東京：真言宗豐山派宗務所, 1978.

[21] 釋惠敏, 釋齋因編譯. 梵語初階. 臺北：法鼓文化, 1996.

[22] 羅世方. 梵語課本. 北京：商務印書館, 1996.

[23] B. A. 伊斯特林. 文字的產生和發展. 左少興譯. 北京：北京大學出版社, 1987.

[24] 中國大百科全書出版社編輯部編. 中國大百科全書. 北京：中國大百科全書出版社, 2004.

[25] W. South Coblin. *A Handbook of Eastern Han Sound Glosses*. Hong Kong：The Chinese University Press, 1983. 此書本文譯爲《東漢音注綱要》。

[26] Thomas Egenes. *Introduction to Sanskrit* (part two). Delhi：Motilal Banarsidass, 2000.

[27] W. Sidney Allen. *Phonetics in Ancient India*. London：Oxford University Press, 1953.

[28] Maurice Winternitz. *A History of Indian Literature*. Delhi：Motilal Banarsidass, 1981 (Reprinted：1990).

[29] A. A. Macdonell. *A History of Sanskrit Literature*. Delhi：Munshiram Manoharlal, 3rd. Indian edition, 1972.

[30] C. V. Vaidya. *History of Sanskrit Literature*. Delhi：Parimal Publications, 2005.

[31] Vidhata Mishra. *A Critical Study of Sanskrit phonetics*. Varanasi: Chowkhamba Sanskrit Ser. Off. , 1972.

[32] K. Manohar Gupta. *Linguistics in Pāli*. New Delhi: Sundeep Prakashan, 2003.

[33] Wilhelm Geiger. *Pāli Literature and Language*, tr. by Batakrishna Ghosh. Delhi: Munshiram Manoharlal, 1996.

[34] A. K. Warder. *Introduction to Pali*. London: The Pali Text Society, 2nd Edition, 1974.

[35] James d' Alwis. *An Introduction to Kachchāyana's Grammar of the Pāli Language*. Colombo, 1863.

[36] Rev. B. Clough. *Pali Grammar*. Colombo, 1824.

[37] Margaret Cone. *A Dictionary of Pāli*. Oxford: The Pali Text Society, 2001.

[38] V. Perniola. *Pali Grammar*. London: The Pali Text Society, 1997.

[39] William Dwight Whitney. *Sanskrit Grammar*. 5th Edition: Leipzig, 1924 (Delhi: Motilal Banarsidass, 1994).

[40] William Dwight Whitney. *Atharva—veda Prāti śākhya*. Delhi: Parimal Publications, Revised Edition, 1994.

[41] E. D. Perry. A Sanskrit Primer. *Delhi: Motilal Banarsidass*, 1933.

On the syllabification of Sanskrit

Zhao Shuhua

(Department of Chinese , National Central University,

Taiwan, 32003, China)

Abstract: This paper examines the syllabification of Sanskrit based on works on Indian phonology, Sngags Kyi Bklag Thabs Bsdus Pa Zhes Bya Ba, Anran's "Xi Tan Shi Er Li" (《悉曇十二例》), as well as those on Pāli and Sanskrit grammar. It has come to an initial conclusion that there are two kinds of Sanskrit syllabification: oral and written. When studying Sanskrit—Chinesetranscription, it is imperative that we are aware of which kind of syllabification the translator has adopted, inappropriate judgement of which may result in failure to make best use of the texts and, worse still, inaccurate analysis.

Key words : Sanskrit—Chinese transcription; Syllable; Syllabification; Siddham; mantra chanting

（趙淑華，台灣"中央大學"中文所，郵編　32003）

詞匯描寫的思路和方法 *

俞理明

　　内容摘要：詞匯描寫指對語料中所有用詞的全面分析，本文討論詞匯
描寫工作的基本步驟、詞匯成分的意義分類方案以及對詞匯描寫結果的縱
深分析的思路和方法。

　　關鍵詞：詞匯描寫　詞的意義分類　詞匯描寫的縱深分析

一　詞匯描寫

　　詞匯是涉及語言的一個基本概念，常常有人把某一個詞稱為
"一個詞匯"，這不是我們所認可。本文所説的詞匯，是狹義的學
科概念，即一種語言中詞的總匯，或在某個特定的語用材料中全
部的詞。單個的詞，祇能算是"詞匯成員"或"詞匯成分"，它
們隸屬於詞匯，不能混同於詞匯整體。

　　"描寫"在語言研究中也常常有人提及，使用者對於它的理
解各不相同。本文所説的"描寫"指從某一角度對對象作無遺漏

---

　　* 本文是"東漢佛道文獻詞匯新質研究"（與顧滿林合作，教育部人文社會科學
研究十五規劃第一批項目 01JB740010、國家社科基金後期資助項目，11FYY004）和
"早期天師道詞匯描寫研究"　（與田啟濤合作，國家社會科學基金一般項目，
09BYY043）兩個課題的總結，內容也是四川大學語言類博士課程"漢語歷時詞匯
學"緒論的一部分，發表前作了補充。

的陳述，而不是帶有任意性或選擇性的部分陳述。

　　詞匯是"一種語言中詞的總匯"，其中應該包括這種語言的所有使用者所掌握的、在本語交際中所可能使用的詞，因此，詞匯所包含的詞的總量很大。並且，受語用需求的驅使，詞匯處在隨時變化之中，詞匯中新質不斷產生，已有成分逐漸消退，所以，從研究的實踐來看，對一種語言的詞匯作完整陳述，還祇能是理論上的，實際難以做到。具有可行性的詞匯描寫，還是以特定的語言材料為對象，在特定的範圍內對其中的詞作完整的陳述。

　　交際中，受語境和交際目的的制約，人們從詞匯中擇取某些成分，來達成交際。詞匯在語用實踐中的這種選擇性，造成了詞匯使用的不平衡。受話題、語境、語體等因素的影響，不同的詞語有不同的適宜環境，呈現不同的使用率，它們出現在文獻中或被記錄的機會也各不相同。一方面，不同的文獻對詞匯成分的使用，具有不同的偏向，有些詞匯成分在某些類型的文獻中出現得較多，有些則較少出現，或者不出現。另一方面，從文獻總體來看，詞匯中有些成分在文獻中會有較高的出現率，而有些則相反，甚至難得有進入文獻的機會。因此，語料中反映的詞匯現象，祇能是局部的和抽樣的，對語料中展現的詞匯面貌的觀察，也帶有局部和抽樣的性質，它更多地反映了詞匯的某些部分，而非整體。

　　總之，處在詞匯主體部分的成分，即基本層和常用層中的成分，出現在不同文獻中的可能性高，處在詞匯外圍的局域層和邊緣層中的成分，出現在文獻中的機會少，甚至沒有機會出現。

　　詞匯材料的這種隨機性和不完備性是普遍的、無可避免的，如果在這樣的材料基礎上，再加上考察者的任意選擇，觀察結果的偏面性就更大，因而缺乏可信度。因此，本文主張對語料中所展現的詞匯成分作無遺漏的考察，以部分彌補詞匯材料本身的不完備性。

二　詞匯描寫中的語料處理

利用某一文獻展開詞匯描寫，首先須對這種文獻作斷詞處理，即把語料中所使用的詞都一一分離出來。斷詞是一項看起來容易、做起來很難的工作，它不僅非常繁雜瑣碎，還涉及大量詞的甄別問題，需要對判斷詞的標準有很好的掌握。關於詞的判斷標準，前賢時哲已經有了大量寶貴的意見可供參考，難點在於把這些處理原則具體落實到斷詞的工作中，使處理原則前後一致，不發生矛盾。

對於古漢語研究者來説，還可能面臨另一個大障礙，因為這項工作要求處理者首先理解語料中的每一個句子以及各句子中每一個詞的意思，否則斷詞就無法繼續進行。在這種情況下，如果出現無法解讀的語句，需要把它們作為存疑材料附列於後，而不能回避。這樣做也有一個好處，一些在任意選擇的情況下被有意或無意回避了的問題，在全面描寫的要求下顯露了出來，而在多數情況下，不容易解決的問題，很可能正是深入研究的突破口，是研究縱深的切入點。

在完成文獻斷詞之後，可以把這些詞附上所在的句子，按詞目歸併，這時，我們就可以看到目標文獻中每一個詞的使用次數。這時還有一項工作要做，就是區別同形詞和多義詞的義項。由於通假和詞的結構差異等原因，在漢語中，同樣的文字形式可能記錄了不同的詞，需要作區分；語用實踐中一些詞會有多個義項，而詞不同的義項與不同的詞相應，因此多義詞要以義項作為考察分析的基本單位。另一方面，由於異體字、通假字的存在，一個詞可能有兩種或多種寫法，這些寫法不同的詞項需要合併，以其中一個為正目，另一個用括弧附在其後。經過這樣的處理，我們可能獲得文獻中所有的詞項，即這種文獻中所使用的全部詞匯單位。

　　然後，在上述工作的基礎上，對搜集到的詞作分類處理。很多時候，分析者採用了語法的標準，比如根據詞類或詞的內部結構關係，對詞匯作分類，我們以為這是不妥當的，因為詞匯與語法是對語言不同角度的分析，語法研究重在語言單位之間的組合關係，其中，分析語言單位內部的組合關係是構詞法，分析語言單位之間的組合能力得到的是詞類。

　　根據索緒爾的意見，語言單位之間存在兩種關係：組合關係和聚合關係。既然組合關係已經歸由語法分析處理，詞作為語言的備用單位，應該考慮從聚合關係加以切入，這樣的分析，纔能分清詞匯研究與語法研究的界限，更有效地促進詞匯和語法研究的深入。

　　從聚合的角度對詞作分類，無非是從詞的形式和詞的意義兩個角度考慮，不同的角度，會有不同的分類結果，需要仔細斟酌，尋找更適宜詞匯研究的分析方法。

　　詞的形式包括了口頭形式和書面形式兩種，口頭形式就是詞的語音形式，把語音相同、相近的詞放在一起，就形成了通常詞典編寫中的音序排列。而根據詞的書面形式分類，就是根據記錄漢語詞匯的漢字形體為詞分類，可以單純根據筆劃，或者結合偏旁部首和筆劃來給詞分類，這也是漢語詞典常用的分類手段。

　　涉及到漢語詞的形式，除了字音和字形之外，還有詞匯的長度。漢語的詞匯，經歷了一個由單音向複音發展的過程，詞匯的長度也成為漢語詞匯研究中非常引人注目的一個方面。但是，詞匯的長度分類，從整體上說，有單音與複音兩大類，在複音詞中，又可以從音的音節數再分為雙音、三音、四音等等，整體分類過於簡單，無法滿足對詞匯深入分析的要求。因此，從這個角度切入的研究者，往往在複音詞中引入的結構的分析，把詞匯的分析轉入了語法的分析。我們不反對對詞匯成分作語法分析，但主張在語法研究中作這樣的分析，而不贊同用語法分析取代詞匯分析。因為用語法分析取代詞匯分析，在實際上放棄了詞匯的研究，從而阻礙詞匯研究的深入。

根據詞的形式所作的詞匯分類，可以方便查找。但是，這種歸類不能深入反映詞匯内部的系統關係，語用中人們對詞匯的使用和選擇，目的是滿足語意的表達，候選的詞匯成分應該是以意義為紐帶排列，等候人們選擇的，因此，詞匯的分析需要從意義的角度切入。

其實，詞匯的意義分類由來已久，漢語最早的詞典《爾雅》就根據意義把詞分為十九類，其後的《釋名》也是以意義為標準，分為二十七類。現代許多專業性的工具書也多採用意義分類的方法。詞匯按意義分類，是把不同形式的詞，按同義、近義、類義的關係排列在一起，更方便人們比較、選擇和使用。但是，詞的意義關係非常複雜，如何給詞用意義的分類，各家意見不同，分類的結果也各不相同，這是困擾詞匯意義分類的最大的問題。

我們以為，詞的意義分類，應該立足於人本的角度，以意義為線索，根據由近及遠、由實到虛、由顯入微的原則，結合具體語料中的用詞特點，從名物、行為、性狀三個方面展開。

採用人本角度是基於這樣的考慮：詞是世界眾多事物現象在人們認識中概念化的結果，而人們對於外界事物現象的認識，有一個從自身向外界、從具體到抽象、從粗略到細微的不斷擴大的過程，從人自身出發的分類考慮，可以充分照顧這一過程，能比較客觀、系統地反映詞匯的意義關係。

三 詞的意義分類設想

在各類詞之間，從詞所表示概念是否具有實體性出發，可以把詞分表示實體性事物的名物詞，以及表示事物實體狀態性質的非實體詞兩大類。

名物詞表示各種事物，它們具有獨立存在的可能，而非實體詞依附於各種事物，體現事物的表徵，這些表徵往往存在於不同事物之間，具有一定的普遍性，但它們不能脫離具體的事物而單獨存在。其中，包括了反映事物的變化、運動和互相作用，即反映事物動態狀況的是行為詞，反映事物外觀和內在靜態特徵以及行為發生的條件的是性狀詞。

就此，我們把詞匯按意義分為名物、行為和性狀三大類，各類內部又按意義再作區分：

1. 名物。表達各類事物的概念，它們所指稱的對象具有實體性，能够獨立存在。包括：

1.1 人物神靈。即各種指稱人的概念。神靈是人們想像中的生命體，具有與人相似而超乎人的意識和行為，因此附入此類。在人物用詞中，有以人與人關係為命名依據的，包括親緣關係和社會關係；社會關係中，又有不對等的尊卑主次關係和對等關係之分，如：

1.1.1 親緣關係（1.1.1.1 親屬，1.1.1.2 家庭族類）；1.1.2 社會關係（1.1.2.1 尊卑；1.1.2.2 友鄰敵對）。

此外，還有許多根據人物特性產生的人物用詞，包括：

1.1.3 生理特性；1.1.4 才質品性；1.1.5 行為職業；1.1.6 人物統稱；1.1.7 神靈精氣（1.1.7.1 天帝神仙，1.1.7.2 精靈鬼怪，1.1.7.3 氣）；1.1.8 人物姓氏。

1.2 肢體壽命。人的肢體器官和壽命屬於生命體的構成部分，但不是獨立的生命，通常被認為是人的所有物。動物的肢體器官與人相類，用詞大多混同。肢體壽命類名物詞包括：

1.2.1 頭部五官；1.2.2 肢體內臟；1.2.3 壽命。

1.3 動植諸物。動植物也屬於生命，但從人的觀念來看，它

們卻屬於 "物"，跟器物工具同類，人們依據它們的使用價值加以處置。因此，此類名物詞包括：

1.3.1 萬物禽獸昆蟲；1.3.2 植物藥物飲食；1.3.3 服裝織物；1.3.4 器物工具；1.3.5 文書典籍；1.3.6 財利金屬；1.3.7 廢棄物。

1.4 自然環境。自然界的星辰大地、處所方位，不僅是客觀存在的實體，也是人和物存在的環境或背景，其中有自然形成的部分，也有人為建造或人爲劃分的部分，它們包括：

1.4.1 建築道路；1.4.2 方位區域；1.4.3 國土疆界地名；1.4.4 地理氣象；1.4.5 天文；1.4.6 八卦五行。

此外，還有一些抽象、不具形的事物，包括：

1.5 智能意念。指人們思維活動產生的各種觀念和意識，比如：

1.5.1 語語音樂；1.5.2 性情欲念；1.5.3 聲望力量；1.5.4 要旨緣由；1.5.5 方法途徑。

1.6 社會事物。指各種社會組織機構和和社會現象，也都帶有抽象性，有：

1.6.1 名稱機構職銜；1.6.2 事務情實；1.6.3 功業福德；1.6.4 過失罪行；1.6.5 吉凶災異；1.6.6 天命典制。

2. 行為。反映事物的變化、運動和互相作用，即事物的動態狀況，表示各種事物自身變化、運行和事物間互相作用等運動情況。行為依附於實體，不同的行為與不同的個體以及個體的部位有關，因此，行為词在一定程度上可以與上述名物的分類相應。包括：

2.1 有生行為。反映人物的生命過程，比如婚戀生育、生老病死等等，包括：

2.1.1 生命過程（2.1.1.1 婚戀生育，2.1.1.2 生存衰亡）；2.1.2 疾病治療（2.1.2.1 疾病生理；2.1.2.2 醫治康復）。

2.2 五官肢體行為。指人體各部分的本能行為，和各種肢體器官發出的外現行為，包括：

2.2.1 口部行為（2.2.1.1 食飲享用，2.2.1.2 呼喚使令，2.2.1.3 言論告白，2.2.1.4 歎譽罵詈，2.2.1.5 宣教誦讀）；2.2.2 耳目鼻首行為；2.2.3 四肢行為（2.2.3.1 手部行為，2.2.3.2 腳部和軀體行為）；2.2.4 軀體位移（2.2.4.1 離去，2.2.4.2 前往，2.2.4.3 來到回歸，2.2.4.4 上下，2.2.4.5 經歷，2.2.4.6 移動）；2.2.5. 生活行為（2.2.5.1 起居，2.2.5.2 衣飾衛生，2.2.5.3 遊戲，2.2.5.4 修養信仰）。

2.3 心理感受。反映人們內心活動和感受，包括：

2.3.1 感知；2.3.2 適意安寧；2.3.3 膽量勇氣；2.3.4 悔愧悲苦；2.3.5 怨怒憎忌；2.3.6 控制放縱；2.3.7 欲求；2.3.8 能願。

2.4 人際行為。人與人之間的各種行為，體現各種社會關係和交際關係，包括：

2.4.1 慈愛尊奉親近；2.4.2 佑助保護；2.4.3 會聚追隨；2.4.4 施受傳遞；2.4.5 輕鄙背欺；2.4.6 敵對衝突；2.4.7 社會治理（2.4.7.1 任職管理，2.4.7.2 請求約定，2.4.7.3 依順，2.4.7.4 防禁，2.4.7.5 過惡懲貸）。

2.5 役物行為。人針對其他事物的反映和各種處置行為，包括：

2.5.1 解知辨識（2.5.1.1 解知，2.5.1.2 稱名判定，2.5.1.3 思考謀劃，2.5.1.4 專心憶念）；2.5.2 生產經營（2.5.2.1 勞作，2.5.2.2 設立備辦，2.5.2.3 理財）；2.5.3 尋求獲取致使；2.5.4 佔有留存；2.5.5 棄除亡失。

2.6 事物運行。指人類以外的各種事物本身的運行變化，包括：

2.6.1 現隱；2.6.2 運行通塞難易；2.6.3 散佈；2.6.4 增減

變化；2.6.5 起止成毀；2.6.6 事物關係。

　　3. 性狀及其他。性狀表示各類事物行為的不同表像和特徵，這些表像特徵依附於事物或行為，或通過事物行為的存在而表現出來，性狀具有客觀的實在性，但卻沒有自身的獨立存在方式。一些不宜歸入名物和行為兩類的成分也附見於此，包括：

　　3.1 人的性狀。包括：

　　3.1.1 外貌；3.1.2 生理狀態；3.1.3 心境；3.1.4 心智修養；3.1.5 真偽善惡；3.1.6 富貴貧賤。

　　3.2 物體性狀。包括：

　　3.2.1 外形；3.2.2 色彩光澤；3.2.3 音聲；3.2.4 氣味淨汙；3.2.5 觸感；3.2.6 盛衰整缺；3.2.7 質地。

　　3.3 事物的類屬。包括：

　　3.3.1 等次位序；3.3.2 比似類同差異。

　　3.4 數量。包括：

　　3.4.1 表量單位；3.4.2 定數；3.4.3 不定數和少量；3.4.4 大量；3.4.5 頻次。

　　3.5 時間。包括：

　　3.5.1 久暫；3.5.2 定指時間（3.5.2.1 時點時段，3.5.2.2 始末）；3.5.3 相對時間（3.5.3.1 過去，3.5.3.2 現在，5.3.3 將來）。

　　3.6 範圍程度。包括：

　　3.6.1 空間；3.6.2 遍及；3.6.3 接續；3.6.4 限制；3.6.5 揣測強調否定；3.6.6 程度。

　　3.7 結構關係。包括：

　　3.7.1 介引；3.7.2 助語。

　　3.8 稱代指示。包括：

　　3.8.1 人物指稱；3.8.2 指示事物；3.8.3 疑問指代。

　　我們在"東漢佛道文獻詞匯新質研究"和"早期天師道詞匯

描寫研究"兩個課題中，通過摸索，以上述的思路嘗試作了詞匯的意義分類，把意義相同和相關的詞排列在一起，完成了描寫工作，證明了上述分類的可行性。

四　描寫結果的縱深分析

描寫是詞匯研究的重要部分，但描寫不是目的，我們希望通過描寫，對詞匯作深入的了解，因此，需要對描寫的結果展開分析，分析可以從多方面切入，並且每一個方面可以從共時和歷時兩個角度作縱深的探討。

對詞匯描寫的結果，首先是詞匯内部整體分佈的情況，比如一共有多少個詞，它們在各大類中的分佈情況等等，這是靜態的共時分析。如果深入追究一下，分別考察各個詞的產生時代，那麼我們就可以看到在全部的用詞中，哪些產生得比較早，哪些稍晚一些，哪些是剛剛產生的。通常，在這類分析中，我們以先秦作為一個時段，兩漢作為一個時段，六朝作為一個時段，以此類推，大概每四百年一段，觀察時間變化在詞匯中留下的痕跡，了解詞匯内部新陳代謝的節奏和趨勢。

漢語詞匯經歷了一個以單音節詞為主向雙音節和多音節詞的發展過程，這個過程至今還在延續，考察歷史文獻中漢語詞匯的長度，是漢語詞匯複音化研究的重要一環。

複音化分析，首先是單音詞和複音詞數量的統計，其中，詞的絕對數量和詞的使用頻率，是兩個不同的參數。很多文獻中，單音詞的數量不多，但使用率很高，結果，以詞目為單位的描寫中，單音詞已經不具優勢，文獻用詞似乎已經複音化了。但是，在文獻記載的語流中，即實際閱讀文獻所獲得的語感來看，讀者在每個句子中遭遇的單音詞數量仍比複音詞多，單音詞在語用中仍然佔據優勢。所以這兩個數據應該都得到足夠的重視，否則得出的結論就會有明顯的偏差。

　　複音化的程度和進展，也可以從同一文獻中各單音詞和複音詞產生時代的分佈來觀察，其中包括不同時期來源的單音和複音詞的個體數量、使用率等等，從而為複音化作出更準確的判斷。

　　詞匯處在不斷的變化中，一個時期的詞中，既有大量承襲前代的用詞，也有許多新質。在詞匯新質中觀察到的單音與複音的關係，是漢語複音化研究的另一個有價值的角度，它可以讓人了解單音詞與複音詞在能產性方面的差異，也就是詞的活力的差異。

　　詞匯發展中還有一個傾向，就是詞的多義化。一些在詞匯中根基較深的成分，多義化現象比較明顯，而那些根基較淺、偶或一用的詞，意義都比較單一，詞的多義化也是詞的活力的體現，它不僅是詞匯複音化進程中值得關注的指標，也是觀察各詞在詞匯整體中的地位的重要依據。

　　通常，詞的使用率是我們了解一個詞的活力的重要依據，但是，詞匯成分在使用中可能面臨各種特殊原因，比如作者個人的用詞習慣、話題的限制或影響，等等，都可能會使某些詞的使用率發生偏差，從而跟它們在詞匯中的實際情況不符。因此，由簡單數量統計獲得的一般使用率，還須通過一定的手段進行修正，詞的覆蓋率值得注意。詞的覆蓋率是指一個詞在不同文獻中的使用情況，在使用率相同的情況下，覆蓋率高的詞，即出現在多種文獻中的詞，它的使用普遍程度顯然高於覆蓋率低的詞，因為它說明不同的作者在不同的情況下都使用了這個詞。

　　在觀察詞的使用率和覆蓋率的時候，還要注意那些由於引用而造成的詞匯複現現象，應該把純粹由於引用而出現的使用率和覆蓋率，跟那些在不同作者、不同話題、不同語句中重現的詞，明確區分出來，排除其中的不可靠因素。

　　使用率和覆蓋率是觀察詞匯成分在詞匯中地位的重要依據。

我們把詞匯分為基本層、常用層、局域層和邊緣層四個部分，其中，使用率和覆蓋率高的成分，應該屬於詞匯的主體部分，即應該是基本層和常用層的成分，那些沒有廣泛用例的詞匯成分，應該是局域層的成分，其中祇有孤例的成分，正處在詞匯的邊緣。

　　詞匯基本層和常用層成分的判定，還須結合詞匯成分的歷史。那些在共時材料中使用頻繁、覆蓋面廣的詞，如果有悠久的歷史的話，那麼無疑是詞匯的基本層成分，而缺乏長期使用的詞匯成分，即使有很高的使用率和覆蓋率，也祇能是常用的詞匯成分。

　　詞匯成分的歷史性，還可以通過向下延伸進行觀察。一些原屬於基本層的詞匯成分，可能在若干時間之後，失去活力，退出詞匯基本層，而一些原非基本層的詞匯成分，可能在後來的語用中有很高的使用率和覆蓋率，獲得了歷史的穩定性，進入詞匯的基本層。

　　詞匯的基本層和常用層是詞匯的主體部分，這兩個層面中詞匯成分的變化，也是漢語詞匯研究的重要方面，但由於研究手段的限制，這方面的研究還沒有太多的進展。隨著時代的變化，通過歷史的角度觀察分析各詞匯成分的變化，在語料庫的支持下已經不再是遙不可及的事了，我們有可能通過一定的語料，來觀察詞匯的主體部分，即基本層和常用層中成員的大致面貌，以及它們在歷史變化中的大致趨向。當然，要實現這一目標，真正深入考察這些變化，還有大量艱苦的工作要做。

　　從描寫的角度，對文獻中出現的詞根據意義進行分類，首先就把意義相同的詞放在了一起，其次，是意義相近和相關的詞。這樣，就使文獻中的同義關係全面展現出來。從經濟性和必要性來說，一個概念有一個表達形式就可以了，因此，有一種頗為流行的意見認為，同義詞中意義完全相同的等義詞，是多餘的。然而，從語用實際來看，其實不然。

　　首先，意義相等的詞之間有形式差異，比如單音與雙音或者三音四音的差別、構成語素的讀音差異，這些差異在構句時會有不同的修辭功能，可以適應句子在語音、字數、句式結構等不同方面修飾的需要，也可以避免表達形式的重複單調。其次，意義相同的詞之間存在構成語素差異或結構差異，蘊含着不同語義背景和不同構詞理據，形成不同的詞匯形式關聯和詞義聯想，從而各具特色、各有表達功能，不能互相替代。此外，意義相同的詞之間往往還有其他色彩風格方面的差異，這些細微差异也有各自的適宜性，具備不同的表達功能。

　　其實，等義詞的概念祇考慮了詞的意義關係，忽略了詞的形式所具有的語用效果。等義詞也是詞匯發展變化的一個方面，對它們不能採取一筆抹殺的態度，而應給予必要的關注。進一步說，把等義詞單列進行討論是沒有意義的，應該把它們歸入同義詞討論。

　　在漢語的歷史上，人們會為某些概念一再創制新的表達形式，有時多達數十上百個，這裡有兩個問題值得深思：為什麼人們會不厭其煩地創制這些同義形式？為什麼有的詞會有很多同義形式，而另外的詞卻沒有？顯然，這與表達者的表達目的和表達方式有密切關係，從我們的觀察而言，同義形式多的概念往往是表達中更受重視的概念，反映當時人們的關注焦點，或更能體現表達者的意願，因此，這方面的因素可以深入追究。同義關係也反映了詞匯發展中多元因素的互相作用，可以從中觀察人們對同義詞語的選擇和淘汰的理由，了解詞匯發展的深層關係。

　　觀察詞匯的不同部分，可以看到它們的數量是有差異的，這種差異不僅反映在同義詞方面，也反映在各類詞的絕對數量和意義完善性方面，呈不平衡的狀態。從詞匯描寫所看到的這種不平衡，可能是文獻在詞匯使用偏頗的表現，也可能是詞匯發展本身不平衡的表現。展現在共時狀態下的這種詞匯的不平衡，如果結合各詞匯成分的歷史背景分析，或許會有更多的發現。結合文獻中各用詞的歷史背景分析，我們可以看到，詞匯的某些部分長期使用，保持了相對穩定的狀態，而某些部分則相對活躍，變化頗多，形成了詞匯的生長點，反映當時社會生活和觀念的不同變化。而詞匯生長點的變化，也跟文獻作者和時代的變化密切相關。

五　結　語

詞匯是語言中變化最迅速的部分，因此，詞匯的變化也最容易引人注意。但是，紛紜變化的詞匯現象使人不易妥善處理詞匯變化中個別現象和整體規則之間的關係，難於看清詞匯表像之下的詞匯規則，容易讓人陷入迷茫。需要作出努力，尋找更為科學和嚴密的方法，來克服詞匯研究中可能出現的以偏概全的現象，獲得對詞匯整體的更深入的了解。

Ideas and Methods of Lexical Description

Yu Liming

(Department of Chinese, Sichuan University,

Chengdu 610064, China)

Abstract: Description of the vocabulary refers to the corpus with a comprehensive analysis of all the word. Significance of the classification scheme, this paper discusses the basic steps of the lexical component description of the vocabulary and vocabulary describing the results of the memorial hall of the ideas and methods of analysis.

Key words: description of the vocabulary; significance of the classification of words; analysis of depth of vocabulary description

（俞理明，四川大學中國俗文化研究所，郵編　610064）

日本無著道忠禪學研究
著作整理與研究芻議

雷漢卿

内容摘要： 日本無著道忠（1653—1744）禪師一生致力於禪學文獻的研究，内容主要包括對禪錄的注釋、俗語的解説和禪語辭書編纂兩方面。但總體而言目前中日學者對無著學術著作的研究還僅僅停留在總結某一部或某幾部著作學術價值的階段，還未觸及對文本的整理和校勘。我們認為從無著的禪學研究著作整理入手並進一步對其漢學研究成果給予系統整理，無疑是域外漢學研究一項十分必要而有意義的工作。

關鍵詞： 無著道忠　點校　文獻校勘

説到禪宗文獻和語言的研究，不能不首先提到日本學者的研究成果。在江户時期訓釋禪籍蔚然成風，廓門貫徹禪師有《注石門文字禪》[①]。尤其值得關注的是日本江户時期臨濟宗妙心寺主持無著道忠（1653—1744），他一生著述不輟，注解有關禪門之經典、祖錄，並作清規法式之整理注釋，内容包含禪門要典之注釋，清規法式之整理，以及禪語、史傳考證、俗語之探究，及詩文、雜篇等，共計374種，911卷。柳田聖山《無著道忠的學術貢獻》一文説過："他一生研究的中心課題，主要是從文獻學角度來解明唐宋時期的禪宗典籍。"他有關禪學的著述流傳至今的有：《葛藤語箋》《禪林象器箋》《象器續餘》《禪苑藻言》《禪林句集辨苗》《句聚引證》《禪林方語》《禪錄用語》《金鞭指街》

《長汀布囊》《風流袋》《百丈清規左觹》《虛堂錄犁耕》《盌雲靈雨》《佛祖三經把燭》《五家正宗贊助桀》《臨濟錄疏瀹》《敕修百丈清規左觹庸峭餘錄》《大慧書栲栳珠》《正法眼藏僭評》校訂《定本臨濟禪師語錄》《校寫宋本古尊宿語要》《校寫大宋名藍圖》《宗鏡錄助覽》《佛祖通載略釋》《黃檗外記》《小叢林略清規》，共計 27 種。《盌雲靈雨》《金鞭指街》《長汀布囊》三種起初命名為《虻幝錄》（35 卷），後經改編和修訂又命名爲《南面百城三種》。從內容而言主要包括禪語辭書編纂和對語錄的注釋、禪語的考辨兩大類。其中有些著作的內容涉及到對漢譯佛典和中土僧人佛學著作的考訂和辨誤。日本花園大學禪文化研究所從 20 世紀 90 年代起陸續出版了一批無著的著作，爲整理和研究提供了便利。

一 研究概況

目前國內外對無著道忠的研究主要是介紹他的學術成就，對其著作的整理還沒有着手開展。正如柳田聖山在《無著道忠的學術貢獻》一文所説："他不僅僅是研究禪宗或江戶時代臨濟宗妙心寺派教義的學者，甚而可以説是在整個佛教史乃至東方人文史上留下最大功績的學者之一。他留下的巨著的數量與品質就雄辯地證明了這一點……到了近年，雖也有人暗中利用他的遺著，但充其量也不過是利用少數常見的本子，還未曾出現與無著的立場、觀點持有深切共鳴，並能佔有、發展他的全部學術成果的學者。這是因爲：無著的衆多著作大部分是手稿，祇有少數幾部經抄寫而流傳，很少有對一般學者公開的機會。"（見《俗語言研究》創刊號）日本學者飯田利行《學聖無著道忠》對其平生著述和學術成就給與了詳細介紹和評價。

入矢義高《無著道忠的禪學》一文通過《臨濟錄疏瀹》《葛

藤語箋》高度評價了他治學的方法，指出："他決不是讀完了就放在一邊完事，而是精心地作筆記，而且一定把這些筆記逐項分類，然後做成術語彙編……他不僅精心製作了那個術語彙編，而且還幹了一件重要的事情，這就是他在自己讀過的書裏，凡是重要的地方，都做了涉及本文和內容的校訂。這些校訂有下面幾種：校訛、考證、校正、補脫、弊脫。"（見《佛學研究》1998年7期邢東風譯文）同時通過《虛堂錄犁耕》舉例説明無著做學問的批判精神，在無著道忠以前《虛堂錄》已經有十個人以上的抄，也就是注。但是"在《犁耕》裏雖然也適時地引用這些舊注，但並不衹是生拉硬拽地引用，而是在當作錯誤加以批判時，把前人的注釋全都列舉出來，還要全部打上重點號，並在明確地對這些錯誤提出批評之後再提出自己的説法。"（同上）

　　《俗語言研究》編輯部在該刊第四期專門介紹《盌雲靈雨》並選錄了《糾謬解》和《語解》中的七則條目以饗讀者。王鍈《讀〈葛藤語箋〉隨劄》一文從兩方面對《葛藤語箋》在俗語詞研究方面的成就加以總結歸納：一是揭示近代新詞新義，如"落節"、"分疏"、"描邈"、"捏怪"、"成褫"、"著精采"、"不易"、"合殺"等，國內語文辭書或研究著作或未收錄，或釋義有缺漏。二是揭示近代口語詞的語源。如"巴鼻"、"脫卯"、"毛病"、"生受"、"良久"、"不審"等等俗語詞語源的探索足以補闕匡謬。雷漢卿《禪籍方俗詞研究》第六章《禪籍新詞新義例釋》引用無著對俗語詞的考釋成果揭示新詞新義，凸顯了其俗語研究方面的價值。

　　梁曉虹《試論無著道忠對近代漢語虛詞研究的貢獻》一文總結了《葛藤語箋》《禪林方語》《禪錄用語》等辭書和注釋書中大量的虛詞解説對近代漢語虛詞研究的貢獻。《靈雨除病——讀無著道忠〈盌雲靈雨〉》一文例舉大量考證實例總結了其在樸學、訓詁學與佛學、禪學研究和佛語與俗語研究三方面的成就。

　　近年來有關研究項目注意吸收和採納無著道忠的學術觀點。雷漢卿主持的"唐宋禪宗詞彙研究"（2010）和四川省社科規劃項目"禪宗俗語詞考釋"（2009）充分吸收了無著道忠在禪籍俗語研究方面的成果，在研究方法上更有所借鑒。2011年麗水學院王閏吉副教授申報成功教育部人文社會科學研究項目"無著道忠禪語考釋集錄與研究"，課題將對無著禪宗語言研究中有關禪宗詞語及俗語詞進行系統研究。

　　總體而言，目前中日學者對無著學術著作的研究還停留在從某一部或某幾部著作著眼總結其在學術研究上令人嘆服的成就，還未觸及對文本的整理和校勘，我們認為現在中日學者應該聯手對其學術著作進行系統整理並加以利用。從無著的禪學研究著作整理入手，進一步對其漢學研究成果給予系統整理無疑是域外漢學研究一項十分必要而有意義的工作或者説是當務之急。

二　研究價值和意義

　　域外漢籍從其來源來看略可分作兩類：一是中國原創的圖書，其中有些是中國的刻本，有些則是域外翻刻或重抄本，部分圖書在中國已經失傳；二是域外文人用漢字書寫的著作，這是域外漢籍的主體部分。無著道忠的禪學著作絕大多數都是漢語文言手寫本，內容主要是對禪籍的校訛、考訂和補脱。目前《禪林象器箋》一書國家圖書館"全國圖書館文獻縮微複製中心"有影印本。臺灣佛光出版社1994年有電腦排版本（收入佛光大藏經雜集部）。《小叢林略清規》有排印本。其他著作據調查迄今無任何校注本問世，不能不説是禪學研究的一大缺憾。這一整理校勘工作需要中日學者聯手進行。其意義在於：（1）有利於中日文化交流。中國典籍特別是禪宗典籍在日本多有保留，這些禪宗文獻往往有多種版本，國內已經失傳。通過搜羅不同版本進行對勘可以解決禪籍中的許多問題。（2）對禪宗文獻的整理和校訂功莫大焉。從無著道忠的著作可以看出，他閱讀時不僅精心製作術語彙編，而且凡是重要的地方都做了涉及本文和内容的校訂。這些校訂包括校訛、考證、校正、補脱等等，這些考訂文字對將來全方位整理禪宗文獻具有良好示範和借鑒價值。如《盆雲靈雨》卷一、二《教貼》（上下），卷二《禪籍》、卷三《僧史》（上下）集中對漢譯佛經、中土僧人撰著的佛典進行了校訂。古人在佛典注疏和講説的過程中存在着削字解經和妄改古疏文字的現象，因此，域外的傳本就更顯珍貴，正如無著所説："若日本非有舊本之傳，則烏得見法藏深解耶？"（《從唐人妄改經疏文字》）。（3）禪宗文獻保存了唐宋時期大量的口語資料，是研究近代漢語方言、詞匯、語法的"活化石"。無著旁徵博引的考釋成果全面地展現了唐五代以後漢語詞匯尤其是口語詞的面貌，有助於全面了解近代口語詞的來源和意義生成的理據等，是構建漢語口語史和修訂字典辭書不可多得的域外考釋資料。（4）不論是從漢語史研究的角度還是從禪宗其他方面研究的需要出發，我們迫切需要編纂一部中國人自己的《禪宗語言辭典》，它應當突出語文辭書的特點，排除在佛教辭書中已有解説的佛教專門語彙（佛教術語、人物、寺、塔、山與典籍等），儘量窮盡性地搜羅並解釋禪宗文獻中的俗語（包括成語）、俗諺、禪宗行業語等。無著的俗語詞考釋成果將為禪宗語言辭典的編纂提供語料上的支撐。（5）無著道忠的學術研究所昭示的出典主義的樸學研究方法和"鍛煉一家之言"的學術追求有助於矯正時下的空疏學風。他在《盆雲靈雨》卷七《著書忌早》條指出："古今人著書草草流世，上者欲疾益人，下者欲疾顯己矣。然躁流布者必有悔改者……故草草流通者，不若久久鍛煉者也。"從這個意義上來看，探討無著的學術研究道路以及他已經指出但未能解決的問題，自然也是我們研究的課題之一。

三　研究內容和方法

　　無著的禪學研究著作大致可分為辭書和注釋校勘兩大類（《小叢林略清規》除外），其主要做法是校訛、校疑、疑誤、考證、語箋、助覽，目的是幫助人們讀懂古書特別是禪宗文獻。因著作性質不同，採取的整理方式也會隨之有別。本課題包括對文本的整理和以禪學為主的漢學研究成績的總結兩部分：

　　（一）點校。第一步是標點。無著的著作都是用文言文手寫本，文中引用內典、外典大量文獻，需要謹慎而認真地加以準確標點。但如上所述，他的著作目前除《禪林象器箋》等有整理本外（臺灣杜曉勤有《〈禪林象器箋〉釋譯》，佛光出版社1997），其他都未進行過整理。手寫稿如不加以標點，利用起來很不方便。更何況目前國內流傳的無著道忠的禪學著作還不到前面所述的一半，研究者難得見到，遑論參考，實為學術界之憾事。因此整理工作刻不容緩。

　　第二步是校訂和疏證。需對無著著作當中的刊刻錯誤或作者偶而失誤之處給予校訂。就辭書《葛藤語箋》來說，百慮一失之處也在所難免。如卷四《言詮》"底裏"條云："言語深理也。"張相《詩詞曲語辭匯釋》卷一已指出"底"、"裏"為同義複合詞，引申指本質、真相。又卷四《虛詞上》"要且"條："要，約也，樞要也，要且有畢竟意。"按："要且"有兩種用法：一為副詞（畢竟），二為轉折連詞（然而、但是）。再如《禪林句集辨苗》《禪林方語》等祇有簡要解釋，絕大多數沒有書證，或有書證但未注明出處，或只引書名而無例證。整理時需要給予補充完善。再如元代臨濟宗楊岐派虎丘系禪僧一山一寧在日本建仁寺的時候經常就《傳燈錄》和《五燈會元》之類禪語錄中難懂的詞語對提問的僧人進行回答。一山所作的筆答，還有相當數量保存下來，無

著道忠在他的著作裏每每以"一山曰"的形式加以引用，但沒有
具體例證。入矢義高認為"一山的回答裏，令人感到奇怪的例子
相當多。明顯的錯誤——怎麼説呢——隨便想起來就答的情況也
是有的，可是道忠在引用一山的時候差不多都是不加批判地引用"
（《無著道忠的禪學》）。可見"一山"的説法是根據一個中國學者
對母語的敏感隨口而講説的，整理時就需要給予疏通證明。

　　（二）清理並總結無著道忠禪學研究的總成績。梁啟超《清
代學者整理舊學之總成績》總結了有清一代經學、小學及音韻
學、校注先秦諸子及其他古籍、辨偽書、輯佚書、史學、方志、
譜牒學等八個方面的成績。本課題將通過無著道忠禪學著作的整
理總結漢學（主要是禪學）研究成績，初步內容包括：

　　1. 文獻校勘研究。柳田聖山在《無著道忠的學術貢獻》一
文説過："他一生研究的中心課題，主要是從文獻學角度來解明
唐宋時期的禪宗典籍。"柳田聖山總結説："他的學問從正確閱讀
禪錄之意圖出發……由這樣的文獻考據，進一步發展到禪錄的考
據及訓詁。從寫本及刊本中選取最有價值的古本，根據其他異本
校訛補缺，作為定本，這樣的工作，是禪文獻研究務必進行的基
礎工作，由此產生出正確的訓詁。無著一生的著作幾乎始終進行
了這兩項工作。當然不是僅指禪書，大藏的佛典自不必説，他讀
過的所有古籍大多都附上了和漢經籍史書原文的校勘記。以此獨
立成書的校訛、校疑、疑誤、考證、語箋、助覽（目錄）等書極
多。"（《無著道忠的學術貢獻》）《五家正宗贊助桀》《虛堂錄犁
耕》《臨濟錄疏瀹》等著作隨文校勘文字，《盌雲靈雨》《金鞭指
街》《長汀布囊》等著作則是專門校訂佛典的研究心得彙編。《盌
雲靈雨》的《〈華嚴疏抄脱文〉》《〈法華經〉脱文》《〈心地觀經〉
脱文》等通過校勘改正了佛典之脱誤，《僧史》部分糾正了《傳
燈錄》《五燈會元》之錯誤，指出了古人削字解經之弊病，將改
竄祖師語錄者斥之為"宗門奸賊"。這些校訛、考證以及補闕將

是整理禪宗文獻不可或缺的珍貴資料，更是正確釋讀佛教及禪宗
文獻的鎖鑰。

　　2. 近代俗語詞研究。"無著學問的最新成果之一，是近代俗
語的研究"（柳田聖山）。對俗語的研究集中體現在《葛藤語箋》
和《禪林象器箋》兩部辭書中，又散見於絕大多數著述的字裏行
間（《校寫大宋名藍圖》和《小叢林略清規》除外）。柳田聖山
說："無著學問的最新成果之一，是近代俗語的研究。為了閱讀
禪錄，必須精通唐宋的口語文學，這是眾所周知的。但是歷來的
研究，卻極其貧乏。如前所述，這受到日本中世禪林密參、秘傳
傳統的阻撓極大。仿佛象秘參一樣，一味主觀臆說，搞得神秘莫
測，至少從語義的角度講，這是完全荒謬的。"（《無著道忠的學
術貢獻》）做為域外漢學家的無著道忠的俗語研究貫穿於他幾乎
所有的學術著作當中，其引證之富，考辨之精，創獲之多，令人
折服。所以入矢義高認為"'禪學者'這個詞對道忠來說不太貼
切，我覺得他是一個語言學者"，這實在是公允的評價。

　　3. 訓詁學研究。在江戶時期甚至於在之前和之後的日本學
者中，將訓詁學方法充分運用於佛學、禪學研究中並取得非凡成
就的偉大學者毫無疑問就是無著道忠。柳田聖山總結說："尊崇
祖述的東方學問，把訓詁看得極重，解釋三、五個字的句子，往
往是達數千言的注疏，如此疊床架屋的繁瑣哲學是太過分了。但
以揭示聖賢精神為目的的學問必然把古籍定本的作成和正確的訓
詁放在首位，仁齋、徂徠的古文辭學如此，清代的考證學也是如
此，祇有訓詁才稱得上是真正的學術研究。"（《無著道忠的學術
貢獻》）無著在《敕修百丈清規左觸》序文中說："余今解此書，
累舉古解紕謬者而斥破之，舉支離者判決之，覺太繁絮。雖然，
若徑舉正義，不指其謬，則或有人執他以為異說，故逐一舉所斥
義，不顧繁雜。"無著晚年定稿的《盆雲靈雨》對佛典和禪籍中
有疑問的內容加以注解和解說。在《言行》《糾謬解》《訂訛》

《語解》《字解》中時時提供參考用例並提出本人見解。更為可貴的是他的著作充滿批判精神，按照入矢義高的説法，《盈雲靈雨》首先將《祖庭事苑》作為批判對象，同時也對契嵩的《正宗論》及《輔教編》，覺範的《林間錄》，贊寧的《僧史略》，義楚的《釋氏六帖》，道誠的《釋氏要覽》，法雲的《翻譯名義集》，劉謐的《三教平心論》以及《嘉泰普燈錄》、《五燈會元》、《佛祖統紀》、《雲臥紀談》等史書，還有長水子璿、元照律師、憨山德清、雲棲珠宏、靈峰智旭、蓮庵大祐、永覺玄賢等人的訛誤提出質疑。還對日本人虎關師鍊及《寂照堂從響集》的學説展開批判。進而對與他同時代的獨庵玄光、山道白、面山瑞方、義諦等也被放上解剖台。《虛堂錄》在道忠以前已經有十個人以上的抄（注）。在《犂耕》裏雖然也適時地引用這些舊注，但並不祇是生拉硬拽地引用，而是把前人的注釋全都列舉出來，並在明確地對這些錯誤提出批評之後再提出自己的説法（《無著道忠的禪學》）。

〔注釋〕

①本書已由張伯偉、郭醒童、卞東波點校，中華書局 2012 年出版。

〔主要參考文獻〕

[1]（日）飯田利行. 學聖無著道忠. 京都：日本禪文化研究所影印，1986.

[2] 雷漢卿. 禪籍方俗詞研究 [M]. 成都：巴蜀書社，2010.

[3] 梁曉虹. 佛教與漢語史研究：以日本資料爲中心 [M]. 上海：上海古籍出版社，2008.

[4]（日）柳田聖山. 無著道忠的學術貢獻. 董志翹譯 . [J]. 俗語言研究，1994（1）.

[5]（日）入矢義高，邢東風譯 . 無著道忠的禪學 [J]. 佛學研究，1998（7）.

[6] 王鍈. 讀《葛藤語箋》隨劄 [J]. 俗語言研究，1995（2）.

[7]（日）無著道忠. 葛藤語箋 [M]. 上海：學林出版社，1992.

Taozhong（道忠）**of Japan of Zen research work arrangement and research**

Lei Hanqing

(Chinese Folk Culture Research Institute,

Sichuan University, Chengdu610064, China)

Abstract: Taozhong（道忠）(1653—1744) study Zen master life dedicated to Buddhist literature, mainly including Zen book notes, colloquial explanation and Zen lexicography two aspects, but overall the current Sino—Japanese scholars to study without academic works only in summary a department or some part of academic works the value of the stage, also did not touch on the text collection and collation, we believe that without the Zen research works of the consolidation and further research in Sinology is given systematically extraterritorial Sinology research work is undoubtedly a very necessary and meaningful.

Key words: Taozhong; revising; document collation

（雷汉卿，四川大學中國俗文化研究所，郵編　610064）

"虛篢"訓釋商榷

李申

內容摘要：《金瓶梅詞話》第45回有"虛篢"一詞，各家說解頗有分歧。張鴻魁先生認爲釋之爲"空箱子"、"虛篢即虛恭，爲屁的婉辭"、"欺騙行爲"等均不妥當，而提出"篢"乃"罶"字俗形的訛誤，此詞實應爲"虛罶"的說法。本文進一步論證了"虛恭"說的合理性，並對"虛罶"說提出兩點質疑。

關鍵詞：《金瓶梅詞話》　虛篢　訓釋商榷

　　《金瓶梅詞話》第45回寫元宵節間西門慶家請李桂姐、吳銀兒幾個妓女上門彈唱，李桂姐以"家中無人"、"媽媽盼望"爲由急着返回妓院，吳月娘再三挽留不住，於是對答應不走的吳銀兒說："銀姐，你這等我才喜歡。你休學李桂兒那等喬張致，昨日和今早，只相臥不住虎子一般，留不住的祇要家去！可可兒就忙的恁樣兒？連唱也不用心唱了。見他家人來接，飯也不吃就去了。——就不待見了！銀姐，你快休學他。"吳銀兒道："好娘，這裏一個爹娘宅裏，是那裏去處？就有虛篢，留着別處使，敢在這裏使？桂姐年幼，他不知事，俺娘休要惱他。"

　　其中"虛篢"一詞究爲何義？各家說解頗有分歧。張鴻魁先生《釋"虛篢"並論俗字"罶"》（載《中國語文》2009年第4期，下簡稱"張文"）認爲"現見有幾種說法"（1. 空箱子說，見魏子雲《金瓶梅詞話注釋》；2. 指"屁"說，見張惠英《金瓶梅俚俗難詞解》、李申《金瓶梅方言俗語彙釋》和王利器《金瓶梅詞典》；3."欺騙行爲"説，見白維國《金瓶梅詞典》）皆不合適，於是提出"'簀'是'醟'字俗形造成的訛誤，'虛簀'當是'虛醟'"一説。張文雖然論證了"醟"訛變爲"簀"的可能性，但"可能"並非"必然"，而且文中涉及的一些問題，仍有商榷的必要。下面即從兩方面試作進一步探討。

一　"虛簀"即"虛恭"説的合理性

（一）是否有"虛簀"一詞？

張惠英先生（1992）指出，"'恭'在'出恭'、'恭桶'中用作大小便的婉辭，可能這兒用古紅切的'簀'諧'恭'。"將二字看作通假關係，認爲詞形應作"虛恭"，是很有道理的。此詞無論在近代文獻，還是現代方言口語中都有例證。如：

清·無名氏《施公全案》第 156 回："那人猛然腹内一陣汩汩作響，一連出了幾個虛恭，姜起寒散。"

慈禧身邊的宮女榮兒在回憶清宮生活時説："第二樣和第三樣的困難，是喫飯和出虛恭。""誰能想到在皇宮裏當差，五六年沒吃過一頓飽飯，試想我們是十二三歲的孩子呀！怕出虛恭，丟了差事，惹了麻煩，在小姐妹群裏抬不起頭來。"（見金易，2006）

邊治中（1987）指出道家的回春功"由於做功時腸胃的蠕動，還會打嗝出虛恭（放屁）"。

徐世榮（1992）指出北京土語有一類是："隱諱（有的是"雅化"），如：白果兒，生口，還酒，出虛恭，夜靜兒，外快，三只手，混事的，攤上事兒，瞎道兒，挨人兒。"

董樹人（2010）《新編北京方言詞典》收有"出虛恭"條，釋爲："中醫行醫用語，指放屁。"

　　李申（1986）指出：老派徐州話作爲諱飾語也説“虛恭”（記作“虛窮”）。

　　中國社科院語言所（2002）《現代漢語詞典》增訂本收有“出虛恭”條，釋爲“婉辭，指放屁”。但並未註明是方言，説明此詞語的使用已較普遍，故被收入普通話詞彙。

　　可見，從明清至現今，從一些方言到普通話，此詞一直都在使用。“簧”並非誤字，而是“恭”的記音用字。

　　（二）“使虛簧”從詞語搭配和色彩上看是否成立？

　　張文指出：“凡詞非常形（字形），要想注釋確立，一要講清字音通假，二要講清詞義引申脈絡，三還要觀察詞語搭配關係，四還要觀察權衡色彩。僅據前兩條，指‘屁’説似有可能成立，但從後兩條看，理由就不充分了。從詞語搭配關係看，‘虛簧’前的動詞是‘使’，‘使’‘屁’這種搭配在近現代漢語中似尚未見先例。從詞語色彩看，‘使屁’極不莊重，不適合小説設置的場景，也不符合發話人和受話人的身份性格……因此，‘虛簧’不可能是‘屁’的同義語。”

　　應當説，張文提出的注釋確立的四條標準是非常正確和全面的。但據後兩條否定張（1992）、李（1992）、王（1988）的説法却難稱允洽。

　　首先説“使”與“虛簧”搭配問題。在近代漢語中，“放”亦有“使”義。如《敦煌變文集·前漢劉家太子傳》：“遂便不放外人知聞，便稱帝位。”又：“問其事已了，却便充爲養男，不放人知。”兩例中之“不放”即“不使”。南宋·辛棄疾《滿江紅·中秋寄遠》詞：“快上西樓，怕天放浮雲遮月。”“放浮雲”即“使浮雲”。《金瓶梅詞話》第54回：“如意兒恐怕哭醒了李瓶兒，把奶子來放他吃，後邊也寂寂的睡了。”“放他吃”即“使他吃”。

　　反之，“使”亦有“放”義。如元劇《秋胡戲妻》第4折：“早是俺這釣鰲客咱不認，哎！你個使牛郎休更想。”《水滸全傳》

第 51 回：“白玉喬道：‘便罵你這三家村使牛的，打甚麼緊?’”“使牛”、“使牛郎”即放牛、放牛郎。近代漢語中還有不少“使性”、“使性氣”之類的説法，義爲放任性子，發脾氣，“使”皆有“放”義。

故，“使”與“虛簀”搭配似未嘗不可。

再説“使虛簀”的詞語色彩問題。《金瓶梅》中直接用“放屁”罵人胡説者比比皆是。如第 4 回寫鄆哥揭發王婆子撮合西門慶和潘金蓮勾搭成姦，“那婆子吃他這兩句道着他真病，心中大怒，喝道：‘含鳥小猢猻，也來老娘屋裏放屁!’”又如第 16 回寫李瓶兒要嫁西門慶，西門慶擔心她家大伯子會説李孝服不滿，從中阻攔，李瓶兒對西門慶説：“他不敢管我的事。……他若但放出個屁來，我教那賊花子坐着死，不敢睡着死。大官人你放心，他不敢惹我!”但在大節間，又當着正嫡女主人吳月娘的面兒，吳銀兒自知應當避免“放屁”這樣的直白，故而採用“使虛簀”的婉辭，這正符合地位卑下的女子在尊長者面前的聲口，既俚俗而又不失其雅馴。誠如上舉徐世榮文中所説，這是一種“雅化”了的説法。而且這話裏還隱含着對李桂姐敢於在吳月娘面前耍花招的貶斥，又巧妙地迎合了吳月娘對李桂姐“喬張致”的批評。於此正可看出吳銀兒性格的乖巧和老於世故。

綜上所述，將“使虛簀”釋作“放屁的諱詞”，引申貶指人指空撒謊，弄虛作假，似並無不妥。

二 對“簀”爲“囂”字形誤説的兩點質疑

（一）張文在否定現有幾種説法之後，提出“簀”是“囂”字俗形造成的訛誤説，認爲“使虛簀”實應作“使虛囂”，義爲弄虛作假、撒謊耍滑頭。那麼，“囂”是如何訛誤成“簀”字的呢? 按張文推測，其訛變的路線是：首先由“囂”先脱落下面的

兩個 "口" 字，成爲 "𧮾"，然後上面的兩個 "口" 字再訛變成 "竹" 字頭，而成 "簉" 字，最後又因與 "簀" 字形相近而致混淆，於是 "囂" 就訛誤成 "簀" 字了。

誠然，《金瓶梅》中因字形相近而致訛誤的例子是不少的，例如 "吊脚事" 中的 "吊" 誤爲 "另" 字（26 回），"外合裏差" 的 "差" 被誤刻成 "表" 字（58 回）。但像 "囂" 再三訛誤才成 "簀" 字，究竟有多大的可能性？是否過於迂曲？而且，如上文所説，"使虛簀" 本身就有弄虛作假，撒謊耍滑頭的意思，又何需拐這樣一個大彎兒呢？在古代文獻整理時，凡原文可通的，就不必判爲誤文，這也是應當注意的一個原則。

另外，《金瓶梅》中使用 "囂" 字甚多，僅張文引用的就有 "百浪虛囂"、"囂紗片子"、"囂紗段子"、"遮囂兒"、"囂了人"、"囂了他的頭"、"囂我"、"塵囂滿榻" 等，"囂" 字皆不誤，説明 "囂" 與 "簀" 字形是有明顯區別的，如果一定要説 "虛簀" 一詞中的 "簀" 是 "囂" 字輾轉訛誤而成的，恐難令人信服。

（二）即使如張文推測的那樣，"虛簀" 乃 "虛囂" 之訛，那麽，按照張文提出的第三條標準看，"使虛囂" 能否搭配呢？張文並未舉出 "使虛簀" 以外的任何一例。張文所舉《竇娥冤》二《南吕·一枝花》："説一回不明白打鳳的機關，使了些調虛囂撈龍的見識"，此句中 "虛囂" 前面的動詞是 "調"，"使" 的賓語是 "見識"，並非 "使虛囂" 拆分的説法。我們檢索了王學奇（2002）《宋金元明清曲辭通釋》"虛囂（囂虛）" 條，所引 10 例中，"虛囂" 前搭配的動詞僅有 "調"、"弄"、"舞" 三個，無一例用 "使"。另王書未提到的元明戲曲作品中，有 "恣虛囂"（《東堂老》）、"話虛囂"（《蝴蝶夢》）、"説虛囂"（《西遊記》）等説法，亦無一例用 "使" 者。可見 "使虛囂" 的説法，如果不能説絕對没有，起碼也是極爲少見的。那麽，爲什麽一定要把可以説通的 "使虛簀" 硬説成是 "使虛囂" 呢？

由上觀之，張文之説要想確立的話，恐怕還需要有更爲充分可靠的證據。

〔注釋〕

①魏子雲《金瓶梅詞話注釋》，中州古籍出版社，1987 年版，302 頁。

②張惠英《金瓶梅俚俗難詞解》，社會科學文獻出版社，1992 年版，185 頁。

③李 申《金瓶梅方言俗語彙釋》，北京師範學院出版社，1992 年版，570 頁。

④王利器《金瓶梅詞典》，吉林文史出版社，1988 年版，338 頁。

⑤白維國《金瓶梅詞典》，中華書局，1991 年版，600 頁。

⑥〔清〕無名氏《施公全案》，江蘇古籍出版社，1994 年版，498 頁。

⑦金 易等《"榮宮女" 回憶故宮生活》，揚子晚報 2006 年 12 月 4 日，又見該報 2012 年 4 月 24 日傳奇解密《慈禧身邊宮女講述清宮時尚》。

⑧邊治中《中國道家秘傳養生長壽術》，黑龍江人民出版社，1987 年版，11 頁。

⑨徐世榮《北京話及其特點》，載《語言研究與應用》，商務印書館，1992 年版，20 頁。

⑩董樹人《新編北京方言詞典》，商務印書館，2010 年版，69 頁。

⑪李 申《徐州方言的諱飾語》，載《語言研究》1986 年第 2 期，112 頁。

⑫王學奇《宋金元明清曲辭通釋》，語文出版社．2002 年版，1226 頁。

Discussion on Explanations of "Xugong"

Li Shen

(School of Literature, Jiangsu Normal University,
Xuzhou 221116, China)

Abstract：Explanations of the word "Xugong" in Chapters 45 of *Cihua E-*

dition of Golden Lotus are not the same. Zhang Hongkui believes that many interpretations are wrong , such as "empty boxes", "that is Xugong, euphemism for fart", "cheat", etc. Mr. Zhang Points out that the word of "Xugong" is actually "Xuxiao". This paper further demonstrates the rationality of the "Xugong", and puts forward two queries on "Xuxiao".

Key Words：the *Cihua Edition of Golden Lotus* ; Xugong; discussion on explanations

（李申，江蘇師範大學文學院，郵編　221116）

商務本《祖堂集校注》商補

詹緒左

内容摘要：商務印書館出版的《祖堂集校注》中存在一些可商榷之處，筆者就其中的 80 則校注提出商補性意見。

關鍵詞：《祖堂集》　校注　商補

筆者因研究的需要，通讀了 2009 年商務印書館出版的《祖堂集校注》（張美蘭校注；以下簡稱"商務本"），發現該書的點校、注釋可商補之處甚多，遂行劄録，約得二百多條。這裏摘録一部分，以請益於校注者及方家同仁。

1. 蘇蜜

歡喜爲食，身光遠照，飛行自在，無有男女、尊卑、親屬，自然地味，味如蘇蜜。（卷一《釋迦牟尼佛》）

"蘇"，商務本録作"蘇"，校記："'蘇'應爲'酥'。卷十四《百丈和尚》章：'捉土爲金，變海水爲蘇酪，破須彌山爲微塵。'同此。"（17 頁）

今按："味如蘇蜜"，大正藏本《長阿含經》卷六《第二分初小緣經第一》、《釋迦氏譜序》引《長阿含經》作"狀如酥蜜"，然宋本《長阿含經》則録作"狀如蘇蜜"，知"蘇（蘇）蜜"與"酥蜜"乃同詞異寫。"蘇（蘇）蜜"，《佛學大詞典》有釋："蘇……謂以酪精製者；有生蘇、熟蘇之別。蜜……謂蜂採花中甘液所釀成者。"又，《新唐書·南蠻傳上·南詔上》："婦人不粉黛，以蘇澤髮。”亦可證“蘓（蘇）”、“酥”可以通用。

2. 試當

　　有試當者，遂生摶食，光威通亡，呼嗟在地。（卷一
《釋迦牟尼佛》）

　　商務本校記：“‘當’字似應爲‘嘗’字。”（17頁）

　　今按：“當”實即“嘗”之形譌。“試嘗”謂試着嘗一嘗。
《太平廣記》卷二四引《續神仙傳》：“試嘗其汁，味最甘美。”即
其語例。上引例又見於《佛説長阿含經》卷六《第二分初小緣經
第一》、卷二二《第四分世記經世本緣品第十二》、《釋迦譜》卷
一並序《釋迦始祖劫初刹利相承姓譜第一》、《法苑珠林》卷一
《成劫部第四》、《釋迦氏譜序·二序氏族根源》、《佛祖統紀》卷
三〇等，均作“試嘗”或“試甞”（“嘗”、“甞”異構字）。“嘗
（甞）”、“當”形近易誤，典籍中習見。南朝宋顔延之《又釋何衡
陽〈達性論〉》引何承天語：“尋來旨似不嫌有鬼，嘗謂鬼宜有
質。”核引語出自何承天的《重答顔光祿》一文，“嘗”正作
“當”。敦煌寫卷伯三七三〇背面文書：“盞酒臠（臠）肉，時長
不當。”“當”亦“嘗”之誤。

　　又，“光威”的“威”，當出校記。“威”乃“滅”之形誤。
上揭諸佛典均作“滅”，可爲確證。“光威（滅）通亡”謂身光消
歇、神通消亡。《釋氏要覽》卷上《姓氏》、《歷朝釋氏資鑑》卷
一此句錄作“身光滅，神通亡”，亦可助參。

3. 瓌偉

　　時有一人，容質瓌偉，威嚴鞠物，衆所信伏，則往請
之。（卷一《釋迦牟尼佛》）

　　“瓌偉”，商務本校記：“‘瓌’同‘瑰’。‘瓌偉’，偉大。”
（17頁）

　　今按：“瓌偉”實指體貌高大奇絕。《晉書·苻堅載記上》：
“（堅）侍洪側……洪每曰：‘此兒姿貌瓌偉，質性過人，非常相

也。'"唐谷神子《博異志補編·張遵言》："可十里許，遙見一塚
上有三四人，衣白衣冠，人長丈餘，手持弓劍，形狀瓌偉。"宋
樂史《廣卓異記·申王異事》："王性寬裕，儀形瓌偉，善於飲
啖。"即其例。"瓌偉"，內典外籍中亦作"瓌瑋"、"瑰偉"、"瑰
瑋"、"瓆偉"、"瓆瑋"、"傀偉"等，各示一例，以資比較：

　　（明瓆）形質素瓌瑋，晚歲風疾，頓乖儀節。（《新脩科
　分六學僧傳》卷一四《唐慧進》）

　　愛於夕中，自以呪力現一大神，身著衣冠，容相瓆偉，
　來舉繩床，離地四五尺。（大正藏本《續高僧傳》卷二五
　《植相》；"瓆偉"，宋、宮本作"傀偉"，元、明本作"瑰
　偉"）

　　中天竺國沙門曇柯迦羅，魏云法時，幼而才聰，質像瓆
　瑋。（大正藏本《歷代三寶紀》卷五；"瓆瑋"，宋、元、明
　本作"瓆偉"）

　　記顧曰："吾子形貌傀偉，請對有方，學淺而思遠。吾
　論其興矣！儻子存於始卒，吾當誨而不倦。"（《續高僧傳》
　卷一三《道傑》）

　　太后著練衣，狀貌瑰偉，不甚年高。（《顧氏文房小說》
　本《周秦行記》；"瑰偉"，《太平廣記》卷四八九作"瑰瑋"）
"瓆偉（瑋）"，大型語文辭書未收。

　4. 戰慄

　　於正受中倏然心驚，舉身戰慄。（卷一《釋迦牟尼佛》）
"戰慄"，商務本校記："'慄'似當作'慄'。"（25頁）
　今按："慄"即"慄"的訛俗字。大正藏本《大般涅槃經後
分》此句即錄作"戰慄"，明、宮本作"顫慄"。《寶林傳》卷二
《商那和修章降火龍品第七》："彼五百比丘聞師所說，心各戰
慄。"《宋高僧傳》卷一九《無相傳》："徒近相身，一皆戰慄，心
神俱失。"亦其例。檢《祖堂集》"慄"字凡2見，另一例見於卷

五《德山和尚》章：“聞此語者惕慄。”“惕慄”、“戰慄”義近。《祖堂集》卷九《落浦和尚》引《神釼歌》有“異哉神釼實㯬奇”，“㯬”亦“標”字之俗訛。大正藏本《宋高僧傳》卷一六《希覺傳》有“覺生於溧陽”，“溧”，磧砂藏經本作“漂”。另檢韓國成均館大學《崔文昌侯全集》（漢城，1972）原刊影印本，“溧陽”凡 5 見，均作“漂陽”。知“票”、“栗”二者俗寫易亂。

5. 若人

　　師巡遊，往至一竹林之間，聞一比丘錯念佛偈曰：若人生百歲，不見水潦凅，不如生一日，而得覩見之。阿難聞已，嗟歎曰：世間一凡有，不解諸佛意，徒載四《圍陁》，不如空身睡。阿難歎已，語比丘曰：“此非佛語。如今當聽我演佛偈。”曰：“若人生百歲，不會諸佛機，未若生一日，而得決了之。”（卷一《阿難尊者》）

商務本校記：“若人，猶云‘或人’，泛指某人。王梵志詩二二九首：‘若人不信語，檢取涅槃經。’”（31 頁）

今按：“若人”確可“泛指某人”，但此例不是。首先，“若人”句在《止觀輔行傳弘決》卷一之一、《釋門正統》卷一中作“人生百歲時”，可知“人”才是“泛指某人”，而非“若人”。其次，這段記載始見於《阿育王傳》（西晉安法欽譯）卷四《摩訶迦葉涅槃因緣》。“若人”其時尚無此義。試比較下面的例子：

　　若人壽百歲，奉火修異術，不如尊正諦，其明照一切。
　　若人壽百歲，學邪志不善，不如生一日，精進受正法。（《中本起經》卷上《度瓶沙王品》；後漢曇果共康孟詳譯）
　　若人壽百歲，懃事天下神，象馬用祭祀，不如行一慈。（《法句譬喻經》卷一《慈仁品》；西晉法炬、法立共譯）
　　若人壽命滿百年，破戒心無有寂定，有能堅持忍精進，一日活足勝彼長。若人壽命滿百年，愚癡心恒生散亂，有能智慧及禪定，一日活足勝彼長。（《佛本行集經》卷四四《布

施竹園品》；隋闍那崛多譯）

顯然"若"均表假設，"人"才是"泛指非特定的人"。

再看《祖堂集》中的用例：

> 若人定得，老僧許伊出頭。（卷七《夾山和尚》）

> 若人見幻本來真，是即名爲見佛人。圓通法界無生滅，
> 無滅無生是佛身。（卷一七《岑和尚》）

例中"若人"的"若"均應理解爲假設連詞。

6. 宣

> 自商那和修滅度，時當姬周第十一主宣二十三年乙未歲
> 矣。（卷一《商那和修尊者》）

商務本校記："疑'宣'字下脫一'王'字。"（32 頁）

今按：此句《寶林傳》卷二《第三祖商那和修降火龍品第
七》、《景德傳燈錄》卷一、《傳法正宗記》卷二本傳均有"王"
字，故不必疑。

7. 頂擎

> 手攜酒器，頂擎佛日，奚是奚非？誰得誰失？（卷一
> 《婆須密尊者》引淨修禪師讚）

商務本校記："原本'頂擎佛日'之'頂'，敦煌《泉州千佛
新著諸祖頌》作'項'。（參見譚偉 2005：66）"（36 頁）

今按：核敦煌遺書 S. 1635《泉州千佛新著諸祖師頌》，實作
"頂"之俗別字。此形敦煌寫卷中習見，《敦煌俗字典》"頂"字
條所列三形，有二形即與《諸祖師頌》的寫法相同（88 頁）。

8. 毗羅尊者

> 第十三祖毗羅尊者，花氏國人。（卷一《毗羅尊者》）

商務本校記："毗羅尊者，在《海東新開印版記》中作'迦
毗羅祖師'。又《五燈會元》卷一亦作'迦毗羅尊者'。多一
'迦'字。（21 頁）"（41 頁）

今按：此校記引文未盡確。核《五燈會元》卷一本傳，實作

"迦毗摩羅尊者"，與《景德傳燈錄》卷一、《傳法正宗記》卷三本傳等完全相同。作"迦毗羅尊者"，見於《諸祖師頌》。《寶林傳》卷三作"迦毗魔羅"。

9. **大**

　　鳩摩羅多，大常止簷，蒙師爲訣，委父無猒。（卷二《鳩摩羅多尊者》）

商務本校記："'犬'原本作'大'，敦煌《泉州千佛新著諸祖師頌》同。按'大'字當爲'犬'字之誤。據《寶林傳》卷四《第十八祖伽耶舍多章·簷狗品》：'又彼國中有婆羅門家養得一犬，常於屋檐下臥，從暨逐去，還來本處，如是臥此簷下，經於十年不止別處……時鳩摩羅多而供養已，乃問師曰"我家有一犬，常於簷下濕地而臥，前後打逐，暨去還返，至於彼臥，更不移止。今請智者爲説其事，與意同故，我即師學。"……伽耶舍多曰："今此犬者，是汝父也。何以故？爲有少業而墮狗中。其父死時，汝身不在。父有黃金未付于汝，金在簷下，以瓦盛之，可有千鋌。……"'……同卷《鳩摩羅多》章亦記之。（參見譚偉2003）"（48頁）

今按：校作"犬"可從。"大"與"犬"俗寫易亂。磧砂藏本《經律異相》卷一《曇摩鉗爲法燒身火坑變爲花池》："身透火坑，天地犬動。""犬"顯爲"大"之訛俗字。《祖堂集》卷五《曹山和尚》："春秋六十二，僧夏三十七，敕謚元證大師矣。""大師"的"大"，原刻本亦作"犬"形。《碑別字新編》引隋《陳常墓誌》，"伏"所從之"犬"也作"大"。均可助參。

另，此校引文多有未妥。"從暨"的"從"乃"縱"字之誤；"以瓦盛之"的"瓦"是"瓮"字之訛；"乃問師曰"下漏着冒號；"常于屋檐下"的"檐"原典作"簷"，"常于簷下"的"簷"原典則作"檐"；"經于十年"的"於"原典作"於"，而"未付於汝"的"於"原典實作"于"；"而墮狗中"的"墮狗"，原典作“憧猶”。

10. **煬帝**

師入定，時當此土後漢第五主煬帝九年丁巳歲矣。（卷二《婆修盤頭尊者》）

商務本校記：“‘煬帝’當爲‘殤帝’。《祖堂集》此處則作：‘煬帝九年丁巳歲矣’。《景德傳燈録》卷二則爲：‘當後漢煬帝十二年丁巳歲矣。’按：殤帝在位僅一年，丙午歲。”（50頁）

今按：此校記引文亦誤。核《景德傳燈録》卷二本傳，此句實作“當後漢殤帝十二年丁巳歲也”。可見“煬”乃“殤”字之誤，“矣”當録作“也”。《五燈會元》卷一本傳、《五燈嚴統》卷一本傳，此句亦作“當後漢殤帝十二年丁巳歲也”。《指月録》卷三作“漢殤帝十二年丁巳也”。然《景德傳燈録》此句下有注：“當作安帝十一年，蓋殤帝在位止一年耳。”故《佛祖歷代通載》卷五此句録作“當後漢安帝十一年丁巳歲也”，《五燈全書》卷二此句記作“當漢安帝元初四年丁巳歲也”。

另檢《寶林傳》卷四《第二十祖婆修盤頭章舉太子品第二十五》，此句録作“時當此土後漢苐五主殤帝九年丁巳之歲入涅槃也”，顯然這才是《祖堂集》此處可能有誤的最好證明。

11. **薝蔔**

功高二儀，名喧萬國，稽首歸依，祖林薝蔔。（卷二《鶴勒尊者》引淨修禪師讚）

商務本校記：“薝蔔，香樹名，或作‘瞻葡’、‘瞻匐’。敦煌《泉州千佛新著諸祖師頌》此頌作‘瞻葡’。《玄應音義》卷二一：‘瞻博花，舊言旃簸迦，或作瞻波花，亦作瞻匐，又作占婆花，皆方夏之差耳。此云金色花，大論云黃花樹也，樹形高大，花亦甚香，其氣逐風彌遠。’（參見譚偉 2005：72）孫昌武（2005：331）注：‘薝蔔，郁金花。’”（52頁）

今按：此校記引文也有誤。首先，敦煌遺書《泉州千佛新著

諸祖師頌》此頌作"瞻蔔"，而非"瞻葡"。其次，所引《音義》
實見於《一切經音義》卷一三《大寶積經》卷三七"瞻博迦"
條，原文爲："瞻博迦：舊曰旃簸迦，或作詹波，亦曰瞻蔔，又
作占波花，皆方夏言音之差耳，此云金色花。《大論》云黃花樹，
形高大，花亦甚香，其氣逐風甚遠。"對比可見，其誤也不止一
處。

12. **高勸**

　　佛馱跋多羅復有弟子名郍連耶舍，於南天大化，後來此
土東魏高勸鄴都，與五戒優婆塞萬天懿譯出梵本《尊勝經》
一部。（卷二《菩提達摩和尚》）

商務本校記："高勸，疑爲'高歡'。"（63頁）

今按："高勸"實即"高歡"的誤寫。《歷代三寶紀》卷三：
"武帝元循西遷長安，依周太祖宇文黑泰。齊太祖高歡別立清河
王子元善見爲主，北都於鄴。緣是復分爲西東。"知"高歡"即
"齊太祖"，曾任東魏大丞相，專朝政，後立北齊，史稱"神武
帝"。《王梵志詩校注》卷四《相交莫嫉妒》："相交莫嫉妒，相歡
莫蛆佇。"項楚校："'歡'，各本及《掇瑣》、《文庫》、《詩集》、
《校輯》皆作'勸'，乃形譌字……《變文集》《佛說阿彌陀經講
經文》：'自誑誑他無利益，現世人喜勸。''勸'亦'歡'之譌，
與此處正同。"可以比參。

13. **師傳我沒繩**

　　起自求無導，師傳我沒繩，路上逢僧禮，腳下六枝分。
（卷二《菩提達摩和尚》）

商務本校記："傳：疑爲'縛'字。"（63頁）

今按："傳"字不誤。《傳法正宗記》卷九即作"傳"。"師
傳"句，《祖庭事苑》卷八"釋名識辨"條、《禪苑蒙求拾遺》
"道信勿繩"條作"師言我勿繩"，《天聖廣燈錄》卷六作"師言
我沒繩"。"傳"、"言"義同，均指告知、示誨。

14. 混而不獨

天上麒麟，人間鸑鷟。斷臂立雪，混而不獨。（卷二《慧可禪師》引淨修禪師讚）

商務本校記：“‘獨’，敦煌《泉州千佛新著諸祖頌》作‘濁’，於文義似較通暢。”（69 頁）

今按：“獨”實即“濁”之形誤字。《諸祖師頌》此句即作“混而不濁”。《藝文類聚》卷二二《人部》六《公平》：“（郭泰）若千萬頃波，澄之不清，混而不濁，不可量也。”《宗鏡録》卷三四：“佛法世法，一一皆有名體……澄之即清，混之即濁，堰之即止，決之即流，而能灌溉萬物，洗滌群穢。”《古尊宿語録》卷三八《襄州洞山第二代初禪師語録》：“問：‘澄而不清，混而不濁時如何？’師云：‘額裂嶪頭。’”都是“混”、“濁”並用之例。“濁”與“獨”，形近易訛。《讀書雜誌·管子第九》“獨水”條：“‘獨水蒙壤，自塞而行者，江河之謂也。’念孫案：‘獨水’當爲‘濁水’。”即其例。

再看本章記載，慧可傳法於僧璨之後，“便去彼所，化道群生，得三十四年。或在城市，隨處任緣；或爲人所使，事畢却還。彼所有智者，每勸之曰：‘和尚是高人，莫与他所使。’師云：‘我自調心，非関他事。’”這便是“混而不濁”的内涵：既逐世任緣，又調心煉性，真正是“混”而不“濁”。

15. 還

達摩曰：“内傳心印，以契證心；外受袈裟，而定宗旨，不錯謬故。吾滅度後二百年中，此袈裟不傳。法周沙界，明道者多，行道者少；說理者多，通理者少，於後得道還近千万……”（卷二《慧可禪師》）

商務本校記：“‘還’，疑爲‘遠’字。”（69 頁）

今按：“還”字不誤。《寶林傳》卷八《第二十九祖可大師章斷臂求法品第四十》亦作“還”。

16. **溪籠山**

塔在金陵後湖溪籠山，即耆闍山也。（卷三《牛頭和尚》）

商務本校記："'溪籠山'，《五燈會元》作'雞籠山'（頁62）。疑'溪'爲'雞'之誤。"（85 頁）

今按："溪籠山"，中州本、中華本校錄爲"雞籠山"（96頁；138 頁），可從。《景德傳燈錄》卷四、《五燈會元》卷二、《續高僧傳》卷二六、《佛祖歷代通載》卷一二、《指月錄》卷六本傳、《宗統編年》卷一○等均錄作"雞籠山"，可爲確證。"溪"乃"雞"之誤刻。雲自在龕叢書本《三水小牘》卷下《黑水將軍靈異》："用弱有葛雞寶劍，復夢求之，遂以爲贈。"句中"雞"，亦"溪"字之譌，諸本《廣記》均作"溪"。可見二者形近易訛。

"雞籠山"，以其形如"雞籠"而得名（見《六朝事跡類編》卷下《雞籠山》條引《輿地志》）。四部叢刊《徐公文集》（東海徐鉉）卷二四《龍山泉銘》："建康城北有雞籠山焉，傍帶潮溝，卻臨後湖，宋元嘉中改爲龍山，湖曰玄武，紀瑞也。"是又知"後湖"即指玄武湖。

17. **本分**

舍人歸京，入寺遊戲，見僧念經，便問："甲子多小？"對曰："八十五。"進曰："念經得幾年？"對曰："六十年。"舍人云："大奇！大奇！雖然如此，出家自有本分事。作摩生是和尚本分事？"僧無對。（卷三《鳥窠和尚》）

商務本校記："本分：本色在行，出色當行。"（87 頁）

今按：此釋未確。"本分"謂本身份內。"本分事"指禪僧本身份內的大事，亦即獲得禪悟、度脫生死。書中 17 見，均此義。正因如此，同書中亦稱"本來事"、"自己事"、"分上事"、"當人事"，偶又簡稱"本事"。各示一例：

僧問："如何是本來事？"師曰："汝因何從我見？"進

曰："不從師覓，如何即得?"師曰："何曾失却那? 作摩?"
（卷四《石頭和尚》）

　　自己事若不明，且從何處出得如許多妄想? 向這裏見凡
見聖，見有男女、僧俗、高低、勝劣，大地面上炒炒底鋪砂
相似，未嘗一念暫返神光，流浪生死，劫盡不息。（卷七
《雪峯和尚》）

　　兒子便問禪師："乞師慈悲攝受，度得一個衆生。某甲
切要投禪出家。"禪師曰："是我宗門中銀輪王嫡子、金輪王
孫子，方始得継續，不墜此門風。是你三家村裏男女、牛背
上將養底兒子，作摩生投這個宗門? 不是你分上事。"（卷三
《慧忠國師》）

　　當人事不能會得，但知念言語學向皮袋裏，到處便道：
"我會禪會道。"還替得价輪迴摩?（卷一六《黃蘗和尚》）

　　有人舉似樂浦。樂浦云："行、說俱到本事無，行、說
俱不到本事在。"（卷一七《大慈和尚》）

例1中的"本來事"，《景德傳燈錄》卷一四、《五燈會元》卷五
等作"學人本分事"。

禪錄中"本分"確有"本色在行，出色當行"的意思，如：

　　若云言中有響，句裏呈機，猶曲爲中下之流，向本分衲
僧，遠之遠矣!（《明覺語錄》卷一）

　　恰如載一車寶劍相似，將一柄出了，又將一柄出，祗要
般盡。若是本分手段，拈得一柄便殺人去，那裏祗管將出來
弄!（《宗門武庫》）

但這種用法《祖堂集》中未見一例。"本分事"亦可指禪家宗匠
着眼本分大事而採取的接引學人的手段。如《碧巖錄》卷一第三
則："祖師若不以本分事相見，如何得此道光輝?"這種用法《祖
堂集》中也未見。

18. 騰騰

今日任運騰騰，明日騰騰任運。（卷三《騰騰和尚》引《樂道歌》）

"騰騰"，商務本釋作"昏沉糊涂貌"（90 頁）。

今按：此釋未確。"騰騰"謂任運無礙的樣子。"任運騰騰"是禪家"樂道"的特有境界。傳主法號叫"騰騰和尚"，據《景德傳燈録》卷四、《五燈會元》卷二、《禪宗正脈》卷一本傳等記載，是因其"自嵩山罷問，放曠郊郵，謂之騰騰和尚"，可見取的正是隨緣不拘之意。"任運騰騰"，禪録中常稱作"任騰騰"，今抄示幾例，以助解語：

氣清山秋，用光月浮。一無所寄，六不得收。任騰騰而異類，活鱍鱍而隨流。天上天下，雲水自由。（《宏智廣録》卷九）

風暖鬥山鵲，煙消露石稜。分甘雲水共，終日任騰騰。（《虛堂語録》卷七《動靜雙照》）

住在千峰最上層，年將耳順任騰騰。免教名字掛人齒，甘作今朝百拙僧。（《續傳燈録》卷二八《雲居宗振首座》）

時節因緣誰愛憎，春松秋菊任騰騰。高玩巍巍嶺頭月，還挑深深海底燈。（《義雲語録》卷下）

例 2 中的"騰騰"，無著道忠釋曰："不拘滯也。"（《虛堂録犁耕》，859 頁）這是很準確的。又《太平廣記》卷七五引《桂苑叢談》："身即騰騰處世間，心即逍遙出天外。""騰騰"與"逍遙"對舉，也是隨緣不拘之意。

19. 安問敢對

正月十五日，敕令京城内大師、大德與禪師論道。禪師奏曰："山僧久病，無暇談論，不假繁辭。以要言之，安問敢對。"（卷三《司空山本淨和尚》）

商務本校記："'安問敢對?' 疑應爲 '安敢問對?'"（107

頁）

今按：此句倘録作"安敢問對"，則爲反問句，語氣咄咄逼人，這與原文的語境不甚相合。"安問"其實也就是置問的意思，佛典中多見，例如：

> 故下章安問云：法若塵沙，境何定十？（《止觀義例》卷上《第四大章總別例》）

> 如安問答辭，以爲通破。（玄睿集《大乘三論大義鈔》卷三卷上）

對比可知，"安問敢對"相當於"安問答辭"，差別僅在於前者的語氣更委婉些，這便顯出了"敢"字的妙用來。

20. "如大德"句

> 有大德問："如鏡鑄像，像成後，鏡明向什摩處去？"師曰："如大德未出家時，相狀向什摩處去？"（卷三《懷讓和尚》）

"如大德"句，商務本校記："《五燈會元》卷三木師章作：'有一大德問："如鏡鑄像，像成後，未審光向什摩處去？"師曰："如大德爲童子時，相貌何在？"'（頁127）"（112頁）。

今按：此録文未盡確。核《五燈會元》卷三本師章，"什摩"實作"甚麽"，《聯燈會要》卷四、《祖庭嫡傳指南》卷下亦作"甚麽"，《景德傳燈録》卷五、《天聖廣燈録》卷八作"什麽"。

又，"如大德"句，商務本標作："如大德未出家時相狀向什摩處去？"對照《五燈會元》卷三本師章，則宜標點作："如大德未出家時，相狀向什摩處去？""相狀"義同"相貌"。

21. 懵惇

> 師初至南臺，師僧去看，轉來向讓和尚説："昨來到和尚處問佛法輕忽底後生，來東石頭上坐。"讓曰："實也無？"對曰："實也。"讓便喚侍者曰："你去東邊，子細看石頭上坐底僧。若是昨來底後生，便喚他；若有應，你便道：'石

上惷悖子，堪移此處裁（栽）。'"侍者持此偈舉似師。師答曰："任你哭聲哀，終不過山來。"侍者却來，舉似讓和尚。和尚云："這阿師！他後子孫嗉却天下人口去。"（卷四《石頭和尚》）

商務本校記："惷悖，飽滿貌。"（118頁）

今按：這一解釋大體不差，但不全面。"石上惷悖子，堪移此處裁（栽）"實際上是雙關語。因傳主恰好叫"石頭和尚"，而"裁"當作"栽"，既可指栽種，也可指栽培。那麼"惷悖"呢？它除了指飽滿的樣子，實還有驕滿氣傲的意思。《詩·大雅·蕩》"女炰烋於中國，斂怨以爲德"毛傳："炰烋，猶彭亨也。"孔穎達疏："汝既官不得人，徒彭亨然自矜莊以爲氣健。"馬瑞辰通釋："彭亨即炰烋之轉，干寶《易》注：'彭亨，驕滿貌。'"又大正藏本《續高僧傳》卷八《慧榮》："時梁儲在坐，素不識之，令問講者何名。乃抗聲曰：'禹穴慧榮，江東獨步。太子不識，何謂儲君？'一坐掩耳，以爲彭亨之太甚也。榮從容如舊，旁若無人。""彭亨"，宋、元、明本作"惷悖"。而"石上惷悖子"恰也含有此義。這從上文"師僧"稱傳主爲"輕忽底後生"，以及下文傳主的"答"語"任你哭聲哀，終不過山來"中不難看出。

22. 廻互

門門一切境，廻互不廻互，廻而更相涉，不尒依位住。（卷四《石頭和尚》引《參同契》）

"廻互"，商務本錄作"迴互"，釋云"迴環交錯"（118頁）。

今按："廻互"確有"迴環交錯"義，此義《漢語大詞典》已收。但此處"廻互"則是石頭和尚在禪理基礎上糅合華嚴宗十玄緣起說而形成的一個概念，也是後來禪家所論"八要玄機"的內容（見《曹山語錄》卷二）。所謂"廻互"是指事物間相互涉入，相依相存，無所區別，相當於華嚴宗的理事無礙、事事無礙；所謂"不廻互"是指事物各有分位，各住自性，獨立自存，相當於華嚴宗的理事各立、事事住位。句中"廻互不廻互"就是彰顯廻互中有不廻互，不廻互中亦含有廻互，藉以說明相依相存與獨立自存的禪理。《嘉泰普燈錄》卷一〇《光孝德周禪師》："上堂：'回互不回互，覷見沒可覷。透出祖師關，踏斷人天路。阿呵呵！悟不悟，落華流水知何處?'"例中"覷見"是眼根與色塵的"回互"，而"沒可覷"就是"不回互"。《雲門廣錄》卷二："師云：'作麼生是不回互?'乃以手指板頭云：'者箇是板頭。''作麼生是回互?'師云：'喚什麼作板頭?'"也以實例詮釋了"回互"、"不回互"。

　　23. 钁

　　　　來晨諸童行競持鍬钁，唯有師獨持刀、水，於大師前跪拜揩洗。（卷四《丹霞和尚》）

　　商務本校記："钁，古兵器名。此當爲'钁'字（大鋤）。"（124 頁）

　　今按："钁"即"钁"字的俗寫體。《祖堂集》中"钁"字凡 11 見，6 例作"钁"，5 例作"钁"（其中 4 例"钁頭"連用）。可見此俗形較爲流行。下面再補充佛典中的幾個例子。《量處輕重儀本》："四治園調度，謂杴鍬鋤钁杷杒之具及澆漑水車楔桿雜事。"《弘贊法華傳》卷八《清信士陰明觀》："明觀懷欣，即起呼其子，持火及鍬钁，共往田中。"《釋門正統》卷一《南嶽慧思》："即洎日與執事者十四人，俱備斧钁，啟扶石壘，見靈骨如黃金色。"

　　24. 青山渌水

　　　　師初開堂時，有人問："作摩生語話，即得不墮門風?"師曰："一任語話，即不墮門風。"僧云："便請和尚語話。"師曰："青山渌水不相似。"（卷四《丹霞和尚》）

　　商務本校記："渌，應爲'綠'字。"（128 頁）

　　今按："渌"字不誤。《建中靖國續燈錄》卷三《寶緣慈濟禪師》：“問：‘如何是祖師西來意？’師云：‘青山淥水。’”《嘉泰普燈録》卷一四《虎丘紹隆禪師》：“青山淥水元依舊，明月清風共一家。”《五燈會元》卷一一《藴聰慈照禪師》：“問：‘青山淥水即不問，急切一句作麼生道？’”《黄龍語録·住翠巖廣化法語》：“朱云：‘得恁麼不覺！’大陽云：‘青山淥水。’”《古尊宿語録》卷四二《寶峰雲庵真净禪師住筠州聖壽語録一》：“青山淥水不能住，白日紅塵却自歸。”《禪門諸祖師偈頌》卷下之上道吾和尚《樂道歌》：“明明一道漢江雲，青山淥水不相似。”《禪苑蒙求拾遺》：“静室虚堂斂禪衣而宴坐，青山淥水携杖錫以經行。”均可爲證。“青山淥水”謂青色的山，清澈的水。該詞大型語文辭書未收。本書卷九《九峯和尚》章有“淥水騰波，青山秀色”句，商務本改“淥”爲“緑”（254頁），也欠妥。

又例中“師初開堂時”，商務本“時”字屬下，也未確。《天聖廣燈録》卷二七《澄諟禪師》：“長老未開堂時，還有佛法麼？”卷三〇《志昇禪師》：“初開堂時，有僧問：‘知師久醖葡萄酒，今朝慈濟爲誰開？’”《南宋元明禪林僧寶傳》卷一《佛燈珣禪師》：“建炎間，住天聖。開堂時，内翰王公問：‘三聖逢人則出話。’珣笑曰：‘公曾閲詩否？’”比參可見，“時”當屬上句。

25. 優婆夷

又時侍者請和尚喫藥食。師曰：“不喫。”進曰：“爲什摩不喫？”師曰：“消他不得。”進曰：“什摩人消得？”師曰：“不犯優婆夷者。”（卷四《藥山和尚》）

“優婆夷”，商務本録作“優婆事”，校記：“事，當作‘夷’。”（139頁）

今按：核原刻本，“夷”字略有殘損，但依稀可辨。此則公案，又見於《重編曹洞五位》卷上，即作“優婆夷”。“優婆夷”是佛教術語，爲在家二衆之一、四衆之一、七衆之一，指親近三寶、受三歸、持五戒、施行善法之女衆。“不犯優婆夷”，《重編曹洞五位》記作"不抱優婆夷"，下有"補曰"："學論優婆夷者，取處塵不染之意，言隨染大悲大行。"可助理解此則公案。

26. "見量"句

又一日，師曰："……却問：'旣今某甲除却揚眉動目一切之事外，和尚亦須除之。'石頭云：'我除竟。'對曰：'將示和尚了也。'石頭云：'汝旣將示，我心如何？'對曰：'不異和尚。'石頭曰：'不關汝事。'對曰：'本無物。'石頭曰：'汝亦無物。'對曰：'無物則真物。'石頭云：'真物不可得，汝心見量意旨如此也，須護持。'"（卷五《大顛和尚》）

"見量"句，商務本標點爲："真物不可得，汝心見量，意旨如此，也須護持。"（141頁）

今按：末句"見量"、"意旨"不宜斷開，"也"字亦當屬上。此句《景德傳燈錄》卷一四、《五燈會元》卷五、《指月錄》卷九作："汝心見量意旨如此也，大須護持。"可爲證。句中"見量"，義同"現量"，是佛教術語中心識三量之一，《宗鏡錄》卷九八、《禪宗正脈》卷三此句正作"現量"。

27. 一鋪功德

師初禮石頭，密領玄旨。次往曹溪禮塔，却迴石頭。石頭問："從何處來？"對曰："從嶺南來。"石頭云："大庾嶺頭一鋪功德，還成就也無？"對曰："諸事已備，只欠點眼在。"石頭曰："莫要點眼不？"對曰："便請點眼。"石頭蹻起脚示之。師便連禮十數拜不止。石頭云："這漢！見什摩道理，但知禮拜？"師又不止。石頭進前把住云："你見何道理，但知禮拜？"師曰："如炉炉上一點雪。"石頭云："如是！如是！"（卷五《長髭和尚》）

商務本校記："鋪，量詞，原多指圖畫等一幅或一套。功德，指可以引得善報的功業德行。"（143頁）

今按：此"功德"若解釋爲"功業德行"，則與量詞"鋪"

難以搭配；校記也許看出這一點，故云"鋪，量詞，原多指圖畫等一幅或一套"。其實這裏的"功德"是語義雙關，其表層義指"佛像"，深層義指徹悟禪法。《景德傳燈錄》卷一四本傳、《古尊宿語錄》卷二二《法演和尚語錄》、《禪宗頌古聯珠通集》卷一五、《禪苑蒙求拾遺》等皆錄此公案，均作"一尊功德"。《古尊宿語錄》卷四七《東林和尚雲門庵主頌古》中有"大庾嶺頭一尊佛"之語，也可助證。《禪林類聚》卷二《佛像》中亦載此則公案，更可表明"一鋪功德"就是指"佛像"。再看下面兩則禪話：

　　有人問西院安和尚："好個法堂，合著什麽功德？"安云："作麽？作麽？"（《重編曹洞五位》卷上）

　　因在殿上過，乃喚侍者，侍者應諾。師云："好一殿功德！"侍者無對。（《趙州錄》）

　　例1"功德""著"於"法堂"，自然非"佛像"莫屬。例2"一殿功德"也是雙關語，其字面義是指"一尊佛像"，而其深層義則指領悟禪法。"好一殿功德"是説"侍者"一如殿中泥塑並未真正悟道。

　　又，例中"點眼"也是雙關語。就"一鋪功德"指"佛像"而言，"點眼"無異於"點睛"（畫眼睛）；就徹悟禪法的層面而言，"點眼"也就是挑明法眼。其例如：

　　復爲佛像開眼之光明，如點眼相似，即誦開眼光真言二道。（《一切如來安像三昧儀軌經》）

　　仍以書致慧曰："顏川綠繪已畢，但欠點眼耳。他日嗣其後，未可量也。"（《嘉泰普燈錄》卷一八《道顏禪師》）

　　書記提唱語，如畫人物，種種俱備，但欠點眼爾。（《山庵雜錄》卷上《斷橋和尚》）

　　例2"點眼"，《宗統編年》卷二四作"點睛"。2、3例"點眼（睛）"也是雙關語。

　　又，商務本校記："'如爐爐上一點雪'句中，原刻版第一个是簡體的'炉'字，第二個是繁體的'爐'字。疑第一個'炉'字有誤。《五燈會元》卷五《長髭曠禪師》、《景德傳燈錄》卷十四《長髭曠禪師》均作：'如紅爐上一點雪。'可參。"(143 頁)

今按：核《景德傳燈錄》卷一四《長髭曠禪師》章，此句實作"如洪鑪上一點雪"。《禪苑蒙求拾遺》、《大慧語錄》卷七、《正法眼藏》卷三之上亦作"如洪鑪上一點雪"。又，校記中"原刻版第一個"的"個"當錄作繁體。

28. 我這裏作摩生

石頭教新戒歸受業處。新戒便辝石頭，却歸師處。師問："教你到石頭，你還到也無?"對曰："到則到，不通耗。"師問曰："依什摩人受戒?"對曰："不依他。"師曰："你在彼中即如此，我這裏作摩生?"對曰："要且不違背。"師曰："大与摩多知生!"對曰："舌頭不曾染著在!"師便咄："這多口新戒，出去!"(卷五《長髭和尚》)

商務本校記："我這裏作摩生，疑'我'前脫一'歸'字。"(143 頁)

今按：此句可不補；若要補字，當補"來"字。《景德傳燈錄》卷一四、《五燈會元》卷五、《佛祖綱目》卷三三、《沙彌律儀毗尼日用合參》卷上、《教外別傳》卷一四、《指月錄》卷一二等"我"之前均有"來"字。

29. 郢匠

潙山即大圓，當時郢匠，集徒千衆，振化三湘。(卷五《雲嵒和尚》)

商務本校記："'郢匠'，本指杰出工匠，此指名師。源於《莊子·徐无鬼》：'郢人堊漫其鼻端，若蠅翼，使匠石斫之，匠石運斤成風，聽而斫之，盡堊而鼻不傷，郢人立而失容。'故禪林師僧對話中偶爾引此典故作爲機緣。……"(150 頁)

今按：此校記釋義是，然引文、錄字多有未妥。核《莊子·

徐无鬼》，"漫"當錄作"慢"，兩個"斫"當錄作"斲"，"立而失容"當錄作"立不失容"。又"尽圣"當錄作繁體"盡聖"。

30. 槁

　　天門擬欲問："諮和尚。"師以舡槁蕩便撞。（卷五《華亭和尚》）

商務本校記："槁，當爲'篙'，《景德傳燈錄》本師傳正作'篙'。"（154頁）

今按："槁"非誤字。"槁"通"篙"。《文選·左思〈吳都賦〉》："槁工楫師，選自閩禺。"李善注引劉逵曰："《方言》云：刺舩曰槁。"六臣注本"槁"作"篙"。又，"師以"句，《景德傳燈錄》卷一四、《普庵錄》卷三作"師便以篙撞在水中"，《楞嚴經宗通》卷五作"便以篙打落水中"，《宗範》卷下作"被一橈打落水"，《宗門拈古匯集》卷一八作"被子一撓打落水中"。"橈"指船槳，"撓"即"橈"之俗書。

31. 真饒

　　師有時示眾云："出世不出世，盡是出世邊説。"僧曰："有一人不肯。"師云："真饒不肯，亦是傍出。"（卷五《道吾和尚》）

商務本校記："真饒，當爲'直饒'。"（157頁）

今按：禪錄中"真"與"直"屢見通用之例，如"直心"（《祖堂集》卷三《懶瓚和尚》引《樂道歌》），他本或作"真心"即是一例。"真饒"、"直饒"亦然，其意均爲縱然、即使。《華嚴五教章衍秘鈔》第五："真饒法苑章與今符合版，安得偏以彼爲定量焉？"大正藏本《宏智廣錄》卷三："真饒大慈古佛，也不奈這檐漢何。"大正藏本《禪林類聚》卷二《佛祖》："真饒親見釋迦來，智者咸云不是佛。"皆用"真饒"之例。又禪錄中習見"假饒"一詞，義同"真饒"、"直饒"，這對"真饒"的使用也會提供某種心理上的暗示。可見"當爲"云云，大可不必。

32. **到**

師見新到条，便打鼓歸房丈，其僧又打鼓，歸僧堂。主事來和尚處嘖云："和尚打鼓本分，新到因什摩無端打鼓？"師曰："如法批排茶飣，明日我與你勘。"到明日批排茶飣屆喫次，師指教童子指僧，童子便來其僧身邊立。（卷五《道吾和尚》）

"如法"句，商務本標作："如法批排茶飣，明日我與你勘到。"校記："'到'字，白維國（1990：502，見《近代漢語語法資料彙編》唐五代卷）、張華（2001：192，見中州古籍出版社《祖堂集》）標點時均屬下句，'到明日'成句；臺灣佛光山（1994：258）則標點爲屬上句，此'到'則指新到參的僧人。從上下文看，似後者爲好。"（157頁）

今按：此校記採擇未當。"到"字當屬下。"'到'則指新到參的僧人"云云，禪籍中未見用例，故難信據。"新到參的僧人"書中稱"新到"，共13例；禪典中亦稱"方來"。其例如：

有一日新到条，道吾問："從什摩處來？"對曰："天門山來。"（《祖堂集》卷五《華亭和尚》）

主事來和尚處，嘖云："和尚打鼓本分，新到因什摩無端打鼓？"（同上卷五《道吾和尚》）

他古人自有如是風範。要離泥水，截葛藤，嚙鏃破的，雷卷風旋。乘機當陽，劈面快與，乃稱臨濟宗風，亦不辜方來依扣。（《佛果心要》卷下《示中竦知藏》）

汝既出頭，承當個善知識名字，當一味以本分事接待方來。（《大慧語録》卷四）

可見"到"字屬下爲宜。

33. **初見而獨室**

初見而獨室，小駐門徒，師乃看侍數日。（卷五《德山和尚》）

商務本標作："初見，而獨室小駐門徒，師乃看侍數日。"（161頁）

今按："初見"下不宜點斷，"獨室"後則宜斷開。此言德山初見龍潭時，龍潭獨居一室，所收門徒甚少。此二句《宋高僧傳》卷一二本傳作"始唯獨居一室，鑒强供侍之"，可爲證。

34. 走作

師示衆曰："今時出來，盡學個馳求走作，將當自己眼目，有什摩相應時？"（卷五《三平和尚》）

商務本校記："走作，到處跑。"（160頁）

今按：此釋未確。"走作"，《五燈會元》卷五、《禪宗正脈》卷三、《列祖提綱錄》卷七等均録作"造作"，知二者意義相當。"走作"乃禪家語，無著道忠釋曰："走作，意識隨境奔走造作也。"（《葛藤語箋》，57頁）又云："走作，謂念念紛飛也。"（《虛堂録犁耕》，145頁）"盡學個馳求走作"，《禪語譯註》譯作"現在的僧人在外面都學着奔走尋求、妄自做作那一套"（283頁），以"妄自做作"對譯"走作"，是比較恰當的。《虛堂語録》卷二："何處是走作？眼見耳聞是走作，運奔執捉是走作，覺觸攀援是走作，以至舉心動念，參禪問道，穿鑿古今，是非人我，悉是走作。"這等於給"走作"的内容開列了清單。進而言之，與"走作"共現的"馳求"，實也指"意識隨境奔走造作"。《聯燈會要》卷二四《神晏禪師》章："不見道意爲賊，識爲浪，走作馳求，終無歇分。"即是顯例。商務本校記："馳求，到處奔走求覓。"（160頁）也未盡確。

35. 不可事須

又因一日，翠微在法堂行道次，師而近前接禮。問曰："西來密旨，和尚如何指示於人？"翠微駐步須史。師又進曰："請和尚指示！"翠微答曰："不可事須要第二杓惡水潑作摩？"師於言下承旨，禮謝而退。（卷六《投子和尚》）

"不可事須"，是書中難解詞語。日本禪籍俗語言研究會編、禪文化研究所發行的《俗語言研究》將其錄入"待質事項"。因難解，此句的標點多有不同。臺藏本標點爲："不可事，須要第二杓惡水漿潑作摩？"（273 頁）岳麓本、中州本標點爲："不可，事須要第二杓惡水漿潑作摩？"（132 頁；203 頁）中華本標點爲："不可。事須要第二杓惡水漿潑作摩？"（280 頁）商務本則標作："不可，事須要第二杓惡水漿潑？作摩？"（165 頁）校記："事須，應當、必須。"（168 頁）

今按：此句的難點並非"事須"，而是"不可"。"不可"在禪錄中常用作疑問副詞，表反問語氣。對此，袁賓師已有考論（1994；2002）。"不可事須"句正當如是觀。此則禪話又見於《聯燈會要》卷一九、《五燈會元》卷五《無學禪師》章，"不可事須"句均作"更要第二杓惡水那？"《景德傳燈錄》卷一四《無學禪師》章錄作"更要第二杓惡水作麽？"而《古尊宿語錄》卷三六《投子語錄序》則記作"更要第二杓惡水潑？""更"在此均表反問語氣，和"不可"的用法是相同的。其句意顯然是說：難道一定要再潑第二杓污水嗎？

再看一則"不可事須"的語例：

> 師云："若是猛利底，撩著便休去，大蟲著角相似，有什麽近處？更有一格人，腳不跨石門，怪他得麽？不可事須踏前踏後，納箇如何醉人相似？……"（《古尊宿語錄》卷三七《聖國師法堂玄要廣集》）

例中"不可事須"猶言豈必；句意大抵是說：難道一定要踏前走後，像個醉漢一般地行腳不穩嗎？

"不可事須"又可省作"不可須"。其例如《天聖廣燈錄》卷二三《洞山曉聰禪師》："師云：'洞山道：困來即便眠，覺來即便起。不可須待夜便眠，早便起？秖如儞衲僧分上，白日還睡麽？'"

36. 授授

問："佛佛授授，祖祖相傳，未審傳個什麼?"師曰："年老也，爭受譴語?"(卷六《投子和尚》)

商務本校記："第一個'授'似作'相'字。"(168頁)

今按："授"作"相"之説，無版本依據。"授"通"受"。《周禮·天官·司儀》："登，再拜授幣，賓拜送幣。"鄭玄注："授，當爲'受'。"李亢《獨異志》卷中引《西京雜記》："弘成子少時好學，嘗有人過門，受一文石，大如燕卵，吞之，遂明悟而更聰敏。""受"，一本作"授"。晉葛洪《神仙傳·沈羲》："有三仙人，羽衣持節，以白玉簡青玉介丹玉字受羲，羲不能識。""受"，一本作"授"。大正藏本《蘇悉地羯羅經》卷中《蘇悉地羯羅經受真言品》："或一千遍，便呼弟子來授授與之。"前一個"授"，明本作"受"。《祖堂集》卷一《彌遮迦尊者》："時婆須密棄其酒器，合掌作禮，深自覺知：'我昔曾於無量劫中而施寶座於第七佛，與我授記……'""授記"，《寶林傳》卷二《彌遮迦章除觸器品》作"受記"。准此，"佛佛授授"實即"佛佛授受"。

再來看詞義。"授受"本謂給予和接受。如《孟子·離婁上》："男女授受不親，禮與?"朱熹集注："授，與也。受，取也。"《後漢書·朱祐景丹等傳論》："若乃王道既衰，降及霸德，猶能授受惟庸，勳賢皆序。"宋宋祁《宋景文公筆記·雜説》："聖賢授受，功不贊漏。"皆其例。但"佛佛授受"似義偏於"授"，指傳授教法，義同下句"祖祖相傳"的"相傳"(指遞相傳授)。"授受"，《景德傳燈錄》卷一五本傳作"授手"，即指傳授教法。《圓悟語錄》卷二《上堂》："祖祖相傳傳底事，佛佛授手不唯他。"《敕修百丈清規》卷五《沙彌得戒》："佛佛授手，祖祖相傳，不染世緣，方成法器。"亦其例。"授手"，又可逆作"手授"。《宗鏡錄》卷一《標宗章》："此土初祖達磨大師云：'以心傳心，不立文字。'則佛佛手授，授斯旨；祖祖相傳，傳此心。"

37. "供養"句

　　因裴大夫問僧："下供養佛還喫也無?"僧曰："如大夫祭祀家先。"（卷六《神山和尚》）

　　"供養"句，商務本標點作："下供養，佛還喫也無?"（172頁）校記："'下供養，佛還喫也無?'句中'佛'字當屬下句，爲'喫'的行爲者、'供養'的受事者。《五燈會元》卷五《神山僧密禪師》章：裴大夫問僧：'供養佛，佛還喫否?'僧曰：'如大夫祭家神。'"（173頁）

　　今按：此句可不點斷；如果一定要斷開，"佛"字宜屬上。此句《景德傳燈録》卷一五作："供養佛，還喫否?"《聯燈會要》卷一九作："只如供養佛，佛還喫否?"可爲證。

38. 解雞犀

　　問："如何是西來意?"師云："大似解雞犀。"（卷六《洞山和尚》）

　　商務本校記："'大似解雞犀'中'解'一作'駭'。"（176頁）

　　今按："解"實爲"駭"字的同音訛寫。此則禪話，又見於《瑞州洞山良價禪師語録》、《筠州洞山悟本禪師語録》、《景德傳燈録》卷一五、《五燈會元》卷一三、《五燈嚴統》卷一三、《五燈全書》卷二六、《宗鑑法林》卷五九本傳以及《注心賦》卷二等，並録作"駭"。"駭雞犀"，亦作"駭鷄犀"，簡作"駭雞"，"南人或名'通天犀'"（葛洪《抱朴子·登涉》），犀角名。

39. 窠窟

　　問："正与摩時如何?"師曰："是闍梨窠窟。"（卷六《洞山和尚》）

　　"窠窟"，商務本釋曰："此比喻自己追求的最高境界。"（186頁）

今按：此釋無據。"窠窟"本指動物棲身之所。如《正法華經》（西晉竺法護譯）卷二《應時品》："無數狗犬，蹲伏窠窟。"後泛指其他可棲之地，常喻指形式、規矩等格套，多含貶抑色彩。如下例：

心爲窠窟，展轉流馳，以成災患。（《出曜經》卷二八《心意品》）

我恁麼道，正是時人窠窟。（《瀑泉集》卷四）

上堂。僧問："生死交謝，寒暑疊遷，未審無位真人還有寒暑也無？"師云："汗流似雨。"進云："分明在目前也。"師云："莫向目前作窠窟。"（《圓悟語錄》卷二）

撥正三界窠窟，放出無位真人；透過荊棘叢林，便居常寂光土。（《圓悟語錄》卷四）

至道無難唯嫌揀擇，時人窠窟無摸索。（《圓悟語錄》卷一〇）

拙庵曰："大凡與官員論道酬酢，須是鏟去知解，勿令他坐在窠窟裏，直要單明向上一著子。"（《禪林寶訓》卷四）最後一例"勿令他坐在窠窟裏"，《禪林寶訓順朱》卷四解釋説："莫要令他墮在葛藤窠狐疑窟裏。"可見，"喻最高境界"云云是欠準確的。

又"窠窟"，《漢語大詞典》收，義例如下：

動物棲身之所。喻指事業。宋王安石《雨霖鈴》詞："孜孜矻矻，向無明裏，強作窠窟。"

該條也有兩點缺憾：一是本義缺少例證，二是"喻指事業"的釋義也未確。

40. 的的

問："如何是區中的的意？"師云："道什摩？""請和尚答話。"師云："謝闍梨指示。"（卷七《巖頭和尚》）

商務本校記："的的，形容詞，情意懇切貌。'的的意'即

'懇切意'。"（202 頁）

　　今按：此釋未確。"的的"謂準確、真切。"的的意"即準確或真切的意旨。書中凡 4 見，義同。禪籍中習見的問頭如"如何是宗門的的意"、"如何是曹溪的的意"、"如何是洪山的的意"、"如何是永明的的意"、"如何是巖中的的意"、"如何是祖師的的意"、"如何是祖師西來的的意"等，義亦同。"的的意"，禪籍中亦稱"的意"、"的的大意"、"的旨"、"端的旨"等，各舉一例：

　　　　此是閒暇語話引來，非是達摩將此爲祖宗的意。（《祖堂集》卷一八《仰山和尚》）

　　　　我二十年在黄蘗先師處，三度問佛法的的大意，三度蒙他賜杖。（《臨濟錄》）

　　　　深明的旨，妙唱嘉猷。（《人天眼目》卷三《釋囑累品》）

　　　　若明端的旨，半夜太陽輝。（大正藏本《人天眼目》卷一《慈明親的旨》：端的旨，甲本作"親的旨"）

禪籍中"的的"，還可表示確切地示意。如：

　　　　簡大德問："學人卓卓上米，請師的的。"師曰："我遮裏一屙便了，有什麼卓卓的的！"（《景德傳燈錄》卷一七《咸啓禪師》）

單言"的"，也可表示確切地示意。《祖堂集》中即有用例：

　　　　識取如今明覓人，終朝莫慢別求的。（卷一四《高城和尚》）

"明覓人"，《禪門諸祖師偈頌》卷上之下引《高城和尚歌》作"明密人"，"別求的"則指另去求取確切地示意。

　　41. **不不肯**

　　　　後到雪峯，師問："什摩處來?"對云："西禪來。"師云："有什摩佛法因緣?"僧舉前話。師云："你還肯也無?"對云："作摩生肯?"師云："作摩生說不肯底道理?"對云："什摩生問! 師將境示人。"師云："是你從西禪与摩來到這

裏，過却多少林木，惣是境。你因什摩不不肯，只得不肯拂子?"僧無對。(卷七《雪峯和尚》)

商務本校記："'不不'，疑後一'不'爲衍文。"(208 頁)

今按："不不肯"並非衍文，刪改無據。"不不肯"即無不肯，意在肯定，與下句"不肯"相對而言。例中的"境"，指外境；"將境示人"，是僧徒對西禪示機"竪起拂子"表示不認可。雪峰對此提出質問：説僧徒你"到這裏過却多少林木"(即奔波於各處法會)，處處都是"境"，"你"並没有表示不認可，爲何就不認可"拂子"(外境的一端)呢? 可見，"不不肯"與"不肯"相對，正擊中了僧徒的矛盾處，故"僧無對"。若將"不"字刪掉，則意不可通。

42. **敝**

由是法軒大敝，玄教高敷，十五餘年，春秋不減千有餘衆。(卷八《雲居和尚》)

商務本校記："敝，似爲'敞'字之誤。"(219 頁)

今按："敝"實即"敞"字的俗寫。《敦煌俗字典》"弊"、"蔽"、"幣"諸字條的"敝"，均有寫作"敝"形者 (19 頁)。《祖堂集》卷三《破竈墮和尚》："言猶未訖，瞥然不見。"例中的"瞥"，原刻本其上之"敝"也作"敝"，知二者俗寫無別。又唐道宣《釋迦方誌》卷下《通局篇第六》："神僧迎接，具見門闕房宇華敞，林竹切天。""敞"，磧砂藏經本即作"敝"。"法軒大敞"，意爲禪法之門洞然大開。

又，此句商務本標點作："由是法軒大敝，玄教高敷，十五餘年，春秋不減，千有餘衆。""不減"謂不少於，其後不宜點斷。

43. **沉累**

若有毫髮事及不盡，則被沉累，豈況於多? 道你一步才失，便須却回一步。(卷八《雲居和尚》)

商務本校記："被沈累，即'被連累'。《寒山詩注·兩龜乘牘車》：'不載爽人情，始載被沈累。'（頁96）"（220頁）

今按：此釋未確。"沈累"確有連累義，然此處"沉"（商務本校記録作"沈"，與原典、録文均未合）確如中華本校記所説："沉、'塵'通。"（366頁）此有異文可證。引例又見於《禪林僧寶傳》卷六、《聯燈會要》卷二二、《五燈會元》卷一三、《五燈嚴統》卷一三、《五燈全書》卷二六、《禪宗正脈》卷七、《佛祖綱目》卷三三、《宗統編年》卷一六、《指月録》卷一六、卷一八、《楞伽阿跋多羅寶經宗通》卷八、《智證傳》、《列祖提綱録》卷一〇、《宗範》卷上《調習》以及《永覺廣録》卷二八等，均録作"塵累"。"塵累"指煩惱、惡業的種種束縛。《楞嚴經》卷一："應身無量，度脱衆生；拔濟未來，越諸塵累。"疏："煩惱與業，染汙繫縛，喻之塵累。"

44. 茶毗舍利

遷化後，茶毗舍利，四處起塔。（卷八《華嚴和尚》）

商務本標作："遷化後，荼毗，舍利四處起塔。"（230頁）

今按："茶毗舍利"不宜點斷。《佛祖綱目》卷三五《永明延壽禪師示生淨土》："壽七十二，臘四十二。茶毗舍利，周身如鱗。"《新脩科分六學僧傳》卷六《唐天然》："嘗客惠林寺，時天大寒，因取木佛像燒之以自燠。或譏其撥無因果。曰：'吾欲以茶毗舍利爾。'"均其例。又，中州本此句標作："遷化後荼毗，舍利四處起塔。"（287頁）亦未善。

45. 修齋

師臨遷化時，先遍處辭人，人皆泣戀，謂言他去。來晨令修齋，食畢聲鐘，集衆焚香，緇素擁繞，師跏趺坐。香萘盡，師端然遷化矣。（卷八《本仁和尚》）

"修齋"，商務本校記："修，造作，制作。"（232頁）

今按："修齋"猶"營齋"，"修"即備辦、營辦之義。《景德傳燈録》卷一七本傳、《祖庭事苑》卷七"高安"條均作"營齋",可爲確證。《祖堂集》中又有"設齋"、"辦齋",其義亦同。如:

> 南泉因歸宗齋,垂語云:"今日爲歸宗設齋,歸宗還來也無?"衆無對。(卷六《洞山和尚》)

> 師自咸通十年己丑歲三月一日剃髮被衣,令擊鍾,儼然而往。大衆號慟。師復覺曰:"夫出家兒心不依物,是真修行,何有悲戀?"則呼主事僧,令辦愚癡齋。主者仰戀,漸辦齋筵,至七日俗,師亦少食。竟日,師云:"僧家何太鹿率!臨行之際,喧慟如斯。"至八日,使開浴。浴訖,端坐長往。(卷六《洞山和尚》)

"設齋",書中凡8見。"則呼主事僧令辦愚癡齋",《宋高僧傳》卷一二本傳作"召主事僧令營齋"。

46. 洞上

> 師持此問,在處不契其機,忽聞洞上斯言,當時失對,遂有摳衣之意,不慕他遊。(卷八《龍牙和尚》)

商務本校記:"洞上,有校本改爲'洞山',見嶽麓書社本(1996:181)、張華(2991:295)。按:'洞上'似可不改,本集卷六《石霜和尚》章也有用例:'師年三十五而止石霜,更不他游,爲洞上指唱,避不獲,乃旌法寺,四海玄徒奔湊,日夜圍達(遶)。'姑列此備考。"(238頁)

今按:不改是對的。"洞上"即洞山,指洞山良價禪師。同篇有"後聞洞山言玄格外",《宋高僧傳》卷一三本傳作"聞洞上言玄格峻",可爲確證。因洞山良價是曹洞宗的創始人,故"洞上"又指曹洞宗。《祖堂集》卷六《石霜和尚》章中的"爲洞上指唱",即指曹洞宗。《宗鑑法林》卷七○《西京少室俱空契斌禪師》:"洞上一宗,密在爾躬矣。"亦其例。禪籍中"洞上五位"、"洞上法席"、"洞上玄風"、"洞上宗旨"等均指曹洞宗。禪籍中還有"洞下"，即指曹洞宗門庭之下。《永覺廣錄》卷二七《寶鏡三昧注》："是書洞下諸師恐屬流佈，轉辱大法，但於室中密授，以定宗旨，以防滲漏。"

47. 谿山各異

夾山云："縵縵闍梨，山溪各異，任伱截斷天下人舌頭，爭奈無舌人解語何？闍梨只知有殺人之刀，且無活人之釰。老僧這裏亦有殺人之刀，亦有活人之釰。"（卷九《落浦和尚》）

商務本校記："'縵'通'慢'。《集韻·諫韻》：'縵，緩也。'清朱峻聲《説文通訓定聲·幹部》：'縵，假借爲慢。''縵！縵！'句，《五燈會元》卷六《洛浦元安禪師》章作：'住！住！且莫草草忽忽。雲月是同，山溪各異。'（頁 317）"（242 頁）

今按：此則校記中州本先已發之（300 頁），或可備一説。然引《五燈會元》文未盡確。"山溪各異"實作"谿山各異"。《景德傳燈錄》卷一六、《聯燈會要》卷二三、《嘉泰普燈錄》卷二五亦作"谿山各異"。《大光明藏》下卷作"谿山有異"。又，校記中的"朱峻聲"，乃"朱駿聲"之誤。

48. 遲擬

"只如四句中，阿那個是主句？"從上座遲擬。（卷九《落浦和尚》）

商務本校記："擬，於義似爲'疑'字順暢。"（246 頁）

今按：實不必疑。"遲擬"即"遲疑"。《集韻·上止》："擬，《説文》：'度也。'或從心，從言，亦作疑。"可見二者俗寫無別。敦煌本《八相變》："太子遂聞生者，憂切轉加，便疑還宮。""疑"即"擬"也。又《廬山遠公話》："於是道安心疑答，口不能答；口擬答，心不能答。"此例上用"疑"，下用"擬"，尤可證二者俗寫不拘。

49. 撿點

招慶問："從上宗乘中事，和尚此間如何言論？"師云：

"不唱目前。"進曰："不唱目前則且置，宗乘中事如何言論?"師云："待虛空落地，則向道者道。"招慶不肯。進曰："和尚如何?"慶曰："專甲則不當，請兄弟撿點!"報慈代曰："寒天雪滿階。"(卷九《涌泉和尚》)

商務本校記："撿點，即'檢點'，檢查。"(253頁)

今按：此釋未當。"撿（檢）點"在句中猶"言論"，指舉說、評議。《五燈會元》卷二〇《信州龜峯晦庵慧光禪師》："不勞再勘，你諸人休向這裏立地瞌睡，殊不知家中飯籮、鍋子一時失却了也。你若不信，但歸家檢點看。"此"檢點"(《續傳燈錄》卷三三《慧光禪師》章錄作"撿點")才是清點、檢查的意思。又，"進曰：'不唱目前則且置，宗乘中事如何言論?'"商務本"曰"下漏着冒號。

50. **摸揉**

師云："步行入水不知深，海底龍宮空摸揉。"(卷九《南際和尚》)

"摸揉"，商務本錄作"摸揉"，校記："揉，《玉篇·手部》：'揉，摸揉。'摸揉，摸索，尋求。"(253頁)

今按：核原典，實作"摸揉"。再檢《玉篇·手部》，其釋云："揉，摸揉也。"可見錄文、引文亦未盡確。《集韻·鐸韻》："揉，摸也。"知"摸揉"乃同義連文。同書另有一例：

保福拈問長慶："魯祖有什摩切峻處，招得南泉此語?"長慶云："退已進於人，萬中無一個。"長慶舉此因緣云："他家面壁坐，有個摸揉處。忽然堂堂底坐，你向什摩處摸揉?"(卷一四《魯祖和尚》)

"摸揉"，商務本亦錄作"摸揉"(375—376頁)。

51. **問**

問："從上宗門中事，此問如何言論?"師云："少人聽。"(卷一〇《玄沙和尚》)

商務本校記：“問字，當作‘間’。”（268頁）

今按：核《景德傳燈錄》卷一八本傳，正作“間”。此則公案又見於《景德傳燈錄》卷二六、《五燈會元》卷一〇、《五燈嚴統》卷一〇、《五燈全書》卷一九《僧遁禪師》章，亦作“間”。

52. 己

僧問：“五逆之子還受父的（約）也無?”云：“雖有自裁，未免傷己。”（卷一〇《鵝湖和尚》）

“己”，商務本錄作“已”，校記：“已，似當爲‘己’字。”（271頁）

今按：實不必疑。“己”、“已”俗寫不拘，據文意當錄作“己”。《景德傳燈錄》卷一八、《五燈會元》卷七、《宗鑑法林》卷四六、《五燈嚴統》卷七、《五燈全書》卷一四本傳等，均作“己”。

53. 領

我適抑不已，汝領不當急。（卷一〇《鏡清和尚》）

今按：“領”，商務本誤作“須”（276頁）。類似的訛誤還有不少。如卷一《提多迦尊者》：“時當此土姬周第十五主莊王七年己丑歲矣。”“己”，商務本誤作“已”（34頁）。又卷二《菩提達摩和尚》“小小牛兒雖有角”句原注：“棄父母鬚髮。”商務本誤作“鬢髮”（57頁）。

54. 當當密密

又一日，雪峯告衆云：“當當密密底。”師便出。對云：“什摩當當密密底?”雪峯從卧床騰身起，云：“道什摩?”師便抽身退立。（卷一〇《鏡清和尚》）

商務本校記：“當當密密，形容綿密。又作‘堂堂密密’。《五燈會元》卷七《鏡清道怤禪師》：‘雪峯謂衆曰：堂堂密密地。’師出，問：‘是甚麽當當密密?’峯起立曰：‘道甚麽?’師退步而立。’（頁413）”（278頁）

今按：此校記引文未確。核《五燈會元》卷七《鏡清道怤禪師》章，"是甚麼當當密密" 實作 "是甚麼堂堂密密"。《祖堂集》中的 "當當" 實爲 "堂堂" 之誤。同書卷一九《香嚴和尚》："句裏隱，不當當，人玄會，暗商量。" "當當" 亦 "堂堂" 之譌。"堂堂" 是全然彰顯的樣子；"堂堂密密" 指禪法妙旨堂堂顯露，無處不在，卻又綿密周至。又可逆作 "密密堂堂"。如《石門文字禪》卷一七《香嚴》："師頭角，渾呈露，珍重此恩踰父母，須薦取堂堂密密聲前句。"《五燈會元》卷九《香嚴智閑禪師》："上堂：'道由悟達，不在話言。況是密密堂堂，曾無間隔，不勞心意，暫借回光。日無全功，迷途自背。'" 故校記釋爲 "形容綿密" 只對了一半。

55. 荅

師問："從上諸聖，傳授一路，請垂指示。" 師荅，良久。設禮而退。雪峯云："寬尒大哉。" 因此便住招慶也。（卷一○《長慶和尚》）

商務本校記："'荅' 字，疑爲衍文。"（290 頁）

今按：實不必疑。"荅" 承 "師問" 而來，"良久"（義同默然）是 "荅" 的內容，亦即雪峰和尚特殊的傳道方式。同書卷五《椑樹和尚》章："福先拈問僧：'蓋覆意作摩生？' 僧無對。自代：良久。" "自代：良久" 相當於此處 "荅，良久"。

56. 患漏

師患漏次，僧問："善知識諸漏已盡，爲什摩患漏？" 師云："若是善知識，一物亦不違。" 僧云："爭奈苦楚何？" 師云："若見衆生苦，則同受苦者。"（卷一一《保福和尚》）

商務本校記："患漏，同上文 '患聾'、下文 '患瞖' 結構相同，'漏'，中醫稱人的體液流出不止的疾病。"（300 頁）

今按："患漏"，指生病。"漏" 在佛典中指煩惱，患病即其一端。《大般涅槃經》卷二二、二三列 "漏" 有七種：見漏、修

漏、根漏（由六根門漏泄過患）、惡漏（由惡王、惡國、惡知識
等而生的煩惱）、親近漏（由親近衣服、房舍等而生的煩惱）、受
漏（由諸受而生的煩惱）、念漏（由邪念而生的煩惱）。"患漏"
就是"根漏"的一個表徵。該詞佛典中多見，例如：

> 難提婆羅陶師故陶屋竟夏四月都不患漏，所以者何？蒙
> 佛威神故。(《中阿含經》卷一二《中阿含王相應品鞞婆陵耆
> 經》)

> 或被顛鬼打之，或患丁腫，或患漏。(《佛説十一面觀世
> 音神呪經》)

"患漏"，大型語文辭書闕載。

57. 惱亂

> 來年更有新條在，惱亂春光卒未休。(卷一一《福清和
> 尚》)

商務本校記："惱亂，打擾，麻煩。又本集卷十七《大慈和
尚》章：'問："黃巢軍來，和尚向什摩處迴避？"師云："五蘊山
中。"僧云："忽被捉着時作摩生？"師云："惱亂將軍，惱亂將
軍。"'"(308 頁)

今按：此釋未盡確。這兩例"惱亂"均指煩擾。《百喻經·
野干爲折樹枝所打喻》："復於後時遇惡知識惱亂不已，方還師
所。"唐白居易《和微之十七與君別及隴月花枝之詠》："別時十
七今頭白，惱亂君心三十年。"亦其例。又所引"惱亂將軍"例，
實出自《祖堂集》卷一七《福州西院和尚》章。

58. 窮切

> 遍學窮切抱死屍，出身不得病難治。(卷一一《佛日和
> 尚》)

商務本校記："切，疑爲'劫'字之誤。"(313 頁)

今按：實不必疑。"切"乃"劫"之誤。"窮劫"指極長久的
時間。《大方便佛報恩經》卷四《惡友品》："若説其事，窮劫不

盡。"《大慧法語》卷二二《示妙智居士》:"佛性若常,更説甚麼善惡諸法,乃至窮劫無有一人發菩提心者。"均其例。《祖堂集》中有:

> 若也不解縱奪,且須自識取曠却已來不可思議底,常教現露,自由自在。(卷九《羅山和尚》)

> 個今永却不曾虧,地水火風還故國。(卷一〇《鏡清和尚》引《因歎景禪吟》)

> 當此支荷得,勝於歷却功。(卷一〇《鏡清和尚》)

例中"却",亦爲"劫"之形訛。"曠却(劫)"、"歷却(劫)"、"永却(劫)"均指極長久的時間。"却"與"劫"形近易亂。《王梵志詩校注》卷四《布施生生富》:"若人苦慳惜,劫劫受苦勤。"項楚校:"劫劫,各本及《掇瑣》、《文庫》、《校輯》皆作'却却',《詩集》改作'劫劫',是。"《聯燈會要》卷二五《同安威禪師》:"閉目中秋坐,劫笑月無光。""劫"又爲"却"字之誤。又,《羅山和尚》例商務本標點爲:"若也不解縱奪,且須自識取。曠却(劫)已來不可思議底,常教現露,自由自在。"(263頁),也未確。"曠却(劫)已來不可思議底"是"識取"的賓語,故不宜點斷。

59. 忽

> 因古時有一尊者在山中住,自看牛次,忽遇賊斫頭,其尊者把頭覓牛次,見人問:"只如無頭人,還得活也無?"對云:"無頭人爭得活?"其尊者當時拋頭便死。師遂拈問僧:"尊者無頭,什摩人覓牛?"對云:"那個人。"師云:"只如那個人,還覓牛也無?"僧無對。師代云:"不可同於死人。"(卷一三《招慶和尚》)

"忽遇"的"忽",商務本校記:"忽,應校作'忽'。"(344頁)

今按:"忽"非誤字,而是"忽"字的俗寫體。《敦煌俗字

典》"忽"字條所收二形均作"忽"（156 頁）。又《祖堂集》卷
二《僧伽難提尊者》引淨修禪師贊："理屈於師，忽窮自己。"讚
中"忽"，《諸祖師頌》即寫作"忽"。卷一四《百丈和尚》章：
"有一日普請次，有一僧忽聞鼓聲，失聲大笑，便歸寺。""忽"
亦"忽"之俗。

60. **生涯**

問："不噴非次，如何是和尚家風？"師云："一瓶兼一
鉢，到處是生涯。"（卷一三《福先招慶和尚》）

"生涯"，商務本釋曰："家財，產業。"（354 頁）

今按：此"生涯"承"和尚家風"而言，用的正是行業語
義。"生涯"作爲行業語，或指禪家行持道法、安身立命的叢林
生活，或指禪家的機用實踐。衍例如下：

一條百衲瓶盂，便是生涯調度。（《景德傳燈錄》卷三〇
蘇溪和尚《牧護歌》）

和煙釣月是生涯，古策風高未足誇。（《禪宗頌古聯珠通
集》卷五或庵體頌）

師云："歸宗幸自好一味禪，無端傷鹽傷醋，却成五味
了也。而今忽有人來辭，去諸方學五味禪。只向他道：善爲
道路。若是箇漢，必然別有生涯。"（《破庵和尚語錄》）

若是德山臨濟門下，須知別有生涯。（《碧巖錄》卷二第
二〇則）

上堂云："第一句下薦得，祖師乞命。第二句下薦得，
人天膽落。第三句下薦得，虎口裏橫身……且道三句外一句
作麼生道？生涯只在絲綸上，明月扁舟泛五湖。"（《圓悟語
錄》卷三）

對比可見，商務本的注釋顯然未確。

61. **執伏**

於是群英執伏，僉曰："玄無以比。"（卷一五《鵝湖和

尚》)

商務本校記："執伏，疑爲'折伏'。"（381頁）

今按："執伏"，義同"折伏"，均指制服、使屈服。下面各引幾例，以資比較：

　　猶如勇將大軍之師，折伏嚴敵。（《阿差末菩薩經》卷一）

　　外道折伏，愧惋無言。（《法苑珠林》卷二五《引證部》）

　　又曰李密據偃師，王世充領兵討之。夜有班蛇，長丈餘，向寢屋作聲如牛吼。執伏者斬之，明日戰大潰，疋馬歸國。（《太平御覽》卷九三三《鱗介部五》《虵上》)

　　取其威猛，以執伏群下。（《太平御覽》卷六八三《儀式部四》《印》)

對比可見，"疑爲"云云，大可不必。

62. **差過**

　　師行脚時到三角。三角和尚上堂云："此事眨上眉毛，早已差過也。"師便問："承和尚有言：'此事眨上眉毛，早已差過。'如何是此事?"三角云："差過也。"師便擔倒繩床。三角和尚便打之。（卷一五《麻谷和尚》)

商務本校記："'差過'當爲'蹉過'。'蹉'，過，經過。"（384頁）

今按："差過"即"蹉過"，義指錯失、錯過。《釋迦如來行蹟頌》卷下："諸有智者，應當發願，要值此佛。若差過，則值佛懸遠故。"《湛然澄禪師語錄》卷三《提語》："舉不顧，即差過。擬思量，何劫悟?"即用"差過"例。上引公案，禪籍中多見，"差過"多記作"蹉過"，這本是不同禪錄中的異文現象，互參明義則可，據以校改則"差"矣。

63. **滯累**

　　問："如何是佛法大意?"師良久。其僧却舉似石霜：

"此意如何?"石霜云:"主人慇懃,滯累闍梨,拖泥涉水。"(卷一五《麻谷和尚》)

商務本校記:"'滯累'爲'帶累'之誤。'帶累',連累,牽累。《五燈會元》卷三《麻谷寶徹禪師》正作:'主人擎拳,帶累闍黎,拖泥涉水。'(頁150)《景德傳燈錄》卷七也作:'主人勤拳,帶累闍黎,拖泥涉水。'在《祖堂集》中另有五例'帶累',如卷三《洞山和尚》:'師曰:"你還聞道,帶累他門風。"'又《唐五代語言詞典》也收有'帶累'條,宋元明'帶累'一詞仍用……"(384—385頁)

今按:此校雖旁徵博引,但要據此校改,仍嫌力有未逮。因"滯累"、"帶累"古代均屬常用詞,也都有連累、牽累的意思(《漢語大詞典》兩詞並收),故而校改不具有排他性。我們則更傾向於把它視爲不同禪錄中的同義替換現象。《大唐西域記》卷八《摩揭陀國上》:"既無滯累,可以還國。"《佛祖歷代通載》卷七:"大厚身存生,以有封爲滯累。"這是佛典禪籍中的例子。再者,《祖堂集》中還有這樣一則公案:

> 師問神會:"汝從何方而來?"對曰:"從曹溪來。"師曰:"將得何物來?"會遂震身而示。師曰:"猶持瓦礫在。"會曰:"和尚此間莫有金真與人不?"師曰:"設使有,與汝向什摩處着?"(卷三《靖居和尚》)

"猶持瓦礫在",《景德傳燈錄》卷五作"猶滯瓦礫在",《聯燈會要》卷三、《五燈會元》卷五則錄作"猶帶瓦礫在",這裏的"滯",是拘泥、侷限之類的意思,與"持"、"帶"義近,似也不能視爲"帶"的誤字。更何況"滯"本身就有帶累的意思。《臨濟錄》:"恐滯常侍與諸官員,昧他佛性,不如且退。"(此句又見《列祖提綱錄》卷二四、《古尊宿語錄》卷四、《天聖廣燈錄》卷一〇,均作"滯")即是一例。

又,校記中"如卷三《洞山和尚》"云云,"卷三"當作"卷六"。

64. 情神

　　多聞雖益，辯注虛張，覺爽情神，遊方訪道。（卷一五《大梅和尚》）

　　商務本校記："'情神'，當作'精神'。"（96 頁）"'情'，當爲'精'。"（390 頁）

　　今按：此校記未確。"情神"、"精神"義同。晉葛洪《抱朴子·嘉遯》："於是懷冰先生蕭然遐眺，遊氣天衢，情神遼緬，旁若無物。"北魏酈道元《水經注·洛水》："臧榮緒《晉書》稱，孫登嘗登宜陽山，作炭人見之，與語。登不應。作炭者覺其情神非常，咸共傳說。"《宗範》卷下《示辯》："抖擻情神，者一覺主在甚處？正要他抖擻身命全體精神也。"即用"情神"之例。

65. 薛平

　　占者曰："定人天師也。"後尚書薛平侍以爲師。（卷一五《永泰和尚》）

　　"薛平"的"薛"，商務本録作"薩"（390 頁）。

　　今按：原刻本實爲"薛"字的俗寫。《敦煌俗字典》"薛"字條即收此形（467 頁）。"薩平"，兩《唐》書無揭載。而"薛平"則唐史有傳。《舊唐書·憲宗紀下》：元和十四年三月"己丑，以義成軍節度使薛平爲青州刺使，充平盧軍節度、淄青齊登萊等州觀察等使"。《舊唐書·薛嵩傳》附《薛平傳》："元和七年，淮西用兵，自左龍武大將軍授兼御史大夫、滑州刺史、鄭滑節度觀察等使，累有戰功。及平李師道，朝廷以東平十二州析爲三道，以淄、青、齊、登、萊五州平盧軍，以平爲節度、觀察等使……寶曆元年，歸朝，進加檢校左僕射、兼戶部尚書。"類似的記載又見於《舊唐書·憲宗紀下》。知薛平治青州的"元和"年間，也恰是永泰和尚在青州"行檀度"之時。而且在"寶曆元年"也確實做了"尚書"。另據史料載，元和二年（807），薛平曾奏請爲中條山蘭若賜額大和寺，司馬光釋云："蓋官賜額者爲寺，私造者爲招提、蘭若。"（《資治通鑑》卷二四八"會昌五年八月壬午"條《考異》）又可知薛平是禪門的外護者，難怪他會尊奉永泰和尚爲師。

66. 駐留

而乃駐留委承，一二載間，遂不變儒形，心遊像外。（卷一五《龐居士》）

"駐留"，商務本録作"駐泊"，校記："據文義及原文字跡校作：'駐泊。'本集卷十六《黄檗和尚》章有：'師遂駐泊，延於時歲。'義同'存泊'、'盤泊'。"（403 頁）

今按：此校可商。首先，影印本此上有眉批："'留'字，據原版確認"（584 頁），理當可信。其次，也是最重要的，引"駐泊"的語例來證明原字當作"駐泊"，其實並不具有排他性。因爲《祖堂集》中，不僅有"駐留"，也有同詞異寫的"住留"，更有同詞逆序的"留駐"。其例如：

和尚寬尒笑曰："來何遲？緣何晚？既有所志，任汝住留。"（卷二○《五冠山瑞雲寺和尚》）

楚王欽仰，迎請出嶽，留駐府廷，爲教網之紀網（綱），作祖天之日月。住持報慈、東藏，奏賜紫衣，號寶文大師矣。（卷一一《惟勁禪師》）

另外，《景德傳燈録》卷八、《五燈會元》卷三、《居士傳》一七本傳及《龐居士語録》卷上此句均作"留駐"。

67. 勝

無貪勝布施，無癡勝坐禪，無嗔勝持戒，無念勝求緣。（卷一五《龐居士》）

"無念"句，商務本校記："勝，通'剩'，多也。"（403 頁）

今按：此校記亦誤。詩中 4 例"勝"，均指勝過。大正藏本《龐居士詩》卷中亦作"勝"。故"通'剩'"云云，反滯礙迂曲。

68. **王老僧**

師問僧："什摩處去?"對云："山下去。"師云："第一不得謾王老僧。"對云："終不敢謾和尚。"(卷一六《南泉和尚》)

商務本校記："'王老僧'疑爲'王老師',本章上文中'王老師'使用有十四次。"(413頁)

今按："王老僧"此處就是"王老師"的意思,均指傳主南泉和尚。同書有例:

招慶舉："南泉玩月次,時有僧問:'何時得似這個月?'泉云:'王老僧二十年前亦曾与摩來。'"招慶續起問："如今作摩生?"師代云："近日老邁,且摩過時。"招慶云："不因闍梨舉,洎成亡記。"師云："宿習難忘。"(卷一一《保福和尚》)

南泉教僧："你去魯祖處。到彼中便有來由。"其僧辭南泉,便去魯祖處。師才見僧來,便面壁坐。其僧不在意,却歸南泉。南泉問："到魯祖處摩?"對曰："到。"泉曰："迴太速乎?"對曰："魯祖和尚才見某甲,便面壁坐,所以轉來。"南泉便云："王老僧初出世時,向你諸人道:'向佛未出世時躰會。'尚自不得一個半個。是伊与摩驢年得一個半個摩?"(卷一四《魯祖和尚》)

對讀可知,"王老僧"確然無誤。

69. **走颷颷**

師又時上堂云："汝諸人來就安,覓什摩? 若欲得作佛,汝自是佛。擔却一個佛,傍家走颷颷,渴鹿趂陽燄相似,何時得相應去?"(卷一七《福州西院和尚》)

"走颷颷",商務本改作"走颰颰"(425頁),校記："颰颰,原刻版作'颷颷'。傍家走颰颰,《景德傳燈錄》卷九《福州大安禪師》作:'傍家走忽忽',到處奔走,挨家挨戶行腳參禪。"

（427 頁）

今按：此校記多誤。首先，錄字未確。原刻本實作"走颰颰"。《玉篇·風部》："颰，風起皃。"又寫作"颰"。《集韻·迄韻》："颰，疾風也。或省。""走颰颰"謂到處奔走。其次是引文未確。核《景德傳燈錄》卷九《福州大安禪師》章，實作"傍家走忽忽"，《聯燈會要》卷七、《正法眼藏》卷三之下本師章同。《大光明藏》卷中本傳錄作"傍家走匆匆"。"走忽忽（匆匆）"義同"走颰颰"。

70. 膈

奇香妙藥，閭閻必供；暑膈寒裘，待時而授。（卷一七《東國慧目山和尚》）

商務本校記："膈，疑當爲'葛'。"（429 頁）

今按："膈"實即"葛"字的誤刻。"暑葛"謂夏天穿的葛衣。"暑膈（葛）寒裘"猶言"夏葛冬裘"、"冬裘夏葛"。禪籍中習見。此引幾例：

乃云："與日雙運，鑑物無私。自是暗中之人，責冬裘比夏葛。當此良夜衆星推遷之時，可憐不見華亭叟，冷照海濤空渺瀰。"（《虛堂語錄》卷二）

夏葛冬裘之外，未嘗説及小衣，得毋今之穿袴者非乎？（《西歸直指》卷三《三世之理孔子必定説過》）

古人只蓄兩枚針，夏葛冬裘逐旋尋。（《慈受深和尚廣錄》卷二）

問："冬裘夏葛，各自知時。不掛寸絲底人，如何過活？"師曰："拄杖不在，苕帚柄聊與三十。"（《五燈嚴統》卷二四《通問禪師》）

可見，"疑當爲"云云，大可不必。

71. 落采

於是落采辭親，尋山入道。（卷一七《潭州山故通曉大

師》)

商務本校記："落采，疑是'落髮'之誤，指剃髮出家，又作'祝髮'、'剃髮'、'薙髮'。本集'髮'字均俗写爲'髪'；或是'落髪'之誤。《古尊宿語録》卷十八《雲門山廣泰禪院匡真大師行録》：'以其敏質生知，慧辯天縱，凡誦諸典，無煩再閱，澄（志澄律師）深器美之。及長落髪，稟具於毗陵壇。'（頁346）又《請疏》：'尋奉敕令韶州刺史梁延鄂同托（李托）請雲門山開塔。果見真容如昔，髭髪猶生，遂具表聞奉。'（頁348）疑'落采'是'落髮'、'落髪'之誤寫。"（433 頁）

今按："落采"實即"落髪"，並非"落髮"的誤寫。唐歐陽通書《道因法師碑》中即有"落采庵園"句。四部叢刊《東維子文集》（明楊維楨）卷二〇《建德路重修兜率寺記》："匹夫匹婦逃租徭以入浮屠者，不難也；而其世家鉅族，有投笄落采、脱洗染著，以歸於究竟，非其真智正覺，的若有所見，其能安於是乎?"韓國成均館大學《崔文昌侯全集》原刊影印本（漢城，1972）卷二《孤雲先生續集》《大華嚴宗佛國寺文殊普賢像讚並序》："佛國寺光學藏講室，左壁畫像者，贈太傅獻康大王。"底本原注："媛妃權氏落采爲尼，法號圓秀，亦名光學。"亦作"落采"。再看異文。大正藏本《歷代三寶紀》卷一二："行魏州人，少而落採，博綜群經。""落採"，宋、元、明本作"落髪"。大正藏本《續高僧傳》卷一二《靈幹》："志學之年，開皇三年，於洛州淨土寺，方得落采。""落采"，宋、元、明、宮本作"落髪"。可見"落采"與"落髪"實爲同詞異寫。

又，校記中的"写"當録作繁體"寫"。類似的疏失書中還有很多。如"盧弈"録作"卢弈"（92 頁；校記 4）、"鹹韻"録作"咸韻"（118 頁；校記 22）、"捨真求妄"録作"舍真求妄"（119 頁；校記 2）、"陸游"録作"陸遊"（157 頁；校記 2）。又如"禮拜"録作"礼拜"、"禪牀"録作"禪床"、"若來"録作

"若来"、"祇見"錄作"只見"、"不掛"錄作"不挂"（511頁；校記）等，不勝枚舉。

72. 迂

咸通十二年三月景文大王、廣明元年憲康大王、光啓三年定康大王，三王並皆特迂御禮，遙申欽仰，擬封國師，各差中使迎赴京師。（卷一七《溟州崛山故通曉大師》）

"特迂"句，商務本校記，"迂，疑爲'遇'。"（433）

今按：實不必疑。"迂"是枉屈尊長之敬詞。《漢武帝內傳》："今阿母迂天尊之重，下降於蟪蛄之窟。"前蜀杜光庭《上元玉局化衆修黃籙齋詞》："必冀衆真迂駕，萬聖迴軒。"《寶林傳》卷三《龍樹菩薩章辯天戰品》："尒時毗羅尊者疾步至彼，龍樹一見，心生歡慶，而自歎訝：何得聖者迂臨而至?"《華嚴清涼國師禮贊文》："師資感應，水月光臨。鑒我虔誠，乞垂迂降。"即其例。

73. 冒

微公曰："我師馬和尚訣我曰：'若得東人可目擊者，昿渠道中，俾慧水丕冒於海隅，爲德非淺。'師言在耳。吾喜汝來，今印焉，俾冠禪侯於東土，往欽哉!"（卷一七《東國無染國師》）

"丕冒"的"冒"，原刻本作"冐"。商務本校記："冐，佛光山（1994：845）校作'冒'，此疑作'冑'，列此備考。"（436頁）

今按："冐"實即"冒"的俗寫體。《碑別字新編》中"潘"、"播"、"緇"等字所從之"田"均有作"曰"者，表明二者俗寫無別。再檢《祖堂集》，"帽"字凡6見，其右旁作"冐"者共4例，也可爲證。另檢唐【新羅】崔致遠《聖住寺大朗慧和尚白月葆光塔碑》（即本傳所從出），正作"冒"。"丕冒"始見於《尚書·君奭》："丕冒海隅出日，罔不率俾。"曾運乾正讀："大冒覆天下。"亦即廣被。又宋朱彧《萍洲可談》卷三："崇寧興學，丕

冒海隅，四郡士人亦向進。"《隆興佛教編年通論》卷二〇："惟
終始罔闕，丕冒遺烈。"亦其例。故"疑作'胄'"云云，無據。

74. 丫角

何人得親問，木叉丫角童。（卷一七《岑和尚》）

商務本校記："丫角，丫字形。"（445頁）

今按："丫角"實指丫髻，小孩的髮式。此二句《景德傳燈
錄》卷一〇、《禪宗正脈》卷二、《五燈會元》卷四、《指月錄》
卷一一、《五燈嚴統》卷四、《五燈全書》卷七本傳及《四明尊者
教行錄》卷四《答泰禪師佛法十問》、《佛祖綱目》卷三二《普願
禪師傳法從諗》等均作"誰人親得聞，木叉丱角童"。"丫角"、
"丱角"義同，均指孩童的丫形髮髻。大正藏本《景德傳燈錄》
卷一五《大同禪師》："問：'和尚住此來有何境界？'師曰：'丱
角女子白頭絲。'""丱角"，明本即作"丫角"。"丫角"亦稱"丫
頭"。唐劉禹錫《樂天寄憶舊遊因作報白君以答》詩："丫頭小兒
蕩畫槳，長袂女郎簪翠翹。"此指男孩。又《寄贈小樊》詩："花
面丫頭十三四，春來綽約向人時。"此指女孩。"丫角"，禪籍中
又寫作"髻角"。《古尊宿語錄》卷二二《法演和尚語錄》引《悼
投子青禪師》："髻角女子戴瓊花，八十翁翁穿繡履。"又《歷朝
釋氏資鑑》卷七中引《唐策遺史》："志公識記未來事，嘗畫一鹿
負鞍走山中。又云：'兩角女子綠衣裳，背却大行越君王，一止
之月必消亡。'""兩角"義同。

75. 奚鼠

師問溈山："如何是祖師意？"溈山喚侍者："將床子
來！"師云："自住已來，未曾遇着一個本色禪師。"時有人
問："忽遇時如何？"師云："千鈞之弩，不爲奚鼠而發機。"
（卷一八《趙州和尚》）

商務本校記："奚鼠，疑爲'鼷鼠'。"（453頁）

今按："奚鼠"不誤。二者同詞異寫。《文選·東方朔〈答客

難〉》"鶞鶋"唐李善注："李巡《爾雅》注曰：鶞鶋，一名奚鼠。"清郝懿行《爾雅義疏·釋獸》作"鼷鼠"。檢《三國志·魏志·杜襲傳》："臣聞千鈞之弩不爲鼷鼠發機，萬石之鍾不以莛撞起音。"這是可以查到的最早的例子。"奚鼠"句意思是説發問者不是本色禪師，所以犯不着與之白費口舌。

76. 礔石

行者知来趂，遂放衣鉢，入林向礔石上坐。（卷一八《仰山和尚》）

商務本校記："礔石，疑爲'磐石'之同音別寫。"（468 頁）

今按："礔石"就是"磐石"，實不必疑。禪典籍中"礔陀石"又作"磐陀石"即爲顯例。《漢語大詞典》"礔石"條釋云："磐石；大石。"這也等於説二者是同詞異構。又作"槃石"。《歷代法寶記·菩提達摩多羅禪師》："大師取食訖，於大槃石上坐。"即其例。進而言之，"礔（磐、盤、槃）石"與禪籍中的"礔（磐、盤、槃）陀（陁）石"本就是一個詞兒。無著道忠《葛藤語箋》"磐陀石"條云："忠按：'陀'蓋助辭也。《類書纂要》十二曰：'窟陁，杭州人以窠爲窟陁，出《西湖一覽》。'又《冷齋夜話》有'泥陁佛'，但是泥佛耳。"（144 頁）可見"礔（磐、盤、槃）陀（陁）"不過是"礔（磐、盤、槃）"的音節連綴，或者説是緩讀。《仰山語錄》中"到磐陀石上坐"，《五家正宗贊》卷四《仰山智通禪師》中錄作"到磐石上坐"，道理即在於此。

77. 行人事

仰山云："恠和尚把大家底行人事。"潙山云："汝不見達摩從西天来，亦將此物行人事？汝諸人盡是受他信物者。"（卷一八《仰山和尚》）

商務本校記："人事，禮物。有時也指獻上禮物。"（468 頁）

今按：此注欠明確。其實這裏當注的應是"行人事"。"行人事"，文中 2 見，均指奉送禮物給他人。"亦將此物行人事"，據

《仰山語録》夾批，"一本"作"亦將此物人事"，知"人事"義同"行人事"。再看下面一例：

> 大行思明和尚未住西院時，到參，禮拜後白曰："別無好物人事，從許州買得一口江西剃刀来獻和尚。"師云："汝從許州来，什麽處得江西剃刀？"明把師手掐一下。師云："侍者收取。"明拂袖而去。(《景德傳燈録》卷一二《寶應和尚》)

"無好物人事"，亦指没有好的東西来奉送。所以宋許觀《東齋記事·人事物》上説："今人以物相遺，謂之人事。"

78. 解歇

> 黄蘖聞已，喜之異常，曰："子且解歇，更自出身。"師過旬日，又辭黄蘖，至大愚所。(卷一九《臨濟和尚》)

商務本校記："解歇，寬衣休息。"(485頁)

今按："解歇"確有此義，但此處不是。"解歇"的"解"指能、能夠。"解歇"的"歇"(禪籍中亦作"息"，或稱"休"、"休歇"等)是禪家習用語，謂祛除妄念，領悟禪旨，完成參學大事。下一句"出身"也是禪家習用語，指徹悟。黄蘖禪師的這句話連起来意思是説：你將能祛除妄念，進而大徹大悟。正是在這番話的啓發下，臨濟"過旬日，又辭黄蘖，至大愚所"。文意暢達無礙。

79. 雲奔

> 大德：心法無形，通貫十方，在眼曰見，在耳曰聞，在手執捉，在脚雲奔。(卷一九《臨濟和尚》)

商務本校記："雲，當爲'運'字。"(485頁)

今按："雲奔"確爲"運奔"之義。諸本《臨濟録》及《景德傳燈録》卷二八、《聯燈會要》卷九本傳均録作"運奔"。又，《五家正宗贊》卷一《初祖菩提達磨大師》載波羅提説偈曰："在胎爲身，處世爲人，在眼曰見，在耳曰聞，在鼻辨香，在口談論，在手執捉，在足運奔。"《虛堂語錄》卷二："何處是走作？眼見耳聞是走作，運奔執捉是走作，覺觸攀援是走作，以至舉心動念，參禪問道，穿鑿古今，是非人我，悉是走作。"亦作"運奔"。但"雲"未必就是"運"之誤。《呂氏春秋·圜道》："雲氣西行，云云然。"高誘注："雲，運也。""雲，運也"亦見於《廣雅·釋天》。"雲，又言運也，運行也"見於《釋名·釋天》。"雲之爲言運也"見於《初學記》卷一引《春秋説題辭》。又敦煌寫卷《大方便佛報恩經》卷四《惡友品》："善友太子，名聲遠聞，八方一切運集，未久之間，三分用二。""雲"既有"運"之義，亦與"運"同源，"雲集"又可寫作"運集"，知"當爲"云云，似可不必。另，卍續藏本《天聖廣燈錄》卷一一一《鎮州臨濟院義玄慧照禪師》章，此句亦作"雲奔"。

　　80. 娥媚

　　　　問僧："什摩處去？"對云："去娥媚禮拜普賢。"（卷一九《大隨和尚》）

　　　　商務本校記："娥媚，當爲'峨嵋'。"（489頁）

　　　　今按："娥媚"，《雲門廣錄》卷中作"峨嵋"，《宏智廣錄》卷三作"峩眉"。三者同詞異寫。故"當爲"云云，大可不必。《老子化胡經》："新盧酒出俱行嘗，娥媚山邊作細昌。"《墨莊漫錄》卷六："開寶七年，重叠娥媚山於廳事前，於郡齋文會閣移季公之石，安置於此。"《續燈正統》卷六《寶印禪師》："（寶印禪師）嘉州李氏子，世居娥媚之麓。"均作"娥媚"。

〔主要參考文獻〕

[南唐]釋靜，筠. 祖堂集. 影印本. 日本花園大學禪文化研究所，1992.

[南唐]釋靜，筠. 祖堂集. 影印本. 全國圖書館文獻縮微複製中心，1993.

〔南唐〕釋靜，筠. 祖堂集. 大韓民國海印寺版影印本. 日本京都花園大學禪文化研究所，1994.

〔南唐〕釋靜，筠. 祖堂集. 吳福祥，顧之川點校. 長沙：嶽麓書社，1996.

〔南唐〕釋靜，筠. 祖堂集. 張華點校. 鄭州：中州古籍出版社，2001年版.

〔南唐〕釋靜，筠. 祖堂集. 孫昌武，〔日〕衣川賢次，西口芳男點校. 北京：中華書局，2007.

〔日〕無著道忠. 五家正宗贊助桀. 日本花園大學禪文化研究所，1991.

〔日〕無著道忠. 葛藤語箋. 日本花園大學禪文化研究所，1992.

〔日〕無著道忠. 虛堂録犁耕. 日本花園大學禪文化研究所，1990.

慈怡主編. 佛光大辭典. 北京：北京圖書館出版社，1989.

秦公，劉大新. 廣碑別字. 國際文化出版公司，1995.

黃征. 敦煌俗字典. 上海：上海教育出版社，2005.

漢語大詞典編輯委員會. 漢語大詞典. 漢語大詞典出版社，1986－1993.

The collation ZuTangJi (《祖堂集校注》) **of the**

Commercial Press supplements

Zhan Xuzuo

(College of Arts, Anhui Normal University, Wuhu241003, China)

Abstract: The Commercial Press published *the collation ZuTangJi* , there are some points which need to be discussed, the author puts forward the supplementary opinions on the 80 note.

Key words: *Zu Tang Ji* ; notes; supplementary

（詹緒左，安徽師範大學文學院，郵編　241003）

語言現象的擴張與過制[*]

——以中古漢語"見AV"式被動句為例

程亞恒

内容摘要：中古漢語中，在語言類推機制的作用下出現了少量"見AV"式被動句。"見AV"式被動句的分析結果來源於"綜合掃描"，是基於感性基礎的"順序掃描"得出的結論。認知的限制和句法分化的結果使得"見AV"式被動句最終未能充分發展起來。這種現象反映了語言發展過程中的擴張與過制現象。

關鍵詞：類推 順序掃描 綜合掃描 被動句

中古時期，漢語中出現了一類"見AV"式被動句，這種句子的特點就是"見"和動詞"V"中間出現了被動動作施事者。這類具有被動意義的句式產生於東漢後期，但後來並沒有得到充分的發展。關於"見AV"式被動句出現的動因，目前學界比較一致地看法是：它是在格式類推機制的影響下，受到"為AV"式被動句的類化而產生的。此説可以作為定論，我們這裏不予贅述。本文擬討論的是學界極少關注的另外一個問題："見AV"式被動句在歷史發展過程中沒有得到充分發展的原因。

按説，"見AV"式被動句一經產生，就應該像"被AV"式

＊ 本文是牡丹江師範學院博士科研項目（編號MSB200905）的部分成果，曾在第十屆全國古代漢語會議上宣讀。感謝柳士鎮、董志翹、姚振武幾位先生對本文提出的修改意見。文中不妥之處概由本人負責。

被動句一樣充分發展起來，迅速擴張，在被動句句法系統中佔有一定的比例，因為它畢竟比"見 V"式被動句提供的信息量要大，可以有效避免"見 V"結構的主動句和被動句的互相干擾，也更符合語言表達嚴密化和精確化的要求。但事實並非如此，就目前所能看到的文獻來説，中古和近代漢語中"見 AV"式被動句為數並不多，並沒有像"被 AV"式被動句那樣經過發展而最終取得一統的地位。那麼，究竟是什麼原因制約了"見 AV"式被動句的發展呢？這是一個不能回避、必須給出合理解釋的問題。

　　我們認為，這種現象正好反映了語言發展過程中的擴張與遏制現象。所謂擴張，實際上是指使用數量的增加，而遏制則主要是指使用數量的限制。一種新的語言現象一經出現，就必然注定兩種結局：一是被交際者採用而得到大量運用，二是被其他結構排斥或遏制而夭折，或是被限制在較小的範圍內使用。漢語的泛義動詞"搞"由方言進入普通話並得到廣泛使用，這是語言現象擴張的最好印證；中古漢語的"為 A 見 V"及"為 A 所見 V"式被動句的曇花一現可以説是語言現象遏制的證明。擴張和遏制是某一語言現象在系統內部參與競爭的兩個方面，是任何一種新的語言現象都必然面對的，二者是相輔相成的。

　　據我們考察，遏制"見 AV"式被動句從中古至今發展的原因可以分為內因和外因兩個方面。外因主要是由於中古漢語被動句強式"為 A 所 V"對它的排斥，以至於唐代以後接替"為 A 所 V"式被動句的"被"字式依然排斥"見 AV"式被動句在語言中的地位，這是顯而易見的，無須多言。我們這裏主要探討"見 AV"式被動句未能充分發展的內因。

　　研究中我們注意到這樣的現象：中古漢語"見 AV"式被動句中，"見"是一個易引起歧義的詞語，它既可以理解為被動標記，又可以理解為表"遇見"、"看見/看到"義的動詞。與之相應，"見 AV" 這一歧義結構除了分析為被動結構外，還可以有另外幾種分析：一是把 "A" 分析為語義兼格成分，即 "見" 的受事兼 "V" 的施事，整個句子是通常所説的兼語句；二是認為 "見 AV" 句是一個縮合的複句，整個結構可以分析為 "見 A，eV" 式承接複句。當然，如果 "見" 可以理解為 "看見/看到" 義的動詞，那麼 "見 AV" 結構還可以分析為主謂作賓句。舉例來説，如：

(1) 嘗經篤疾，幾死，見神明救免，言是福門之子，當享長年。(《魏書·刁雍傳》)

(2) 忽值神鳥，見人授書一函。(陶弘景《吳太極左宮葛仙公之碑》)

(3) 此珠名曰金剛堅也，有第一力耐，使一切被毒之人見悉消滅。又見光觸身，亦復消毒。(《雜寶藏經》，4/481a)

(4) 時婆羅門子，即見毒龍毒遍身體，命即欲斷。(同上，4/481b)

上例 "見神明救免" 是 "被神明救而免死" 的意思，"見光觸身" 是説被 "金剛堅" 的珠光照射到身體，"見毒龍毒遍身體" 是説 "無害" 這個人被毒龍害得全身是毒。但是，"見神明救免" 也可以分析為 "見神明$_i$，e$_i$ 救免（之）" 的承接複句，e 是省略型空語類，它與前一分句賓語 "神明" 在語義上是同指關系；另外也可以分析為兼語句，V$_1$ 是動詞 "見"，"神明" 是兼語，V$_2$ 是一個非共用同一主語的連謂結構。餘例分析大致同此，而 "見光觸身" 似乎還可以分析為主謂作賓句。另，鮑照《擬行路難·春禽啼啼旦暮鳴》有 "忽見過客問向我" 一句，此句在文獻中有異文，四部叢刊影宋本《鮑明遠集》及四部叢刊影汲古閣本《樂府詩集》等 "問向我" 均作 "問何我"，清光緒十六年江蘇書局刻本《八代詩選》卷十六作 "問向我"，清刻本《采菽堂古詩選補遺卷》二亦作 "問向我"。其實，這裏講的是 "作者被一位過客問及，這位過客似乎很熟悉作者的情況，所以作者感到非常吃驚，因而反問過客如何知道自己的家在南城，而後過客回答作者'我曾居君鄉，知君遊宦在此城……'"的事，下文的"寧知我家在南城"實際上是"我"反問過客的話，而不是過客詢問我的內容。依據語境，我們覺得原句應該是"忽見過客問向我"，是一個"見 AV"式被動句。

　　不管是可以把"見 AV"句分析為兼語句、承接複句還是主謂作賓句，其根本原因都是把結構中的"見"分析為一個意義實在的動詞了。問題是，為什麼在"見 AV"結構中，"見"字這麼容易被分析為表"遇見"或"看見"義的動詞呢？我們認為有以下幾個方面的原因。

　　首先是語言意象掃描方式的差別對"見 AV"結構表達被動的限制。由於"掃描"方式的不同，人們在感知一個較複雜的事件時會形成不同的意象。人們感知事件的"掃描"方式主要有"綜合掃描"和"順序掃描"兩種方式。"綜合掃描"是對一個事件的各個組成部分分別掃描後，最後綜合起來形成一個整體概念，對不同掃描階段獲得的信息差異忽略不計。"順序掃描"則是顧及依次掃描時不同階段的信息差異，隨著掃描的進展，每個階段得到的信息依次遞增。所以說，"綜合掃描"跟時間的延伸無關，"順序掃描"則總是在時間的延伸中進行①。由於事件的發生總是伴隨時間進行，所以我們通常是在時間的順序性指導下認識事件的，因為這是直接的感性認識。對於句子的認識也是如此，我們對謂語中含有多個動詞的句子進行分析時通常會注重其中動詞之間在時間鏈上的關係。如"四年，東部未耐婁大人倍斤入居遼東"一句，我們一般會做出這樣的分析："入"的動作在前，"居"的動作在後。又如唐·胡令能《小兒垂釣》"路人借問遙招手，怕得魚驚不應人"句，如果不是運用綜合掃描分析，我們似乎很容易把"借問"和"遙招手"看作連動結構，但實際上二者是屬於不同主語（"路人"和"小兒"）的謂語成分。再如《三國志·蜀書·諸葛亮傳》"亮早孤，從父玄為袁術所署預章太守"句，如果不是綜合掃描分析，我們很容易把"從父玄為袁術所署"看作被動結構，但正是綜合掃描分析的結果使我們傾向於把它看作敘述性判斷句的。事實上，在把"見 AV"句分析為兼語句、複句或主謂作賓句時，我們就是在"順序掃描"的認知指導下得出的結論，其中對於事件在時間鏈上的排列是我們得出這種結論的關鍵。還拿上面的"忽見過客問向我"來說，我們一般把"忽見過客"和"過客問向我"放在時間鏈上來分析為兩個順次相連的事件。如果我們從抽象的理性認識角度分析，剔除時間對事件的影響，那麼"綜合掃描"的結果則支持把"忽見過客問向我"看作一個事件，整個句子就成了出現施事成分的被動句了。但是，由於我們認識事物的規律是由感性到理性，相應地是由"順序掃描"到"綜合掃描"而不是相反，所以把"見 AV"分析為時間鏈上相連的兩個事件並把該句式分析為兼語句或複句先於把它分析為被動句是情理之中的事情。周治金在對"各種條件下的反應時及語義啟動量"實驗中得出如下結論——相對頻率對歧義詞意義通達有重要作用：在詞彙加工的早期，主要意義由於相對頻率較高而迅速被通達，次要意義由於相對頻率較低、激活速度較慢而沒有通達；當加工時間更充分時，次要意義能夠和主要意義同樣被通達；在詞彙加工的較晚階段，次要意義的激活水平大大降低，而主要意義仍維持在一定激活水平②。這一實驗結果的心理分析揭示了歧義現象的產生與詞語的多義現象有密切關係的本質，與我們上文掃描方式的分析是一致的。

另外，從語法單位組合時對詞義的選擇角度來分析，我們也可以解釋易把"見 AV"式被動句分析為兼語句、複句或主謂作賓句的原因。在某種組合中，當話語鏈中的組合帶來歧義時，通常要靠語境的調控來分化歧義。當語境調控不能解決句法結構歧義時，人們就會借助感性經驗來判斷其類屬。這時，在人們記憶中處於句法強式的結構就會佔據顯著地位。句法功能的多樣與詞的多義現象是緊密相連的。一個詞語以什麼角色在句子中和其他成分發生關系，這要受到組合選擇的限制。通常，多義詞的各種義項在各個歷史時期的情況不是均衡的，必定有強式和非強式之分。J. Vendryes 曾經指出：在多義詞的各個意義中，總有一個意義是主要的，但是，這個主要意義並不一定永遠都是主要的，在它周圍有次要意義在包圍著，這些次要意義總想取而代之。詞在意識中並不是孤立的，而是和它過去曾經出現過的上下文，和它過去曾經參加過的各種組合一起銘刻在人們的意識中，詞匯的系統性就表現在詞在意識中所形成的各式各樣錯綜複雜的聯想的網絡之中③。舉例來説，筆者最初看到"小沙彌歡喜看世界"光盤時，以為"歡喜"是形容詞狀語，但打開看時卻發現是個小沙彌的名字。進一步調查後發現，幾乎所有被詢問的人都是這樣理解的。這一點恰好證明了對處於聯想網絡中詞語意義和句法功能進行優先選擇的依據是經驗判斷的事實。再拿"見 AV"結構來説，在"見"字用作被動標記之前，它祇有動詞的用法，不會產生句法歧義。但在"見"用作被動標記之後，尤其是在"為AV"結構的類推下，出現了施事成分的"見 AV"在結構上就產生了歧義。更為重要的是，這種歧義無法通過語境來調控，如上面的"見神明救免"、"忽見過客問向我"。這時，我們不得不依靠感性經驗，從我們所掌握的材料出發，優先選擇強式句法結構來解析此類句子。

　　最後，從語言認知的角度來分析，因為"見 AV"式被動句是非典型範疇，而人類在認識世界的過程中建立的各種範疇大多是典型範疇，且總是通過典型範疇來認識新事物，總是遵循從典型成員出發認識和推導出非典型成員的單向性和不對稱性規律，所以"見 AV"式被動句總是處於認知的非顯著地位④。我們知道，從上古到近代，用作謂語的各類"見"字句中，真正的典型成員是"見"作謂語動詞的句式，而中古出現的"見AV"式被動句並不是典型成員。例如：

(5) 今日見丙戲躍，直以劍伐痍丁，奪此首，而捕來詣。（《睡虎地秦墓竹簡·封診式》）

(6) 吾見子有饑色，為子取餇，子何嫌哉？（《吳越春秋·王僚使公子光傳》）

(7) 前到河西故城角，正見三狸共踞城側，兄弟並喜。（《三國志·魏書·管輅傳》）

(8) 伯意悟，數日，乃詐醉，行此廟間，複見兩孫來扶持伯。（《搜神記》卷十六"琅琊秦巨伯"條）

這種句法典型成員使得人們對於語境調控不能分化的歧義格式進行分析時採取類推的方式，類推的結果不是向著經驗中未出現過的方向發展，而是向著已有的、熟知的方向發展。

結果是，經常用作動詞的"見"在"見AV"結構中就處於顯著地位，它在與用作被動標記的"見"字競爭中處於絕對優勢，所以"見AV"式被動句在遇到極大阻力的情況下不能得到充分發展。儘管這樣的句子在近代漢語及現代漢語（如本人方言）中似乎都還存在著，但它們同樣可以被動詞"見"的相應組合分化，不妨多看幾個例子：

(9) 後阿娘見舜子跪拜四拜，五毒嗔心便起。（《敦煌變文·舜子變》）

(10) 楚家兒郎，便見箭中，落馬身死。（《敦煌變文·王陵變文》）

(11) 十娘見五嫂頻弄，佯羞不笑。（張鷟《遊仙窟》）

以上是唐代的用例，下面再看宋元以後至明清小説中的例子：

(12) 明年，李生下第歸饒。日晚，於野中見其妻訴以

<u>鬼神所害之事</u>。（《太平廣記》卷四十四"田先生"條）

　　（13）祇見恍惚之中，<u>見兩個青衣人一把扯了就走</u>。（《今古奇觀》卷六十二）

　　（14）東樓設計之意原是為此，料他是個殘疾之人，沒有三年五載，身後自然歸我，落得假手於他，一來報了見郤之愁，二來做了可常之計。<u>見他説著心事，就大笑起來</u>。（李漁《十二樓·萃雅樓》第二回）

　　（15）（夫人）漂泊數步，<u>見一人垂練於水，引救而去</u>。（《聊齋志異》卷十《賈奉雉》）

　　（16）（旁一人）旋<u>見金甲神縮鎖去</u>。（又卷十二《公孫夏》）

此外，今本人方言中也有不少這樣的用例，如：

　　（17）我大清早起來<u>見你數落來一頓</u>。（我大清早起來見你數落了一頓。）

　　（18）這身衣服多_兒<u>見你穿出來過</u>。

　　（19）你跑來跑去兩邊_兒勸，結果這倆人都沒<u>見你説服</u>。

　　上面幾個句子，即使我們可以認為"舜子""兩個青衣人""他""夫人""旁一人""我""這身衣服"和"這倆人"都是被動受事者，它們分別與動詞或動詞短語"跪拜""説""引救""縮鎖""數落""穿"和"説服"之間構成被動關係，但若把結構中的"見"理解為表"看見""聽見""遇見"等意義的動詞也未嘗不可。

　　總之，我們説中古漢語中儘管在語言類推機制的作用下出現了少量"見 AV"式被動句，但由於"見 AV"式被動句的分析結果來源於"綜合掃描"，是基於感性基礎的"順序掃描"得出的結論。實際上人們對一定事件的認識遵循的是"順序掃描"到"綜合掃描"規則，所以"順序掃描"先於"綜合掃描"影響人們的認知分析，有先入為主的傾向，再加上"見"作動詞經常帶名詞和主謂短語賓語，所以"見 AV"式被動句經常受到強式結構的分化，認知的限制和句法分化的結果使得"見 AV"式被動句最終未能充分發展起來。也就是説，中古漢語中"見 AV"式被動句未能充分發展的原因有兩個：一是同一語法範疇不同表達手段的競爭中，強式結構的排斥，這是內因；二是異構同形句式中，強勢語義結構的排斥，這是外因。正如吳福祥（2006：237—238）所説："任何語法演變（grammatical change）都導源於個體的語法創新（grammatical creation），但一個特定的語法創新並非必然地導致語法演變。個體的語法創新祇有通過跨語境的'擴展'（extention）和跨言語社團的'擴張'（spread）或'傳播'（propagation）進而最終規約化（conventionalize）後才能實現為一個語言的語法演變。……祇有當這個演變通過擴展被用於另外的語境以及通過擴散而被規約化後，我們纔可以認為這個語法演變在某個特定語言裏已經產生。另一方面，並非每個創新的語法演變發生後都能被擴展和擴散，有些語法演變出現之初還會被別的動因（competing motivations）所遏止，甚至因之而流產。"功能語法這種對於語法創新的解釋正好可以説明"見 AV"式被動句夭折的原因，與我們上述分析是一致的。

〔注釋〕

①參陸儉明、沈陽《漢語和漢語研究十五講》第 442 頁，北京大學出版社，2003 年。

②周治金《漢語歧義消解過程的研究》第 97—98 頁，華東師範大學出版社，2002 年。

③參看馮志偉《現代語言學流派》（修訂版）第 146—148 頁，陝西人民出版社，1999 年。

④參看沈家煊《不對稱與標記論》第 36 頁，江西教育出版社，1999 年。

〔主要參考文獻〕

[1] 馮志偉. 現代語言學流派. 修訂版. 西安：陝西人民出版社，

1999.

[2] 洪誠．論古漢語的被動式．南京大學學報（人文科學），1958（1）．

[3] 蔣紹愚．關於漢語史研究的幾個問題．漢語史學報，2005（5）．

[4] 陸儉明，沈陽．漢語和漢語研究十五講．北京：北京大學出版社，2003.

[5] 潘允中．漢語語法史概要．鄭州：中州書畫社，1982.

[6] 沈家煊．不對稱與標記論．南昌：江西教育出版社，1999.

[7] 孫錫信．漢語歷史語法要略．上海：復旦大學出版社，1992.

[8] 吳福祥．漢語歷史語法研究的檢討與反思．//語法化與漢語歷史語法研究．合肥：安徽教育出版社，2006.

[9] 向熹．簡明漢語史（下）．北京：高等教育出版社，1993.

[10] 周治金．漢語歧義消解過程的研究．上海：華東師範大學出版社，2002.

Linguistic Phenomenon of Containment and Expansion

——Case in the "Jian（見）AV" passive sentences in Middle Ancient Chinese

Cheng Yaheng

(Department of Chinese Language and Literature,

Mudanjiang Nermat University, Mudanjiang 157012, China)

Abstract：Under the analogy mechanism of language, there are a small amount of "Jian（見）AV" passive sentences in Middle Ancient Chinese. The result of this analysis is from comprehensive scan, which is based on perceptual. Cognitive limitations and the results of syntactic differentiation makes "Jian（見）AV" passive sentences not fully develop at last, which reflects the phenomenon of expansion and containment in the process of language development.

Keywords：analogy; sequential scan; comprehensive scan; passive sentences

（程亞恒，牡丹江師範學院文學院，郵編　157012）

極性程度副詞 "洞" 與
"淫" 的形成及其他[*]

內容摘要: "洞"、"淫"、"純"、"精" 及 "海" 等均可作極性程度副詞,修飾形容詞或者動詞表示性狀的程度深。它們的名詞本義中均含有表示 "超出一般" 的 "大" 的源義素,當 "大" 義凸顯時,它們引申爲形容詞,而當具有 "大" 義的形容詞位於動詞或者形容詞前充當狀語時,形容詞 "大" 之語義得到凸顯而向程度副詞演變,它們都經歷了一個從名詞到形容詞再到程度副詞的演變過程。常用詞虛化之後,並不一定像其實詞義一樣常用,有的會得到繼承,有的會走向衰亡。

關鍵詞: 洞 淫 純 極性程度副詞 隱喻

〇 引 言

隱喻的研究從 Aristotle (1954) 的修辭觀到 Rechards (1965)、Max Black (1962/1993) 的語義觀,從 Searle (1993)

* 初稿《極性程度副詞 "洞"、"雄"、"淫" 的形成及其他》曾在 "漢語副詞研究學術研討會"(中國・桂林,2011.10)上宣讀,相關內容承陳昌來、唐正大等先生提出寶貴修改意見,本文在此基礎上進行了修改;本文研究還得到國家社科基金青年項目(11CYY040)和教育部人文社會科學研究基金青年項目(09YJC740061)的資助,一並致謝! 文責自負。

的語用觀到 Lakoff & Johnson (1980) 和 Lakoff & Turner
(1989) 的認知語言觀，經歷了一個從隱喻表層到隱喻内在本質
的認知、研究過程，現在語言學界普遍接受隱喻的認知觀，認同
Lakoff 等的觀點，認爲隱喻非僅爲個人的、特殊的修辭方式，
僅存在於詩歌小説中，而是一種體現了人類認知的普遍規律、在
各種表達語體中無所不在的現象。隱喻認知觀認爲，把一事物比
擬成和它相似關係的另一事物，用具體來説明抽象，個別説明一
般，或者把深奥的道理用一個淺顯的事例來説明，這在生活當中
無處不在，人類認知的概念、推理、範疇等的形成都離不開隱
喻。它的主要運作機制主要是跨域映射 (cross－domain map-
ping)，Lakoff & Turner (1989) 認爲，隱喻是從源域 (source
domain) 向目標域 (target domain) 的跨域映射 (cross－do-
main mapping)。而映射遵循的是一種不變原則：隱喻映射保留
源域的認知布局 (cognitive topology)，又在某種程度上與目標
域的内在結構保持一致。而概念隱喻被我們所感知主要是基於表
達概念的辭彙意義的演變上。因此，從詞匯的詞義系統或者詞義
演變的角度來研究概念隱喻是目前最常見的方法。漢語虛詞的由
實而虛的演變形成過程，往往都是一個概念隱喻的過程 (雷冬
平，2008)，因此，把概念隱喻和漢語虛詞的形成結合起來研究
能夠更好地解釋虛詞形成的過程和機制。離開概念的變化和詞義
的演變來談隱喻則玄之又玄。

　　我們認爲學界所忽略的幾個極性程度副詞 "洞" 與 "淫" 等
的形成正是概念隱喻的結果。下面我們對這些程度副詞的形成路
徑進行描寫。

一　程度副詞 "洞" 的形成

　　我們先看 "洞" 作爲極性程度副詞的用例，其語義相當於

"很"、"非常"、"十分" 等。如：

(1) 輕車，古之戰車也。洞朱輪輿，不巾不蓋，建矛戟幢麾。(《後漢書·輿服志》)

(2) 孔子見竅睹微，思慮洞達，材智兼倍，強力不倦，超逾倫等耳！(《論衡》卷二十六)

(3) 林曾無史遷洞想之誠，梅真慷慨之志，而守其蓬心以塞明義，可謂多見其不知量也。(《三國志》卷二十四裴注)

(4) 火中有鼠，重百斤，毛長二尺餘，細如絲，可以作布。常居火中，色洞赤，時時出外而色白，以水逐而沃之即死，績其毛，織以爲布。(《三國志》卷四裴注)

(5) 千里雖遐，應如影響。良嬪洞感，發於夢想。(《魏書》卷九十二)

(6) 樞少屬亂離，每所居之處，盜賊不入，依託者常數百家。目精洞黃，能視暗中物。(《陳書》卷十九)

(7) 風質洞遠，儀止祥華。動容合矩，吐言被律。(南朝·梁·沈約《齊司空柳世隆行狀》)

(8) 使祥光洞明，枯木蕃榮，得舍利於神人，教天龍於冥晦。(《全唐文》卷三百十九)

(9) 初女巫見鍔衣冠甚偉，鬢髮洞赤，狀若今之庫莫奚雲。(《太平廣記》卷三三六)

(10) 有黃金處水必清，有明珠處水必媚，有子鮒處水必腥腐，有蛟龍處水必洞黑。(明·田藝蘅《煮泉小品》)

作爲極性程度副詞，"洞" 和所有的程度副詞一樣，它可以修飾心理動詞，如例 (3) (5)，"洞想" 爲 "十分想要" 之義，"洞感" 即 "很有感觸" 之義；它也可以修飾一般的形容詞，如例 (2) (7) (8)；同時，"洞" 還可以修飾表示顏色的形容詞，如例 (1) (4) (6) (9) (10)。從 "洞" 的以上功能來看，特別是它能夠修飾形容詞中的顏色詞，所以，"洞"的極性程度副詞身份應該得到確認，但"洞"的這種性質一直没有爲學界所認識，字典辭書亦對這種用法没有記載。因此，"洞"的這種功能有必要做進一步的辨析。

先看極性程度副詞"洞"修飾顏色形容詞。"洞赤"（如例4、例9），《漢語大詞典》（以下簡稱爲《大詞典》）解釋爲"通紅"。從其釋義看，《大詞典》似乎也認識到"洞"的程度義，因爲"通紅"條下，《大詞典》和《現代漢語詞典》皆解釋爲"很紅；十分紅"。也就是説，"洞"的意思就是"很；十分"，因此，這種釋義是正確的。但是，《大詞典》將"洞赤"當成一個詞則值得商榷，如果祇有"洞赤"一種組合，把它當成詞似乎也無可厚非，但是放在整個詞彙系統中來看的話，"洞赤"不當爲詞。因爲除了"洞赤"這樣的組合，我們還能夠看到"洞朱"（如例1）、"洞黄"（如例6）、"洞黑"（如例10）這樣的組合，這些組合的意義分別應該是"很/十分紅"、"很/十分黄"、"很/十分黑"。那麽，"洞赤"在這樣的系統中顯然就不是詞，而和其他組合一樣都是極性程度"洞"修飾顏色形容詞構成狀中結構的偏正短語。

同樣，例（2）中的"思慮洞達"也應理解成"思慮十分通達"之義。《大詞典》將該例的"洞達"解釋爲"理解得很透徹；看得很清楚"是不正確的，因爲"思慮洞達"顯然是一個主謂短語，而不是動補短語。再者，"思慮"爲名詞，義爲"心智，心思"，這一意思與《大詞典》之"洞達"語義在一起也是殊不可通的。因此，"洞達"當爲一個形容詞性的短語，這一點我們也可以從另一旁證可以看出，《大詞典》在"思慮"條下舉《墨子·公孟》："身體强良，思慮徇通。"又在"徇"條下舉此例，且引《説文·人部》："徇，疾也。"又曰："'徇'，通'侚'"。因此，《墨子》例之"思慮徇通"即"心思快速通達"或者説是

"思維敏捷" 之義。從《墨子》例反觀例（2）之 "洞達", "達"
即 "通" 也，則 "洞" 應和 "徇" 一樣是 "達" 的修飾限定成
分，因此 "思慮洞達" 即 "思維十分敏捷" 之義。

而例（7）中 "風質洞遠" 和例（2）中 "思慮洞達" 的結構
一樣，都是主謂結構，"風質" 即 "氣質" 之義，"風質洞遠" 即
"氣質非常高遠/高雅" 之義。因爲 "遠" 有 "高遠, 高雅" 義，
如例（11）：

　　（11）功大者，祿厚。德遠者，爵尊。功小者，其祿薄。
德近者，其爵卑。（漢·徐幹《中論·爵祿》）

"德遠者" 即 "德行高遠/高雅之人"。因此，例（7）中的
"洞遠" 同樣不是一個詞，而是極性程度副詞 "洞" 修飾形容詞
"遠"，構成一個狀中結構的偏正短語。

例（8）中 "祥光洞明" 即 "祥光非常明亮"。《大詞典》收
"洞明" 一詞，有二義項：其一爲 "通曉, 明了"；其二爲 "通
亮"。我們認爲，《大詞典》中義項一的 "洞明" 爲詞，義項二的
"洞明" 不當爲詞，因爲 "明" 爲 "明亮" 之義，"洞明" 即 "十
分明亮" 之義，從《大詞典》釋之爲 "通亮" 也可以看出《大詞
典》意識到 "洞" 的程度義，但在該義項下未列文獻用例則又看
出《大詞典》對程度副詞 "洞" 的認識又是模糊的。因此，"洞
明" 也應該是一個偏正短語。我們還可以看到與 "洞明" 同樣的
搭配，如 "洞光"：

　　（12）時有黑鳥白頭，集王之所，銜洞光之珠，圓徑一
尺。此珠色黑如漆，懸照於室內，百神不能隱其精靈。
（晉·王嘉《拾遺記·燕昭王》）

　　（13）火因燒身，與火共作一體，內外洞光，良久乃止，
名曰日月煉形，死而更生者也。（北宋·張君房《雲笈七籤》
卷五十）

　　（14）此山東峰有離岳火球，西峰有麗農瑤室，南峰有

洞光珠樹，北峰有玉澗瓊芝，中峰有自明之金、環光之璧。
（北宋·李昉等《太平廣記》卷四七）

以上三例之"洞光"應同"洞明"之分析，爲"十分明亮/
光亮"之義。"光"與"明"同義，則"洞光"與"洞明"同義。
然《大詞典》釋"洞明"爲"通亮"，釋而"洞光"爲"透明通
亮"，因此二者必有一爲誤解，根據前文的分析和以上三例的佐
證，可見，不論是例（12）的珍珠、例（13）的着火的身體，還
是例（14）的珠樹，都不可能是透明的。因此，《大詞典》對
"洞光"的釋義是錯誤的，應該解釋爲"通亮"或者"十分明亮/
光亮"。且二者都不當爲詞，都是極性程度副詞"洞"對形容詞
的修飾。

　　"洞"的這種極性程度副詞的用法爲前修時賢所忽略是因爲
皆未注意"洞"具有成爲程度副詞的語義基礎。雷冬平（2008：
370）指出："凡是含有超過一定常規量，達到某種較高狀態的詞
或者短語都有演變成程度副詞的語義基礎。"《說文·水部》：
"洞，疾流也。""洞"的"疾流"義就包含了"超過一定常規量"
的意義，因爲"疾流"在速度或者流量上肯定超過一般的水流，
因此該本義含有一個較爲寬泛的"大"的源義素，當這種源義素
在一定的句法環境中得到凸顯時，詞的意義就突破了本來的義域
而使得這個凸顯的寬泛"大"義變得具體，使得"洞"成爲一個
形容詞。如：

　　（15）臣聞冲波安流，則龍舟不能以漂；震風洞發，則
夏屋有時而傾。（《文選·陸機〈演連珠〉之三九》）

　　（16）當空發耀，英精互繞，晃盪洞射，天氣盡白，日
規爲小，鑠雲破霄。（唐·柳宗元《問答·晉問》）

　　（17）閨房周通，門閨洞開。（漢·班固《西都賦》）

　　（18）承華廣闊，肅成旦啓，秋光洞入，春花灑樹。（南
朝梁·蕭綱《昭明太子集序》）

　　例 (15) (16) 中的 "洞發" 和 "洞射" 應該分別是 "疾發" 和 "疾射", "洞" 應該爲形容詞 "疾速" 之義, 該義是直接從名詞義 "疾流" 通過隱喻引申而來的, 作爲名詞義的源域 "洞" 和作爲形容詞義的目標域 "洞" 有一個相同的語義特徵, 那就是 "疾", 這個特徵是二域連接的橋梁, 源義素的凸顯也可以看成是隱含義素的外顯的過程, 邊緣義素或者隱含義素成爲了核心義素, 新義自然就産生了。祇是這個形容詞義也僅僅是凸顯名詞意義中的那個二域共有的速度特徵, 這個速度特徵既可以作定語修飾名詞, 也可以作狀語修飾動詞, 這種概念隱喻就極容易完成。當這種被修飾的動詞不僅僅需要突出速度, 而且需要突出動作的其他維度, 如動作的狀態 (例 17)、動作的方式 (例 18) 時, 則 "洞" 之形容詞語義進一步泛化, 形成一個帶有程度意義的泛義形容詞, 這種程度意義可以根據後面所修飾的動作的不同而可以解釋爲相應的不同意義。如例 (17) 之 "洞開" 可解釋爲 "大開", 例 (18) 之 "洞入" 可解釋爲 "深入"。

　　這種具有 "超出一般" 程度義的形容詞高頻使用是誘發泛義形容詞 "洞" 進一步虛化成極性程度副詞的動因。這種高頻使用的情況我們可以根據《現代漢語詞典》和《大詞典》都收錄的五個常用詞來證明, 這五個詞是 "洞察"、"洞徹"、"洞見"、"洞悉" 及 "洞曉", 二詞典對它們的解釋分別是 "深入、清楚地察知/觀察得很清楚"、"透徹地了解"、"很清楚地看到"、"很清楚地知道/透徹地知道"、"透徹地知道" (這些詞無論是在古代漢語中還是在現代漢語中都是非常常用的, 故我們省略具體實例的列舉)。從釋義中我們可以看到, 這五個詞中的 "洞" 都解釋成了 "深入地"、"清楚地"、"透徹地", 無論是解釋成其中的哪個, 都是對動作程度進行説明, 二詞典甚至感覺這些含有程度意義的形容詞還不足以突出 "洞" 的程度義, 於是在解釋 "洞察"、"洞見"、"洞悉" 時還添加了極性程度副詞 "很"。可見, 二詞典在

解釋"洞"修飾動詞時已經完全注意到了"洞"的這種極性程度
義，祇是這種意義虛化得還不夠徹底。當這種含有程度義的泛義
形容詞由於類推而進一步位於心理動詞甚至是形容詞前修飾它們
作狀語的時候，這種極性程度義得到完全的凸顯，極性程度副詞
的功能也完全形成。如例（1）一例（10）。再如：

（19）衛有一弟子王逸少，甚能學衛真書，咄咄逼人，
筆勢洞精，字體遒媚，師可詣晉尚書館書耳。（《全晉文》卷
一百四十四）

（20）輕車，古之戰車也。輪輿洞朱，不巾不蓋，建矛
戟幢麾。（《宋書》卷十八）

（21）飲酒洞醉，損氣喪靈，五府攻潰，萬神振驚。（北
宋·張君房《雲笈七籤》卷九一）

"筆勢洞精"指"筆勢很精妙"之義；"輪輿洞朱"指"輪輿
很紅"之義；"飲酒洞醉"即"喝酒喝得很醉"之義。三例都是
極性程度副詞修飾形容詞。

二　程度副詞"淫"等的形成

這種名詞通過隱喻演變成極性程度副詞的演變路徑，並不僅
限於上文提到的"洞"，還有"淫"、"純"、"精"及"海"等。

"淫"可以用作極性程度副詞，相當於"很"、"過於"之義。
如：

（22）務色謾辠，淫囂不靜，當路尼衆，舍事後就，逾
時不寧，其罪射。喧囂駭衆，其罪殺。（《墨子·號令》）

（23）有夏誕厥逸，不肯感言於民，乃大淫昏，不克終
日勸於帝之迪。（《尚書·多方》）

（24）至本命日，若欲睡則睡少時，魂與魄合即去。若
其日淫醉昏亂，魂歸，去身三步取合不得，穢氣冲射，魂遂

去而不歸。(北宋·張君房《雲笈七籤》卷五十四)

　　(25) 坤靈發淫怒，溟海籤驚風。(明·劉基《雜詩》之一)

　　作爲極性程度副詞，"淫" 可以修飾形容詞，如例 (22) (23) (24)。例 (22) "淫囂不靜" 中的 "淫囂" 並不是像《漢語大詞典》那樣解釋的 "淫蕩喧囂" 之義，從與之連用的 "不靜" 和後面的 "不寧" 可以看出 "淫囂" 突出的意義是 "喧囂"，這一點從下文的 "喧囂駭衆" 中可以看得更清楚。那麼，"囂" 爲 "喧囂" 之義，而 "淫" 則是修飾形容詞 "囂" 的程度副詞，意義爲 "很" 等。對於例 (23) 中的 "淫昏"，孔安國傳曰："言桀乃大爲過昏之行，不能終日勸於天之道。" 從孔傳的釋語中，"淫昏" 是 "過昏" 之義，"過昏" 即 "過於昏庸" 之義，則 "淫" 相當於極性程度副詞 "過於" 之義，《漢語大詞典》將 "淫昏" 解釋爲 "極度昏庸" 是正確的，但是將 "淫昏" 當成一個詞則值得商榷。例 (24) 中的 "淫醉" 即 "大醉"、"很醉" 之義，"淫" 表示 "醉" 的程度很深，從其緊連的 "混亂" 一詞也可見例中句意是因爲 "大醉" 而影響了魂與魄的結合。程度副詞 "淫" 還可以修飾心理動詞，如例 (25) 中 "淫怒" 即 "大怒" 之義，"淫" 同樣是表示極性的程度副詞。

　　"淫" 作爲程度副詞的用法不見於任何字典辭書，亦不見前人提及。我們認爲 "淫" 的這種用法是其本義 "久雨" 隱喻引申的結果。《説文·水部》："久雨曰淫。" 如：

　　(26)〔季春之月〕行秋令，則天多沈陰，淫雨蚤降。(《禮記·月令》)

　　"淫雨" 即 "久/大雨"。鄭玄注："淫，霖也，雨三日以上爲霖。" 也就是説，"淫雨" 是一種長時間持續下的雨。因此，"淫" 同樣含有超出一般的 "大" 的義素，當這種 "大" 的義素凸顯，所修飾的對象超出 "雨" 的範圍，這種 "大" 義得到泛化，"淫"

引申出形容詞義"大/久（指規模廣，程度深，力量強等）"。如：

> (27) 今楚多淫刑，其大夫逃死於四方，而爲之謀主，以害楚國，不可救療，所謂不能也。（《左傳·襄公二十六年》）

> (28) 農有餘食，則薄燕於歲。商有淫利，有美好，傷器。（《商君書·弱民》）

例 (27) 的"淫刑"即"大刑"、"酷刑"之義；而例 (28) 的"淫利"則爲"大利"、"暴利"。

形容詞義的形成是"淫"向副詞轉變，獲得語法地位的基礎，因爲形容詞還常用來充當狀語，這就爲副詞義的形成獲得了句法位置。因此，當這種形容詞義的"淫"的修飾範圍由於語法類推機制的影響而進一步擴大到動詞時，"淫"的表事物性質的意義則漸漸向表示動作程度的方向轉變。如：

> (29) 子貢茫然自失，歸家淫思七日，不寢不食，以至骨立。（《列子·仲尼》）

> (30) 逮於酣，嚐於酒，淫迷乎色。（梁·沈約《均聖論》）

> (31) 若牟尼能照而故縱淫殺，便是詐稱慈悲。（《全後魏文》卷五十一）

例 (29) 中的"淫思"，張湛注："發憤思道，忘眠食也。"從例中也可見"淫思"是"不寢不食"，表明"思考"的動作是一直持續的，突顯的還是動作持續時間"長久"這一義素。例 (30) 中的"淫迷"即"沉迷"之義，突顯的同樣是"迷"的時間持續得長。例 (31) 之"淫殺"即"濫殺"之義，"濫殺"突顯的不再是動詞的持續的時間長久，而是動作所涉及的範圍大或者動作的程度深。

因此，在"淫"作爲形容詞修飾動詞作狀語的階段，其語義的演變也發生了虛化，由突顯從"久雨"義繼承來的"動作持續

時間長久"到突顯動作其他維度（方式、範圍、速度等）的程度
深，表達"過度"之義，這是"淫"向副詞演變的過渡階段。當
這種虛化的表示程度深的"淫"的修飾對象進一步擴大到形容詞
和心理動詞，其語義也又進一步發生虛化，由突顯動作的程度深
到突顯事物性狀的程度深。這時，"淫"的程度副詞功能已經完
全形成，其義爲"很，過於"。如例（22）一例（25）。再如：

（32）今一會而虐二國之君，又用諸淫昏之鬼，將以求
霸，不亦難乎？（《左傳・僖公十九年》）

（33）汝豈不聞如來所説九橫死耶。……第二橫者，王
法所殺；第三橫者，遊獵放逸，淫醉無度，爲諸非人害其魂
魄。（隋・達摩笈多《佛説藥師如來本願經》）

（34）左氏《國語》，其文深閎傑異，而其説多誣。淫懼
學者溺其文采，而淪於是非，本諸理作《非國語》。（《文獻
通考》卷一百八十三）

例（32）之"淫昏"即"極度昏庸"之義。例（33）中的每
一橫死都是説的一種非正常死亡的情況，故例中的"淫醉"不是
"淫"與"醉"並列，而是"淫＋醉"的狀中結構，是極性程度
副詞"淫"對形容詞"醉"的修飾結構。例（34）是程度副詞
"淫"對心理動詞"懼"的修飾，"淫懼"就是"極度害怕"之
義。

另外，"純"作極性程度副詞的用法也常被忽略。《説文》
曰："純，絲也。"如：

（35）子曰："麻冕，禮也。今也純，儉，吾從衆。"
（《論語・子罕》）

可引申爲形容詞，有"純粹、精純"之義。如：

（36）文王之德之純。（《詩經・周頌・維天之命》）

（37）玉生於石，有純有駁。（漢王充《論衡・本性》）

"純粹"之義含有超出一般的義素，因而又可以引申出形容

詞 "大" 義，如：

　　(38) 珍資澤於下民，侵戎我國家純。(《尚書·文侯之命》)

　　(39) 惟慕純德。(《漢書·禮樂志》)

　　顔師古《漢書》注："純，大也。"《爾雅·釋詁第一》："純，大也。"當 "大" 義的形容詞後面搭配形容詞的時候，"純" 就向極性程度副詞演變，表示形容詞所具有的性質程度極深，如：

　　(40) 故通於太和者，昏若純醉而甘臥以游其中，而不知其所由至也。(《淮南子·覽冥訓》)

　　(41) 歷劫常選擇，純苦無暫樂。(劉宋·求那跋陀羅譯《雜阿含經》卷四)

　　(42) 龍眼樹，葉似荔支，蔓延，緣木生。子如酸棗，色黑，純甜無酸。七月熟。(北魏·賈思勰《齊民要術·五穀果瓜菜茹非》卷十)

　　(43) 真源未純熟，習氣餘陋劣。(宋蘇軾《次韻定慧欽長老見寄》之四)

　　以上四例，"純" 均爲程度副詞。"純醉" 即 "大醉"、"純苦" 即 "極苦"、"純甜" 即 "極甜"、"純熟" 即 "很熟"。總之，"純" 表示程度副詞的用法自古而有，不應當忽略。

　　至於 "精"，王雲路先生 (2010：553) 曾指出，"精" 本來是名詞，表示純淨的好米。引申可作形容詞，表示純潔、美好義，可以表示程度高。如：

　　(44) 夫惡聞忠言，乃自伐之精者也。(《呂氏春秋·至忠》)

　　高誘注："精，猶甚。"又可轉爲副詞，表示程度極高，猶言甚、極、深。如：

　　(45) 駑馬雖精速，能致一人耳；駑牛一日行百里，所致豈一人哉？(《世説新語·品藻》)

　　(46) 凡精慮造文，各競新麗，多欲練辭，莫肯研術。(南朝梁劉勰《文心雕龍·總術》)

　　"精速" 猶言非常迅速、極快。"精慮" 猶 "深思熟慮" 的 "熟慮"。

　　"精" 能夠演變成極性程度副詞，就是因爲作爲名詞的 "精" 之 "純淨好米" 意義中含有了 "超出一般" 的義素，當 "超出一般" 這個義素特徵凸顯的時候，程度副詞 "精" 就形成了。這一程度副詞在現代漢語方言中還保留了這種用法，如江西安福話中 "精" 乃常用程度副詞，如 "□ [kei³¹] 只蘋果精甜"（這只蘋果很甜）、"□ [kei³¹] 碗菜精鹹"（這碗菜很鹹）。此外，"精" 在東北官話、北京官話、冀魯官話、膠遼官話、中原官話以及吳語中皆有程度副詞的用法，常用在窄、細、小、瘦等方面，不用再胖、粗、闊、厚等方面。(許寶華、宮田一郎，1999：6937－6938)

　　最後，我們來看名詞 "海" 和 "鐵"。"海" 作名詞爲 "大海" 之義。因 "海" 之大，故 "海" 引申出形容詞義 "大"。如：

　　(47) 長鯨海量嫌甜酒，彩筆天才笑小詩。(元·耶律楚材《題平陽李君實吟醉軒》詩)

　　(48) 閩俗盛宴，各饌必用大碗爲敬，稱爲大碗公……或謂海者，極言其大如海也。(清·施鴻保《閩雜記》卷十一)

　　當具有這種 "大" 義的 "海" 修飾動詞的時候，突出的是動作的範圍廣或者程度深。如：

　　(49) 知縣又是要出脫宋江的，便道："既有執憑公文，他又別無親族，可以出一千貫賞錢，行移諸處海捕捉拿便了。"(《水滸傳》第二十二回)

　　(50) 這一丈青氣忿忿的走到後邊廚下，指東罵西，一頓海罵道："賊不逢好死的淫婦，王八羔子！(《金瓶梅》第

二十八回）

　　（51）寄姐還在那裏撒潑不止，張樑茂的老婆抱着京哥怪哭，寄姐坐在船板上海罵。（《醒世姻緣傳》第八十七回）

　　"海捕"即發文各地緝捕，突出動作的範圍大，"海罵"即"大罵"之義，突出動作的程度深。這種只放在動詞前面的"海"還可以看成是形容詞的用法，這種用法在現代漢語中都還有大量用例，如：

　　（52）人們足吃海喝，孩子們人人手裏有糖果，還有一杯甜灑！（CCL語料庫）

　　（53）我說："現在村里人殺了豬還海吃海吃?"（CCL語料庫）

　　（54）辛楣鴻漸慌忙逃走。那寡婦得意地冷笑，海罵幾句，拉阿福回房去了。（CCL語料庫）

　　當"海"修飾形容詞作狀語的時候，"海"祇能理解成是程度副詞，表示形容詞的性狀程度很深。如：

　　（55）王觀察見他説着海底明，便道："這廝老實，放了他好好與他講。"（《醒世恒言》第十三卷）

　　"説着海底明"即"説得很明確"之義，這時，"海"還需要藉助結構助詞"底"來充當形容詞的狀語。但畢竟這已經相當於程度副詞的用法了。"海"修飾形容詞在現代漢語普通話中未見用例，但是方言中卻繼承了"海"自近代漢語以來表程度的用法。如在内蒙古後套話中，"海"能夠修飾的對象較爲豐富，具有典型程度副詞的用法。如（以下六例轉引自楊開昌2010：107）：

　　（56）今年的大蒜海貴了，吃也吃不起了。

　　（57）丟東西是我們學校海尋常出現的事情。

　　（58）那個娃娃人小肚皮大，海能喫飯了。

　　（59）這個二老闆（已婚婦女）海有魅力了。

(60) 那兩個人海談得來了。

(61) 那是海讓我羨慕的一輛車。

"海" 做程度副詞，在方言中還可以後置於動詞、形容詞，表示程度深，甚至還可以重疊。如王玉梅（2007：382）就指出，在泗陽方言中有 "肚子給它疼海海"、"新衣服穿美海海，高興海得哩。" 的說法。需要指出的是，有些所謂的新興副詞（包括網絡語和方言）（周娟 2006、齊春紅 2007、楊開昌 2010），諸如本文的 "海" 等，它們並 "不是新詞語的產生，而是古詞語用法的高頻激活。"（雷冬平、胡麗珍 2011）

至於 "鐵" 做程度副詞也往往被忽略了。名詞 "鐵" 是表示一種黑色金屬。因為 "鐵" 具有堅硬、不容易改變屬性等特點，因此就有 "鐵心腸"、"鐵飯碗" 等的說法，其中的 "鐵" 可以看成是形容詞，也可以看成是一個比況結構的省縮，理解成 "像鐵一樣硬的心腸"、"像鐵一樣穩定的飯碗"。這種含有比況結構省縮意義的 "鐵" 還可以修飾形容詞，如：

(62) 心腸縱然如鐵硬，苦也思量，撲撲簌簌淚傾。（元·無名氏《【南呂】香遍滿·閨情》）

(63) 阮英擺手說不行，妖人身上如鐵硬，兵刃傷他萬不能。（《小八義》第九十回）

(64) 把張冰冷的面孔放和了些，把條鐵硬的腸子回暖了些。（《兒女英雄傳》第二十三回）

前二例還有比況動詞 "如"，比況動詞省略後，"鐵" 就直接修飾形容詞，這時，原來比況結構中的形容詞語義就會蘊含在 "鐵" 身上而得到凸顯。當 "鐵" 修飾形容詞而不能還原成比況結構的時候，"鐵" 可重新分析成程度副詞，如：

(65) 這一箭不至緊，早早正中在哈裏虎的左眼上，把個左限珠兒一穿，穿得鐵緊。（《三寶太監西洋記通俗演義》第六十四回）

（66）這老子也好糊塗！我與你夫妻之情，倒信不過；一個鐵陌生的人，倒並不疑心。（《拍案驚奇》卷三十三）

（67）阿旁將這大漢的辮子從那鐵環裏穿過去收緊了，把辮子在木樁上纏了有幾十道，拴得鐵結實。（《老殘遊記續》第八回）

此三例，不宜理解成"像鐵一樣……"的語義，而應該理解成程度副詞，其語義相當於"很"、"非常"。

在廣東揭陽話中，"鐵"還有程度副詞的用法（許寶華、宮田一郎，1999：4870），如"名譽孬鐵有學問還是無人尊重（名譽不好很有學問還是没人尊重）。"另外，在河北方言中也有"鐵結實"這樣的説法。

三　結語

從以上的分析可以看出，實詞虛化的決定性因素是句法位置和語義基礎。"洞"、"淫"、"純"、"精"、"海"及"鐵"等名詞都能夠從其本義中引申出形容詞用法充當狀語（當然，"鐵"也可能是直接從比況短語的省略而形成副詞的），這爲它們虛化成副詞提供了句法位置，而六詞本義都含有"超出一般"、"大"的源義素則爲它們的虛化提供了語義基礎，當這些詞同時具備這兩個條件並修飾謂詞性成分的時候，重新分析得以發生，實詞詞義得以虛化，具有相同的虛化路徑。因此，我們認爲這些詞作爲極性程度副詞的身份應該得到確認。這些詞在古代漢語或者近代漢語中有大量用例，除了"精"、"海"及"鐵"在方言中得以繼承外，其他詞語在現代漢語普通話中基本絕跡。因此，符合句法、語義條件的成分祇有高頻使用的時候，纔會爲大衆所接受，也纔能在歷史的長河中傳承下來。所以，使用高頻不是實詞虛化的必要條件，然而卻是語言新形式得以鞏固和認可的保證，並且是新的語言形式得以流傳和沿用的保證。雖然這些詞的實詞用法在現代漢語中還特別常見，但並不能表明其虛詞功能也會常見，或者虛詞功能形成後使用就會越來越多，而且實詞也並不總是越來越不斷虛化，它也會向相反的方向發展，即消亡。

〔主要參考文獻〕

漢語大詞典編輯委員會. 漢語大詞典. 上海：漢語大詞典出版社，1993.

雷冬平. 近代漢語常用雙音虛詞演變研究及認知分析. 北京：中國社會科學出版社，2008.

雷冬平，胡麗珍. 説説程度副詞 "暴" 和 "超". 漢語學習，2011 (5).

齊春紅，羅耀華. 談新程度副詞 "爆" "超" "巨". 語言教學與研究，2007 (4).

束定芳. 論隱喻的運作機制. 外語教學與研究，2002 (2).

王玉梅. 泗陽方言裏的 "海". 淮陰師範學院學報，2007 (3).

王雲路. 中古漢語辭彙史. 北京：商務印書館，2010.

許寶華，宮田一郎. 漢語方言大詞典. 北京：中華書局，1999.

楊開昌. 內蒙古後套話中的新程度副詞 "海" 和 "砍". 廣播電視大學學報（哲學社會科學版）》，2010 (3).

中國社會科學院語言研究所詞典編輯室. 現代漢語詞典. 第5版. 北京：商務印書館，2005.

周娟. "爆" 類新流行程度副詞的多維考察. 修辭學習，2006 (6).

Aristotle. Rhetoric and Poetics. New York：The Modern Library, 1954.

Black, M. Models and Metaphors. Ithaca：Cornell University Press, 1962.

Black, M. More about Metaphor. In Ortony, A. (ed.) Metaphor and Thought. (2nd ed.). Cambridge：Cambridge University Press, 1993.

Lakoff, G. & Johnson, M. Metaphors We Live By. Chicago：The University of Chicago Press, 1980.

　　Lakoff, G. & Turner, M. More than cool reason. A field guide to Poetic Metaphor. Chicago: The University of Chicago Press, 1989.

　　Rechards, A. The Philosophy of Rhetoric. New York: Oxford University Press, 1965.

　　Searle, J. Metaphor. In Ortony, A. (ed.) Metaphor and Thought. (2nd ed.). Cambridge: Cambridge University Press, 1993.

"Dong (洞)", "Yin (淫)" and others

Lei Dongping

(Literature and Journalism College, Xiangtan University,
Xiangtan 411105, China)

　　Abstract: "Dong (洞)", "Yin (淫)", "Chun (純)", "Jing (精)" and "Hai (海)" all can be used as degree adverb and has the meaning of degree of character depth by modifying the adjectives or verbs. Their noun meanings contained "big" source sememe, when the "big" meanings highlights, they extended to adjectives. And when these adjectives of "big" meanings act as s before verb or adjective, the "big" source sememe of these adjectives evolve into adverb because of highlight. They all experienced the evolution from noun to adjective and to adverb. The functional meaning of common words do not commonly used as their notional word meaning, some will be inherited, and some will decline.

　　Key words: Dong (洞); "Yin (淫)"; "Chun (純)"; highest degree adverb; metaphor

（雷冬平，湘潭大學文學與新聞學院，郵編　411105）

醫籍文獻中"菖蒲"的語義結構及異名理據辨析

涂海強

内容摘要：據現存的醫籍文獻記載，"菖蒲"實爲大類，分爲"石菖蒲"和"水菖蒲"。水菖蒲、石菖蒲名目混淆，同類菖蒲名目雜亂，範疇歸屬不一。"菖蒲"在現代醫學用名爲"石菖蒲"，而在全國各省的地方用名繁雜多樣。文章試從語言學的角度分析"菖蒲"的語義結構、異名理據以及水菖蒲、石菖蒲的屬性範疇，以期辨析名實異同，幫助現代中醫藥學的教學與實踐。

關鍵詞：菖蒲　結構　理據

明代李時珍《本草綱目》[1]曰："菖蒲，乃蒲類之昌盛者，故曰菖蒲。"此望文生訓不僅表明"菖蒲"是偏正結構，而且曲解了它的造詞理據，即認爲"菖蒲"的得名之由是"蒲草長勢旺盛"。《植物名釋札記》[2]云："菖蒲者，謂其葉似蒲而有香味耳。"此說甚辯，但未可確鑿。目前對"菖蒲"的研究關注較多的是它的藥理及"石菖蒲"與"水菖蒲"的辨析，可謂聚訟紛紜。文章試從語言學的角度探討"菖蒲"的語義結構、辨析名實異同的理據及水菖蒲、石菖蒲的範疇歸屬，以期幫助中醫藥的教學與實踐。

一　"菖蒲"的語義結構

《吕氏春秋·任地》[3]記載:"冬至後五旬七日菖始生。菖者百草之先生者,於是始耕。"高誘注:"菖,菖蒲,水草也。"可見,"菖"是種水草,而且菖葉的生長還是農作物開始耕作的徵兆。南朝梁《文選·王元長〈永明九年策秀才文〉》[4]"使將杏花菖葉,耕獲不愆。"李善引高誘注:"菖蒲,水草也。"又如南宋陸游《劍南詩稿》[5]卷七十五《春晴》:"桃花不管詩人老,菖葉空催野叟耕"。菖葉與杏花對文,它們的生長都能提醒農人耕作不違農時。王元長即南北朝詩人王融,可見從南北朝到宋代乃至後世,"菖葉"都是農田開始耕作的時令標記,"菖"是個單純詞。《夢溪筆談》[6]卷三《辯證一》:"古人藏書辟蠹用芸。芸,香草也。今人謂之七里香是也。葉類豌豆,作小叢生,其葉極芬香,秋後葉間微白如粉污,辟蠹殊驗。南人採置席下,能去蚤虱。予判昭文館時,曾得數株於潞公家,移植秘閣後,今不復有存者。香草之類,大率多異名。所謂蘭蓀,蓀即今菖蒲是也;蕙,今零陵香是也;茝,今白芷是也。"可知,"蓀"是種香草,以香氣命名。《集韻·陽韻》[7]:"菖,菖蒲,草名,蓀也。通作昌。"這表明"菖"也有香味義。又《植物名釋札記》:"菖蒲是一種有香味的草本植物。菖,與香味有關。菖與鬯類似,兩者同音。菖與樟字是一音之轉。鬯,是香草;樟,爲香木。"可知,"菖"命名是因其香味。因此,"菖"是一種有香味的水草,是個單純詞。

《楚辭》[8]卷三《天問》:"咸播秬黍,莆雚是營。何由並投而鮌疾脩盈。"宋朱熹集注:"莆,疑即蒲字。蒲,水草,可以做席。"可知,"蒲"是種水草。《毛詩·陳風·澤陂》[9]載"彼澤之陂,有蒲與荷"、"彼澤之陂,有蒲與蘭"、"彼澤之陂,有蒲菡萏"。鄭玄箋:"蒲,柔滑之物,蒲以喻所説男之性。""説"與

“悦”是古今字。孔穎達疏：“蒲，之爲草，甚柔弱。喻美人之貌。”又《毛詩·小雅·魚藻》載“魚在在藻，依於其蒲”。此詩中的“蒲”是種水草，“蒲”是個單純詞。又《植物名實圖考》[10]卷三十八載：“香蒲花爲蒲黄，俗名蒲棒。雩婁農曰：蒲槌怒擎池中物耳。本草以爲香。《楚詞》豈獨紉夫蕙茝，舊説皆以茝爲白芷，獨《草木疏》據《説文》楚蘺、晉蹗、齊茞之説，以爲即莞苻。蘺乃莞蒲也，然則蒲爲香草信矣。”這表明，“蒲”是有香味義的水草。

又“蒲”，是“菖蒲”的省稱，如唐李咸用詩《和殷衙推春霖即事》[11]“柳眉低帶泣，蒲劍鋭初抽。”“蒲劍”，即“蒲”，也即“菖蒲”。因其葉形狹長似劍曰蒲劍。又唐儲光羲《田家即事》[12]“蒲葉日已長，杏花日已滋。老農要看此，貴不違天時。”此詩中的“蒲”即“菖蒲”。《正字通·草部》[13]：“蒲，昌蒲。”“昌”與“菖”是古今字，同音替代。《廣韻》[14]“昌”與“菖”都是尺良切，平聲陽韻，昌母字。清朱駿聲《説文通訓定聲·壯部》[15]：“昌，字亦作菖。”如《南史》[16]卷十二《梁文獻張皇后傳》：“梁文獻張皇后諱尚柔，范陽方城人也。父穆之娶文帝，從姑而生後。後以宋元嘉中嬪於文帝，生長沙宣武王懿、永陽昭王敷，次生武帝。方孕，忽見庭前昌蒲花，光彩非常，驚報，侍者皆云：‘不見。’后曰：‘常聞見菖蒲花者當富貴。’因取吞之，是月生武帝。”又《唐才子傳》[17]卷六《薛濤》云：“濤，字洪度，成都樂妓也。性辨惠，嫻翰墨。居浣花裏，種菖蒲滿門，傍即東北走長安道也。往來車馬留連。”可見，“菖蒲”是有香氣的，可供人珮飾或作爲觀賞的花卉。民間習俗端午節（五月五日）人們常用它和艾扎束，掛在門前或身上以及飲用，以馨香趨穢闢邪。如梁宗懍《荆楚歲時記》[18]十七：“五月五日謂之浴蘭節，四民並謂百草之戲，采艾以爲人，懸門户上以?? 毒氣，以菖蒲或鏤或屑，以泛酒。”按，漢戴德《大戴禮》曰：“五月五日蓄蘭爲沐浴。"可見，在西漢時菖蒲可用以辟穢。

　　綜上所述，"菖蒲"是同義複合，"菖"即是"菖蒲"，"蒲"也即是"菖蒲"，各自爲單純詞。"菖"與"蒲"俱是香味義的水草。"菖蒲"是有香味義的草本植物。因此，"菖蒲"是並列結構的複合詞，而非偏正結構，也不是一個語素。

二　"菖蒲"的異名理據

　　"菖蒲"一詞始載於東漢《神農本草經》[19]"菖蒲，一名昌陽。"在西漢前，單名"昌"[20]。戰國《呂氏春秋·任地篇》："冬至後五旬七日菖始生。菖者百草之先生者，於是始耕。"根據"菖蒲"的結構考證，可知"菖蒲"的理據意義是冬至後，先於百草生長的一種香味水草，意味一年農事耕作的開端，它是農民不違農時的時令標記，並非明代李時珍所說"蒲類之昌盛"。南北朝時，"菖蒲"類別的使用不止一種，因此名目衆多。"菖蒲"的初名寫作"茚"或"茀"。段玉裁《説文解字注·草部》（一篇下）[21]："茚，茚茀。菖蒲也。"《玉篇·草部》[22]："茚，五唐切，菖蒲也。"調查現存的文獻，"菖蒲"的異名主要有："昌陽"/"昌羊"、"昌歜"/"昌本"、"堯韭"/"堯時薤"/"吉祥草"、"蓀"、"溪蓀"/"水蒲"/"水昌"/"水宿"/"泥浦"/"泥昌"/"白昌"/"石菖蒲"、"錢蒲"/"水劍草"/"莖蒲"等。文獻上的用名與現代醫藥上的用名差別較大，但兩者有歷史淵源關係。

　　（一）文獻用名辨析

　　1. "昌陽"/"昌羊"

　　《神農本草經》卷二："菖蒲，一名昌陽。味辛，溫，無毒。治風寒濕痹，咳逆上氣。開心孔，補五臟，通九竅，明耳目，出音聲。久服輕身，不忘迷惑，延年。生池澤。"陶宏景

注：“今處處有，生石磧上，槩節爲好，生下濕地，大根者名昌陽，此藥甚去蟲並蚤蝨。”《淮南子·説林》[23]：“昌羊去蚤蝨而來蛉窮，除小害而致大賊，故小快而害大利。”高誘注：“昌羊，昌蒲。”可見，“菖蒲”藥效顯著，能久服輕身，治風濕去蚤蝨。“昌陽”、“昌羊”的命名籍於此，以藥效功用得之。尚志鈞（1989）[24]考釋“菖蒲”，認爲從藥效功用上看，菖蒲久服輕身的是石菖蒲，而非水菖蒲。《本草綱目》引陳藏器《本草拾遺》“昌陽生水畔，人亦呼爲昌蒲，與石上菖蒲有別，根大而臭，一名水菖蒲。”可見，名“昌陽”或“昌羊”的是水菖蒲。“羊”與“陽”是同音替代。《廣韻》“羊”與“陽”都是與章切，平聲陽韻，以母字。

2. “昌歜”/“昌本”

《左傳·僖公三十年》[25]：“冬，王使周公閱來聘。饗有昌歜、白黑、形鹽。”杜預注：“昌歜，昌蒲葅。”又《呂氏春秋·遇合篇》[26]：“文王嗜昌蒲葅，孔子聞而服之，縮頞而食之，三年然後勝之。”高誘注：“昌蒲葅，昌本之葅。”又《周禮·天官·醢人》[27]“醢人掌四豆之實，朝事之豆。其實韭葅。醓醢昌本，麋臡。菁葅，鹿臡。茆葅，麇臡。”鄭玄注：“昌本，昌蒲根切之四寸爲葅。”昌本亦見《儀禮·公食大夫禮》[28]：“宰夫自東房薦豆六，設於醬東。西上，韭葅。以東，醓醢。昌本，昌本南麋臡。以西，菁葅鹿臡。”鄭注：“昌本，菖蒲本葅也。”《韓非子·難四》[29]或曰：“屈到嗜芰，文王嗜菖蒲葅，非正味也，而二賢尚之，所味不必美。”可見，“昌歜”或“昌本”是以“菖蒲”爲原料命名，即用“菖蒲”根制成的酢菜。“葅”與“菹”是同音替代。宋丁度《集韻》“葅”與“菹”是臻魚切，《説文》“酢菜也，葅之稱菜肉，通或作葅。”宋本《玉篇·草部》卷十三“菹，側於切，淹菜爲菹也。”名“昌歜”或“昌本”的實爲水菖蒲。《證類本草》[30]卷六載宋陳承《別説》：“謹按今陽羨山中生水石間者，其葉逆水而生，根須略無，少泥土，根葉極緊細，一寸步啻九節，入藥極佳。今二浙人家以無石器種之，且暮易水則茂。水濁有泥滓，則萎近，方多稱用石菖蒲，比此類也。其池澤所生肥大，節疎盆，謾恐不可入藥，唯可作果盤，蓋氣味不烈而和淡爾。"可見，水菖蒲可以作果盤食用，而石菖蒲可入藥。梁江淹《石上菖蒲》詩歌頌石菖蒲藥效神奇，如"冀采石上草，得以駐餘顏。"詩中的"石上草"即石菖蒲，有葆青春容顏之效。

3. "堯韭" / "堯時薤" / "吉祥草"

《太平御覽》[31]卷九九九石卉部六引《典術》曰："聖王仁功濟天下者，堯也。夫降精於庭爲薤，感百陰爲菖蒲焉，今之菖蒲是也。"《藝文類聚》[32]卷八十一藥香草部上引《吳普本草》曰："菖蒲，一名堯韭（韭）。"按，"堯"是遠古時帝王，由於他的仁慈恩德周濟天下百姓，感動百草，於是始生菖蒲。"堯韭"或"堯時薤"的得名之由是神話傳説。《廣韻》："薤，胡介切，去聲，怪韻，匣母字"。《玉篇·艸部》[33]卷十三："薤，胡戒切，菜似韭。亦作藠"。尚志鈞（1989）[34]考證"菖蒲"，認爲名爲"堯韭"或"堯時薤"可能指石菖蒲。王漢生、范崔生、鄔家林（1993）[35]考證中藥菖蒲的本草，認爲"堯韭"葉形與石菖蒲狹長的葉形同屬，當爲石菖蒲。據文獻記載名爲"堯韭"或"堯時薤"可能衹是神話傳説，因菖蒲是冬至後先於百草始生的草本植物，類同遠古"堯帝"始創古代帝業，而帶有神秘色彩。梁《南齊書》[36]卷十九《五行志》："永元中，御刀黃文濟，家齋前種菖蒲。忽生花，光影照壁，成五採，其兒見之，餘人不見也。"南朝《梁書》[37]卷七《太祖張皇后》："初，后嘗於室內，忽見庭前菖蒲生花，光彩照灼，非世所有。后驚視，謂侍者曰：'汝見不？'對曰：'不見。'后曰：'嘗聞見者當富貴。'因遽取吞之。是月産高祖。"世人謂菖蒲爲"吉祥草"，喻意菖蒲花是祥瑞之兆，能給人帶來好運，其理據神話色彩濃烈。

4. "蓀"

《離騷·草木疏》[38]: "荃不察餘之中情兮。" 王逸注: 荃, 香草, 以諭君也。《楚辭》中的 "蓀", 皆作 "荃"。如《楚辭補注》[39]卷二《雲中君》"蓀橈兮蘭旌", 注曰: 蓀, 香草也。蓀, 一作荃。卷二《湘君》"蓀壁兮紫壇", 注曰: 以蓀草飾室壁, 累紫貝爲室壇。蓀, 一作荃。卷二《大司命》"蓀獨宜兮爲民正", 注曰: 蓀, 一作荃。卷四《哀郢》"蓀詳聾而不聞" 和 "數惟蓀之多怒兮", 注曰: 蓀, 香草也, 以喻君。蓀, 一作荃。《玉篇·草部》卷十三: "蓀, 息昆切, 香草也。"《莊子·外物》[40]: "荃者所以在魚, 得魚而忘荃。" 郭慶藩疏: 蓀, 荃也, 香草也, 可以餌魚, 置香於柴木蘆葦之中以取魚也。" 宋沈括《夢溪筆談》卷三《辯證一》: "香草之類, 大率多異名, 所謂蘭蓀, 蓀即今菖蒲是也。" 因此, 用 "蓀" 命名 "菖蒲" 是以香味爲理據。名 "蓀" 的即爲水菖蒲。又《證類本草》卷六載宋寇宗奭《本草衍義》: "菖蒲, 世又謂之蘭蓀, 生水次, 失水則枯, 根節密者, 氣味足。有人患遍身生熱毒瘡, 痛而不癢, 手足尤甚, 然至頸而止粘着衣被。晚夕不得睡, 痛不可任有下俾, 教以菖蒲三斗銼。日干之搗, 羅爲末, 布席上使病瘡人恣臥間仍以被衣覆之。既不粘着衣被, 有復得睡。不五七日間, 其瘡如失。後自患此瘡, 亦如此用。應手神驗, 其石菖蒲根絡石而生, 若節乃密, 入藥須此等。" 可見, 入藥用的是石菖蒲, 名 "蘭蓀" 的水菖蒲衹是外敷用藥。

5. "溪蓀" / "水蒲" / "水昌" / "水宿" / "泥蒲" / "泥昌" / "白昌" / "石菖蒲"

這組 "菖蒲" 的異名主要是根據其不同的生長環境來命名。《群芳譜》[41]記載: "菖蒲, 有數種。生於池澤, 蒲葉肥, 根高二三尺, 泥蒲也, 名白昌。生於溪澗, 蒲葉瘦, 根高二三尺, 水蒲也, 名溪蓀。生於水石之間, 葉有劍脊, 瘦根密節, 高尺餘者, 石菖蒲也; 養以養石, 愈翦愈細, 高四五寸, 葉茸如韭者, 亦石菖蒲也。服食入藥，石蒲爲上，餘者不堪。此草新舊相代，冬夏長青。”

可見菖蒲種類甚多。“溪蓀”、“水蒲”、“水昌”是以“菖蒲”生於溪澗、水畔的生長環境而命名，都是屬於水菖蒲。其中的“溪蓀”據鄔家林（1990）[42]考證爲“茴香菖蒲”。又《證類本草》卷六載“名溪蓀者，根形氣色極似石上菖蒲，而葉正如蒲，無眷俗人多呼此爲石上菖蒲者，謬矣。此至主欬逆，亦斷蚤虱爾，不入藥。御用詩咏多雲蘭蓀，正謂此也。”因此，“溪蓀”易與石菖蒲混淆，主治咳嗽，去蚤虱，不能入藥。名“水宿”者，因生境與它們類同。“泥菖”、“泥昌”、“白昌”是因生長於濕地、池澤環境來命名。“石菖蒲”是以生長沙石之間的環境來命名。其中，“水蒲”、“水宿”、“白昌”、“昌陽”即爲“水菖蒲”。宋以後“石菖蒲”正式列爲醫方用名。又《證類本草》卷六載蘇頌《本草圖經》曰：“多植於幹燥砂石土中，臘月移之尤易活。”“黔蜀蠻人亦常將隨行卒，患心痛，嚼一二寸，熱湯或酒送，亦效。其生蠻谷者尤佳，人家移種者亦堪用。但乾后辛香，堅實不及蠻人持來者，此即醫方所用石菖蒲也。”因用藥習慣，現代醫藥用“石菖蒲”，“水菖蒲”在全國各省少數地方或民間使用。

6.“錢蒲”/“水劍草”/“莖蒲”

《群芳譜》載菖蒲“根長二三分，葉長寸許，置之几案，用供清賞者，錢蒲也。”又《本草圖經》“菖蒲生上洛池澤及蜀郡嚴道，今處處有之。而池州、戎州者佳。春生青葉，長二尺許，其葉中心有脊，狀如劍。無花實，五月、十二月採根，陰乾。”《爾雅義疏》[43]：“今西方人呼蒲爲莞，蒲蒚頭抬首也。今江東謂之苻蘺，西方亦名蒲中莖爲蒚，用之爲席，蒚，音翮。”因此，“錢蒲”、“水劍草”是以香草的莖葉形狀命名。“錢蒲”因其葉形小巧可愛如銅錢，可供人几案賞玩而得名。“錢蒲”亦可作爲觀賞植物種植。清《植物名實圖考》卷十八水草類：“菖蒲，《本經》

上品，石菖蒲也。凡生名山深僻處者，一寸皆不止九節。今人以小盆蒔之，愈剪愈矮，故有錢蒲諸名。"因此名 "錢蒲" 的與 "石菖蒲" 同類。"水劍草" 因生於池澤之中，葉狀有脊如劍而得名。"水劍草" 因生長的環境應與 "水菖蒲" 同類。"莖蒲" 是以 "菖蒲" 的 "莖" 特徵突出而得名，因可用爲席，是種水草，但不屬於水菖蒲。

　　王念孫《廣雅疏證》[44] "邛，昌陽，菖蒲也"，認爲《本草經》及《吳普本草》"菖蒲，一名昌陽，恐是大名，不分水石也。"並引《管子·地員》"山之上，其草蘄白昌"，"其山之旁有彼黃堇，及彼白昌，似生石上者亦名白昌也"。按："菖蒲" 一名是大類，前賢時哲明其藥理，不分水石。王念孫的見解正確，而引用的《管子·地員》篇中的 "白昌" 應是 "水菖蒲"，不是 "石菖蒲"。

　　綜上所述，文獻上的 "菖蒲" 命名理據不同。其中第一組是以藥效功用命名；第二組是以 "菖蒲" 的原料命名；第三組則帶有神話傳說理據意；第四組是以香味命名；第五組是以 "菖蒲" 的生長環境命名；最後一組是以 "菖蒲" 的莖葉形狀命名。文獻用名中的 "菖蒲" 具有藥用價值，但可入藥使用的主要是 "石菖蒲"。歸屬 "水菖蒲 "的一般是外用敷藥且多爲觀賞類植物或作爲香草裝飾、食料使用。名 "石菖蒲" 的主要是 "錢蒲"，可當作觀賞植物種植，其餘都是 "水菖蒲"。文獻用名的具體情況見下表：

表 1　文獻 "菖蒲" 用名理據

命名方式	藥效功用	原料	神話傳說	香味	生長環境	形狀 ＋ (部位)
名稱	昌陽、昌羊	昌歇、昌本	堯韭、堯時薦、吉祥草	蓀	溪蓀、水蒲、水宿、泥蒲、泥昌、白昌、水昌、石菖蒲	錢蒲、水劍草、莖蒲、蒲劍

(二) 民間 "菖蒲" 用名辨析

《新編中藥志》[45]第一卷記載："石菖蒲" 是現代醫用藥方。據考察，"石菖蒲" 的別名因全國各省地方用藥習俗，稱呼不同。"水菖蒲" 的名稱迥異，然亦有藥用價值。這與古文獻的記載有所差別。根據各省的分佈情況，將地方用名統列簡表如下：

表2　地方 "菖蒲" 用名

別名	水菖蒲								
	水劍草	水蜈蚣	水見消	藏菖蒲	臭蒲	白菖蒲	大菖蒲	香蒲	泥菖蒲
各省分佈	江西、湖南、湖北、廣東、廣西、雲南、福建	湖北、湖南、廣西、陝西	廣西	西藏	東北、山東、內古、河南	內蒙古、河南、江蘇、廣東	陝西	廣西	廣東

別名	石菖蒲								
	石蜈蚣	藥菖蒲	山菖蒲	九節菖蒲	石扁蘭	山龍蒲	香蒲	薄菖蒲	金錢蒲
各省分佈	陝西、湖北、廣東、廣西	廣西、貴州	江蘇、江西	江西、湖南、四川	雲南	浙江	廣西	廣東	四川

"菖蒲" 的文獻名表明，"菖蒲" 是大類，可分爲 "水菖蒲" 和 "石菖蒲"。地方名與文獻名的歷史淵源關係密切：

1. 稱 "蜈蚣" 的別名，是以 "菖蒲" 根形如蜈蚣，又因生於水畔與沙石分爲 "水蜈蚣" 與 "石蜈蚣"。前者當爲 "水菖蒲"，後者爲 "石菖蒲"。

2. "九節菖蒲" 是指 "石菖蒲"，《證類本草》卷六載《別說》"根葉極緊細，一寸不啻九節，入藥材佳"，又稱 "藥菖蒲"。據鄔家林 (1990) 考證，認爲 "本草及方書記載的九節菖蒲是 '一寸九節菖蒲' 的簡稱。近代中藥著作及前期《中國藥典》將阿爾泰銀蓮花根莖稱九節菖蒲收載，混淆了歷代本草的菖蒲屬的九節菖蒲。"包國林、王毅 (1998)[46]通過 "石菖蒲" 與 "九節菖蒲" 的比較認爲兩者不能混用和代替。據考證,現代民間用方類同 "石菖蒲",如四川用方。但古文獻記載 "石菖蒲",如《神農本草經》與現代中藥志記載的 "九節菖蒲" 在植物來源、功能與主治方面差異較大。

3. "金錢蒲" 又名 "錢蒲"、"小隨手香"、"九節菖蒲"。據《常用中藥名與別名手册》[47]考證:四川有一種草藥 "隨手香",是香葉菖蒲。它與 "錢蒲" 有别,是它植株較大,葉有濃香。它又名 "洗手香"、"帶手香"、"路邊香"、"三奈香"、"回手香" 等。其功效同於 "石菖蒲" 和 "錢蒲",即能化濕開胃,開竅豁痰,醒神益智。陝西、山西產的 "九節菖蒲",又名 "菊形雙瓶梅"、"太原菖"、"京菖蒲"、"陝西菖"、"節菖蒲"、"小菖蒲"。它無芳香開竅功效,"石菖蒲" 與 "金錢蒲" 根莖是真正的 "九節菖蒲"。這種命名方式及在藥理上的使用體現了民間地方用藥的習慣。

4. "藏菖蒲" 是以地域西藏藥用命名,爲藏族習用藥材,它生於沼澤、溪旁或水稻田邊。據其生境應爲 "水菖蒲"。

5. "臭蒲" 是因 "水菖蒲" 的根大而臭得名,又名 "大菖蒲"、"泥菖蒲" 及 "泥蒲"。它們統屬於 "水菖蒲"。主要外敷,主風濕,去蟲蚤虱。《正字通·草部》:"蒲,普吾切,音匍。説文:'蒲,水草。' 又曰:'蒲,一名蒲鰲。' 山南人謂之香蒲。春初生出水時,紅白色,昔昔肰其入土白色者,啖之曰脃苃爲葅。" 名香蒲的與水菖蒲同類。

6. "山菖蒲"、"山龍蒲" 皆因其生長於山石的地理環境命名,亦爲 "石菖蒲"。

7. "石扁蘭" 因其生於山石,葉形扁平狹長如蘭如劍,葉有香氣得名。"薄菖蒲" 因其蒲葉薄而細命名。它們應爲 "石菖蒲",可作爲觀賞植物。

8. "水見消"言其生於水畔，能解痰濕壅滯、癰瘡之毒，以藥效命名，亦爲"水菖蒲"。

民間"菖蒲"用名理據見下表：

表 3　民間"菖蒲"用名理據

命名方式	形狀＋環境	氣味＋(環境)	地理環境	地域	藥效＋(環境)	顏色
名稱	水蜈蚣、石蜈蚣、金錢蒲、九節菖蒲、石扁蘭、薄菖蒲、水劍草、大菖蒲	(小)隨手香、洗手香、帶手路邊香、三奈香、回手香、臭蒲、香蒲	山菖蒲、山龍蒲、泥菖蒲、泥蒲	藏菖蒲	藥菖蒲、水見消	白菖蒲

小　結

我們從語言學的角度考證了"菖蒲"一詞的結構爲同義互訓的並列結構複合詞，辨析了"菖蒲"異名在文獻用名中"石菖蒲"與"水菖蒲"的範疇歸屬和各種異名的理據義，以及"菖蒲"在地方用名中衆多名目的造詞理據。據考證，"菖蒲"是一種冬至後，先於百草生長的香味水草，是農事開始耕作的時令標記，提醒農民不違農時。其藥效顯著：久服輕身，永葆容顏，治風濕去蚤虱。因其理據意義不同而名稱各異，體現了古人對事物認識的細化和"菖蒲"屬性的複雜以及民間用藥的習慣稱呼。文獻記載的藥用菖蒲是"石菖蒲"，而"錢蒲"主要作爲觀賞植物。"水菖蒲"多作爲外用敷藥且多是作爲觀賞和食料使用，如名爲"昌歜"或"昌本"、"蓀"等。"菖蒲"的現代醫藥用名雖是"石菖蒲"，但"水菖蒲"仍然可有利用的藥用價值，藥效與"石菖

蒲" 類同,民間亦常使用。如 "藏菖蒲"、"水見消"、"金錢蒲"、
"小隨手香" 等。辨析 "菖蒲" 在古代文獻和地方中藥志中的命
名,有利於人們辨析名實異同,更有效、合理的開發與利用 "菖
蒲" 的藥效與功用。

〔主要參考文獻〕

[1](明)李時珍. 本草綱目. 校點本 [M]. 北京:人民衛生出版社,
1982.

[2] 夏緯英. 植物名釋札記 [M]. 北京:農業出版社,1990.

[3] 陳奇猷. 呂氏春秋新校釋. [M]. 上海:上海古籍出版社,2002.

[4](梁)蕭統編.(唐)李善注. 文選 [M]. 北京:中華書局,
1977.

[5] 傅璇綜,倪其心等主編. 全宋詩 [M]. 北京:北京大學出版社,
1991.

[6](宋)沈括. 夢溪筆談 [M]. 胡道靜校注. 上海:上海出版公司,
1956.

[7](宋)丁度. 影印本集韻 [M]. 北京:中國書店,1983.

[8](宋)朱熹集注. 楚辭集注 [M]. 上海:上海古籍出版社,1979.

[9](漢)毛亨傳. 鄭玄箋. 孔穎達疏. 毛詩正義 [C]. 影印本十三經
注疏 [M]. 北京:中華書局,1980.

[10](清)吳其濬. 植物名實圖考. 張瑞賢等校注. [M]. 北京:中
醫古籍出版社,2008.

[11] 黃鈞,蔣冀騁等校點. 全唐詩 [M]. 長沙:嶽麓書社,1998.

[12] 同 [11]。

[13](明)張自烈.(清)廖文英續. 正字通 [M] //續修四庫全書經
部小學類第二三四册. 上海:上海古籍出版社,1995.

[14](宋)陳彭年. 宋本廣韻 [M]. 北京:中國書店,1982.

[15](清)朱駿聲. 說文通訓定聲 [M]. 武漢:武漢古籍書店,
1983.

[16](唐)李延壽. 南史 [M] //續修四庫全書. 上海:上海古籍出

版社，1995.

[17]（元）辛文房．唐才子傳. 影印本［M］. 北京：中華書局，1991.

[18]（梁）宗懍．荊楚歲時記. 影印本［M］. 北京：中華書局，1991.

[19] 馬繼興主編．神農本草經輯注［M］. 北京：人民衛生出版社，1995.

[20] 王漢章，范崔生，謝宗萬．石菖蒲"劍脊"實質的探討及本草考證［J］. 中藥材，1981（6）：41—43.

[21]（清）段玉裁．説文解字注［M］. 上海：上海古籍出版社，1989.

[22]（梁）顧野王．玉篇［M］. 北京：中國書店，1983.

[23] 何寧．淮南子集釋［M］. 北京：中華書局，1998.

[24] 尚志鈞．神農本草經"菖蒲"考釋［J］. 中藥材，1989（8）：36—38.

[25]（漢）鄭玄箋．（唐）杜預注．（唐）孔穎達疏．春秋左傳正義［C］//影印本十三經注疏［M］. 北京：中華書局，1980.

[26] 同［3］.

[27]（漢）鄭玄注．（唐）賈公彥疏．周禮注疏［C］//影印本十三經注疏［M］. 北京：中華書局，1980.

[28]（漢）鄭玄注．（唐）賈公彥疏．儀禮注疏［C］//影印本十三經注疏［M］. 北京：中華書局，1980.

[29] 韓非子［M］. 四部叢刊.

[30]（宋）唐慎微撰．（宋）寇宗奭衍義．重修政和經史證類備用本草影印本［M］. 北京：北京圖書館出版社，2004.

[31]（宋）李昉等．太平御覽（卷九九九）［M］. 北京：中華書局，1960.

[32]（唐）歐陽詢．藝文類聚（卷八十一）［M］. 江紹楹校. 上海：上海古籍出版社，1965.

[33] 同［23］。

[34] 同［24］。

［35］ 王漢章，范崔生，鄔家林 . 中藥菖蒲的本草考證 ［J］. 中藥材，1993 (9)：43-44.

［36］（梁）蕭子顯 . 南齊書 ［M］. 北京：中華書局，1972.

［37］（唐）姚思廉 . 梁書 ［M］. 北京：中華書局，1973.

［38］（宋）吳仁杰 . 離騷草木疏（卷第一）［M］. 湖北：崇文書局彙刻書，清光緒一年 .

［39］（宋）洪興祖 . 楚辭補注 ［M］. 白話文等點校 . 北京：中華書局，1983.

［40］（清）郭慶藩 . 莊子集釋（卷九上）［M］. 王孝魚點校 . 北京：中華書局，2004.

［41］（清）王灝 . 佩文齋廣群芳譜 ［M］. 江左書林藏版刻本，清同治七年夏五月 .

［42］ 鄔家林 . 菖蒲的考證 ［J］. 中藥材，1990 (8)：39-41.

［43］（清）郝懿行 . 爾雅義疏 ［M］. 上海：上海古籍出版社，1982.

［44］（清）王念孫 . 廣雅疏證 ［M］. 上海：上海古籍出版社，1983.

［45］ 肖培根主編 . 新編中藥志（第一卷）［M］. 北京：化學工業出版社，2001.

［46］ 包國林，王毅 . 石菖蒲與九節菖蒲的比較 ［J］. 陝西中醫學報，1998 (7)：333.

［47］ 謝宗萬主編 . 常用中藥名與別名手册 ［M］. 北京：人民衛生出版社，2001.

On the Semantic Constuction of Calamus
and Anylasis of Synonyms Motivation

Tu Haiqiang

(The Institute of International Education, Wenzhou Medical University, Wenzhou325000 , China)

Abstract：According to the doctumental records on Calamus, which is a main category in fact and can be devided into Acorus tatarinowii Schott and Acorus calamus. L. The names os which are so many that can be easily con-

fused, morever, the similar can also be diarried and belong to different cate-
gories respectively. The Calamus is named Acorus tatarinowii Schott in mod-
ern traditional Chinese medicine, however, its name is complex and diverse
all over the province. The paper tries to analysis the Calamus's construction,
synomys motivation, the attribution from the linguistic point of view, most
importantly, the paper expects to anlysize the synonyms and help to teaching
and practice in modern trational Chinese medicine.

Keywords：Calamus；Construction；Motivation

（涂海强，溫州醫科大學國際教育學院，郵編　325000）

語氣副詞"難説"的形成及其方言分佈

王秀玲

内容摘要: "難"、"説"連用先秦已見,但語氣副詞"難説"到清初纔始見用例。"難説"雖具備和"難道"一樣的虚化機制,但産生的原因不盡相同:類化、"説"和"道"在 S_3 (受事指所説内容,但並非直接引語的"説類動詞")用法上的轉換、語言從俗的心理因素等都對"難説"以及"難道説"的虚化有一定影響。"難説"方言色彩比較濃厚,主要盛行於清代河南、山東方言,而現代方言中"難説"的使用範圍進一步縮小,河南、山東方言已經基本不用。而"難説"急速衰退的原因,可能和其方言的局限性以及"説"超强的實義性有關。

關鍵詞: 難説　類化　方言分佈

"難説"在清初發展爲表反問的語氣副詞,此後與"難道"並行發展,不過,就通行範圍而言,"難説"在整個清代比"難道"要小得多。發展到今天,二者使用的格局並未被打破,"難道"使用普遍,而"難説"則方言色彩濃厚,使用範圍極窄。學界對"難道"一詞討論頗多,有關該詞的形成發展、語法功能都有學者做專文論述,如孫菊芬(2007)[1]48-53、王興才(2009)[2]44-56等,"難説"則無人問津。

本文以語氣副詞"難説"爲重點考察對象,兼論"難道"和"難道説",重點討論"難説"一詞的虚化過程及其在漢語史上的方言分佈。

一　語氣副詞 "難説" 的起源發展及虛化原因探討

　　"難説" 先秦已經出現，是一個偏正結構的動詞詞組，由副詞 "難" 和動詞 "説" 構成，表示 "不易説解" 之義，句法功能主要是用作謂語。如：

　　　　(1) 人之難説也，道之難明邪。(《莊子·天運》)

　　唐以前，動詞詞組 "難説" 用例極爲罕見，未見帶賓語的用例。唐宋以來，"難" 修飾 "説" 出現的次數大大增加，其主要句式仍多爲 "S+難説"，偶有 "説" 帶補語的情況，如：

　　　　(2) 相看掩淚情難説，別有傷心事豈知。(白居易《覽盧子蒙侍御舊詩，多與微之唱和。感今傷昔，因贈子蒙，題於卷後》)

　　　　(3) 馬上離愁三萬里，望昭陽、宮殿孤鴻没，弦解語，恨難説。(辛棄疾《賀新郎·聽琵琶》)

　　　　(4) 性最難説，要説同亦得，要説異亦得。(《朱子語類》卷四)

　　　　(5) 非是貪嗔懈怠生，菩薩尚猶難説到，聲聞焉敢擬論評。(《景德傳燈録》卷二九)

　　　　(6) 復云："你夏中做得個什麽事?" 對云："難説向你。敗恐你落在見聞。" (《古尊宿語録》卷二九)

　　唐宋時期 "難説" 最顯著的變化是後面開始出現賓語，主要是謂詞性賓語，偶有名詞性賓語。例如：

　　　　(7) 相思愛民者，難説與親遠。(薛能《寄終南隱者》)

　　　　(8) 難説累牽還卻去，可憐榆柳尚依依。(薛能《留題汾上舊居》)

　　　　(9) 大抵遊人總應愛，就中難説是詩情 (薛能《符亭二首》)

（10）尸鄉餘土室，難説祝難翁。（杜甫《奉寄河南韋尹丈人》）

（11）季通云："理有流行，有對待。先有流行，後有對待。"曰："難説先有後有。"（《朱子語類》卷六）

（12）又曰："某也難説他，有多多少少，某都不敢説他。（《朱子語類》卷一二四）

謂詞性賓語的出現，是 "難＋V" 類詞組虛化、發生重新分析的最關鍵的條件。正如孫菊芬（2007）在討論 "難道" 一詞時認爲：動詞 "道" 進入語義格式 "難 V" 後發生的語用推理功能的凝固，以及 "動賓" 式句法結構的重新分析，是 "難道" 最終實現語法化的語義和句法基礎[3]。就語法格式而言，這一時期的 "難道" 和 "難説" 並無太大差異，同樣可以用在 "S＋難 V" 或 "S＋難 V＋O" 的格式中，如：

（13）古人去已久，此理今難道。（陶翰《早過臨淮》）

（14）匡濟難道合，去留隨興牽。（錢起《海畔秋思》）

（15）奈燕臺句老，難道離別。（史邦卿《萬年歡》）

相同的語義，一樣的句法結構，這一時期 "難説" 同樣具備了同 "難道" 一樣的虛化條件。而且，在 "S＋難 V" 或 "S＋難 V＋O" 格式中，"難説" 都更爲常見。但事實上，衹有 "難道" 虛化爲語氣副詞[①]。如：

（16）今夜酒腸難道窄，多情，莫放紗籠蠟炬明。（宋辛棄疾《南鄉子》）[②]

而 "難説" 在宋元時期並未和 "難道" 同步發展出語氣副詞的用法。

孫菊芬認爲 "道" 語義的泛化是 "難道" 虛化爲副詞的必不可少的語義條件之一。而 "難" 和 "道" 較爲頻繁的連用關係也是副詞 "難道" 出現的一個原因。[4]48-53 孫文所言總體可信，但 "較爲頻繁的連用關係" 這一點不夠準確，因爲，"難道" 在宋元的使用頻率並不是很高，甚至在《全唐詩》、《朱子語類》、《全宋詞》中的出現頻率遠遠低於"難說"。見下表：

	全唐詩	朱子語類	全宋詞
難道	4	0	1
難說	19	112	32

　　從上表可以看出，"難"、"道"連用在使用頻率上要遠遠低於"難"、"說"連用。筆者認爲，使用頻率較低的"難道"率先虛化爲語氣副詞，主要是由於宋元時期"道"在"主語＋說類動詞＋賓"格式中佔絕對優勢。這一點從汪維輝對"說類詞"的考察中可以得到印證。

　　汪維輝（2003）把"說類詞"所出現的句法環境歸納爲十二種類型，其中，受事指所說的內容，但不是直接引語，這種用法的"說類動詞"汪文記作"S_3"[5]331-384。而筆者認爲這種用法的說類動詞前加修飾性成分"難"，正是"難＋說類動詞"虛化爲語氣副詞的典型句法環境。汪文曾對唐、宋、元用作"S_3"的"說"和"道"做過考察，詳情如下③：

S_3	王梵志詩	三朝北盟會編（6篇）	孝經直解
說	4	19	1
道	18	26	6

　　從上表可以看出，唐、宋、元時期，雖然"難"、"道"連用不如"難"、"說"連用常見，但單個"說"後面跟受事（非直接賓語）的情況在宋元遠不如"道"常見，也即"道"在"S_3"用法上的高頻使用，使得"難道"比"難說"更容易發生重新分析，並最終導致了語氣副詞"難道"的產生。

　　另外，雖然從上例（7）—（12）可知，唐宋以來，"難說"後已然可接謂詞性賓語或名詞性賓語，但這些用例其實並不多見，據筆者對"難說"出現頻率較高的《全唐詩》、《朱子語類》的統計，用於句末的謂詞性"難說"約佔總數的 87％。顯然，

"難說" 作爲謂詞性成分經常出現在句末也是其不易重新分析的重要原因。

"難道" 虛化爲語氣副詞後，逐步替代了另一反問語氣副詞 "終不成"。而 "難說" 在 "難以言說" 的語義基礎上，於明代又産生出 "說不定" 的意思，如：

（17）眼前人怎比得我冤家模樣，難說普天下是他頭一個美，只我相交中他委實强。（馮夢龍《掛枝兒·專心》）①

（18）這也難說，八個金剛抬不動個 "禮" 字哩！（《醒世姻緣傳》第十一回）

但 "難以言說" 仍是其最主要的用法，例如：

（19）阮小七接着便道："這個梁山泊去處，難說難言。如今泊子裏新有一夥强人佔了，不容打魚。"（《水滸傳》第十五回）

（20）我有個好見識，請總管回去。這裏難說。直請到山寨裏告稟。一同便往。"（《水滸傳》第三十四回）

元明以來，"難道" 已經成爲表反問最爲常見的語氣副詞，而 "難說" 的實義性仍非常强。不過，到了清初，文獻中已經出現 "難說" 表反問語氣的用法了，不過文例極少，僅在《醒世姻緣傳》中發現 2 例，《漢語大詞典》收錄 "難說" 一詞，引吳組緗《山洪》二十："有本事你怎麼不對他吹吹，把他吹出來給隊伍挑送東西呢？難說他又是不能挑擔的麼？"爲例，引例過晚。

（21）我賣出的孩子，難說叫我管衣裳！（《醒世姻緣傳》第七十九回》）

（22）他姓龍的長，姓龍的短，難說叫那孩子没點氣性？（《醒世姻緣傳》第四十八回）

筆者認爲，清代 "難說" 發展出語氣副詞的用法原因主要有兩個。其一，"說" 和 "道" 在 S_3 用法上的轉變。據汪維輝先生考察，清代，"道" 的用法已經主要集中在了 S_4 上，其逐步演變成一個"内容賓語標句詞"⑤；而在 S_3 的用法上，從汪文對《紅樓夢》前五回的考察可以看出，是以"説"爲常，這一用法的轉變，給"難説"提供了虛化爲語氣副詞的典型句法環境。其二，受"難道"類化影響。"難説"、"難道"二詞構詞方式完全相同，僅言説類動詞不同，"難道"通行以後，雖然已經複合成詞，不具有可拆分性，但是，由於"説"和"道"在用法上没有實質差別，"難道"可以表反問，"難説"受其類化影響，也可以表反問，用作語氣副詞。這一點從語氣副詞"難道説"也可以看出。"難道説"大約出現於明代，如：

　　　(23) 難道説我女兒自尋了一個漢子不成？（《醒世恒言》第八卷）

　　　(24) 西門慶道："若是多寡有些兒也罷，難道説全征？"（《金瓶梅》第七十八回）

　　"道"、"説"連用本不多見，實詞短語的"難道説"在漢語史上則更爲罕見，語氣副詞"難道説"不可能是"難"和同義動詞詞組"道説"組成的偏正式動詞短語虛化而成的，它的産生，也是"難道"類化的結果。"道説"是"道"和"説"的連用，在本質上和"道"、"説"單用並無差別，"難道"可表反問，"難道説"自然也可以表示反問。

　　另外，清代，"説"用法非常靈活、口語性强。由於口語中"説"的廣泛運用，人們選擇常用詞"説"作爲構詞語素，大約也有一種心理上從俗的傾向。

二　"難道"類副詞在清代及現代方言中的分佈

　　清代，語氣副詞"難説"和"難道説"、"難道"並行發展，三者的語法功能基本一致，最常見的用法是用作表反詰的語氣副詞。"難説"用例如：

(25) 夏鼎道："你也來加些色樣，二位是内親，該在這的坐，難説我是外人麽?"（《歧路燈》第三十七回）

(26) 范法圓道："我就是請小山主做稿，就順便兒寫上。難説你就不是個進士?"（《歧路燈》第四十三回）

(27) 難説我住衙門人，從不曾見過錢麽?（《歧路燈》第五十八回）

(28) 我雖是見我的兄弟親，難説正經事都不叫他干，終日兄弟廝守着不成?（《歧路燈》第二回）

(29) 閨女被人誆，難説忍了不聲張?（《聊齋俚曲·翻魘殃》）

"難道"、"難道説" 述者頗多，各舉 2 例：

(30) 難道俺家偷你不成?（《歧路燈》第三十回》）

(31) 大爺臨歸天時囑咐的話，相公難道忘了麽?（《歧路燈》第三十二回》）

(32) 難道説，他還怕輸了錢，被人逼債麽?（《歧路燈》第五十八回》）

(33) 江城説："你又不知作下甚麽精兒了，難道説好好的就打你?"（《聊齋俚曲·襁妒咒》）

雖然三者功能基本相同，但它們在文獻中的分佈狀況並不均衡，見下表：

	難説	難道説	難道
醒世姻緣傳	2	1	115
紅樓夢	0	0	190
聊齋俚曲	12	13	17
歧路燈	105	1	3
儒林外史	0	2	64

從上表可以看出，"難道" 在文獻中的分佈比較廣泛，各文獻均有用例，以《醒世姻緣傳》、《紅樓夢》、《儒林外史》中使用

最多，佔絕對優勢。至於"難説"，雖然用例和清初相比大大增加，但在文獻中的覆蓋面卻比較窄，祇出現在《醒世姻緣傳》、《歧路燈》和《聊齋俚曲》中。從資料來看，清初以山東話爲基礎方言的《醒世姻緣傳》中，"難説"尚屬萌芽，用例極少，與"難道"之比爲"2：115"，二者比例懸殊。但是到了同屬山東方言的《聊齋俚曲》，"難説"、"難道"的比例已經大大縮減爲"12：17"，趨於持平。可見，在《聊齋俚曲》的背景方言中"難道"和"難説"應該都比較常用，二者處於同步發展的競爭過程。然而，在以河南話爲基礎方言的《歧路燈》中，"難説"的用例遠遠超過"難道"，佔據絕對優勢。

由上可知，清代，"難道"是通語中表反問語氣的常用詞；"難説"則是一個地域色彩很強的方言詞，主要在河南方言中使用，而山東話既有"難説"，又有"難道"，二者共同發展、相互競爭。至於北京話、下江官話則不用"難説"。

現代漢語普通話"難道"仍是佔據主導地位的表反問的語氣副詞，另外，"難道説"也比較常用，"難説"在普通話中則祇有動詞用法，《現代漢語八百詞》中"難説"祇有一種語法功能，表示"不容易説"、"不好説"、"不容易判定"的意義。[6]409 而據筆者調查，現代河南方言，不但表反問語氣不用"難道"，"難説"也是基本不用的。參考李榮（2002）的方言調查，用"難説"來表達反問語氣的目前祇有徐州方言[7]6134，如：

（34）難説俺就該倒楣嗎？

（35）難説你一點兒道理都不懂？

語氣副詞"難説"最終退出了歷史舞臺，究其原因主要在於：其一，"難説"從産生之初便具有方言的侷限性，而這些方言也並不是很強勢的方言；其二，"説"的實義性太強，阻礙了語氣副詞"難説"的進一步發展；據汪維輝（2003）考察，"道"在跟"説"的競爭中地盤逐漸縮小，到《紅樓夢》時代用法已經比較單一，使用頻率也明顯降低，而漢語 "説類詞" 從上古到現代的發展總趨勢是 "歸一"，即 "説" 字逐步取代其他詞而成爲通語中表示 "説話" 義的主導詞。我們認爲，正是由於 "説" 已經成爲最強勢的説類動詞，"超强的實義性" 使得動詞短語 "難説" 的使用頻率很高，而語氣副詞 "難説" 根本不具備和其競爭的條件，因而纔退出了歷史舞臺。

綜上所述，"難説" 是一個方言色彩比較濃厚的語氣詞，主要盛行於清代河南方言，山東方言亦有用例，而現代方言中 "難説" 的使用範圍進一步縮小，祇保留在個別方言中。語氣詞 "難説" 清初始見用例，其雖具備和 "難道" 一樣的虛化機制，但產生的原因不盡相同。"難説" 和 "難道説" 主要是受 "難道" 的類化影響才發展出語氣副詞的用法，而 "説"、"道" 在 S_3 用法上的轉換，語言從俗的心理因素等也是導致其虛化的重要原因。至於 "難説" 快速衰退的原因，可能是 "難説" 先天方言的局限性以及 "説" 超强的實義性造成的。

〔注釋〕

①關於 "難道" 的發展和虛化規律，孫菊芬（2007）有詳細的論述，兹不贅述。

②轉引《中國語歷史文法》，太田辰夫著，蔣紹愚、徐昌華譯，北京大學出版社，2003 年版，頁 282。

③轉引汪維輝（2003）。

④轉引《漢語大詞典》"難説" 詞條。羅竹風（主編）《漢語大詞典》縮印本，漢語大詞典出版社，1997 年版。

⑤ "内容賓語標句詞" 即受事爲所説的話，即直接引語，動詞後面一般可加冒號和引號，如 "他説：'我不去了。'" 簡稱 S_4。參看汪維輝《漢語 "説類詞" 的歷史演變與共時分佈》（2003）。

〔主要參考文獻〕

[1] 孫菊芬. 副詞 "難道" 的形成 [J]. 語言教學與研究，2007 (4).

[2] 王興才. 漢語詞匯語法化和語法詞匯研究 [M]. 北京：人民出版社，2009.

[3] 同 [1]。

[4] 同 [1]。

[5] 汪維輝. 漢語 "説類詞" 的歷史演變與共時分佈 [J]. 中國語文，2003 (4).

[6] 呂叔湘. 現代漢語八百詞 [Z]. 北京：商務印書館，1999.

[7] 李榮主編. 現代漢語方言大詞典 [Z]. 南京：江蘇教育出版社，2002.

The Formation and Dialect Atlas of Modal Adverb Nanshuo（難說）

Wang Xiuling

(College of Humanities, Guangzhou University, Guangzhou 510006, China)

Abstract：*Nanshuo*（難說）is a word with strong dialectal colour. It was used chiefly in Henan and Shandong during Qing Dynasty. The scope of *nanshuo*（難說）becomes smaller and smaller. Now, it is only kept in Xuzhou dialects. *Nanshuo*（難說）came into being in early Qing Dynasty. Although *nanshuo*（難說）and *nandao*（難道）have the same grammaticalization, the reasons of their emergent are not same. Assimilation, the change of *shuo*（說）and *dao*（道）' s usage in S_3（s_3 is a speech act verb and its object is not direct speech but what they say）and psychological factors of language conforming to conventions had effected grammaticalization of *nanshuo*（難說）and *nandaoshuo*（難道說）. The reasons of *nanshuo*（難說）' s decline are dialect limitations and say（說）' s Super real meaning.

Key words：*nanshuo*（難說）；assimilation；dialect atlas

（王秀玲，廣州大學人文學院，郵編　510006）

中古 "VP（A）＋甚（極、非常）" 的句法語義關係及 "甚（極、非常）" 的詞性再辨

吳茂剛

内容摘要："甚、極、非常"發展出程度副詞並充當補語的時間差距較大，詞義的泛化導致"甚"、"極"句法功能發生了變化，"甚"在先秦即萌發出補語用法；"極"次之，大約在西漢時期；當"非常"修飾的對象不具備尋常與不尋常的對立屬性時，其在詞義上就由詞組重新分析爲程度副詞，并發展出程度副詞充任補語的句法功能，時間當在東漢時期；判定副詞産生時代必須綜合考慮語義、句法、序位及使用頻率等因素。

關鍵詞：漢語語法史　副詞　補語　語義變化

○ 引　言

楊伯峻、何樂士（2001）認爲，先秦漢語中"甚"由形容詞演變爲副詞，用在謂語後作補語，如下例：[1]274

（1）君美甚，徐公何能及君也！（《戰國策·齊策一》）

這種看法得到不少老一輩語法學家的認同。近年來，隨着研究的逐漸深入，有學者對於上述説法提出了質疑，如楊榮祥（2004）就發表了不同意見，認爲，出現在動詞之後的"甚/極"

均是形容詞，是形容詞作謂語，整個"VP＋甚/極"是一個主謂結構，而不是程度副詞作補語[2]42-49。

與此相關的一個問題是，近代漢語中發展出表示甚度的"煞、殺"等，董志翹、蔡鏡浩（1994）[3]345，楊伯峻、何樂士（2001）[1]277均認爲出現在謂語之後的"煞、殺"是程度副詞，即承認程度副詞可以出現在謂語之後。對此，楊榮祥（2005）也提出了異議，認爲出現在補語位置上的"煞"，應視爲動詞作結果補語，這是繼承了動詞"殺"作補語的用法[4]。

由上述可知，如何看待出現在動詞、形容詞之後的"極、甚、極、煞"等一類詞語的詞性，學界有迥然不同的兩種意見，傳統的看法是"甚"類副詞可以出現在謂語之後，其後的一些研究者認爲，先秦即已出現的位於中心語之後的"甚"類詞語不能看成是程度副詞，而當視爲形容詞，持此論者包括李傑群（1986）[5]、呂雅賢（1992）[6]、楊榮祥（2004）[2]、付義琴（2007）[7]等，認爲"甚"等詞語不能看成程度副詞主要的依據是，上古漢語中"甚"更多的是用作謂語，從句法分佈上來說，應當視爲形容詞。

上述兩種意見迥異，但歸結起來核心問題是一個：古漢語程度副詞能否充任補語？對於這個問題，歷來存在爭議，爭議的本質其實是副詞的判定標準問題（具體到這個問題是程度副詞），而這也直接關係到對程度副詞能夠出現的序位的斷定，因而下文我們將着重討論這個問題。

批評程度副詞作補語說的學者主要是從句法功能的角度來討論這一問題，較早的是李傑群（1986），李文窮盡考察了先秦八部古籍（《左傳》、《公羊傳》、《穀梁傳》、《論語》、《孟子》、《墨子》、《莊子》、《荀子》），總的結論是，先秦時期"甚"作謂語的比例超過一半，超過了作狀語的比例（三分之一以上），有些典籍（《穀梁傳》、《論語》）中"甚"甚至不能作狀語，因而根據詞類劃分的重要標準——句法功能來説，"甚" 在先秦祇能看成是形容詞[5]。李文的操作標準及結論得到楊榮祥（2004）[2]、付義琴（2007）[7]的認可①。

上述意見的基礎是副詞的鑒定標準——句法功能——祇能充當狀語，而這一標準得到了語法學界近乎一致的認同。必須承認，嚴格堅持句法功能這一判定標準在漢語語法研究尤其是歷史語法研究中的價值是不容置疑的，有助於釐清副詞與其他詞類之間在語義上可能存在的 "交叉點"，對於判定副詞的產生時代具有較强的可操作性，因而句法功能是判定詞類的最重要的標準。

但是，肯定句法功能在副詞判定過程中的重要性，並不等於句法分佈是詞類劃分的唯一標準。關於這一點，近年來不斷有學者進行深入思考。郭鋭（2002）對此進行了反思[8]129-132。張誼生（2004）説得更爲明晰[9]208：

"然而，現在看來，這一標準顯然是過於簡單化和理想化了。其實，語言是一種複雜的系統，内部存在着各種特殊的情况，各成員之間存在著細微的差異。而語言中的詞類，實際上都是一種原型範疇（prototype－based category），每一類詞，除了那些典型的、一般的成員以外，必然還會有一些非典型的、特殊的成員。……看來，對於漢語這樣缺乏嚴格意義上形態變化的語言，在判定詞性時，無論是總體分類還是具體歸類都應該引入詞頻統計的成果。"

粗略地説，中古漢語中有 8 個副詞可以出現在動詞或形容詞之後：極、盡、絶、至、煞（殺）、甚、熟、非常，這 8 個副詞的表義基本相同，均爲表示極度或甚度。下面選取 "甚"、"極"、"非常" 這三個詞語進行討論，着重辨析其詞性、句法功能。

一　"VP（A）＋甚"

"甚"最初是作爲形容詞使用，這一點應該是没有什麼疑問的，下例可以很清晰地看出來：

(2) 沐甚雨，櫛疾風。（《莊子·天下》）

上例中"甚"、"疾"對舉，正説明"甚"是形容詞。先秦時期，"甚"作爲形容詞使用是其最主要的語法功能，李傑群（1986）的統計數據很好地説明了這一點。[5]但是，先秦漢語中出現在形容詞之後的"甚"的用例並非罕見，如上文例（1），如何看待這個位置上"甚"的詞性卻有兩種意見：形容詞説與副詞説。

先秦"甚"概爲形容詞説至少有下述兩個難點：其一，先秦漢語中，"甚"出現在形容詞之後已非特例，如果將之全部處理爲形容詞，那麼"'甚'字在魏晉南北朝時期已經發展成爲副詞"[5]這個結論就值得懷疑：根據李文，《論衡》中的"甚"尚未發展出副詞的用法，但是至魏晉六朝時期"甚"已經發展爲副詞。這種"搖身一變"轉變詞性的過程未免突兀。因而，祇有承認先秦漢語中個别（甚至部分）用例中的"甚"已萌發出副詞的用法，從句法上講，它可以作狀語、補語，儘管數量上不佔據主要地位，但這卻是六朝時期副詞性的"甚"近乎一統天下的源頭。其二，"甚"概爲形容詞説不符合先秦漢語語法體系。楊榮祥（2004）認爲，《公羊傳》中的"獻公愛之甚"的句法結構當爲：

```
獻公    愛之  甚
──  ─  ─   主·謂
──    ──   定·中
```

其理由是，"甚"語義指向祇是"愛之"，陳述的祇是"愛之" 的動作行爲，而不是 "獻公愛之" 所表示的事件[2]。

爲避免陷入純粹的語法層面的思辨，跳出這句話的表面含意，結合其前後語境來理解其真實含意，或許可以更清楚地認識它的語法屬性：

> (3) 奚齊、卓子者，驪姬之子也，苟息傅焉。驪姬者，國色也。獻公愛之甚，欲立其子，於是殺世子申生。

仔細揣摩上下文語意，"獻公愛之甚" 這句話並非是陳述 "愛之" 的動作行爲，而是表示 "獻公" 對 "驪姬" 怎麼樣 (非常喜愛 "驪姬")，所以 (獻公) 才會有廢嫡立庶的舉動。如果這句話理解爲 ("獻公" 對 "驪姬" 的) "愛 (之)" 怎麼樣，則與下文的敍述在語意上明顯不夠連貫。

當然，先秦漢語中，"甚" 更多的是充當句子中的謂語，如下例：

> (4) 故夏書曰："道人以木鐸徇於路，官師相規，工執藝事以諫。" 正月孟春，於是乎有之，諫失常也。天之愛民甚矣，豈其使一人肆於民上，以從其淫，而棄天地之性？
> (《左傳·襄公十四年》)

此例中 "甚" 是形容詞作謂語，"嚴重、厲害" 的意思。楊榮祥 (2004) 認爲 "天之愛民" 中 "之" 是指稱化標記，因而應當將 "天之愛民" 看成是定中結構的詞組，"甚" 陳述 "天之愛民" 這種行爲的狀態[2]。不過，楊榮祥認爲例 (3) 中 "獻公愛之甚" 裏的 "獻公愛之" 也是指稱化了的定中結構，則未盡允當："獻公愛之" 祇是簡單的主謂結構，"愛之" 陳述 "獻公" 怎麼樣，不能因爲《左傳》中的 "平行結構" 而將二例混爲一談，它們的句法關係、語義關係均不同②。

副詞性質的 "甚" 的源頭正是充任謂語的形容詞 "甚"，李傑群 (1986) 堅持當 "甚" 充任狀語的句法位置佔據了統治性地位之後，"甚" 才發展爲副詞[5]。我們認爲，這條嚴格建立在句法功能上的判定標準未免絕對化，難以全面反映語言發展的實際情況。在確立副詞的判定標準時，還應該考慮到語義變化。事實上，各種不同位置分佈上的"甚"的語義是有細微差異的，作賓語、定語的"甚"一般是形容詞的本義：厲害、超過一般。如：

(5) 寇不可玩，一之謂甚，其可再乎。（《左傳·僖公五年》）

(6) 甚雨及之。（《左傳·襄公十八年》）

這兩種句法位置的"甚"的語義較爲實在，而作謂語的"甚"的語義可以有兩種理解：第一，保持形容詞的本義，如：

(7) 暴其民甚，則身弑國亡；不甚，則身危國削。（《孟子·離婁上》）

(8) 甚矣，楚王不察於爭名者也。（《戰國策·楚一》）

第二，"甚"由較爲實在的"厲害、超過一般"義引申出"程度較高"的含義，如上文所舉例（4），此例中的"甚"如強解作"厲害、超過一般"，反而不能精確體現上下語境的意思，衹有將之抽象化來理解，纔與這個語境相符。作補語的"甚"正是由這種語義已經抽象化了的"甚"發展而來，其語義與作狀語的"甚"基本一致，這樣的"甚"可以視爲副詞的早期形態。

葉南（2007）認爲現代漢語中作狀語的程度副詞是已經徹底虛化的副詞，而作補語的程度副詞是處於虛化過程中的語法化副詞，並認爲作補語的語法化程度副詞還保留了其他詞類的語義和功能[10]。我們認爲這種說法是符合語言事實的，"甚"的語法化過程是一個有力證據。

先秦漢語中，"甚"的主要語法屬性是形容詞，但是出現在謂語中心詞之後的"甚"的語義逐漸虛化，由直觀、明確的"厲害、超過一般"義引申出抽象、模糊的"很、非常"義，同時逐漸產生了新的句法功能——充任狀語，這是程度副詞的典型功能。在這一過程中，處於補語位置上的"甚"的量級發生了變化：典型的形容詞 "甚" 的强度義是很突出的，有時爲了達到突出、强調的效果，甚至可以改變語序，將之前提至句首的位置，如例（8），而作補語的 "甚" 的强度義有所減弱，它的蘊涵義——"過分"——不像形容詞那麽顯著，從程度副詞的量級區分來説，可以看成是中量程度副詞，而不是極量程度副詞③。

關於實詞虛化，張誼生（2000）的一段話是很有見地的[11]6：

"意義和形式是同一問題相輔相成的兩個方面，在實詞的虛化過程中是互相依存、互相促進的。句法位置和結構關係的改變會引起副詞化的發生，同樣，詞義的泛化、分化、融合也會導致詞的結構關係和句法功能的改變。"

"甚" 由形容詞演變出副詞的過程正可以看作是詞義的泛化導致其句法功能發生了變化。

二 "VP（A）＋極"

"極" 演變出副詞的情況要簡單一些，王力（1944）已較爲清晰地揭示了其發展爲副詞的大致路綫：名詞 "極"（登峰造極；君子無所不用其極）→形容詞 "極"（極致；極軌）→末品 "極"（《史記·李將軍列傳》："李廣軍極簡易"）[12]176 這種解釋是令人信服的。不過，"極" 由形容詞轉爲副詞的時代尚存歧見，主要有兩種意見：一是先秦説，包括陳克炯（1998）[13]，何樂士（2006）[14]216 等；二是西漢説，包括王力（1944）[12]176，呂雅賢（1992）[6] 等。近年來對於充任補語的 "極" 的副詞屬性，又有學者提出質疑，認爲充當補語的 "極" 不是副詞，而是形容詞，持此見的以楊榮祥（2004）爲代表[2]。

事實上，對 "極" 產生出副詞詞性的時代出現分歧的焦點在於，至西漢時期，作狀語與作補語的 "極" 是否爲同一詞性？作狀語的"極"如下例：

(9) 子之罪大極重，疾走歸！（《莊子·盜跖》）

(10) 孤極知燕小力少，不足以報。（《戰國策·燕策一》）

(11) 其稱文小而其指極大，舉類邇而見義遠。（《史記·屈原賈生列傳》）

(12) 高祖曰："吾極知其左遷，然吾私愛趙王，念非公無可者。"（《史記·張丞相列傳》）

上述四例，例（9）、例（11）中"極"修飾的是形容詞，例（10）、例（12）中"極"修飾的是動詞。比較上述 4 例，先秦時期修飾 AP、VP 的"極"的語義與西漢時期的語義並無明顯差異，如果上述例（11）中的"極"可以看成程度副詞，並且《史記》中"極""副詞用法 23 次，遠高於形容詞用法"[6]，那麼先秦時期句法位置相同（均位於修飾對象之前）的"極"爲何不能看成程度副詞，而一定要看成名詞或動詞④？因而合理的解釋是，應當承認，先秦漢語中少量"極"的語義已發生變化，由"極盡"義，引申出"最"義，初步虛化爲程度副詞⑤。

西漢時期，"極"出現在動詞或形容詞之後，如：

(13) 尉佗知中國勞極，止王不來，使人上書，求女無夫家者三萬人，以爲士卒衣補。（《史記·淮南列傳》）

(14) 漸臺五重，黃金白玉，琅玕龍疏，蕣蕣珠璣，莫落連飾，萬民罷極，此二殆也。（《新序·雜事》）

上述兩例中出現於動詞或形容詞之後的"極"，據楊榮祥（2004），都應該看成是形容詞作謂語，楊文所示文例爲"作者精思已極"（《論衡·書解》）、"二人歡極"（《世説新語·雅量》）[2]。例（13）、例（14）中"極"顯然是形容詞，《廣雅》卷一："疲，極也。"因而例（14）中"罷極"爲同義並列連用，例（13）"勞極"意同"罷極"，上述兩例中"極"還是形容詞用法。不過，並非所有出現在動詞或形容詞之後的 "極" 都祇能看成是形容詞，即如楊榮祥所舉的 "二人歡極"，我們認爲此例中 "極" 是副詞充任補語，理由如下：

第一，"二人歡極" 這樣的句型祇能分析爲簡單主謂結構，"歡極" 作爲謂語陳述主語 "二人"，而不能分析爲主謂謂語句。如果認爲 "極" 是形容詞，陳述 "歡"，那麼 "二人歡極" 就是一個小主語爲 VP（動詞性詞語）的主謂謂語句，如作是析，根據吳中偉（1995）對小主語爲 VP 的主謂謂語句的語義結構的分析，當大主語（"二人"）與小主語（"歡"）沒有直接語義關係時（大主語一般是小主語的施事或受事），小謂語與小主語之間的語義關係有三種[15]，"二人歡極" 屬於其中的第二種——小謂語説明小主語（具體到這句話，就是 "極" 説明 "歡"）。這就產生了一個問題：既然小謂語是説明小主語的，那麼從語法結構上講，小謂語是不能省略的，如果省略，或者句子不成立，或者完全改變語意的表達⑥，但是在 "二人歡極" 中即使省略 "極"，"二人歡" 這樣的組合完全成立，《世説新語》中有下例：

(15) 群胡衍笑，四坐並歡。（《政事》）

"四坐並歡" 與 "二人歡極" 的區別僅在於前者沒有表述 "歡" 的程度而已。從上述分析可以看出，"二人歡極" 不能看成主謂謂語句，祇是普通的主謂句，"極" 並非是陳述 "歡" 的性質，而是補充説明 "歡" 的程度。

第二，楊榮祥（2004）認爲中古時期不可能出現程度補語，因爲此期結果補語纔剛萌芽，所以 "二人歡極" 中的 "歡極" 應該分析爲主謂關係，不能看成述補結構[2]。這又涉及補語的判定標準問題，這個課題牽涉面實在太廣，而目前學界在補語的判定標準、産生時代等問題上仍歧見紛起。在這個問題上，汪維輝（2007）的意見是較爲允當的："據此推論，動補結構最初應該是在某一個或幾個具體的詞語上先發生的，後來這種格式逐漸擴散開來，成爲漢語的一個新的句法格式……要之，我認爲漢語動補結構的起源可能很早。"[16]149 如果我們在確定動補結構的判定標準時不是堅持過嚴的原則，那麼楊榮祥所稱"二人歡極"中"歡極"不能看成述補結構的理由就值得進一步商榷。

綜上，中古時期用例並不在少數的"VP（A）＋極"中的"極"析爲程度副詞充當補語並非毫無道理，直至現代漢語，"極"仍可以充當補語。

三　"VP（A）＋非常"

"非常"發展爲副詞的時代也有爭論，楊榮祥（2005）認爲"非常"演變爲副詞大約是在唐代，所舉最早的用例是《遊仙窟》中的材料[4]：

> （16）下官起謝曰："仰與夫人娘子，先不相識，暫緣公使，邂逅相遇，玉饌珍奇，非常厚重，粉身灰骨，不能酬謝。"

並認爲，"桓謂遠來投己，喜悅非常"（《世說新語·假譎》）中的"非常"不能看作程度副詞，當視爲一個詞組，保持了"非常"最早作爲詞組時的意義，同時，楊榮祥堅持謂詞性成分之後的"非常"均不是程度副詞，直至現代漢語也是如此。張亞軍（2002）細緻考察了程度副詞"非常"的虛化過程，亦將例（16）看作"非常""虛化爲副詞的早期表現"[17]180，不過，張亞軍又提出，直至宋《太平廣記》中的"形容詞＋非常"組合中的"非常"意義仍然比較實在，仍當視爲用作形容詞[17]181。與上述看法相反，武振玉（2004）的看法是程度副詞"非常"的産生時間要早一些，將《世說新語》中"喜悅非常"看作中古時期"非常"已發展出程度副詞的例證[18]。

綜觀上述兩種看法，"非常"發展出程度副詞的時代分歧不是很大，畢竟中古之前的 "非常" 必定是一個短語，絕無看作副詞的可能，即使在中古漢語中，如《世說》中的已經虛化爲副詞的 "非常" 也是極少見的，因而對於 "非常" 發展出程度副詞的時代問題可以暫且放在一邊，先來解決 "非常" 產生程度副詞用法的過程，目前在這個問題上爭論的焦點還是集中在形容詞之後的 "非常" 的性質。如果形容詞之後的 "非常" 可以分析爲程度副詞，那麼就產生了第二個問題，"非常" 由短語虛化爲副詞，爲何（能否）最先用作補語？

首先看第一個問題——如何看待動詞（形容詞）之後的 "非常" 的語法屬性？"形容詞＋非常" 先秦即偶見：

（17）適人爲變，築垣聚土非常者，若彭有水濁非常者，此穴土也。（《墨子·備穴》）

當然，先秦時期的這種用例極罕見，西漢語料中也很難發現處在形容詞之後的 "非常"，東漢時期逐漸增多，《論衡》中有一例：[1]

（18）或曰："鳳皇騏驎，太平之瑞也。太平之際，見來至也。然亦有未太平而來至也。鳥獸奇骨異毛，卓絕非常，則是矣，何爲不可知？"（《講瑞篇》）

另外，東漢佛經中較爲常見：

（19）中夜覺天地大動，觀見光明暉赫非常。（《修行本起經》）

《漢書》中有一例 "非常" 比較特殊：

（20）定陶王雖親，於禮當奉藩在國。今留侍京師，詭正非常，故天見戒。（《元後傳》）

"詭"，師古注："違也。" 由此可知，"詭正" 爲動詞性短語，這是 "非常" 位於動詞性短語之後的又一用例。如果將 "非常" 理解爲詞組性質，那麼首先要有一個前提："詭正" 應當可以區分爲尋常性質的（"常"）與不尋常性質的（"非常"），但是這在邏輯上似乎難以説得通——平常的"詭正"與不平常的"詭正"有明顯的界限嗎？如果作肯定的回答，難免有强解之嫌。反之，假如認爲"詭正"存在量級上的區分，即在多大程度上違背了正統，這句話的語意就更好理解一些，這應當是"非常"由詞組虚化爲副詞的語義基礎⑧。這種虚化痕迹在《墨子》中已見端倪：

（21）寇至吾城，急非常也，謹備穴。（《備穴》）

樸素、直觀地理解，"急"很難説有尋常與不尋常的區分，因而此例中之"非常"具備了重新分析的可能："非常"可能改變了"超出正常""非同尋常"的含義，泛化爲表示程度高下的語義。當然，例（21）中的"非常"尚不能視爲程度副詞，因爲句末"也"字很清楚地説明了此例"非常"仍係詞組充當謂語。根據例（20），可以認爲東漢時期是"非常"發展出程度副詞充任補語的過渡期。

綜上，我們認爲，"非常"虚化的語義基礎是，其修飾的對象不具備尋常與不尋常的對立屬性，反映在句法功能上，"非常"不是作謂語去陳述對象怎麼樣，而是補充説明其修飾的對象達到的程度，此時"非常"在句法上就存在由謂語重新分析爲做補語的轉變的可能。

南北朝時期，"非常"詞化的程度進一步加强，開始出現了位於所修飾對象之前的"非常"，如：

（22）便取作膾，報華本食之，非常味美。（《齊諧記》）⑨

如果將此例中的"非常"理解爲一個短語，即"常味"連讀，再接受"非"的修飾，不過如作此解，語意反不好理解。此例之"非常"反映了一個語言事實："非常"開始出現在所修飾詞之前，充任狀語，這是"非常"演變爲程度副詞的關鍵一步。儘管此期出現在所修飾對象之前的"非常"極其罕見，但是這是"非常"句法功能發展演變的趨勢——根據武振玉（2004），至唐代，"非常"位於修飾對象之前、之後的比例相差已不是很大，明清時期 "非常＋修飾對象" 的數量在比例上已超過 "修飾對象＋非常"[18]。

四　結　語

綜上對中古漢語中出現在動詞或形容詞之後的 "甚、極、非常" 的詞性的論述，這三個詞語發展出程度副詞並充當補語的時間差距較大，"甚" 在先秦即萌發出這種用法，"極" 次之，大約在西漢時期，"非常" 最晚，爲東漢時期。雖然它們的產生時間、形成機制並不完全相同，但是至少有一點是肯定的：中古漢語中確有少量表示 "極度、甚度" 的程度副詞可以出現在謂語中心詞之後，其充當的句法成分應當視爲程度補語。

〔注釋〕

①但是，付義琴（2007）稍顯猶豫，認爲形容詞或動詞轉變爲副詞之後，"祇能在狀語的位置上出現（偶爾也可作補語）"。楊榮祥（2004）雖然贊成李傑群（1986）"甚" 在六朝時期才普遍用作程度副詞的觀點，但是並不同意六朝時期 "甚" 可以作補語的説法。

②例（4）"天之愛民甚矣" 中 "之" 確爲指稱化標記，但標記的不是 "天愛民"，而是 "天愛民甚矣"。朱德熙（1983）指出，"'之' 的作用是使主謂結構名詞化"（《自指與轉指——漢語名詞化標記 "的、者、所、之" 的語法功能和語義功能》，載《方言》1983 年第 1 期，16－31 頁），朱德熙所説的主謂結構，具體到例（4），應當是包括 "甚" 在内的整個謂語 "愛民甚"，而不僅僅是 "愛民"。

③如果這種判斷是準確的，那麽，葉南（2007）認爲程度副詞作狀語和補語的語義不對稱——各量級程度副詞都能作狀語，而祇有極量程度副詞才能作補語的説法恐怕不完全適合古漢語中的情況。

④呂雅賢（1992）認爲："極，在先秦主要作名詞和動詞用。《史記》

中出現副詞用法，在句中作狀語。"

　　⑤儘管先秦時期已有少量的"極"虛化爲副詞，但是如何看待具體的"極"在句中充任的句法功能仍需愼重。黃珊（2005）認爲《荀子》中"極"已可以作補語，如：創巨者其日久，痛甚者其愈遲，三年之喪，稱情而立文，所以爲至痛極也。（《荀子·禮論》）上例中"極"作"痛"的補語。（《〈荀子〉虛詞研究》，河南大學出版社，24頁）案，此説恐謬，此處"極"當用如動詞，上述引例下句爲：齊衰，苴杖，居廬，食粥，席薪，枕塊，所以爲至痛飾也。由"飾"可推斷"極"當是動詞用法。"飾"的意義鄭玄已發，《禮記·三年問》："斬衰，苴杖，居倚廬，食粥，寢苦，枕塊，所以爲至痛飾也。"鄭玄注："飾，情之章表也。"孔穎達疏："'三年者，稱情而立文，所以爲至痛極也'者，既痛甚差遲，故稱其痛情，而立三年之文，以表是至痛極者也。"

　　⑥吳中偉（1996）舉現代漢語中相同語義類型的小主語爲 VP 的主謂謂語句，如：1. 它們相處融洽。（相依爲命，這一羊一鵝在山區傳爲美談。）2. 衹是蜘蛛飼養不容易。（它要吃昆蟲，而且胃口又很好，吃得又精細。）3. 松鼠跑跳輕快極了。（總是小跳着前進，有時也連蹦帶跳。）觀察上述引例，可以發現，這種語義類型的主謂謂語句中的小謂語絕不能省略。

　　⑦根據唐司馬貞《史記索隱》記載，東漢注疏中亦見"形容詞＋非常"之例：公孫詭多奇邪計。司馬貞《索隱》："《周禮》'有奇衺之人'，鄭玄云'奇衺，譎怪非常也。'"案，《索隱》中記載的這條材料未見於《周禮注疏》（《十三經注疏》本），姑錄於此，存疑。

　　⑧武振玉（2004）認爲此例"非常""已經很接近程度副詞了"，我們贊成這種看法。

　　⑨《齊諧記》，七卷，南朝宋東陽無疑撰。已散佚。此據魯迅輯《古小説鈎沈》本。

〔主要參考文獻〕

　　[1] 楊伯峻，何樂士. 古漢語語法及其發展 [M]. 修訂本. 北京：語文出版社，2001.

　　[2] 楊榮祥. 從歷史演變看"VP＋甚/極"的句法語義結構關係及"甚/極"的形容詞詞性 [J]. 語言科學，2004（3）.

[3] 董志翹，蔡鏡浩．中古虛詞語法例釋 [M]．長春：吉林教育出版社，1994.

[4] 楊榮祥．近代漢語副詞研究 [M]．北京：商務印書館，2005.

[5] 李傑群．"甚" 的詞性演變 [J]．語文研究，1986 (2).

[6] 呂雅賢．從先秦到西漢程度副詞的發展 [J]．北京大學學報，1992 (5).

[7] 付義琴．古代漢語 "副詞謂語句" 商榷 [J]．古漢語研究，2007 (4).

[8] 郭銳．現代漢語詞類研究 [M]．北京：商務印書館，2002.

[9] 張誼生．現代漢語副詞探索 [M]．上海：學林出版社，2004.

[10] 葉南．程度副詞作狀語和補語的不對稱性 [J]．西南民族大學學報，2007 (5).

[11] 張誼生．論與漢語副詞相關的虛化機制——兼論現代漢語副詞的性質、分類與範圍 [J]．中國語文，2000 (1).

[12] 王力．中國語法理論 [M]．北京：商務印書館，1944.

[13] 陳克炯．先秦程度副詞補論 [J]．古漢語研究，1998 (3).

[14] 何樂士．古代漢語虛詞詞典 [M]．北京：語文出版社，2006.

[15] 吳中偉．主謂謂語句 NP－ (VP－AP) 語義結構分析 [J]．語言研究，1996 (1).

[16] 汪維輝．《齊民要術》詞匯語法研究 [M]．上海：上海教育出版社，2007.

[17] 張亞軍．副詞與限定描狀功能 [M]．合肥：安徽教育出版社，2002.

[18] 武振玉．程度副詞 "非常、異常" 的產生與發展 [J]．古漢語研究，2004 (2).

The "VP (A) ＋ very (very, very)" syntactic semantic relations
and "very (very, very)" of speech and debate

Wu Maogang

(Culture of the Department, Kunming Fire Fighting
Command School, Kunming650208, China)

Abstract: There are large time gaps within "Shen" "Ji" "Feichang" evolving to degree adverbs as complement. The generalization of meaning had resulted in the syntactic function change of "Shen" "Ji". "Shen" had sprouted as complement in the pre—Qin period. "Ji" followed in the Western Han Dynasty probably. When "Feichang" lost its contrary "usual" and "unusal" properties, it was used as degree adverb from phrase in semantic and devoleped to degree adverb with syntactic function of complement in the Eastern Han Dynasty. To determine the time of the produce of adverb, it' s a must to consider the semantic, syntactic, sequence, frequency and other factors.

Key words: history of Chinese grammar; adverb; complement; Changes of semantic

（吳茂剛，昆明消防指揮學校文化基礎教研室，郵編　650208）

再論 "NP＋之＋VP" 結構中 "之" 的功能*
——以《孟子》爲考察基點

楊丹　劉利

内容摘要：本文對《孟子》的 "NP＋之＋VP" 結構作了全面的考察，認爲先秦漢語該結構中 "之" 是表對比與强調的標記。"之" 的這種功能符合跨語言的共性特徵，並且有詞彙和句法環境與之相和諧，先秦漢語 "之" 的這種用法有泛化的趨勢。

關鍵詞：之　功能　對比　强調

一　引　言

　　自《馬氏文通》以來，"NP＋之＋VP" 結構（或稱 "主·之·謂" 式）就引起了學界的廣泛關注，相關論著可謂層出不窮。馬建忠認爲 "凡讀於起詞坐動之間，間以 '之' 字，一若緩其辭氣者然。……要之，讀無 '之' 字者其常，而有 '之' 字者，必讀也，非句也。"[1][248] 馬氏有關 "之" 字的用法我們可以

---

　　* 本文初稿曾在 "第二屆兩岸六校研究生國學高峰會議"（臺北，臺灣政治大學，2012 年 12 月 16 日）上宣讀。

理解爲類似後來的取消句子的獨立性，並且把這個結構由陳述變爲指稱。後世學者的研究大抵濫觴於此。有關"NP＋之＋VP"結構的性質、功能以及"之"的詞性、語法作用等先哲時賢都有深入細緻的探討，但諸家的論斷都莫衷一是。特別是"之"的用法，學者們關注較多的主要是句法層面：一、"之"的作用是取消句子的獨立性，使諸多句子形式轉爲組合式詞結（主謂詞組）或轉爲仿語結構（吕叔湘[2]，王力[3]）。二、使主謂結構名詞化，"之"是一個名詞化標記，或主謂結構變成名詞性詞組（朱德熙[4]，王力[5]，王洪君[6]）。三、"NP＋之＋VP"結構主要爲主謂結構，"之"起連接作用，爲連詞（何樂士[7]；劉宋川、劉子瑜[8]）。

　　也有學者從語義、語用、修辭等視角來探討"NP＋之＋VP"結構，特別是"之"的作用。張世禄論述了偏正化主謂結構（"NP＋之＋VP"結構）的四種表達功能，認爲此種結構可以表示强調、比照、感歎等意義關係[9]。黄麗麗考察了"之"在語流中的作用，並對"NP＋之＋VP"結構與主謂結構從語義、語法、語用三個平面進行了比較。她認爲這兩種結構在語流中表現不同，主謂結構中間無明顯的停頓，而"NP＋之＋VP"結構在"之"後有一個頓宕，因而把節奏焦點分佈在"之"後的謂語上[10]。梁銀峰認爲"NP＋之＋VP"獨立成句表示强調或誇張語氣，具有明顯的修辭色彩。"NP＋之＋VP"結構來源於名詞性偏正結構"XP＋之＋NP"的功能擴展[11]。

　　語言是人類交際的工具，人們在表達信息時或多或少會帶上一定的主觀性。某個特殊的語法構式不能不參考其用於交際的策略，某個詞的用法不僅要考慮其語義、語法屬性，還應把它放在篇章中去探求它的語用功能。通過以下論述和考察，我們認爲"NP＋之＋VP"結構中"之"在篇章中的語法、語用功能主要體現在兩方面：一是在上下文中用來表示事物、事件或狀態的對比；二是用來對事件、狀態或各種語義關係的强調。"之" 是一個表對比（contrast）和强調（emphasis）的標記。

張伯江、方梅曾指出："由於口語裏對比焦點總是伴有强制性對比重音，因此標記詞在口語裏實際是羨餘成分。但是對於落在紙上的句子而言，標記詞的作用是不可低估的。"[12][76] 我們把 "NP＋之＋VP" 看成主謂結構，"NP＋VP" 加上 "之" 就結構來説没有較大改變，兩者所表達的意義也十分類似，然而細細體會，"之" 字表對比和强調的功能卻較爲明顯。例如：

  （1）皮之不存，毛將安傅？（《左傳·僖公十四年》）

  （2）勝聞之，曰："令尹之狂也！得死，乃非我！"（《左傳·哀公十六年》）

例（1）兩個分句中，用 "之" 來突出事物 "皮" 從而與後面的 "毛" 作比較，如果我們把它誦讀出來，在口語裏也能感覺到兩個 "NP" 帶有明顯的語流重音。後面一個分句 "毛將安傅?" 有表反問的意味，如果與前一個分句對應，可以變成 "毛之不存"，從而可以轉換成表陳述的 "皮之不存，毛之不存" 的表達，這樣從句式上也能突顯對比的作用，"不存" 作爲兩個分句的信息背景，從而突出表達重點 "皮" 與 "毛"。例（2）"NP＋之＋VP" 結構單獨成句，具有强烈的感情色彩，如果去掉 "之" 就不能表現這種强調、誇張的語氣，整個語用效果就會大打折扣。

二 《孟子》"NP＋之＋VP" 結構中 "之" 作爲對比與强調標記

我們以楊伯峻的《孟子譯註》爲考察藍本[13]，對其中的 "NP＋之＋VP" 結構進行了窮盡性分析。此結構總計 202 次，"之" 在上下文中用來表示事物、狀態的對比或是强調某種語義關係①。

(一)“之”作爲對比標記

“之”的對比功能可以從小句、複句或篇章的上下文語境中體現出來。在語境中，既可以對前項 NP 對比，對後項 VP 對比，也可以對前後項分別進行對比。

1. 對 NP 的對比

(3) 敢問夫子之不動心與告子之不動心，可得聞與？
（公孫丑上）

(4) 古之爲關也，將以御暴；今之爲關也，將以爲暴。
（盡心下）

例（3）、例（4）中，兩個“NP＋之＋VP”結構的前項分別進行對比，後項不變，即“夫子”與“告子”對比，“古”與“今”的對比，從語義上來體會這是極爲明顯的。例（3）是“與”字連接的並列項作賓語，例（4）是一個並列複句，兩個“NP＋之＋VP”結構分別作分句的主語。這兩個句子句式整齊，較容易辨識。

(5) 丹朱之不肖，舜之子亦不肖。（萬章上）

(6) 白圭曰：“丹之治水也愈於禹。”（告子下）

(7) 陽貨矙孔子之亡也，而饋孔子蒸豚；孔子亦矙其亡也，而往拜之。（滕文公下）

這類例句雖不是前後都有對應的“NP＋之＋VP”結構，但從該句的句式我們也能找出對比項。例（5）是一個並列複句，前後分句的主語“丹朱”與“舜之子”進行對比。例（6）是“NP＋之＋VP”結構作全句的主語，該句式的主語“丹”與整句的賓語“禹”對比。例（7）後一分句的“其”字可用“陽貨＋之”來替換，仍然是兩個 NP 對比。

(8) 北宮黝之養勇也：不膚橈，不目逃……孟施捨之所養勇也，曰：‘視不勝猶勝也；量敵而後進，慮勝而後會，

是畏三軍者也。……'（公孫丑上）

（9）孟子之平陸，謂其大夫曰："子之持戟之士，一日而三失伍，則去之否乎?"曰："不待三。""然則子之失伍也亦多矣。……"（公孫丑下）

有些例句需要把 "NP＋之＋VP" 結構放入篇章中才能看出其對比項，如例（8）中 "北宮黝" 與下文的 "孟施捨" 形成對比關係。例（9）的 "子之失伍" 與上文的 "子之持戟之士" 之 "失伍" 對比。

2. 對 VP 的對比

"NP＋之＋VP" 結構的 VP 內部既可以是單個動詞，也可以是動賓詞組。謂語動詞往往與其後的賓語結合得較爲緊密，而與主語則相對鬆散，因此如果 "之" 後是動賓詞組，我們把它作爲一個整體，即 "之" 的後項 VP 看待。

（10）萬章曰："士之不託諸侯，何也?"孟子曰："不敢也。諸侯失國，而後託於諸侯，禮也；士之託於諸侯，非禮也。"（萬章下）（篇章中 "不託諸侯" 與 "託於諸侯" 對比。）

（11）"孔子之去齊，接淅而行；去魯，曰：'遲遲吾行也。去父母國之道也。'（萬章下）（"去齊" 與 "去魯" 對比。）

（12）三代之得天下也以仁，其失天下也以不仁。國之所以廢興存亡者亦然。（離婁上）（"其＝三代＋之"，"得天下" 與 "失天下" 對比。）

（13）人之有是四端也，猶其有四體也。（公孫丑上）（"其＝人＋之"，"有四端" 與 "有四體" 對比或類比。）

（14）'夫夷子信以爲人之親其兄之子爲若親其鄰之赤子乎?（滕文公上）（"若親其鄰之赤子" 可以替換成 "若人之親其鄰之赤子"，後項 "親其兄之子" 與 "親其鄰之赤子"

對比。)

(15) 桀紂之失天下也，失其民也；失其民者，失其心也。得天下有道：得其民，斯得天下矣；得其民有道：得其心，斯得民矣；得其心有道：所欲與之聚之，所惡勿施，爾也。(離婁上) ("失天下"與"得天下"對比。)

(16) 子欲子之王之善與？……在於王所者，長幼卑尊皆薛居州也，王誰與為不善？在王所者，長幼卑尊皆非薛居州也，王誰與為善？(滕文公下) (篇章中"善"與"不善"對比。)

3. 對 NP 與 VP 分別對比

(17) 前日之不受是，則今日之受非也；今日之受是，則前日之不受非也。(公孫丑下)

(18) 君之視臣如手足，則臣視君如腹心；君之視臣如犬馬，則臣視君如國人；君之視臣如土芥，則臣視君如寇讎。(離婁下)

(19) 流水之為物也，不盈科不行；君子之志於道也，不成章不達。(盡心上)

(20) 丈夫之冠也，父命之；女子之嫁也，母命之。(滕文公下)

以上例句主要為並列複句（單層或多層複句），"NP＋之＋VP"結構是所屬小句的主語，或是當作命題部分，"之"的前後項分別與其對應結構的前後項進行對比，同時小句的謂語部分對各自的命題進行陳述、説明。在並列複句中，把具有明顯差異的事物、事件、性狀並置起來加以對照，從而能更加鮮明地突出相異的特徵，如例 (17) 中"前日"與"今日"對比，"不受"與"受"對比，謂語部分的"是"和"非"對前面的主語進行闡釋、説明，從而突出差異的所在。或是把在某些方面有相似特徵的比較對象進行類比，以此來突出相同的特性，如例 (19) 中"流水" 的特性與 "君子" 在志道方面具有一定的共同點。

　　(21) 士之失位也，猶諸侯之失國家也。（滕文公下）

　　(22) 民望之，若大旱之望雲霓也。（梁惠王下）

　　(23) 民之望之，若大旱之望雨也。（滕文公下）

　　(24) 民之歸仁也，猶水之就下、獸之走壙也。（離婁上）

　　(25) 孟施捨之守氣，又不如曾子之守約也。（公孫丑上）

　　王力在研究 "之" 構成的名詞性詞組時把這些句子歸爲一類單獨討論，並分爲四小類："猶"字句、"若"字句、"如"字句和 "異"字句。[5]應該説王力先生對 "之" 的這種表比較的功能給予了關注。"NP＋之＋VP" 結構在比較句中充當主語和賓語，典型的這些表比較的動詞（或稱爲 "準係詞"）作爲核心謂語動詞，使得整句主賓語的對比或類比關係尤爲强烈。我們也可以看到，"之" 的功能也不容忽視，試比較例（22）（23）。兩句的句式一樣，語義也極其類似，但例（22）的主語少一 "之" 字，"之" 並不是爲了取消句子的獨立性，也不是把該結構變成名詞性的詞組②。除了韻律節奏的不同之外，"之" 就是作爲對比標記加强比照的意味，"民望之" 與 "大旱之望雲霓也" 的對比意味大大遜色於例（23）。

　　(26) 蓋上世嘗有不葬其親者，其親死，則舉而委之於壑。他日過之，狐狸食之，蠅蚋姑嘬之。其顙有泚，睨而不視。夫泚也，非爲人泚，中心達於面目。蓋歸反蘽梩而掩之。掩之誠是也，則孝子仁人之掩其親，亦必有道矣。（滕文公上）

　　(27) 吾明告子，天子之地方千里；不千里，不足以待諸侯。諸侯之地方百里；不百里，不足以守宗廟之典籍。周公之封於魯，爲方百里也；地非不足，而儉於百里。太公之

封於齊也，亦爲方百里也；地非不足也，而儉於百里。今魯方百里者五，子以爲有王者作，則魯在所損乎，在所益乎？（告子下）

如果我們單獨提取某個單句不易看出"之"的作用，但如果關注更大的話語單位，情況就大不相同了。如例（26）上文的內容可以概括爲"不孝子之不掩其親"，與下文的"孝子仁人之掩其親"構成對比關係。例（27）"周公之封於魯"與"太公之封於齊也"先形成類比關係，句式整齊，突出他們相同的在於土地實際上還不足一百里，同時一起又與下文魯國的土地的大小形成鮮明對比。

（二）"之"作爲强調標記

"NP＋之＋VP"結構中"之"作爲强調標記着重對事件行爲、性狀程度的强調，也有對時間、因果、假設或條件等語義關係的强調，有的能增强整句的感嘆、誇張語氣。

1. 强調事件、行爲

（28）臣請爲王言樂。今王鼓樂於此，百姓聞王鐘鼓之聲，管籥之音，舉疾首蹙頞而相告曰："吾王之好鼓樂，夫何使我至於此極也？父子不相見，兄弟妻子離散。"（梁惠王下）

（29）吾之不遇魯侯，天也。臧氏之子焉能使予不遇哉？（梁惠王下）

（30）子之從於子敖來，徒餔啜也。（離婁上）

2. 强調性狀、程度

（31）天下固畏齊之强也，今又倍地而不行仁政，是動天下之兵也。（梁惠王下）

（32）無或乎王之不智也。（告子上）

（33）吾今而後知殺人親之重也：殺人之父，人亦殺其父；殺人之兄，人亦殺其兄。然則非自殺之也，一間耳。

（盡心下）

3. 強調因果關係

（34）故王之不王，非挾太山以超北海之類也；王之不王，是折枝之類也。（梁惠王上）

（35）是故明君制民之產，必使仰足以事父母，俯足以畜妻子，樂歲終身飽，凶年免於死亡；然後驅而之善，故民之從之也輕。（梁惠王上）

（36）孟子曰："君子之厄於陳蔡之間，無上下之交也。"（盡心下）

4. 強調假設、條件關係

（37）莊暴見孟子曰："暴見於王，王語暴以好樂，暴未有以對也。"曰："好樂何如?"孟子曰:'王之好樂甚，則齊國其庶幾乎?'（梁惠王下）

（38）萬章曰："'父母愛之，喜而不忘；父母惡之，勞而不怨。'然則舜怨乎?"……夫公明高以孝子之心，為不若是恝，我竭力耕田，共為子職而已矣，父母之不我愛，於我何哉?"（萬章上）

5. 強調時間關係

（39）昔者文王之治岐也，耕者九一，仕者世禄，關市譏而不征，澤梁無禁，罪人不孥。（梁惠王下）

（40）前日不知虞之不肖，使虞敦匠事。嚴，虞不敢請。今願竊有請也：木若以美然。（公孫丑下）

（41）孔子之仕於魯也，魯人獵較，孔子亦獵較。（萬章下）

6. 強調感歎、誇張語氣

（42）及至葬，四方來觀之，顏色之戚，哭泣之哀，弔者大悅。（滕文公上）

（43）大哉，堯之為君! 惟天為大，惟堯則之，蕩蕩乎

民無能名焉！（滕文公上）

　　（44）固哉，高叟之爲詩也！（告子下）

　　（45）仁人無敵於天下，以至仁伐至不仁，而何其血之流杵也？（盡心下）

　　這類的"之"主要是對"NP＋之＋VP"結構所要表現的語言信息進行強調。除了在此種構式中通過"之"進行強調以外，還能找到一些輔助信息幫助我們理解。有些句段爲了突顯所要強調的部分，往往會在篇章中有某些信息的前後照應或是重複，這種重複其實就是爲了強調其信息的重要性。如例（28）是對"吾王好鼓樂"這個行爲的強調，整句意思爲：我們國君如此愛好音樂，爲什麼使我苦到這般境地呢？與此句照應的上文中即有"臣請爲王言樂。今王鼓樂於此……"的相關信息。如果我們從"莊暴見孟子"整篇內容來看，從頭到尾都在講"王好樂"，也就是說，從整個篇章來看"王好樂"是討論的主題，在段落和文句中類似這樣的語句反復出現，它自然就會成爲強調的重要信息了。例（29）（37）（38）的情況也與之類似，儘管所強調的關係有所側重。另外，有一些詞語能輔助顯示語義關係。如表因果關係的"故"，表假設關係的"則"，表時間關係的"昔者""前日"等等。當然，有些我們能從本身的句式結構來判斷，特別是強調感嘆、誇張的語氣，如例（42）兩個"NP＋之＋VP"結構單獨成爲小句，例（43）（44）採用謂語倒置的結構，例（45）採用"NP＋之＋VP"結構作爲中心語的狀中結構，用副詞"何其"以及小句本身的反詰問來增強感嘆的語氣。

　　《孟子》"NP＋之＋VP"結構"之"的功能用例表（共202次）

功能	對比標記			強調標記					
分類	對 NP 對比	對 VP 對比	對NP、VP 分 別 對 比	事 件/ 行爲	性 狀/ 程度	因果	假 設/ 條件	時間	感 歎/ 誇張
次數	22	22	72	45	14	11	3	7	6
百分比 (%)	10.9	10.9	35.6	22.3	6.9	5.4	1.5	3.5	3.0
合計	116(57.4%)			86(42.6%)					

三　討　論

（一）類型學及語法化的初步解釋

我們發現，古漢語 "之" 的此種功能具有世界跨語言的共性。Heine & Kuteva 曾關注了世界 500 多種語言的語法化過程，爲我們展現了一些特定的詞彙可以語法化爲哪些語法成分。其中指示代詞（demonstrative）有一個跨語言的語法化鏈：指示代詞（demonstrative）＞人稱代詞（pers－pron）＞判斷詞（copula）＞焦點（focus）。[14] 這裏的人稱代詞其實主要爲第三人稱（third pers－pron），語法化鏈中的每個階段並不是必不可少的，如焦點標記也有可能直接來源於指示代詞。

石毓智在研究 "是" 的語法功能和使用條件時，認爲判斷詞 "是" 衍生出的主要語法功能爲焦點、強調和對比。他根據 Harries－Delisle 以及 Fite & King 的研究建立了一個跨語言的發展鏈：指示代詞→判斷詞→焦點標記→強調標記→對比標記[15]。

綜合國內外的類型學、語法化研究，以及有關古漢語 "之" 的相關論著，我們姑且用以下語法化鏈來展現 "之" 的發展規律：

指示代詞 ＞人稱代詞（第三人稱）＞焦點標記 ＞強調標記

>對比標記

在這個語法化鏈之外，還有一個義爲"到、往"的動詞義的"之"，這是比較古老的用法。至於它與作指示代詞的"之"是否有聯繫，我們暫且不討論。我們認爲，"之"在先秦漢語中的用法在上述語法化鏈中都已有所呈現。用作代詞，"之"在漢語文獻中出現較早，殷墟卜辭中就有用例，既可以作指示代詞，也可用作第三人稱代詞。王力認爲"之"先用作指示代詞，然後發展爲人稱代詞。[5] 至於"之"是否是真正的第三人稱代詞，學者們有不同的意見。郭錫良認爲"之"在春秋戰國時代已經從指示代詞向第三人稱代詞轉化，但這一過程最終沒有完成[16]。但是我們可以説，至少在語法化的歷程中，"之"有作爲第三人稱代詞的趨勢，雖然最終沒有完成，但仍是符合語言共性的。

"之"是否有焦點標記（focus marker）的功能，學界也一直有爭論。這種用法常見的句式是"之"複指提前的賓語。徐傑認爲上古漢語中的賓語前置現象是對焦點的語法表達方式[17]。張敏尤其強調"之"的這種複指功能，也把這種複指用法看作焦點標記[18]。Harries—Delisle 指出語言運用句法和音位手段來表達對比強調。其中句法手段就包括表強調的詞序、強調的語素以及表強調的句型[19]。也就是説，改變詞序是一種非常重要的表強調的句法手段。焦點標記"之"的作用也就是對提前的名詞性賓語加以強調。因此，"之"由焦點標記發展爲強調、對比標記從認知上來説就不難理解了。

主謂之間的"之"較之指示代詞則出現得相對較晚，在甲骨文和金文中尚且沒有典型的用例，直到《尚書》《詩經》等文獻中才出現。語法化往往是從語義上較實的詞匯演變爲較虛的語法成分，同時伴隨的是語法功能的增強。"NP＋之＋VP"結構中"之"的詞匯義大大減弱了，有無"之"從語義上來説並不會有多大的差異，看似是一個羨餘成分。但從另一個角度來講，它的語法功能卻更爲明確，變成了一個表强調和對比的標記。當然，在先秦漢語中，"之" 既可作爲動詞，也可作爲指示代詞或是焦點、强調、對比標記，新舊形式會在一個共時平面呈現出歷時的層次（layering）。加之我們去古較遠，種種因素使得我們不能去一一證實某些問題。比如我們很難從文獻中去探求强調標記與對比標記的先後問題，況且强調與對比的對立在很多時候也不是那麽絕對，要對比勢必需要有强調的成分，同時强調、突出的成分才容易形成對比的參照。

（二）詞匯及句法環境與之相和諧

除了語境之外，句法、詞匯環境有助於 "之" 功能的突顯。前面描寫時我們已經提到，在詞匯方面，有些句子的核心謂語是表比較的動詞，有的句子有表達關係的詞語，實際上這些是與 "之" 的功能相和諧的。句法方面，它多用在並列複句中，並列的這種句式也容易給對比造成一個合適的環境，或者説並列本身的這種表達，使得信息的接受者容易讓事物或狀態形成對比、類比的參照。如：

　　（46）庖有肥肉，厩有肥馬，民有饑色，野有餓莩，此率獸而食人也。（梁惠王上）

　　（47）仁，内也，非外也；義，外也，非内也。（告子上）

　　（48）彼一時，此一時也。（公孫丑下）

　　（49）彼，丈夫也；我，丈夫也。（滕文公上）

呂叔湘曾説道："另有一類兩事相比的句子，不用 '猶'、'如' 等字連係，採取平行的結構，比喻在前，正意在後。"[2]356 呂先生此處説的比喻句，也即比較句。如：[2]356

　　（50）鐘不打不響；話不説不明。（兒五）

　　（51）豹死留皮，人死留名。（五代史·王彦章傳）

　　（52）射人先射馬；擒賊先擒王。（杜甫詩）

並列句的這種額外的功能再加上"之"的標記作用，對比意味就更加強烈了。

另外，"NP＋之＋VP"結構經常後跟一個"也"字，形成"NP＋之＋VP＋也"式。如例（19）（21）（31）（39）等。石毓智認爲先秦漢語的虛詞"也"可作爲强調和對比標記[20]。那麼，一個句子中有兩個這樣的虛詞相互配合，其功能的確切性就不言而喻了。

（三）"之"的功能的泛化

"之"的這種功能不僅主要集中體現在"NP＋之＋VP"結構中，有時在名詞性偏正結構中也並不少見。下面例句我們去仔細剖析，也能體會出有强調和對比的意味。如：

（53）君子之德，風也；小人之德，草也。（滕文公上）（對比）

（54）今之樂由古之樂也。（梁惠王下）（對比）

（55）鄰國之民不加少，寡人之民不加多，何也？（梁惠王上）（對比）

（56）孝子之至，莫大乎尊親；尊親之至，莫大乎以天下養。爲天子父，尊之至也；以天下養，養之至也。（萬章上）（强調）

現代漢語結構助詞"的"，學界普遍認同它與上古漢語名詞性偏正結構的"之"有淵源關係。趙元任指出助詞"的"有突出修飾語的作用。應用助詞"的"可以收到類似對比重音的效果[21]。他曾舉出以下例子並進行説解[21]147：

（57）我要找一個空碗。——謂語是整個動詞性詞語。

（58）我要找一個空的碗。——除語法謂語外還有一個次要的邏輯謂語含在"空的"中。

沈家煊也指出"鉛筆尖"和"鉛筆的尖"是不一樣的，從認知的角度來看，結構助詞"的"的作用就是把抽象的"關係"概念凸現出來。他認爲把 "的" 叫做 "結構助詞"，就是因爲 "的" 的作用是凸現結構關係[22]。

學者們所謂的對比重音、凸現結構等作用，放在這裏也即强調、對比功能，尤其是對定語的凸現。

我們發現，上述例（8）有一個非常有趣的現象。"NP+之+VP" 結構 "北宮黝之養勇" 與 "NP+之+所+VP" 結構 "孟施捨之所養勇" 形成比較。後面一句的 "所" 字結構把後項 VP 由陳述變成指稱，整個結構成爲偏正結構，也就是説加了 "所" 字，雖然結構的性質變了，但仍然有對比作用。

因此，我們不難看出古代漢語名詞性偏正結構的 "之" 也不乏此種功能，祇是以前我們經常重視的是詞組的結構，而忽略了它其他方面的作用。

另外，"之" 與其他虛詞組合搭配成其他結構時，這種作用也會較爲明顯。比如 "之" 與連詞 "與" 常常一起出現，構成 "NP$_1$+之+與+NP$_2$" 結構。如：

（59）如使口之於味也，其性與人殊，若犬馬之與我不同類也，則天下何者皆從易牙之於味也？（告子上）

（60）主者，天道也；臣者，人道也。天道之與人道也，相去遠矣，不可不察也。（《莊子・在宥》）

（61）彼人之才性之相縣也，豈若跛鼈之與六驥足哉！（《荀子・修身》）

這不是 "NP+之+VP" 結構，而是 "NP$_1$+之+與+NP$_2$" 常作小句的主語，後面有謂語對其進行解釋和説明，"與" 作爲連詞連接前後兩個 NP。去掉 "之" 不影響語義的理解，可以看成羨餘成分，但它卻能使連詞 "與" 所連接的前後項的强調、對比意味更加明顯。張玉金、莫艾飛也認爲 "之" 在此種結構中表强調[23]。

因此我們説，"之" 的這種功能有可能在先秦漢語中已經泛化，並且成爲“之”語法化之後的基本的、普遍的功能特徵。

　　王洪君從歷時的角度探討了表自指的名詞化標記“之”的消失。她從表達功能上把“N 之$_s$ V”分作六類，同時詳細統計了先秦至南北朝文獻中這六類的用法。她認爲作准判斷句、比較句主賓語的“N 之$_s$ V”的比例後來不斷上升。特別是在佛經文獻《六度集經》中，“N 之$_s$ V”共 41 例，其中有 23 例都是用於準判斷、比較句，而在《史記》中祗有相對較少的用例[6]。以王洪君先生的結論爲參考依據，我們認爲，與其説表比較的“之”的頻率後來有所攀昇，不如説其他用法相對減少，然而基本的表對比的功能因其常用性而不易改變，所以從總的頻率上看卻有增加的趨勢。

四　結　語

　　綜上所述，“NP＋之＋VP”結構中“之”的功能主要表對比和強調，這符合跨語言的共性特徵，並且詞彙和句法環境能更好地證明這一點，同時，先秦漢語“之”的此種功能有泛化的趨勢。

〔注釋〕

　　① 以下“對比”和“強調”的分類體系參考石毓智對“也”的分析[20]271-274。

　　② “NP＋之＋VP”結構可以作分句，也有單獨成句的例子，這就不能解釋爲“之”是爲了取消句子的獨立性，相關論述參見王洪君（1984），劉宋川、劉子瑜（2006）。另外，“NP＋之＋VP”結構有些時候與謂詞性詞語具有相同的性質，並且“之”的名詞化作用也並没有語義及語法上的要求，因此它也不是一個名詞化標記。參見劉宋川、劉子瑜（2006）、張敏（2003）、何樂士（1989）。

〔主要參考文獻〕

［1］馬建忠．馬氏文通［M］．北京：商務印書館，1983.

［2］吕叔湘．中國文法要略［M］．北京：商務印書館，1982.

［3］王力．漢語史稿［M］．重排本．北京：中華書局，1980.

［4］朱德熙．自指和轉指——漢語名詞化標記“的、者、所、之”的語法功能和語義功能［J］．方言，1983（1）．

［5］王力．漢語語法史［M］．北京：商務印書館，1989.

［6］王洪君．漢語表自指的名詞化標記“之”的消失［A］．//語言學論叢（第14輯）［C］．北京：商務印書館，1984.

［7］何樂士．《左傳》的［主·“之”·謂］式［A］．//《左傳》虚詞研究［C］．北京：商務印書館，1989.

［8］劉宋川、劉子瑜．“名·之·動/形”結構再探討［A］．//語言學論叢（第32輯）［C］．北京：商務印書館，2006.

［9］張世禄．古漢語裏的偏正化主謂結構［A］．//張世禄語言學論文集［C］．上海：學林出版社，1984.

［10］黄麗麗．“主·之·謂”結構的“之”在語流中的作用及該結構産生和衰落的原因［A］．//古漢語語法論集（第二屆國際古漢語語法研討會論文選編）［C］．北京：語文出版社，1998.

［11］梁銀峰．古漢語［主語＋之＋謂語］s的修辭色彩及其成因［J］．當代修辭學，2011（3）．

［12］張伯江，方梅．漢語功能語法研究［M］．南昌：江西教育出版社，1996.

［13］楊伯峻．孟子譯註［M］．北京：中華書局，2010.

［14］Heine，Bernd & Kuteva，Tania. *World Lexicon of Grammaticalization*［M］．Cambridge：Cambridge University Press，2002. / Beijing：World Publishing Corporation，2007.

［15］石毓智．論判斷、焦點、强調與對比之關係［J］．語言研究，2005（4）．

［16］郭錫良．漢語第三人稱代詞的起源和發展［A］．//漢語史論集［C］．北京：商務印書館，1997.

［17］徐傑．普遍語法原則與漢語語法現象［M］．北京：北京大學出

版社，2001.

　　[18] 張敏. 從類型學看上古漢語定語標記 "之" 語法化的來源 [A]. //語法化與語法研究（一）[C]. 北京：商務印書館，2003.

　　[19] Harries—Delisle, Helga. Contrastive emphasis and cleft sentences [A]. //In Joseph H. Greenberg, Charles A. Ferguson &. Edith A. Moravcsik eds. *Universals of human language* [C]. Vol. Ⅳ. Stanford：Stanford University Press, 1978.

　　[20] 石毓智. 語法化理論——基於漢語發展的歷史 [M]. 上海：上海外語教育出版社，2011.

　　[21] 趙元任. 漢語口語語法 [M]. 呂叔湘譯. 北京：商務印書館，1979.

　　[22] 沈家煊. 轉指和轉喻 [J]. 當代語言學，1999（1）.

　　[23] 張玉金，莫艾飛. 戰國時代連詞 "與" 研究 [A]. //中國文字研究（第 15 輯）[C]. 鄭州：大象出版社，2011.

Review on the Function of Zhi（之）in the

"NP＋Zhi（之）＋VP" Structure

——based on textual analysis of Mencius

Yang Dan[1] And Liu Li[2]

([1] The Normal College, Beijing Union University, Beijing100011, China [2] College of Arts, Beijing Normal University, Beijing100875, China)

Abstract： The paper conducts a comprehensive study of the "NP＋*Zhi*（之）＋VP" structure in *Mencius*, concluding that *Zhi*（之）in that structure is a marker of contrast and emphasis within the Chinese language system of the Pre—Qin Period. This function is consistent with the cross language trait, and it is in harmony with specific lexical and syntactic environment. It also bespeaks a tendency of extension in the Pre—Qin Chinese.

Key words： *Zhi*（之）；function；contrast；emphasis

（楊丹，北京聯合大學師範學院，郵編　100011；劉利，北京師範大學文學院，郵編　100875）

《祖堂集》方位詞 "前" 的語法特徵

周北南

内容摘要：和《左傳》、《紅樓夢》比較，《祖堂集》中方位詞 "前" 出現了一些新的語法特徵，其中最重要的是 "詞匯雙音化"，後發展爲慣用語。從語義上看，《祖堂集》中方位詞 "前" 的語法特徵多表現爲時間義前置化，處所義後置化。

關鍵詞：語法　語義　雙音化

方位詞 "前"，《左傳》中有 35 例，《祖堂集》中有 375 例，《紅樓夢》（前四十回）中有 412 例。其用例的語法特徵在漢語詞匯史上頗有代表性。

1. 自由類方位詞 "前" 的語法特徵

1.1《左傳》中自由作句法成分的方位詞 "前" 共有 7 例：狀語 1 例，表時間義；活用爲動詞作謂語 1 例，表處所義；作動詞、介詞的賓語 5 例，表處所義，其前介詞都爲 "於"。如：

（1）二執戈者前矣！（昭公元年，1203 頁）

（2）然而前知其爲人之異也。（昭公十五年，1369 頁）

（3）蔡子家曰："蒲宫有前，不亦可乎?"（昭公元年，1203 頁）

（4）有淖於前，乃皆左右相違於淖。（成公十六年，885

頁)

上例(1)"前"用作謂語動詞,"站在面前";(2)"前"作狀語,修飾限制謂語動詞"知",有"早"的意思;(3)(4)"前"分別作動詞"有"和介詞"於"賓語,(3)"前"指"護衛在面前",(4)"前"指"軍隊面前"。

1.2《祖堂集》中自由作句法成分的方位詞"前"共有96例:狀語6例,表處所義,一般指參照物前面的處所,也是所修飾限制動作所發生的處所;作動詞、介詞賓語90例,多數表處所義,指動詞、介詞指向的處所,很少的表時間義。如:

(1) 其上座便近前,以手提之,衣衈不動。(卷二,55頁)

(2) 師亦自向前共吃。(卷四,97頁)

(3) 我向前在一老宿處,有個師僧同過夏。(卷六,150頁)

(4) 十三娘放身進前三步,又手而立。(卷九,214頁)

(5) 師行游次,見道吾,依前問。(卷十六,357頁)

(6) 汝從前所有學,解以眼耳。(卷十九,415頁)

(7) 想解不生,則理智現前。(卷二十,440頁)

(8) 僧曰:"和尚前來爲什摩道再生角?"(卷九,210頁)

(9) 度上座夜間舉似諸禪客次,師近前來云。(卷十二,281頁)

上例(1)(4)(5)(7)"前"分別作動詞"近""進""依""現"賓語,表處所;(2)(3)"前"都作"向"賓語,但與"向"結合的緊密程度不一樣,前者結合得鬆些,表處所,後者結合得緊些,表時間,指"以前";(6)"前"與介詞"從"結合得比較緊,表時間,指"以前";(8)(9)"前"都作狀語,修飾"來";(9)"前"我們認爲是"近"的賓語,不是"來"的狀語。

這説明方位詞 "前" 對 "近前" "近前來" "前來" 結構有一定的影響。

《祖堂集》中 "前" 經常作動詞 "近" "進" "依" "現" "看" "代" "如" "忘" 等、介詞 "向" "從" "在" "於" 等的賓語。

1.3《紅樓夢》中自由作句法成分的方位詞 "前" 共有 68 例：狀語 14 例，主要表處所義，少數表時間義；動詞、介詞賓語 54 例，多數表處所義，少數表時間義。如：

(1) 遂不禁上前施禮。（第一回，9 頁）

(2) 賈瑞聽了這話，越發撞在心坎兒上，由不得又往前湊了一湊。（第十二回，166 頁）

(3) 只見榮國府中的王興媳婦來了，在前探頭。（第十四回，191 頁）

(4) 寶玉着了急，向前攔住説道。（第二十三回，326 頁）

(5) 那紅玉見賈芸手裏拿的手帕子，倒像是自己從前掉的。（第二十六回，360 頁）

(6) 冤冤相報實非輕，分離聚合皆前定。（第五回，89 頁）

(7) 説着便挪近前來。（第八回，123 頁）

(8) 李嬤嬤等已進來了，聽見醉了，不敢前來再加觸犯。（第八回，132 頁）

上例 (1) (2) "前" 分別作動詞 "上" "往" 賓語，表處所；(4) (5) "前" 分別作介詞 "向" "從" 賓語，前者表處所，後者表時間；(3) "前" 作 "在" 賓語，表處所；(6) (8) "前" 都作狀語，分別修飾動詞 "定" "來"，(6) 表時間，(8) 表處所；(7) "前" 是 "近" 的處所賓語。

《紅樓夢》中 "前" 經常作動詞 "近" "進" "上" "往" "顧" "瞻" 等、介詞 "向" "從" "在" "按" 等的賓語。

比較以上分析描寫，我們發現：1. 方位詞"前"在三部語料中都能自由作句法成分，都能作動詞、介詞賓語；2. 方位詞"前"在三部語料中都能表處所義、時間義。我們還發現：3. 和《左傳》相比，《祖堂集》中方位詞"前"能與多種新興的動詞、介詞組合，並且有些組合已經雙音化爲慣用語，如"向前""從前""前來"等；4. 和《紅樓夢》相比，《祖堂集》中方位詞"前"的句法功能比較穩定，有些組合和用法被《紅樓夢》繼承下來，如"近前""從前"等，但是，"向前"這個組合在《紅樓夢》中只表處所了。

2.　前加類方位詞"前"的語法特徵

2.1《左傳》中前加類方位詞"前"共有19例，能前加於動詞、形容詞、名詞等，表空間方位關係，指參照物的正面前方的處所，9例；表時間方位關係，指參照點以前的時間，10例。如：

（1）渠孔御戎，子伯爲右，黄夷前驅，孔嬰齊殿。（閔公二年，265頁）

（2）若惠顧前好，徼福於厲、宣、桓、武。（宣公十二年，719頁）

（3）吾與女同好棄惡，復修舊德，以追念前勳。（成公十三年，864頁）

（4）前城人敗陸渾於杜。（昭公二十二年，1438頁）

上例（1）（4）"前"表空間方位關係，分別指"軍隊的前面處所""參照物前面的城"；（2）（3）"前"表時間方位關係，指參照點時間"以前"。

《左傳》中類似組合還有：前志、前茅、前拒、前城、前惡、前勞、前驅、前之惡等。

2.2《祖堂集》中前加類方位詞 "前" 共有 95 例，大多與抽象名詞結合，表時間方位關係，指 "以前的、過去的"，很少表空間方位關係。如：

(1) 果合前緣，深扶宿願。(卷一，11 頁)

(1) 具舉前話。(卷七，161 頁)

上例 (1) "前緣" 指以前的緣分，(2) "前話" 指以前說的話。

《祖堂集》中類似組合還有：前智威、前神秀、前境、前緣、前二子、前漢、前魏、前道士、前事、前程、前旨、前日、前問、前言、前話、前蹤、前語、前罪、前規、前王、前佛、前篇、前學、前者等。

2.3《紅樓夢》中前加類方位詞 "前" 共有 122 例，多與抽象名詞結合，少數和動詞結合，表時間方位關係，指 "時間在前的、過去的"，很少的表空間方位關係。如：

(1) 使他認得幾個字，記得前朝這幾個賢女便罷了。(第四回，57 頁)

(2) 說着，大家想着前情，都笑了。(第三十一回，436 頁)

上例 (1) "前朝" 指前面的朝代，(2) "前情" 指說話之前的情景。

《紅樓夢》中類似組合主要有：前代、前人、前歲、前科、前輩、前言、前朝、前生、前情、前兒、前日、前題、前心、前亡、前功、前程、前夫、前銀、前景、前廳、前幾處等。

比較以上分析描寫，我們發現：1. 前加類方位詞 "前" 在三部語料中都能前加於體詞和少數謂詞，修飾限制體詞和謂詞；2. 前加類方位詞 "前" 在語義上已經發生了很大變化，《左傳》中 "前" 既表空間方位關係，又表時間方位關係，《祖堂集》和《紅樓夢》中 "前" 主要表時間方位關係，很少表空間方位關係。

3. 後置類方位詞 "前" 的語法特徵

3.1《左傳》中後置類方位詞 "前" 作方位後置詞 3 例，作框式介詞後置詞 3 例，都表處所義，參照物都是具體的事物。框式介詞前置詞祇有 "於"。如：

(1) 韓厥執繁馬前，再拜稽首，奉觴加璧以進。（成公二年，794 頁）

(2) 武城人塞其前，斷其後之木而弗殊。（昭公二十三年，1441 頁）

(3) 鄭祭足、泄駕以三軍軍其前。（隱公五年，45 頁）

(4) 士季使鞏朔、韓穿帥七覆於敖前，故上軍不敗。（宣公十二年，737 頁）

(5) 申犀稽首於王之馬前。（宣公十五年，761 頁）

(6) 二君有治，臣姦旗鼓，不敏於君之行前。（定公十四年，1596 頁）

上面前三例 "前" 都作方位短語後置詞，分別構成方位短語 "馬前""其前"，後三例 "前" 都作框式介詞後置詞，分別構成介賓短語 "於敖前""於王之馬前""於君之行前"。它們都表處所義。

3.2《祖堂集》中後置類方位詞 "前" 作方位後置詞，表處所義 102 例、範圍義 13 例、時間義 9 例，作框式介後置詞 26 例，表處所義。如：

(1) 師云："皇帝見目前虛空摩？"（卷三，73 頁）

(2) 五祖七歲，洞達言前。（卷二，56 頁）

(3) 師云："未問前。"（卷八，184 頁）

(4) 唯有師獨持刀水，於大師前跪拜揩洗。（卷四，96 頁）

(5) 師到石霜，將鍬子向法堂前過來過去。（卷六，149頁）

上面前兩例 "前" 都作方位短語後置詞，分別構成方位短語 "目前" "言前"，但前者表處所，後者表範圍；(3) "未問前" 我們把它看作時間方位短語；後兩例 "前" 都作框式介詞後置詞，分別構成介賓短語 "於大師前" "向法堂前"。此類 "前" 經常和 "於" "向" "在" "就" "從" 等構成框式介詞。

3.3《紅樓夢》中後置類方位詞 "前" 作方位後置詞，表處所義88例、範圍義4例、時間義9例，作框式介後置詞106例，表處所義。如：

(1) 及至到了他門前，看見士隱抱着英蓮。（第一回，10頁）

(2) 現成眼前之物偏倒想不起來了。（第十七回，254頁）

(3) 薛姨媽道："梅花朵朵風前舞。"（第四十回，558頁）

(4) 二十年前，他們看承你們還好。（第六回，95頁）

(5) 說着也走在案前寫了。（第三十七回，504頁）

(6) 又帶至街前，看那過會的熱鬧。（第一回，10頁）

上面前兩例 "前" 都作方位短語後置詞，分別構成方位短語 "門前" "眼

前"，都表處所，(3) "風前" 表範圍，(4) "二十年前" 表時間；(5) (6) "前" 都作框式介詞後置詞，分別構成介賓短語 "在案前" "至街前"。此類 "前" 經常和 "至" "在" "到" "從" "向" "往" 等構成框式介詞。

比較以上分析描寫，我們發現：1. 後置類方位詞 "前" 在三部語料中都能表處所義，是基本的語法功能。2. 後置類方位詞 "前" 在《祖堂集》、《紅樓夢》中能表範圍義、時間義，用例

比較少，但在《左傳》中沒有這個功能。3. 從《左傳》到《祖堂集》再到《紅樓夢》，作框式介詞後置詞的功能越來越强，可以和多種前置詞結合使用。例如"於……前"是《左傳》中唯一的結構，《祖堂集》中"於/向/在……前"成爲主要組合，《紅樓夢》中"在/至/到……前"成爲主要框式介詞。4.《祖堂集》中新興的用例最多的方位結構如"目前"，在《紅樓夢》中卻沒有發現一例。5.《祖堂集》中新興的主要方位短語都是以身體爲參照物，如"目前""面前""身前"等，到《紅樓夢》中，它們又被"跟前""眼前"等代替了。

4. "前"構成的派生類方位詞的語法特徵

4.1《左傳》中"之＋前"結構，"之"是介詞①，而不是"前綴"。"前"表處所義。如：

(1) 戎人之前遇覆者奔。（隱公九年，66 頁）

(2) 范文子立於戎馬之前。（成公十六年，890 頁）

上例 (1)"前"是名詞，指"前面的軍隊"，(2)"前"表"馬的正面處所"。這兩例"之前"可以看成派生方位詞的雛形。

4.2《祖堂集》中"前"構成的派生方位詞有"已/以/之＋前"、"前＋頭/際"兩種結構，表時間義 16 例，表處所義 7 例。"前＋頭/際"結構能獨立作句法成分，"已/以/之＋前"結構主要作後置成分。如：

(1) 向汝道，未跨門以前早共汝商量了。（卷七，164 頁）

(2) 香雲忽起，盤旋於塔廟之前。（卷十七，377 頁）

(3) 十五日已前，師僧莫離此間。（卷十九，422 頁）

(4) 維摩觀佛，前際不來，後際不去。（卷十，218 頁）

(5) 師云："前頭水深，過得摩?"（卷十七，369 頁）

上例（1）（3）"以前" "已前" 作方位後置詞，表時間；（2）"之前" 是方位後置詞，表處所；（4）（5）"前際" "前頭" 作主語，表處所。

4.3《紅樓夢》中 "前" 構成的派生方位詞有 "之＋前"、"前＋頭/面/邊" 兩種結構，主要表處所義 24 例。"前＋頭/面/邊" 結構能獨立作句法成分，"之＋前" 結構主要作後置詞成分。如：

（1）因在賈母之前，不敢形於色。（第二十二回，314頁）

（2）賈璉已經笑着去了，到了前面見了賈政。（第二十三回，318頁）

（3）可巧看見林黛玉在前頭走，連忙趕上去。（第二十八回，386頁）

（4）有人來請喫飯，方往前邊來。（第二十一回，288頁）

上例中（1）"之前" 作方位後置詞；（2）（3）（4）"前面" "前頭" "前邊" 都作賓語。

比較以上分析描寫，我們發現：《祖堂集》中由 "前" 構成的派生方位詞主要表時間義，少數表處所義；《紅樓夢》中由 "前" 構成的派生方位詞主要表處所義，以後綴派生爲主，"前＋面" 結構最多。

5. "前" 構成的複合類方位詞的語法特徵

5.1《左傳》中複合方位詞祇有 "前後" 1 例，作主語，表處所義。如：

（1）衷戎師，前後擊之，盡殪。（隱公九年，66頁）

5.2《祖堂集》中複合方位詞 "前後" 有 12 例，表範圍義、時間義、處所義，可自由作句法成分，可前加於名詞。如：

　　（1）肅宗、代宗前後兩朝，并親受菩薩戒，禮號國師焉。（卷三，72頁）

　　（2）對云："見時不說前後。"（卷二，60頁）

　　（3）前後見汝發言蓋不同常，汝子細向吾說看。（卷十六，367頁）

上例中（1）（3）"前後"分別作定語和狀語，表時間；（2）"前後"作賓語，表處所。

　　5.3《紅樓夢》中複合方位詞祇有"前後"2例，表處所、時間，都作主語。如：

　　（1）夏守忠乘馬而至，前後左右又有許多內監跟從。（第十六回，210頁）

　　（2）倘或不防，前後錯了一點半點。（第三十四回，467頁）

三部語料中，《祖堂集》複合方位詞"前後"用例最多，其語法功能最多，是重要方位詞。

　　綜上所述，《祖堂集》中方位詞"前"的語法特徵更接近於《紅樓夢》中"前"，和《左傳》中"前"差別較大。《祖堂集》中方位詞"前"在用法上出現了一些新興的形式，其中最重要的是"詞匯雙音化"：1. 自由類方位詞"前"能作多種動詞、介詞的賓語，有些組合因為使用頻率高而成為慣用語，是詞匯雙音化的重要形式，如"向前""從前""近前"等；2. 後置類方位詞"前"和參照物成分的組合，有些比較緊密，使用頻率高，雙音化為慣用語，如"目前""面前""身前"等；3. 前加類方位詞"前"和它所修飾、限制成分的組合，有些也已經雙音化，如"前言""前日""前程"等。

　　從語義上看，《祖堂集》中方位詞"前"還有以下兩個方面的重要特徵：1. 時間義前置化，如"前日""前程"等。《祖堂集》中前加類方位詞"前"大都表時間義。2. 處所義後置化，如"向前""面前"。《祖堂集》中後置類方位詞"前"大都表處所義。

和《祖堂集》相比較，《紅樓夢》中方位詞"前"的變化主要有兩點（見附表）：1. 框式介詞後置詞比重大量增加。框式介詞後置詞使用頻率佔《紅樓夢》中方位詞"前"使用頻率總量的25.9％。2. "前＋後綴"形成的派生方位詞基本上代替了"前綴＋前"結構的派生方位詞。

附表：方位詞"前"例數（自然數）及其比例（％）

	自由類		前加類	方位	框式	前綴	後綴	複合	合計
	狀語	賓語		後置	後置	派生	派生		
《左》	2(5.7)	5(14.2)	19(54.2)	3(8.5)	3(8.5)	2(5.7)	0(0)	1(2.8)	35
《祖》	9(2.3)	84(22.8)	95(25.1)	122(32.3)	30(7.9)	18(4.7)	5(0)	12(0.3)	375
《紅》	14(3.3)	54(13.1)	122(29.6)	88(21.3)	107(25.9)	1(0)	24(0.5)	2(0)	412

注：狀語例和《左傳》少數活用爲動詞例一起統計。

〔注釋〕

①王力《古代漢語》，中華書局，2001年版，第461—463頁。

〔主要參考文獻〕

[1]（南唐）釋靜，釋筠. 祖堂集. 吳福祥，顧之川點校. 長沙：嶽麓書社，1996.

[2]（清）曹雪芹. 紅樓夢. 北京：人民文學出版社，1988.

[3] 楊伯峻. 春秋左傳注. 北京：中華書局，1995.

[4] 劉丹青. 漢語中的框式介詞. 當代語言學，2002（4）.

[5] 方經民. 現代漢語房屋成分的分化和語法化. 世界漢語教學，2002（2）.

Grammatical Features Of Loeative "Qian" Used
In The *ZuTangJi* (祖堂集)

Zhou Beinan

(Study of Chinese Language and Literature, Southwestern University,
Chongqing 400715; China Department of Chinese, Bijie University,
Bijie551700, China)

Abstract: Compared *ZuoZhuan* (左傳) and *HongLouMeng* (紅樓夢),
Loeative "qian" have some new grammatical features in the *ZuTangJi*
(祖堂集), One of the most important is the "Lexicalization of two—tone",
After, Evolved into the idioms. From the semantic point of view, Grammati-
cal features of *ZuTangJi* 's loeative "qian" are more shown the Pre — Time
sense and the rear—premises sense.

Keywords: Grammar; semantic; Lexicalization of two—tone

（周北南，西南大學漢語言文獻研究所、畢節學院中文系，郵編
400715）

"傝儑"、"没傝儑"考辨*

蔣宗福

内容摘要："傝儑"爲聯緜詞，書面形式紛繁複雜，其否定形式"没傝儑"的意思與"傝儑"相同，在中古、近代漢語中出現頻率很高，大致有"不謹或不守分際"、"不振作"、"没要緊；無聊"三個意思。

關鍵詞：傝儑　没傝儑　考辨

　　"傝儑"爲聯緜詞，書面形式不一，或作"搭煞"、"搭撒"、"撻煞"、"答颯"、"搭霎"、"踏跋"等。其否定形式"没傝儑"與"傝儑"相同。《漢語大詞典》第一卷頁 1601 "傝" 音 tà，"傝儑" ❶ "出息，能耐。多與否定詞連用"，引清袁於令《西樓記·倦遊》："慣扛扎，少傝儑。"清洪昇《長生殿·驛備》："我做驛丞没傝儑，缺供應付常吃打。" ❷ "謹慎"，引清錢大昕《恒言録·傝儑》："今吳人以不謹爲没傝儑。"又第五卷頁 978 "没②" 音 méi，並注 "或讀 mò"，頁 988 "没②搭煞" ❶ "不謹慎，糊塗"，首引《金瓶梅詞話》。"没②搭撒" 謂 "同'没②搭煞'"，引《西遊記》兩例。又頁 989 "没②傝儑" ❶ "同'没②搭煞' ❶"，引《豆棚閒話》、錢大昕《恒言録》；❷ "同'没②搭煞' ❷"，引洪昇《長生殿》。又頁 990 "没②撻煞" ❶ "同

---

　　* 本文係 "學科前沿與交叉創新研究重點項目——大型語文辭書編纂與修訂研究" 的階段性成果之一，受到四川大學中央高校基本科研業務費研究專項項目（skqy201319）資助。

'沒②搭煞' ❶"，首引清李漁《風箏誤》；❷ "同'沒②搭煞'
❷"，引《平妖傳》。其餘詞形均未見。但"答颯"謂"懶散不振
作的樣子"，首引《南史·鄭鮮之傳》；"撻煞"謂"猶結局"，首
引明顧起元《客座贅語·方言》"南都方言……其有歸着曰撻
煞"。

《漢語方言大詞典》（頁 2917）"沒答颯" ❶ "精神萎靡的"，
北京官話；❸ "不懂得避開嫌疑和禁忌"，江淮官話，也作"沒
答煞"，吳語。按不避嫌忌即不謹。又"沒僝僽" ❶ "沒出息；
沒能耐"，官話；❷ "不謹慎"，西南官話、吳語。又（頁 2917）
"沒搭撒" ❶ "沒出息"，中原官話；❷ "無聊；沒意思"，江淮
官話。又（頁 2914）"沒撻煞"謂"無着落；無歸結"，官話。
後兩詞形或別自爲義。

段觀宋《釋"沒撻煞"》認爲，陸淡安《小説詞語彙釋》謂
"沒撻煞"爲"無聊，沒意思"；王鍈《詩詞曲語辭例辭》（增訂
本）附録二《詩詞曲語辭存疑録》謂"沒撻煞"爲"沒來由"、
"沒道理"，陸氏所舉《古今小説》卷三十九《汪信之一死救全
家》例爲説書人在講故事之前的一段引子，文中"沒撻煞"意爲
"沒來由"、"有悖情理"，如解作"無聊的笑話"，則以下説書已
無必要。因而肯定王鍈對陸説的批評，但又認爲王解"沒撻煞"
爲"沒來由"、"有悖情理"與文意不合。而周德清《中原音韻》
十三家麻韻，僝與撻、僽與煞分別"同屬一小韻，三舉"沒撻
煞"，"釋爲'不謹'義，於文意皆覺通暢無礙"①。王宗祥《"沒
撻煞"索解》認爲："'沒撻煞'是吳方言俗語，至今慣用；在流
傳中又寫'沒搭煞'、'沒搭撒'，義爲'沒出息，無用，沒意
思'。"②

以上各家説法不盡一致，結合古代文獻記録説解及地方志著
録，竊以爲"僝僽"、"沒僝僽"意思大致有三，現分疏如次：

(1) 不謹或不守分際。《玉篇·人部》："僝，僝僽，惡也。

一曰不謹皃。"《廣韻·盍韻》："僮，傝僮，不謹皃。"又吐盍切：
"傝，傝僮，不謹皃。"又私盍切："僮，傝僮，不謹皃。"元陶宗
儀《說郛》卷八十五下釋適之《金壺字考》："傝僮，音塔颯，不
謹貌。"明岳元聲《方言據》卷上《沒傝僮》："行事不謹切曰沒
傝僮。傝（音塔）僮（音靸），魯直云：'物不蠲也。蜀人語。'"
李實《蜀語》（頁149）："不謹曰傝僮○傝僮音塔撒。""傝僮"
意同"沒傝僮"。清錢大昕《恒言錄》卷二《疊字類》："今吳人
以不謹爲沒傝僮。"道光二十一年《遵義府志》卷二十《風俗》、
光緒二十一年《敘州府志》卷二十一《風俗》、民國10年《新修
合川縣志》卷三十《風俗·方言》、民國23年《華陽縣志》卷五
《禮俗·方言》："不謹曰傝僮。音撒塔。"此本採《蜀語》，"撒
塔"爲"塔撒"誤倒。光緒七年《昆新兩縣續修合志》卷一《風
俗·方言》："不謹曰沒傝僮，見《廣雅》、《廣韻》。"光緒八年
《寶山縣志》卷十四《志餘·風俗附方音》："沒傝僮，俗言不
謹。"民國18年《威縣志》卷十四《風俗志下·方言》："傝僮，
《廣韻》'不謹貌'。吳人以不謹爲沒傝僮。"張慎儀《蜀方言》卷
上（頁292）："不謹曰沒傝僮。……今蜀亦有此語。"紀國泰
《〈蜀方言〉疏證補》（頁159）："今蜀人仍稱不謹守禮節爲'沒
傝僮（［mo^{33} tæ^{33} sæ^{33}]）'。"

　　亦作"沒搭煞"、"沒撻煞"、"沒答颯"、"沒答煞"、"沒搭
霎"。《拍案驚奇》卷十六："又過了兩日，那老兒沒搭煞，黑暗
裏已自和那婆娘摸上了。"明顧起元《雪堂隨筆》卷四《二偈自
警·序》："人有規余某爲不的確，某爲沒搭煞者，或謂其過，予
則聞之大喜。自念行年六十有三矣，向來交遊中，多謬爲許可，
只增予病。今何幸，聞此藥石之言。因爲二偈，時時誦之，用鞭
其後。"其二："誰有搭煞，誰沒搭煞，全沒遮攔，都無撿押，潦
倒心腸，從橫鱗甲，非是是非，一齊抹摋，請問彌勒，是法非
法，笑解布袋，隨汝拋撒。"梁辰魚《浣紗記》第十三出："我家

本官沒撻煞，一生祇愛把錢抓，上司知道也不怕，嗦，連累皂隸不是耍。"又第十七出："你且聽我説，東施妹子沒撻煞，鼻子上也生着扡撻，你道像些甚麼來，倒像常熟縣裏個大麻麻菩薩。"清嘉慶十三年《如皋縣志》卷八《方俗志·方言》："沒答煞，不知嫌忌也。"嘉慶二十二年《東臺縣志》卷十五《風俗·方言》："不知嫌忌謂之沒答颯。"民國13年《南陵縣志》卷四《輿地志·風俗附方言》："不知嫌忌曰沒答煞。"清光緒二十五年《德慶州志》卷四《地理志·方言》："不解事曰沒搭霎。"

（2）不振作。宋黃庭堅《山谷別集》卷六："傝𠌫，物不躅也。蜀人語。"③原注"傝"音塔，"𠌫"音靸。此謂不潔爲"傝𠌫"，或引申謂不振作。亦作"苔颯"。清陳鱣《恒言廣證》卷二《疊字類》："鱣按：《女論語》：'灑埽灰塵，撮除搨𠌫。'《黃山谷集》：'傝𠌫，物不躅也。蜀人語。'音如塔靸。《南史·鄭鮮之傳》：'卿居僚首，今苔颯去人遼遠，何不肖之甚？'苔颯即傝𠌫之正字。"光緒二十四年《嘉應州志》卷七《方言》："不謹謂之邋遢，不潔謂之拉颭。……人不謹即不潔净，因而物之拉雜不潔净者亦同此稱。……《黃山谷集》：'傝𠌫，物不躅也。蜀人語。'音如塔靸。"雷漢卿《近代方俗詞叢考》"傝𠌫"謂"精神萎靡不振"，引蒲松齡《日用雜字·身體章》"恓惶起身子做樁事，傝𠌫閒遊負此身。"舉《大字典》"傝𠌫"❷"不謹慎"，引蒲文。謂"此處'傝𠌫'與'閒遊'並言，若釋爲'謹慎'或'不謹慎'，文意皆不可通。從結構看，'傝𠌫'修飾'閒遊'，當是邋裏邋遢、精神萎靡不振的意思"④，可備一説。

或作"踏趿"、"答颯"、"沒答颯"。宋吳曾《能改齋漫録》卷一《事始一·俗語踏趿》："俗語以事之不振者爲踏趿，唐人已有此語。"清翟灝《通俗編》卷十一《品目·靸》："《能改齋漫録》：唐人謂事之不振者曰踏趿。靸，即踏趿之省，字當作趿，蓋以物之不佳，比照於事之不振耳。"又卷十四《境遇·答颯》：

"踏跋、答颯，字異義同。或又作塌颯。范成大詩：'生涯都塌颯，心曲漫崢嶸。'又《集韻》有'傝僮'字，訓云'惡也'，似亦塌颯之通。"民國5年《鹽山新志》卷二十四《謠俗篇上·方言》："答颯，不振貌也。……文與可集有'嬾對俗人常答颯'，范成大詩'生涯都塌颯'，今俗音答正讀如塌。"民國24年《雲陽縣志》卷十四《禮俗下·方言上》："答颯，不振也。《南史·鄭鮮之傳》：'卿居僚首，今答颯去人遼遠，何不肖之甚？'文與可詩：'嬾對俗人常答颯。'范成大詩：'生涯都塌颯。'答、塌音近。或曰傝僮。"民國24年《蕭山縣志稿》卷二十九《瑣聞·方言謠諺》："怠不理事曰答颯，亦作踏跋。……《能改齋漫錄》：俗謂事之不振者曰踏跋。按踏跋、答颯字異義同。"郝懿行《證俗文》卷十七："人不振拔曰踏跋。又云，俗謂事之不振者曰踏跋，唐人有此語。""不謹"或"不振"謂"傝僮"或"荅（答）颯"，亦曰"沒傝僮"或"沒答颯"。清翟灝《通俗編》卷十一《品目·沒雕當》："殆猶不振曰答颯，俗反曰沒答颯。"民國25年《壽光縣志》卷八《民社志·方言》："頹靡不振曰傝僮。塌卅。"謂"傝僮"音"塌卅"。民國29年《沙河縣志》卷十一《志餘上·方言》："答颯，不振也。答讀如塌，《南史·鄭鮮之傳》：'卿居僚首，今答颯去人遼遠，何不肖之甚？'一作塌颯。范成大詩'生涯都塌颯'。今亦謂無志氣者曰沒塌颯。"又，清道光四年《上元縣志》卷末《摭佚》、同治十三年《上江兩縣志》卷二十八《摭佚》："其有歸着曰撻煞。"此或別一義。

　　(3) 没要緊；無聊。《西遊記》第三十九回："老官兒，這等没搭撒。防備我怎的？"廖大谷、石汝傑《〈西遊記〉中蘇北方言詞語彙釋》"没搭撒"謂"無聊，没意思"⑤。《喻世明言》卷三十九："同時又有文武全才，出名豪俠，不得際會風雲，被小人誣陷，激成大禍，後來做了一場没撻煞的笑話。"《二刻拍案驚奇》卷三："元來是人家婚姻照驗之物，是個要緊的，如何却將來遺下，又被人賣了？也是個没搭煞的人了。""没搭煞"與"要緊"對舉，意思更爲顯豁。又卷二十六："高娘子道：'雖然老人家没搭煞，討得人輕賤，却也是高門裏的體面，原該收拾了回家來，免被別家耻笑。'"《金瓶梅詞話》第五十七回："你日後那没來回，没正經，養婆兒，没搭煞，貪財好色的事體，少幹幾椿兒，却不儹下些陰功，與那小孩子也好！"清洪昇《長生殿傳奇》卷下《驛備》："我做驛丞没偺僮，缺供應付常吃打。今朝駕到不是耍，嗦！若有差遲便拿去殺。"嘉慶十一年《涇縣志》卷一《沿革·風俗附方言》："没要緊曰麽搭煞。"蜀方言"麽"、"没"同音 mo^{21}。光緒二十四年《嘉應州志》卷七《方言》："謂事無味曰没答颯，謂人作事不當曰尷尬。案《南史·鄭鮮之傳》：范泰誚鮮之仕宦不及傅亮謝晦曰：今日答颯，去人遼遠。《説文》尷注尷尬，行不正也。從尢兼聲。江沅曰：尷尬二字，段氏訂補：今吳俗謂事乖刺曰尷尬。《通俗篇》翟灝曰：'不振曰答颯，俗反曰没答颯。不當曰尷尬，俗反曰不尷尬。'今州俗於世情看破無味往往曰摩答颯，摩即無也，土音讀無爲摩。""摩答颯"即"没答颯"。民國 25 年《當塗縣志·民政志·方言》："譏人無聊曰没得説，音變如没答殺。"《四川方言詞語彙編》（頁 205）"没皮搭煞"音 mo pi da sa，謂"没精神，無聊賴。例：没皮搭煞地走了"。

　　又，清倪濤《六藝之一録》卷二百六十三《古今書體九十五·譌誤字（節録）》："答颯，俗語紛雜之稱，今反云没答颯，謬。"此別一義，録以備考。

〔注釋〕

①《古漢語研究》，1992 年第 2 期。

②《古漢語研究》，1995 年第 4 期。

③《國語·周語上》："明神不蠲而民有遠志。"韋昭注："蠲，潔也。"

④ 巴蜀書社，2006 年版，第 222—223 頁。

⑤《蘇州大學學報》，1987 年第 2 期。

Research and Explanation of "Ta Sa" (傝僮) and "Mo Ta Sa"
(沒傝僮)

Jiang Zongfu

(Department of Chinese, Sichuan University,

Chengdu, 610000, China)

Abstract："Ta Sa" (傝僮) is Lianmian—words, which writing form is very Complex, The meaning of "Mo Ta Sa" (沒傝僮) is the same as the "Ta Sa" (傝僮), A highly frequent of "Mo Ta Sa" (沒傝僮) used in the Middle and Modern Chinese, Generally, there are three meanings："Don't keep discretion"、"Don't cheer up"、"Unimportant；Bored".

Keywords："Mo Ta Sa" (沒傝僮)；"Ta Sa" (傝僮)；Research and Explanation

（蔣宗福，四川大學中國俗文化研究所，郵編 610064）

"重言"別義解

陳源源　姚永銘

　　内容摘要：作爲傳統語言學的術語，"重言"一詞向來没有爭議，各種辭書、專著意見相當一致，均指"疊字"。我們在日本人所著佛經音義著作中屢見"重言"一詞，但並非此義，目前還没有引起研究者的注意。通過詳細考證，我們認爲這種另類的"重言"與公認的"疊字"義不同，當指同義連文，究其來源，應是沿襲中國唐宋時代注疏中的用法。

　　關鍵詞：重言　疊字　佛經音義　同義連文

一　"重言"的常見用法

　　重言，又稱"疊字"，是傳統小學著作中經常使用的名稱。周祖謨在《中國大百科全書·語言文字卷》中給"重言"的界定是："指兩個相同的漢字重疊在一起。重言通常是一個詞。從字上來説，也稱爲'疊字'。"（37頁）

　　現代語言學者也對"重言"這一訓詁術語進行過解釋，如：吕叔湘認爲"疊字就是前人所謂'重言'"（8頁），並將重言詞分爲"不疊不能用的"和"不疊也能用的"兩類。楊伯峻、何樂士認爲"疊字所構成的是單詞，疊詞所構成的是複詞"（35頁）。向熹認爲"重言詞是由兩個相同的音節構成的詞"（411頁）。許嘉璐認爲"重言是利用疊字、疊詞在詩文中摹聲或摹狀的修辭方法，它以音節的恰當重複給人造成强烈的印象和深刻的感受"

（257 頁）。雖然各家對"重言詞"是單純詞還是複音詞有不同看法，但在"重言"即"疊字"這一觀點上是統一的。

另外，我們查閱有關語言學詞典，發現各詞典對"重言"的解釋也大同小異，如：《中國語言學大辭典》："重言，也叫'重語'、'重文'。兩個相同的漢字疊用。分爲兩類：（1）疊詞。兩個形音義完全相同的單音詞重疊，其意義基本上是單音詞意義的疊加，但增添了新的附加意義。如'漸漸'、'歲歲'等。（2）疊字。兩個形音完全相同的單字重疊，其意義與單字意義沒有關係，往往隨文釋義。"（185－186 頁）《漢語大詞典》："重言，修辭方式之一種。也叫疊字。"（6077 頁）又《辭海》："重言，也叫'疊字'。由兩個相同的字組成的詞語。"（103 頁）《辭源》："重言，⊜疊字。如《文選·古詩十九首》'青青河畔草，鬱鬱園中柳'中的'青青'、'鬱鬱'是。"（3148 頁）

以上我們通過梳理各家對"重言"的認識，發現"重言"作爲訓詁學常用術語在古漢語裏多用來指"疊字"。但是我們在佛經音義著作中發現與"疊字"這一用法完全不同的"重言"。

二 "重言"的另類用法

由此看來，大家對"重言"這一訓詁術語的理解相當一致，"重言"即"疊字"。但是，我們在閱讀文獻時發現還有與大家所承認的上述"重言"完全不同的另類"重言"。我們看《妙法蓮華經釋文》①卷中所引惠菀之説的"重言"。

乃往，《玉篇》云：乃猶往。又云：往猶昔也。惠菀云：重言訓義，猶清淨也。（144 頁）

《法華釋文》中"重言"引自慧苑的《新譯大方廣佛花嚴經音義》卷上"乃往"條："乃往，《説文》曰：'乃，語辭也。'《廣雅》曰：'乃，往也。'重言訓義，猶清淨也。"（346 頁）《慧琳音義》卷二一轉録慧苑《新譯大方廣佛花嚴經音義》與此同②。此外，《新譯大方廣佛花嚴經音義》中還有一條亦有“重言訓義”之説，“經卷第十二”“四聖諦品”“渾濁”條：“渾濁，渾，户昆反。《切韻》：‘渾，濁也。’重言訓義，猶清淨耳。”（347頁）③其它佛經音義也有引用慧苑之説的，如《淨土三部經音義集》卷一“乃往”條：“乃往，《新譯華嚴音義》云：‘乃往，《説文》曰：“乃，語辭也。”《廣雅》云：“乃，往也。”重言訓義，猶清淨也。’”（389頁）我們注意到以上條目中的“乃往”、“渾濁”均無“清淨”之義，但有一個共同特點：“乃”與“往”同義、“渾”與“濁”同義，“清”與“淨”亦同義。我們可以認爲：“重言訓義”之“重言”當指同義連文，“乃”訓“往”，“乃往”與“渾濁”、“清淨”均爲同義連文。

　　“重言訓義”亦可省作“重訓”，《淨土三部經音義集》卷一：“雜厠，《廣韻》曰：‘雜，匝也，集也，穿也。《説文》云：“五彩相合也。”’‘厠，圊也。《釋名》云：“厠，雜。言人雜厠其上也。”又間也，次也。初吏反。’本案：二字重訓也。意也，又光也。《周易》云：‘精理之微妙。’”（395頁）又如：

　　盗賊，《梵語勘文》曰：“照理也制羅，此云盗賊。”《廣韻》曰：“盗，賊也，徒到反。”“賊，盗也，昨則反。”本案：重訓。（403頁）

　　悫怒，《廣韻》曰：“悫，怒，恨也。於避反。”“怒，悫也。奴古反。”案：重訓也。（404頁）

　　憀賴，《廣韻》曰：“憀，賴也，落蕭反。”“賴，恃也，落蓋反。”本平他④重訓，猶真實。（406頁）

　　存妊，《廣韻》云：“存，在也，察也，恤間⑤，徂尊反。”“在，居也，存也。昨宰、作代二反。”重訓如字。（419頁）

　　禁制，《廣韻》云：“禁，制也，謹也，止也，居蔭反。”

"制，斷也，止也，征例反。"重訓如字。（419 頁）

以上諸例中"雜"與"厠"、"盜"與"賊"、"恚"與"怒"、"憀"與"賴"、"存"與"在"、"禁"與"制"均分別同義，其中的"重訓"與我們前文所説的"重言訓義"完全相同。

"重言訓義"又有"同法重訓"之説，如《淨土三部經音義集》卷一："經典，《東宮切韻》曰：'郭知玄云：'經，典也。'薛峋云：'經，法也。聖王之書可爲常法。'郭知玄曰：'典，常也。陳常道也。'釋氏云：'典，經也。'本案：二字同法重訓，猶清淨乎。他異而已。"（387－388 頁）⑥"重訓"疑是"重言訓義"之省。

另外，在《淨土三部經音義集》中，我們還見有"二字一訓"、"字訓同"、"異體同訓"等類似説法，如：

求索，《廣韻》曰：求，索，字亦作宗，同。巨鳩反。索，求也，字亦作索，同。山戟反，又蘇各反。本二字一訓，平他差別也。（404 頁）

慳惜，《玉篇》口：慳，吝也。口閑反。悋，力刃反，鄙也。俗作恡，本亦吝。惜，吝，貪⑦也，私積反。案：字訓同，平佗異之。（409 頁）

名號，……釋氏云：名，號也。……號，施令，又召也。麻果⑧云：號者，功之狀也，名號也。今案：名號者，異體同訓，乎他⑨差別也。（435 頁）

通過以上分析，我們對"重言訓義"這一術語有了很明確的認識："重言訓義"、"同法重訓"或"重訓"當是對意義相同的詞語進行訓釋時使用的訓詁術語，與"一訓"、"訓同"、"同訓"⑩意義相同，主要出現於佛經音義類文獻中。"重言"就是"同義連文"。

三　另類用法的來源

　　根據前文材料及分析，我們發現表示"同義連文"的這類"重言"在佛經音義類著作中首次出現於慧苑所著《新譯大方廣佛花嚴經音義》，後來日本學者在其所著佛經音義中引用慧苑之説，並加以發揮，產生諸多相關術語。由此看來，"重言"這一用法似乎是存在於佛經音義中的特殊用法，其實不然。根據我們的考察，"重言"的此種用法早見於中國唐宋時代的注疏中，孔穎達、司馬貞、洪興祖等在其注疏中均使用到這類"重言"。

　　《尚書·湯誓》："王曰：'格爾衆庶，悉聽朕言。'"孔穎達正義："庶亦衆也，古人有此重言，猶云'艱難'也。"（160 頁）又《無逸》："自朝至於日中昃，不遑暇食用咸和萬民。"孔穎達正義："遑亦暇也，重言之者，古人自有複語，猶云'艱難'也。"（222 頁）孔穎達認爲"衆庶"、"遑暇"與"艱難"的用法相同，均是同義連文，即"重言"、"複語"。

　　下面還有一些例證，如：

　　《禮記·問喪》："亡矣喪矣，不可復見已矣，故哭泣辟踴，盡哀而止矣。"孔穎達正義："亡矣喪矣者，喪亦亡也，重言之者，丁寧之也。"（1656—1657 頁）

　　《左傳·桓公六年》："公曰：'吾牲牷肥腯，粢盛豐備，何則不信？'"杜預注："腯亦肥也。"孔穎達正義："腯亦肥也，重言肥腯者，古人自有複語耳。"（1750 頁）

　　《左傳·僖公四年》："一薰一蕕，十年尚猶有臭。"孔穎達正義："尚猶有臭，猶則尚之義，重言之耳，猶《尚書》云'弗遑暇食'，遑則暇也。"（1793 頁）

　　《左傳·成公十三年》："虔劉我邊陲。"杜預注："虔劉皆殺也。"孔穎達正義："'劉，殺。'《釋詁》文。《方言》

云：'虔，殺也。'重言殺者，亦圓文耳。"（1912頁）

《左傳·昭公元年》："師徒不頓，國家不罷，民無謗
讟。"杜預注："讟，誹也。"孔穎達正義："《説文》云：
'謗，毀也。''誹，謗也。'則謗、讟、誹其義同，皆是非毀
人，古人重言之，猶'險阻'、'艱難'也。"（2019—2020
頁）

可見，孔穎達認爲"亡喪"、"肥腯"、"尚猶"、"虔劉"、"謗
讟"均是"重言"，與"險阻"、"艱難"相同，都是同義連文。

司馬貞、洪興祖在其注疏中亦使用"重言"這一術語，如：

《史記·吳太伯世家》："公子光詳爲足疾，入於窟室。"
司馬貞索隱："詳爲，上音陽，下如字。《左傳》曰：'光偽
足疾。'詳即偽也，或讀此'爲'字音偽，非也，豈佯偽重
言邪？"（1463—1464頁）

《楚辭·離騷》："瞻前而顧後兮，相觀民之計極。"洪興
祖補注："相觀，重言之也。下文亦曰'覽相觀於四極'，與
《左傳》'尚猶有臭'、《書》'弗遑暇食'語同。"（34頁）
又："和調度以自娛兮，聊浮游而求女。"洪興祖補注："和
調，重言之也。"（42頁）

據此，"重言"表示"同義連文"這一特殊用法在中國唐宋
時代注疏中常見[1]，在佛經音義著作中則所見甚少，僅存於慧苑
《新譯大方廣佛花嚴經音義》；後來，日本學者在其所著佛經音義
中引用慧苑之説，並加以發揮，產生很多與"重言"相關的術
語，如"重言訓義"、"重訓"、"同法重訓"、"二字一訓"、"字訓
同"、"異體同訓"等。

四　結語

日本人所著佛經音義著作中的"重言"和傳統訓詁學所認爲

的"重言"意義並不一樣：傳統訓詁學中的"重言"多指"疊字"，而日本人所著佛經音義著作中的"重言"意爲"同義連文"。意指"同義連文"的"重言"在佛經音義類著作中首次出現於慧苑所著《新譯大方廣佛花嚴經音義》，後來日本學者在其所著佛經音義中引用慧苑之説，並加以發揮，産生很多諸如"重言訓義"、"重訓"、"同法重訓"、"二字一訓"、"字訓同"、"異體同訓"等相關術語。但"重言"指"同義連文"的這種用法並非佛經音義著作的發明，而是沿襲中國唐宋時代注疏中的用法。

〔注釋〕

①下簡稱《法華釋文》。

②《新譯大方廣佛花嚴經音義》"經卷第十一""毘盧遮那品""乃往"條："乃往，《説文》曰：'乃，語辭也。'《廣雅》曰：'乃，往也。'重言訓義，猶清淨也。"（804 頁）

③《慧琳音義》亦轉録《慧苑音義》此條，"經卷第十二""四聖諦品""渾濁"條："渾濁，渾，戶昆反。《切韻》：'渾，濁也。'重言訓義，猶云清淨耳。"（808 頁）

④"平他"即我們常説的"平仄"，"平"指平聲，"他"指平聲以外的上去入三聲。在本例中，"平"、"他"分別指"憀"、"賴"的聲調，"憀"爲平聲字，"賴"爲去聲字。"平他"在日本人所著文獻中所見甚多，下文所引《淨土三部經音義集》中的例證就有很多"平他"的説法，其中一例對我們理解"平他"有很大幫助，如："追行，案：《廣韻》行字，平他異訓。謂平聲，伍也，列也，胡郎反。去聲，景跡也，又事也，言也，下更反。"（404 頁）"行"有平、去兩讀，意義不同。另外日本人著有《平他字類抄》、《文鳳抄》（卷十秘抄），其中對"平他同訓字"、"同訓平他字"有專門記載。

⑤"間"乃"問"字之訛，大谷大學藏寫本"間"正作"問"。《説文·子部》："存，恤問也，从子，才聲。"又《廣韻·魂韻》："存，徂尊切，在也，察也，恤問也。"《集韻·魂韻》："存，徂昆切，《説文》：'恤問也。'一曰：在也。"

⑥此例《大正藏》録文及標點有誤，"乎"乃"平"字之訛，"平他"

中間不應斷句，當在"清淨"後斷句。此例中，"平"指的是"經"的聲調爲平聲，"他"指的是"典"的聲調，"典"爲上聲字。

⑦"貧"蓋"貪"字之訛。

⑧"麻果"當是"麻杲"之誤。麻杲曾注釋《切韻》，《日本國見在書目録》有著録："《切韻》五卷，麻杲撰。"（740頁）周祖謨《唐五代韻書集存》下册輯逸了"麻杲切韻"。（980—984頁）

⑨此"乎"亦"平"字之訛，與上同。"平他"指平仄。此例中，"平"指的是"名"的聲調爲平聲，"他"指的是"號"的聲調，"號"在此是去聲字。

⑩其他文獻中亦有"同訓"的説法，表示意義相同，即"同義"。如：《字詁》"龕胂褰膔"："《篇海》膔、胂、胰三字同訓夾脊肉。"（15頁）又"串貫摜遺毌"："串，即古貫字，《爾雅》與貫同訓習，此借義。"（18頁）《顔氏家訓·風操篇》："凡避諱者，皆須得其同訓以代換之。"（65頁）《學林》卷一"茷"："按：《玉篇》、《廣韻》'茷'字分三音，一音扶廢切，與吠同聲。一音博蓋切，與貝同聲。一音房越切，與伐同聲。雖分三音而同訓，以爲草木葉茂多之貌也。"（35頁）

⑪羅榮華《〈毛傳〉、〈鄭箋〉、〈孔疏〉訓詁術語評析》一文在對《孔疏》中的訓詁術語進行研究時亦指出"重言"這一用法，"連文，又叫'連語'、'連言'、'複語'、'重言'、'複言'等，一般都是指同義詞或近義詞並列連用，有的也指相同的字叠用"。（13頁）

〔主要參考文獻〕

中國大百科全書總編輯委員會《語言文字》編輯委員會編．中國大百科全書·語言文字．北京：中國大百科全書出版社，1988.

呂叔湘．中國文法要略．//呂叔湘文集．第1卷．北京：商務印書館，1990.

楊伯峻，何樂士．古漢語語法及其發展．北京：語文出版社，2001.

向　熹．簡明漢語史．修訂本．北京：商務印書館，2010.

許嘉璐．古代漢語．北京：高等教育出版社，1992.

陳海洋主編．中國語言學大辭典．南昌：江西教育出版社，1991.

羅竹風主編．漢語大詞典．縮印本．上海：漢語大詞典出版社，1997.

辭海編輯委員會編．辭海. 1999 年版縮印本．上海：上海辭書出版社，2000.

辭源修訂組，商務印書館編輯部．辭源．修訂本．北京：商務印書館，1979.

[日] 釋中算．妙法蓮華經釋文.//古辭書音義集成．第四卷．汲古書院，1979.

釋慧苑．新譯大方廣佛華嚴經音義．高麗藏本．//中華大藏經．第 59 冊．北京：中華書局，1993.

釋慧琳，釋希麟．正續一切經音義．上海：上海古籍出版社，1986.

[日] 信瑞．淨土三部經音義集.//大正新修大藏經．第 57 冊．臺北：新文豐出版有限公司，1983.

阮元校刻．十三經注疏．北京：中華書局，1980.

司馬遷．史記．北京：中華書局，1959.

洪興祖．楚辭補注．北京：中華書局，1983.

[日] 藤原佐世．日本國見在書目錄.//古逸叢書．黎庶昌輯刻．揚州：江蘇廣陵古籍刻印社，1997.

周祖謨．唐五代韻書集存．北京：中華書局，1983.

黃生撰，黃承吉合按．字詁義府合按．北京：中華書局，1984.

王利器．顏氏家訓集解．增補本．北京：中華書局，1993.

王觀國．學林．北京：中華書局，1988.

羅榮華．《毛傳》、《鄭箋》、《孔疏》訓詁術語評析．寧夏大學學報（人文社會科學版），2006（4）：9—15.

Research on Another Meaning of CHONGYAN

Chen Yuan yuan and Yao Yong ming

(The School of Humanity, Wenzhou University, Wenzhou 325035, China; Research Center for History of Chinese Language, Zhejiang University, Hangzhou310028, China)

Abstract : As the terminology of traditional linguistics, there were always no debate. We can always see the terminology in Japanese scholars' documents, but there are no papers on it. By detailed investigation, we consider, CHONGYAN means TONGYILIANWEN , as follows the usage of explanations in TANG and SONG dynasties' literature.

Keywords : CHONGYAN ; DIEZI ; the Phonology and Meaning of Buddhist Scripture; TONGYILIANWEN

（陳源源，溫州大學人文學院，郵編 325035；姚永銘，浙江大學漢語史研究中心，郵編 310028）

《成都通覽》方言詞語劄記[*]

鄧邦雲

內容摘要：《成都通覽》是成書於清末的私修地方志，保存了大量方言土語，是研究近代四川方言（包括其中心語成都話）的重要資料。我們選釋了該書 12 個方言詞語，藉以管窺該書方言詞語的基本面貌和特點，以期促使學者們對該書語言學、方言學價值的注意和研究。

關鍵詞：《成都通覽》　方言詞語　四川地域文化

《成都通覽》，初名《説成都》，是清末成都人傅崇榘（字樵村）寫於宣統元年（1909 年）的私修地方志。本擬在《通俗報》分日刊出，後因得到資助，付梓刊行，爲手寫石印本，凡三十餘萬言，不分卷，共八册。該書記錄了成都的歷史沿革、地理風貌、人情世故，被稱爲反映清末成都社會的一部百科全書。民國劉師亮《成都竹枝詞》："百花叢裏葬詩魂，千古文章付夢痕。自有《成都通覽》後，至今人説傅樵村。"該書用語通俗，並收錄了不少方言土語，是研究清末民初四川方言（包括其中心語成都話）的重要資料。張一舟（2008）："（該書）反映了一百年前的成都話的口語的特點……有方言詞語一千餘條。……其中大部分今天仍很通行、祇有少數詞語已消失。它們或者由於舊事物消

---

   * 本文爲四川省人文社會科學重點研究基地多元文化研究中心 2011 年度課題"《成都通覽》方俗詞與成都近代民俗文化研究"（DYWH1129）階段性研究成果。

失，或者由於改換了說法。"但遺憾的是，目前對該書的方言辭彙研究都是分散零碎的，至今還沒有一部或一篇較成系統的研究成果。我們選釋該書 12 個方言詞語，以期能管窺該書方言詞語的基本面貌和特點，並希望能促使學者們對該書語言學、方言學價值的注意和研究。爲討論方便，詞語排序按音序排列。引文據四川大學圖書館古籍室所藏影印通俗報社本。

[**板漩**] 板漩，言不服也。(《成都通覽·成都之土語方言》)
(後《成都之 XX》，均爲《成都通覽》之子目錄)

性格倔強、不順從。亦作"板涎"。四川方言中，"漩"、"涎"同音，皆讀爲[cyan⁵⁵]。《四川方言詞語彙編》："板涎，不順從。例：調教半天，照樣板涎。"本字當作"跁涎"。"跁"爲方言造字，指掙扎、違抗、不聽從。《蜀籟》卷一："又吵又鬧，又跁又跳。"又卷四："鯉魚下油鍋，看你跁得倒幾下命。"文獻有"跁"作"板"者。《躋春臺·活無常》："童氏就來扯鬚，被國珍幾個耳巴，童氏倒在地下，亂板亂罵。""涎"本指口水。《玉篇·水部》："涎，口液也。"引申指動物體液。黃鱔、泥鰍、烏棒（烏魚）等多體液，若被抓住，多會拼命掙扎，藉助濕滑的體液掙脫人手。故四川俗語有"黃鱔烏棒都要跁涎"，意即逼急了弱小的也要拼命反抗。海也《山貨》第二十一章："鄭山貨就是這樣的人，明天就要被抓受審，今天偏要大張旗鼓舉辦昨日黃花的婚禮，還要大宴賓客，海請建築界同仁。……梁興發接到請柬的第一感覺是黃蟮在板涎，他給洪衛東去電話，洪衛東說這是垂死掙扎。"車輻《錦城舊事》第六章："鱔巴鰌把那些泫泫跁完了，就喊驟馬市倒拐。"由此，"跁涎"本指藉助體液拼命掙扎，喻指倔強、不服從。故《成都通覽》言"板漩，言不服也"。

[**鵝寶石**] 鵝寶石，小石子。(《成都之呼物土名》)

小石頭的俗稱。1994 年《南部縣志·方言》："鵝寶石，石頭：卵石。"通語稱"鵝卵石"，指如鵝卵的石頭。"卵"俗多亦指男陰，屬褻語需避言之。卵石形如銀錠，故民間有將卵石當作元寶（即銀錠）以求吉利的習俗。清·楊燮《錦城竹枝詞》："牛日撿來鵝卵石，貧富都作送窮言。"原注："《堅瓠集》云：'池陽風俗以正月二十九爲窮九，掃塵投水，謂之送窮。'今成都以正月初五日送窮，送後暗撿鵝卵石歸，謂不空回且得元寶也。"鄭光路《一百年前的成都人"過年"》："他又在後院河邊撿了個漂亮的鵝卵石充作元寶藏家中，討個一年好兆頭。"故俗將"鵝卵石"改稱"鵝寶石"，既避褻、又求吉。安自能、陳鑫明《瀘州衝擊波》："長挖人……在天府之國，是聰明靈秀的瀘州人。他們能在荒蕪千萬年的鵝寶石上，拔地而起一座現代化工廠。"除"鵝寶石"外，川俗還有其他名稱。《西蜀方言》："鵝子石，cobble－stones。"《塾師錄·祭文·吊緒大爺文》："其實螺螄肚內有胅胅，眼睛挾得鵝子石挾不得沙。"黃尚軍（2002：212）："因諱説'卵'，成都將鵝卵石改稱爲'鵝老石、廣耳石'，西昌改稱爲'鵝抱石'。""鵝抱石"當作"鵝寶石"。

　　[二甲梁] 二甲梁，俗人也，亦生手也。（《成都之土語方言》）

　　喜歡賣弄、炫耀的人，也指無實在本領的人。本字當作"二甲糧"。黃尚軍（2002：212）："'二'在川俗語中多含'次於一'、'次於頭等'的意思。"故"二甲"即二等，引申指低一等的、含輕視義。"糧"，指糧戶，即地主。《西蜀方言》："大糧戶，a Well－to－do country family。"釋義爲"有很多財富可供支配的農村家庭"。民國 24 年《雲陽縣志·財賦》："俗謂……有田租者爲糧戶。""二甲糧"指二等地主，即土地少而田租收入少的地主。因其財力有限，多祇能繃面子、裝模作樣而已，故引申指俗氣之人。1996 年《大邑縣志續編·方言》："二甲糧，不懂裝懂的人。"《塾師錄·祭文·姑父文》："雖不算肥皮老官，也可稱爲二甲公爺。不繃面面，莫非是蟞，真愚也。"王洪林注："二甲公爺，戲稱二等少爺。""二甲公爺"喜"繃面面"，故是"俗人"。此"二甲公爺"與"二甲糧"近同，故《成都通覽》言"二甲梁，俗人也"。"二甲糧"財力低於"一甲"的"糧戶"，故又引申指本領不精的人，即《成都通覽》所言"亦生手也"。溫靖邦《西南一霸劉湘》："他當面嘲笑乃父徐元甫武不能安邦、文不能安國，只不過是塊二架梁而已。""二甲梁"、"二架梁"均是"二甲糧"的不同書寫形式。《蜀籟》卷一又作"二夾良"。

[乾雞子] 乾雞子，乞丐也。(《成都之土語方言》) ｜若貧苦人入卡，則多瘦斃，名曰乾雞子。(《成都之監獄談》)

乞丐的俗稱、亦稱赤貧的人。亦作"乾麂子"。清·袁枚《子不語·乾麂子》："乾麂子，非人也，乃僵屍類也。雲南多五金礦。開礦之夫，有遇土壓不得出。或數十年，或百年，為土金氣所養，身體不壞，雖不死，其實死矣。凡開礦人，苦地下黑如長夜，多額上點一燈，穿地而入。遇乾麂子。麂子喜甚，向人說冷，求煙吃。與之煙，噓吸立盡。""乾"本指缺乏水分而乾枯，喻指沒有錢。"麂子"，似鹿而小者。此"僵屍類"體型因干枯而瘦小，故名"乾麂子"。川人少見麂子，故俗多同音代替作"乾雞子"。"麂"、"雞"本字當作"瘠"。《方言》卷十："凡物生而不長大曰鮆，又曰瘠。"郭璞注："今俗呼小為瘠。"《集韻·薺韻》："瘠，短貌。"《蜀方言》卷上："體小曰瘠。"乞丐無錢而向人討要東西，且身體多瘦小，故川人謂之"乾雞子"。王安明《周善培與成都新政》："舊時的成都，市面秩序不好，有一些孤貧的青壯年、兒童，經常在街巷以乞討和偷竊零星小物為生，冬天衣着俱無，赤身裸體，僅以一片草席遮掩下體，夜裏露宿城門洞和橋頭，成都人呼為'乾雞子'。"鄭光路《四川刑場的歷史變遷》："被敲沙罐後無人收屍的，地方人士叫俗稱乾雞子的討口子把死屍拖到黃天蕩。"亦指一貧如洗的人。車輻《錦城舊事》第二章："搶斃小偷、乾雞子之類。"黃尚軍注："乾雞子，乞丐、窮光蛋。”艾蕪《南行記·偷馬賊》：“這世道簡直岩石一樣，總是容不下你我乾雞子。”石果《滄桑曲》第六十二回：“人無橫財不富嘛！鬥地主分田，還不是叫乾雞子們發點橫財。”

[江片子]　江片子，肉也。（《成都之呼物混名》）

肉的諱名。《清門考源·各項切口·洪門類》：“江片子，肉也。”“江”，江湖人隱稱豬。《中國隱語行話大辭典》：“江子，本世紀初東北土匪稱豬。《土匪》：‘江子，豬。’”又“江子蔓，本世紀初東北土匪稱姓朱的人。……江子，當行隱稱豬。”豬稱爲“江”當源於“江豚”。江豚，俗稱“江豬”，古稱“鯆”。《説文·魚部》：“鯆，魚也。”段玉裁注：“鯆，卽今之江豬，亦曰江豚。”因體型似豬，故名“江豚（豬）”。“豬”與“住”同音，言之不利，故當避言之。由此，俗以“江”隱稱“豬”，“江片子”隱稱豬肉（片）。川人多不識“江豚（豬）”，難以理解“江”隱稱“豬”的緣由。姜是葷菜常用佐料，且肉片形如姜片，故川俗改“江片子”作“姜片子”。《驚人砲·三斤肉》：“趕場進館子，不是抄肝子，就是爆肚子。常玩姜片子，油煎擺尾子。”艾蕪《南行記·荒山上》：“有天晚上，在一家店子内息宿，主人像是同他很熟識，兩個人便講起黑話來。我只曉得‘姜片子’是指肉。”酈平鈞《解狼》：“鐵漢伸出兩根手指，做筷子夾肉狀：‘我夾姜片子’。”四川方言劇《傻兒師長》：“擺開臺盤子，多備些糾頭子（酒），上些擺尾子（魚），姜片子，扁嘴子（鴨），長冠子（雞）。”

[醬油保（版）]　龜頭先生，即醬油保。（《成都之執業人及種類·游娼》）｜醬油版，最賤之人也。（《成都之土語方言》）

支持、助妻子賣淫的人；妓院打雜的妓女之夫。亦作“醬油寶”。張發忠《目睹昆明私娼之怪現象·私娼的血淚史》：“有一些不知羞恥的男子，甘當烏龜，吃烏龜飯，明知妻子賣淫，卻裝聾裝瞎。嫖客上門，還借買醬油爲名自動讓開，當時社會上譏笑

這等人是'醬油寶'。"孫季康《記解放前雲南的娼妓生活》："她
們所謂的丈夫,對其一切不能過問,衹有聽她驅使,打姑娘、收
夜度款、跟堂差(即接送姑娘往來釣臺處),如此生活不愁没有
大烟可吸,酒飯可飽,昆明人叫他們這種人是'吃尿泡飯',又
有'過水烏龜'、'醬油寶'等社會名稱。"由此可知這些人多借
打醬油爲名助妻子賣淫,故稱之爲"醬油寶"。"寶"在西南官話
中有"傻"義,以"寶"喻其愚蠢可笑。《成都通覽》作"醬油
保",以"保"代"寶",既因其同音,亦取其備工義,即專事助
妻子賣淫者。此等人品質卑賤、行爲下作,爲君子所不齒,故
《成都通覽》又言"醬油版,最賤之人也"。"版"爲"寶(保)"
之音變。今網絡用語"打醬油"、"醬油男"等,喻指只作看客而
對某事不關心不插手,其詞産生途徑與"醬油寶(保)"近似。

[老鳩鳩] 老鳩鳩,老人也。(《成都之土語方言》) | 呼苦力
之年老者則曰某老頭,某老漢、某老鳩鳩。(《成都人之稱謂》)

　　年紀很大的人,有不太尊重義。《成都話詞典》："老鳩鳩兒,
指年紀較大的人(略含貶義)。"亦作"老糾糾"。黃宗揚《川劇
是可以振興的》："川劇團後繼無人,觀衆也後繼無人,青年人不
愛看川戲,等老糾糾些死完了,川劇也就自然消滅了。"本當作
"老革革"。《方言》卷十:"革,老也。"周俊勛(2009:357):
"'革革'又音轉爲'糾糾','老糾糾'指年紀大的人,也略含貶
義。""革"、"糾"同爲見母,雙聲。音轉作"老糾糾",字作
"糾",亦取老態糾結意。《玉篇·丩部》:"糾,收也。"今川人亦
言"老糾起了",意即很老了。川俗亦寫作"老鳩鳩"。改"糾"
爲"鳩",除同音外,亦有其文化緣由。古有賜老者"鳩杖"之
制。《太平御覽》卷九二一引漢·應劭《風俗通》:"俗說高祖與
項羽戰,敗於京索,遁藂薄中,羽追求之,時鳩正鳴其上,追者
以鳥在,無人,遂得脫。後及即位,異此鳥,故作鳩杖以賜老
者。"《新唐書·玄宗紀》:"丁酉,宴京師侍老於含元殿庭,賜九

十以上幾、杖，八十以上鳩杖。”“鳩”諧音“九”，“九”有長壽
義，故“鳩”喻老，因而川人俗改作“老鳩鳩”。

[連蓋] 脫粒器，俗名連蓋。(《成都之農業用品》)

連枷的俗稱，由敲杆和握柄連接而成的擊打式脫粒農具。本
稱“枷”、“連枷”。《國語·齊語》：“權節其用，秋耕枷芟。”三
國吳·韋昭注：“枷，柫也，所以擊草也。”《說文·木部》：“柫，
擊禾連枷也。”(“連枷”出現的最早文獻) 元·王禎《農書·農
具圖譜·連枷》：“其制用木條四莖，以生革編之，長可三尺，闊
可四寸，又有以獨梃為之者。皆於長木柄頭造為擐軸，舉而轉
之。”今“連枷”形制基本無別。川俗多稱“連蓋”。清·張慎儀
《蜀方言》卷下：“擊穀器曰連枷，曰連蓋。”自注：“俗呼連蓋。”
紀國泰《疏證補》：“‘連枷’為通語，‘連蓋’為方言。”民國28
年《巴縣志·農具》：“連枷，又名連蓋。”“枷”從“加”得聲，
“加”上古音見母歌部，“蓋”見母月部，歌、月對轉，兩者聲母
相同、韻相近。《釋名·釋言語》：“蓋，加也，加物上也。”
“加”、“蓋”義亦相通，當有同源關係。蓋於物，動作自上而下，
故“蓋”有擊打義，“連蓋”即取連續擊打意。四川溫江有《打
連蓋歌》：“勁兒大，手兒快，大家都來打連蓋。”《成都民間文學
集成·民間故事·雞緣》：“拿起筷子像打連蓋一樣架勢掂來吃，
吃得順着胡子流油。”此喻指用筷子快速、連續的夾菜吃，以示
貪吃之相。“連枷(蓋)”還有其他異名。清·李調元《卍齋璅
錄》：“連枷，今蜀人訛呼為糧芥，義如扮。”黃尚軍 (2002：
144)：“連蓋，又稱‘蓮械’、‘連枷’。”

[騾侯] 騾侯，鬼也。(《成都之呼物混名》) | 騾侯騎牲口，
馬上見鬼。(《成都之謎語言子》)

鬼的代稱。《成都話詞典》記作“騾猴兒”，釋義為“鬼怪；
特指吊頸鬼。”《成都方言詞典》：“騾猴兒，鬼，迷信的人所說的
人死後的靈魂。”崔榮昌 (1996：264)：“(成都回民) 騾漢兒尼，

精靈、鬼怪。成都話叫'駱猴兒'。"駱侯（猴）兒"當是"魖"之緩讀。《説文·鬼部》："魖，見鬼驚詞。"段玉裁注："見鬼而驚駭，其詞曰也。爲'奈何'之合聲。凡驚詞曰'那'者，即字。"《玉篇·鬼部》："魖，驚驅疫癘之鬼也。"民國28年《巴縣志·方言》："巴語呼鬼曰諾侯，'侯'字作峭音，即'魖'字之緩讀。"蔣宗福（2002：477）："大概見鬼而驚叫'魖'，後即以'魖'呼鬼，緩讀則爲'駱侯兒'。"此説是。任衡道《周八塊》："聘駱猴打探情況，請土地主管消防。"川俗亦記作"落魂兒"。《俚語隱語行話詞典》："落魂兒，四川指鬼。"《巴蜀文化大典·語言卷》："落魂兒，鬼怪。也稱'駱猴兒'、'落黑兒'。"民國20年《南川縣志·方言》："鬼曰落魂，言遇之使人落魂也。"此當是"魖"訛變後俗語源解釋。

　　[雲抬師] 呼抬轎人曰雲抬師。（《成都人之稱謂》） | 雲抬師，轎夫也。（《成都之呼物混名》）

　　抬轎人的戲稱。歐陽平（1996）："文人筆下稱轎子爲'肩輿'，市井稱轎夫爲'雲抬師'。"亦作"雲抬（臺）司"。《西蜀方言》："雲抬司，a chair—bearer。"英文釋義爲"轎夫"。李劼人《大波》第二部第一章："（轎夫）：'你没有看見罷咧！文廟前街的口子上打死兩個在那裏擺着的，不就是雲臺司嗎?'"自注："清朝年間，四川有一種行話，管抬轎子的叫'雲臺司'。是這三個字音，卻不知道是否這樣寫。這一名詞的根源，也未查考出來。"關於其得名理據，學者們有不同的探討。《四川方言詞語彙編》："雲抬司，舊時對轎夫的雅謔，言其抬人如居雲間。"言"抬人如居雲間"過於誇張，恐非確。羅天平《憶建國前灌縣威州道上風情》："抬滑杆的人，其中絶大部分人染上了鴉片煙。每到一個站口，他們就要吃煙過癮。當烟癮一過足，他們就渾身都是勁，如飛一般地，輕裝上陣了。由於他們在吃煙時的吞雲吐霧中加足了勁頭後，如飛一般地'輕裝上陣'，故老百姓叫他們是

‘雲抬師’。”此説當是。舊時吸食鴉片的軍人被戲稱爲“雙槍將”，這與轎夫被戲稱爲“雲抬師”的理據近似。

［**造粉子**］造粉子，喫飯也。（《成都之袍哥話》）｜喫飯叫造粉子。（《成都之詐騙·趕上場》）｜鈔粉子，喫飯也。（《成都之呼物混名》）

喫飯的隱稱。舊時船家、袍哥等忌諱説“飯”。民國22年《安縣志·方言》：“各廠工人忌説飯。”“飯”諧音“翻”、“犯”。“翻”，對船家而言意味着船毀人亡。“犯”，對混江湖的袍哥而言意味着事發遭官府追捕，故多忌諱言“飯”。“粉”本指米粉。“粉”多色白。飯與“粉”相類，且亦多色白，故江湖人士用“粉子”代稱飯。喫飯曰“造（鈔）粉子”。“造（鈔）”當作“揩”。《重慶方言詞解》：“揩，攪，翻動、翻尋。按‘揩’字不見古字書。此今‘攪’俗字。《廣韻·號韻》：‘揩，手攪也。’”此説當是。喫飯時，總要用筷子翻動，故喫飯稱“揩粉子”①。艾蕪《春天的原野》：“‘三哥，造點粉子再説！這是做兄弟的些微孝敬！’一面替他裝一碗飯，又替自己裝一碗。”自注：“造粉子，哥老會的話，即喫飯。”四川方言劇《傻兒師長》：“擺開臺盤子，多備些糾頭子，上些擺尾子，姜片子，扁嘴子，長冠子（雞），兄弟們，陪樊老兄弟造粉子。”

［**囚皮**］囚皮，臉皮厚也，罵人之詞。（《成都之土語方言》）

厚着臉皮糾纏。《漢語方言大詞典》：“囚皮，臉厚，西南官話。”《成都方言詞典》：“囚皮奓臉，厚着臉皮跟人糾纏。”李劼人《大波》第二部第六章：“包管會罵她丟了媒人的臉，還會恥笑她‘貞節女怕遇囚皮漢’。”自注：“囚皮漢或曰囚臉漢，也就是囚皮花臉。俱是流行在婦女口中的辭彙。所謂囚皮漢，就是殷殷勤勤，糾纏在婦女身邊、打不知疼、罵不知羞，一定博得婦女歡心的那種無賴子。”車輻《錦城舊事》第三章：“這一次他囚皮刮臉地來向她説東道西。”黄尚軍注：“囚皮刮臉，老着臉皮跟人糾纏，惹人厭煩，多指男對女。"字亦記作"秀"、"朽"。劉瑞明(2003)："秀，頑皮到極點。"《烏魯木齊方言詞典》："朽，頑皮，調皮。""囚（秀、朽）"本字當作"唬"。川人讀"囚"爲[ɕyan⁵⁵]，讀如"唬"。《龍龕手鑒·口部》："唬，唬詇也。"即誘騙。實施誘騙，多需糾纏遊説，且需臉厚，故《成都通覽》言"囚皮，臉皮厚也"。《成都話詞典》收"唬皮"、"唬臉"。《漢語方言大詞典》收"唬皮"、"唬皮奪（刮）臉"，釋義均爲"賴皮賴臉、厚着臉皮"。

　　《成都通覽》全面、忠實地記録了十九世紀末二十世紀初成都話及四川方言的基本面貌和主要特點。研究該書方言詞語，有助於進一步積累近代四川方言詞語研究成果，有助於糾補方言類辭書的部分錯失，亦有助於近代四川地域文化研究。通過選釋的12個方言詞語，我們可以管窺到該書方言詞語的一些特點。1. 從歷史來源來説。該書不少方言詞語來自古通語或古方言，但一般不是原樣繼承而是有所改造（或音變）。如："老鳩鳩"、"駱侯"、"囚皮"等。有些則具有較濃的地域特色。如："板漩"、"鵝寶石"、"二甲梁"、"乾雞子"、"江片子"、"醬油保"、"連蓋"、"雲抬師"、"造粉子"等。這體現了在漢語通語制約之下，四川方言是具有獨特魅力的地域方言之一。2. 從歷史發展來説。該書不少方言詞語在今四川方言中仍通用，如"鵝寶石"、"老鳩鳩"、"囚皮"、"乾雞子"、"連蓋"、"造粉子"等；部分方言詞語已基本失去了交際功能，如"駱侯"、"板漩"、"二甲梁"、"江片子"、"醬油保"、"雲抬師"等。這表明四川方言具有很强的自産能力，具有相對獨立、完整、自足的體系。3. 從與地域文化的關係上看，該書不少方言詞語都深刻打上了四川地域文化的烙印。如"鵝卵石"改稱"鵝寶石"，這反映了川人的避褻求吉心理。"飯"改稱"粉子"、豬肉改稱"江片子"，這反映了川人的避諱心理。總之，《成都通覽》是研究近代（特別是清末民初）

四川方言及成都話的寶貴資料，我們應該充分利用和深入挖掘該書的語言學、方言學價值。

〔注釋〕

① 吳洪激《大崎烽烟録》三十二："喫飯要叫'造粉子'，'造'是'吃'的意思。"（長江文藝出版社，1992）此說可參。

〔主要參考文獻〕

張一舟.《成都通覽》所反映的一百年前的成都話 [J]. 四川師範大學學報（哲社版），2008 年增刊.

黄尚軍. 四川方言與民俗 [M]. 增訂本. 成都：四川人民出版社，2002.

崔榮昌. 四川方言和巴蜀文化 [M]. 成都：四川大學出版社，1996.

蔣宗福. 四川方言詞語考釋 [M]. 成都：巴蜀書社，2002.

孫和平. 四川方言文化——民間符號與地方性知識 [M]. 成都：巴蜀書社，2007.

周俊勛. 中古漢語辭彙研究綱要 [M]. 成都：巴蜀書社，2009.

歐陽平. 舊時的轎子、滑竿、花轎 [J]. 紅岩春秋，1996（2）.

劉瑞明. 西寧方言的隱實示虛趣難詞 [J]. 固原師專學報，2003(1).

鍾秀芝. 西蜀方言 [M]. 上海：American Presbyterian Mission Press，1900.

陳群，張紹誠. 四川方言詞語彙編 [M]. 成都：成都市群衆藝術館，1987.

Dialect's note in Overview of Chengdu

Deng Bangyun

(The school of literature and Journalism, Leshan Normal
University, Leshan614000, China)

Abstract：Overview of Chengdu, a local record written by Fu Chongju in

Chengdu in 1909. This book was written in dialects and slangs (including Chengdu talk), provides precious materials for studying Sichuan dialect. We study 12 dialects words from the book. By the means, we want to get a glimpse of the dialect's basic features and characteristics of the book, and precipitate scholars to study it's linguistic and dialect's value.

Key words: Overview of Chengdu; Sichuan dialect phrases; Sichuan culture

（鄧邦雲，樂山師範學院文學與新聞學院，郵編　614000）

《篆隸萬象名義》呂校訛誤舉例

郭 萍

内容摘要：《篆隸萬象名義》是日本僧人空海於唐德宗貞元間依據《玉篇》編撰的一部字書，注釋、反切、義訓、俗字等具有非常重要的學術研究價值。由於傳寫本譌謬頗多，呂浩《〈篆隸萬象名義〉校釋》作了系統整理，但失校、誤校亦復不少，多有學者撰文匡補。現拈出若干例，試作商補。

關鍵詞：篆隸萬象名義　呂校　勘誤

《篆隸萬象名義》（以下簡稱"名義"）是唐德宗貞元二十年（公元 804）到長安留學的日本僧人空海依據《玉篇》編撰的一部字書，也是日本的第一部漢字字典。《名義》是《説文》、《玉篇》系統承上啟下的重要字書，注釋保留了原本《玉篇》的基本面貌，反切記錄了南北朝時期的語音情況，義訓遠比《大廣益會玉篇》豐富，大量俗字與《新撰字鏡》、《龍龕手鏡》可相互印證，因此《名義》在漢字流變研究、音韻學及訓詁學上均具有非常重要的學術價值。

由於《名義》是日本山城國高山寺所藏鳥羽永久二年（公元 1114）的傳寫本，中華書局 1995 年《名義》出版説明指出，"訛脫衍誤甚多，且俗字、訛字多而不易辨認"，"迄今爲止，無論是文字學研究，還是訓詁學研究，以至於字詞書的編撰，均未開發利用《萬象名義》"。

　　較早對《名義》的學術價值進行評介的是周祖謨《論篆隸萬象名義》（《問學集》下，中華書局 1966），並間有訂訛。爲學術界更好地利用《名義》，青年學者呂浩對《名義》進行了系統整理，2007 年出版了《〈篆隸萬象名義〉校釋》（學林出版社，以下簡稱"校釋"）。但囿於種種原因，《校釋》失校、誤校頗多，如鄧福祿《〈篆隸萬象名義校釋〉匡補若干例》（《長江學術》2009/4）、《〈篆隸萬象名義校釋〉匡補 40 例》（《漢語史研究集刊》2010，第 13 輯）、《〈篆隸萬象名義校釋〉匡補 53 例》（《中國文字研究》2011/2）；另，張穎慧《〈篆隸萬象名義校釋〉札記》（《漢字文化》2010/6）亦校正 10 餘例。正如鄧福祿所指，《校釋》之錯誤是"不明訛俗"、"不通聲韻"，本文嘗試結合文字學、音韻學、訓詁學、文獻學等學科的理論與方法，對《校釋》的部分訛謬進行討論。

一　文字方面

　　《欠部》（中華書局 1995 年 10 月第 1 版，頁 89 下。原寫"、"不作改動，其餘標點爲筆者所加）"歖，欣疑反，卒憙、咲怒、"，又（頁 90 下）"歖，虛紀反，喜字，樂、"，《校釋》（頁 146 左、147 右）字頭均作"歖"。按《説文·欠部》："歖，卒喜也。从欠，从喜。"段玉裁注："《喜部》曰：'歖，古文喜。'此重出，未聞。"又《喜部》："歖，古文喜。从欠。"段注："蓋古文作歖，轉寫誤耳。"《四庫全書》本《玉篇·欠部》："歖，欣疑切，卒喜也。"又："歖，虛紀切，樂也。"清張士俊澤存堂本前一字頭則作"歖"。又《玉篇·喜部》："喜，欣里切，樂也，悅也。……歖，古文，出《説文》。"《新撰字鏡·欠部》（頁 648）："歖，欣疑反，喜也，嘆怒也。"《六書故》卷二十九《工事五》："喜，許己切，笑樂也。別作憙、歖。《説文》：'喜，樂也。'歖，古文意，説也。《欠部》又有'歆，卒喜也'。"《康熙字典·欠部》："歆，《玉篇》古文喜字，注詳《口部》九畫。又《廣韻》許其切，《集韻》虛其切，並音僖，卒喜也。"又："歆，《唐韻》許其切，《集韻》虛其切，並音僖，《説文》'卒喜也'。或從喜作歆，從心作憙。"清鄭珍《巢經巢詩文集》卷三《答莫子偲論佩觿書》："據言《説文》'歆'、'歆'二字當前後互易，段懋堂氏所見已如此，但彼於《喜部》已改古文作'歆'，謂'歆'爲寫誤，而《欠部》'歆'下又云'重出，未聞。當如《女部》變之類'，此則其説前後不盡一也。某竊謂許君書《喜》、《欠》二部同作'歆'，原不誤。《欠部》'歆'下明云'喜聲'，則'歆'之譌'歆'，定不在大徐校正之前。觀《佩觿》'欨歆歆'下云'歆欿驢鳴'，是'歆'爲後世字，非《説文》所有。更可見《説文》中一字二見者，所以別古今異同。大徐不悉此理，盡謂之重出，後人欲一一刪之，使前後無縄複字，亦覺多事也。"此説或亦有未密。前一字頭據澤存堂本《玉篇》及《康熙字典》引《唐韻》則作"歆"，似乎説明"歆"字早於大徐校正《説文》之前。綜合以上文獻，《名義》兩字恐不應重出，"欣疑反"音字頭當作"歆"，"虛紀反"或"許其反"音字頭作"歆"。

《水部》（頁186下）"沿，古允反，餘專反"，《校釋》（頁301右）同，未聞"沿"有"古允反"音切，失校。按"古允反"當作"古沇"，謂"沿"爲"沇"古文，前條"沇，胡褊反，俞選反。沿，上文"可證；又"反"字衍，致使釋義文字誤爲音注矣。《説文·水部》："沇，沇水。出河東垣東王屋山，東爲泲。从水，允聲。㳋，古文沇如此。"《新撰字鏡·水部》（頁336）："沇，以轉反，濟水別名。又古扁反，泉源也。㳋，上古文。"亦謂"沿"爲"沇"古文。《龍龕手鏡·水部》："沇，或作；㳋，正。以轉反。濟水別名也。"《廣韻·獮韻》："㳋，濟水別名，出王屋山。沇，上同。"《集韻·獮韻》："沇……古作㳋，或從兗。"《六書故》卷六《地理三》:"沇,以轉切,又作兗,或作沿。"《康熙字典·水部》:"沇,古文沿。《唐韻》、《集韻》、《韻會》並以轉切,音兗,水名。"

《水部》(頁 189 上)"氾,扶釼反",《校釋》(頁 305 右)"扶釼反"未出校。按《玉篇·水部》:"氾,浮劍切。"《龍龕手鏡·金部》:"釼,音刃,劍刃也。"《集韻·驗韻》:"劒,居欠切,《說文》:'人所帶兵也。'或從刀。俗作釼,非是。""釼"有兩音讀,當出校說明此"釼"爲"劍"俗字,並指出《集韻》認爲"劍"俗作"釼"未是。

二　訓詁方面

《水部》(頁 186 下)"油,餘周反,麻肥",《校釋》(頁 302 右)"油,餘周反。麻,肥"。按"麻肥"或"麻,肥",均不知所云,疑"肥"爲"脂"形訛,"麻脂"謂麻類植物油。《玉篇·水部》:"油,以周切,水名。又麻子汁也。""麻子汁"即麻子油。《廣韻·尤韻》:"油,水名。又油脂。""油"謂油脂,則"麻子汁"亦可稱"麻脂"。又,《新撰字鏡·水部》(頁 348):"油,以由反,平。春雲潤澤萬物曰油。悅也,敬皃,水也,雲行也,流也。"不言"麻肥"。"麻脂"爲語詞,《漢語大詞典》收錄,謂"用麻類植物種子榨的油。古代用於火攻",引《墨子·旗幟》:"蓬艾有積,麻脂有積。"又,《太平御覽》卷一百九十二引《墨子》曰:"城四門守城之法,積樵,營雜茅葦,有木有荻,有積沙,有蓬艾,有麻脂,有金錢,有積粟。"唐孫思邈《千金翼方》卷十六"赤膏"方有"生地黄汁(貳升)、生烏、麻脂(貳兩)、薰陸、香末"等配伍。明李時珍《本草綱目》卷三十四《木之一》:"(椶香)根氣味苦,澀平無毒,主治頭癬腫毒,碾末麻脂調塗,七日腐落。"均爲其例。

又（頁 185 下）"淰，子來反，出水蜀"，《校釋》（頁 300 右）謂"《玉篇》作'淰水出蜀郡'。《名義》字序錯亂"。按"出水"誤倒，應作"水出"。下"沫"條謂"水出蜀"；"灖"條謂"出巴"，《玉篇·水部》"灖"謂"水出巴郡宕渠"；"涂"條謂"出水益州"，"出水"亦倒，《玉篇》作"涂水出益州"。《廣韻·哈韻》："淰，水名，出蜀。"《六書故》卷六《地理三》："淰，祖才切。《漢志》：'水出郡蜀汶江縣徼外，南至南安，東入江。'"亦其證。

又（頁 185 下）"温，於魂反。善、和、尋、微契"，《校釋》（頁 301 左）謂"'尋也，微契'疑當作'煴也，微熱'"（《校釋》將原寫"、"改錄爲"也"），不知何據。按《玉篇·水部》："温，於魂切，水名。又顏色和也，漸熱也，善也。"《新撰字鏡·水部》（頁 340）"温，烏軍反，和柔也"，字頭右旁寫小字"𮥶"，"烏軍"右旁寫"𮥶"，當讀爲"善也"、"尋也"。又（頁 347）"温，水聲也，烏孫玉如也，若也，尔也，黏也，柔兒，良也，安詳也，尋也"。"温"字重出，義訓均不作"煴"。《廣韻·魂韻》："温，水名，出犍爲。又和也，喜也，良也，柔也，暖也。""温"有"煴"，或出《集韻·魂韻》："温，烏昆切。《説文》：'水出犍爲涪，南入黔水。一曰煴也，和也。'"

《艸部》（頁 133 下）"荒，呼黃反，廢、迷亂、忽、蕪、散、芼、略"，下轉列大字寫"慕、有、奄、"，仍爲"荒"字釋文，《校釋》（頁 219 右）合爲一條，未作説明。《新撰字鏡·草部》（頁 433）"荒，呼王反，平。癈也，忽也，蕪也，奄也，大也，元也，散也，已也。"可比勘。

三　音韻方面

《心部》（頁 74 下）"悝，毀居反，變、忘、乖"，《校釋》

（頁 120 左）切語失校。按"毀居"爲"居毀"誤倒。《説文·心部》："悈，變也。"朱駿聲通訓定聲："譎詐怪異之意。《一切經音義》三引《説文》'變詐也'，史書皆以詭爲之。"《玉篇·心部》："悈，居毀切，異也。"《新撰字鏡·忄部》："悈，居委反，變也，異也，忌也。"《龍龕手鏡·心部》："悈，居委反，變也，悔也。"《廣韻·紙韻》過委切："悈，變也，悔也。"《康熙字典·心部》："悈，《廣韻》過委切，《集韻》古委切，並音詭。《説文》'變也'，《玉篇》'異也'，《廣韻》'悔也'。"

《走部》（頁 100 下）"越，岳反，蹇行"，《校釋》（頁 164右）作"丘山反"，是，但無説。按豎寫誤合"丘山"二字爲"岳"字。《説文·走部》："越，蹇行越越也。從走，虔聲，讀若愆。"《玉篇·走部》："越，去虔切，蹇行。"《新撰字鏡·走部》（頁 502）："越越，二狀作，岳山反，蹇行。""岳"亦"丘山"誤合爲一字，又衍"山"字以構成切語，然"越"無"岳山反"音讀，是以知其誤矣。

《竹部》（頁 143 上）"箶，誰都反"，《校釋》（頁 234 左）同，未聞從胡之字有音"誰都反"者，失校。按反切上字"誰"爲"護"字殘脱。《玉篇·竹部》："箶，護都切，竹名。"《新撰字鏡·竹部》（頁 452）："箶，護都切，竹名。""護"當爲"護"而非"誰"字。又《龍龕手鏡·竹部》："箶，音胡，箶簏。又竹名也。"此注直音，更無庸費辭矣。《廣韻·模韻》戶吳切："箶，箶簏，箭室。又竹名。""箶"與"胡"、"葫"、"壺"、"狐"等同一小韻。《康熙字典·竹部》："箶，《廣韻》戶吳切，《集韻》、《韻會》、《正韻》洪孤切，並音胡。"

《風部》（頁 201 上）"飆，君絹反，小風"，《校釋》（頁 326左）作"飆，君絹反，小風"，失校。按反切上字"君"爲"尹"形訛，乃"尹"增"口"致誤。《玉篇·風部》："飆，尹轉切，小風兒。"是其證。又《龍龕手鏡·風部》："飆，俗；飆，正。

音尢。小風也。" 《廣韻·獮韻》以轉切："飚，小風。"與
"尢"、"沇"、"莚" 等同一小韻；又《線韻》以絹切："飚，再揚
穀。又小風也。"與"掾"、"緣"等同一小韻。《康熙字典·風
部》："飚，《廣韻》以絹切，《集韻》俞絹切，並音掾。""尢"、
"以"、"俞"與"尹"聲母相同。

　　《日部》（203 上）"晣，之逝反，虛殷反，明、察、晢同
上"，《校釋》（頁 329 左）"'虛殷反'疑爲'晣'字音"，不知何
據。按《説文·日部》："晢，昭晣，明也。从日，折聲。"段玉
裁注："晢字日在下，或日在旁作晣，同耳。"《玉篇·日部》：
"晣，之逝切，明也。晢、喌，並同上。"《新撰字鏡·日部》（頁
25）："晣， 𠄌析反，明也。" "𠄌"爲"止"草寫，"止析反"同
"之逝反"。又，《集韻·錫韻》先的切："晢，明也。"《正字通·
日部》："晣，同晢。舊注又音浙，與晢、晣溷。"又："晢，思積
切，音析，明也。……曾點字晢，下本從白，《語》、《孟》、《史
記》訛從日，今不敢改，故收入，以便押用。按晢有分明之意，
皙爲白色之晢，晢爲明辨之晢，晢、皙分可也。"未聞"晣"、
"晢"有"虛殷反"一音，恐爲他字切語竄入，當刪。

　　〔主要參考文獻〕
　　〔日〕釋空海. 篆隸萬象名義. 北京：中華書局，1995.
　　（梁）顧野王. 原本玉篇殘卷. 北京：中華書局，1985.
　　（梁）顧野王. （宋）陳彭年，丘雍等重修. 大廣益會玉篇. 張氏澤存
堂本影印. 北京：中華書局，1987.
　　〔日〕釋昌住. 新撰字鏡. //佛藏輯要. 第三十三册. 成都：巴蜀書
社，1993.
　　（宋）陳彭年，丘雍等. 宋本廣韻. 北京：中國書店影印澤存堂本，
1982.
　　（宋）丁度. 集韻. 影印述古堂本. 上海：上海古籍出版社，1985.
　　（漢）許慎. 説文解字. 北京：中華書局，1963.

（清）段玉裁. 説文解字注. 上海：上海古籍出版社，1988.

龍宇純. 唐寫全本王仁煦刊謬補缺切韻校箋. 香港中文大學，1968.

（清）張玉書. 康熙字典. 上海：上海書店出版社，1985.

（遼）釋行均. 龍龕手鏡. 北京：中華書局，1985.

（明）張自烈. 正字通. 北京：國際文化出版公司，1996.

（元）戴侗. 六書故. 北京：中華書局，2012.

（明）李時珍. 本草綱目. 合肥：黃山書社，2005.

漢語大詞典編纂處. 漢語大詞典. 上海：上海辭書出版社，2007.

呂浩.《篆隸萬象名義》校釋. 上海：學林出版社，2007.

周祖謨. 論篆隸萬象名義. //問學集（下）. 北京：中華書局，1966.

The Examples Of Corruption In The Explanation Of Zhuanli Wanxiang Mingyi（篆隸萬象名義）by Lvhao

Guo Ping

(Department of Chinese, Sichuan University, Chengdu 610064, China)

Abstract: *Zhuanli Wanxiang Mingyi*（篆隸萬象名義）is a dictionary which edited by a Japanese monk named Konghai in Tang Dynasty according to *Yupian*（玉篇）, Annotation, FanQie and YiXun, Nonstandard forms of characters and so on, which have very important academic value. Because of the errors of biography written version, *Zhuanli Wanxiang Mingyi jiaoshi*（篆隸萬象名義校釋）by Lvhao has made the system arrange, But missing and mistakenly collating is still more, many scholars wrote marina to correct and complement. Now made a number of examples, try to make consultation and corrections.

Keywords: *Zhuanli Wanxiang Mingyi*（篆隸萬象名義）; lv' s Correct and complement; Correct printing errors

（郭萍，四川大學文學與新聞學院，郵編　610064）

敦煌詩歌與《漢語大詞典》編纂*

洪 帥

内容摘要：敦煌詩歌是敦煌文獻的重要組成部分，與敦煌變文一樣，是漢語詞匯研究必不可少的一部分。其中不少詞語可以補充《漢語大詞典》的不足，可以提前《大詞典》的書證、補充《大詞典》的詞條、修正釋義、增加部分詞語的義項和補充用例。

關鍵詞：敦煌詩歌　《漢語大詞典》　編纂

　　敦煌詩歌是敦煌文獻的重要組成部分，它内容豐富、反映面廣、口語性强，對大型辭書的編纂有着重要意義。《漢語大詞典》（以下簡稱《大詞典》）是"我國第一部大型的規範的古今兼收、源流並重的歷史語文詞典，在中國辭書史上寫下了最光輝的一頁。"[1]209-210《大詞典》是漢語詞匯研究必不可少的語文工具書之一，雖然在收詞、釋義、内容、例證等方面都力求完善，爭取盡善盡美，但中國典籍卷帙浩繁，出土文獻隨着考古學的展開和深入研究而又不斷更新，加之書出衆手，有些地方前後不能照應，典故衆多等各方面的原因，偶有疏漏也在所難免。因此，祇有對各類傳世文獻及出土文獻等現存的全部文獻進行專門的詞匯

　　* 基金項目：國家社科基金青年項目"敦煌詩詞曲詞匯研究"（13CYY051）；教育部人文社會科學研究青年基金項目"敦煌詩歌詞匯綜合研究"（12YJC740029）；西北師範大學青年教師科研能力提升計劃骨幹項目"融合與嬗變：多視角下的敦煌詩歌詞匯研究"（SKQNGG1205）。

研究，辭書編纂的品質才能更有保證，詞語收錄纔能更加完備。敦煌詩歌是敦煌文獻的重要組成部分，與敦煌變文一樣，是漢語詞匯研究必不可少的一部分。其中不少詞語可以補充《大詞典》的不足，可以提前《大詞典》的書證、補充《大詞典》的詞條、修正釋義、增加部分詞語的義項和補充用例。下面我們就從這五個方面分別舉例説明。

一　提前書證

《大詞典》的書證中存在不少問題，主要是書證滯後現象較多，所列的首條書證有些不是現存文獻中最早的，敦煌詩歌中的詞匯可以部分彌補一些這方面的缺憾。

敦煌詩歌新詞中，《大詞典》以唐代以後（宋——現代）為始見例的有 165 個（含成語 18 個）。

1. 《大詞典》以唐代文獻為始見例，而有更早的用例

雖然敦煌詩歌中的用例不是最早的，但是我們可以以此為線索往前追溯。這樣的例子很多，僅舉數例：

行住坐臥

行住坐臥常住（注）意，則知四大是佛堂。（伯 2963，無名氏《五更轉·南宗贊》之一，12/135/5256—5257）[1]

若人達此理真如，行住坐臥皆三昧。（伯 3409，無名氏《五更轉》之一〇，12/141/5376）

機音正受稍為難，行住坐臥攝心觀（斯 2659，善導《往生禮贊文》，13/156/5863）

指一舉一動。中古已經出現。吳支謙譯《撰集百緣經》卷八《比丘尼品》："東踴西没。南踴北没。行住坐臥。變化自在。"（T04/p. 242/a24—25）[2]元魏慧覺等譯《賢愚經》卷十《須達起精舍品》："時舍利弗。身升虛空。現四威儀。行住坐臥。身上出

水。身下出火。"（T04/p. 420/c14－16）《大詞典》以唐般若譯《大乘本生心地觀經·報恩品》："行住坐臥，受諸苦惱。"為始見例。

瘡疣

> 瘡疣病未發，訥鈍不須言。（伯 4895，無名氏《調意身心閑》，12/137/5302）

機體表面的贅生物。唐前已出現。吳康僧會譯《六度集經》卷四："事與願違，憂悲為害。欲深禍高，瘡疣無外。三界都苦，國有何賴。"（T03/p. 23/a2－4）南朝《全宋文》卷五十七朱昭之《與顧歡書難夷夏論》："而云昧者競前，亦又近誣，探賾之談，而妄生瘡疣，遊辭放發，為恨五也。"[2]p. 2744 這是比喻痛苦、禍患。《大詞典》以唐李翱《解江靈》："瘡疣生心，洗刮不落。"為始見例。

法家

> 佛殿元不識，損壞法家衣。（伯 3211，王梵志《寺內數個尼》，2/026/109）③

佛教。《大詞典》以南唐陳陶《題居上人法華新院》詩："鐘唄成僧國，湖山稱法家。"為始見例。其實中古已出現。後漢支婁迦讖譯《般舟三昧經》卷二《授決品》："恒行慈哀度眾生，施以安隱滅諸塵。壽終之後生法家，不復歸於三惡道。世世相隨常和協，然後逮得尊佛道。"（T13/p. 911/c15－18）元魏吉迦夜共曇曜譯《雜寶藏經》卷五："南天竺法家有童女，必使早起，淨掃庭中門戶左右。"（T04/p. 474/b15－18）《冥祥記》："晉張應者，歷陽人。本事俗神，鼓舞淫祀。咸和八年，移居蕪湖。妻得病，應請禱備至，財產略盡。妻，法家弟子也，謂曰：'今病日困，求鬼無益，乞作佛事。'"[3]581 "俗神"謂非佛教之神。張應與妻子信仰不同，其妻是"法家弟子"，即佛家弟子，所以需做佛事方能病除。梁寶唱集《經律異相》卷六："浮屍著岸神生法家，墮地能語，便識宿命，年滿八歲，得羅漢道。"（T53/p.29/b28-29）"生法家"即生佛家。

2.《大詞典》以宋代文獻為始見例

敦煌詩歌詞語中《大詞典》以宋代文獻為始見例的共有47例。它們是：

保愛，背地，必定，草鞋，差殊，秤錘，傳揚，蠢蠢含靈，打脊，但是，低心下意，抵當，的定，店家，翻悔，功成身退，胡言漢語，緩緩，澆灌，迥異，朗豁，磨煉，木頭，起造，欠闕，切記，肉紅，折本，申陳，食手，殄除，跳擲，貼貼，通融，團聚，溪流，曉會，信音，沿路，揚簸，倚托，憶想，預計，鎮常，窒礙，治化，裝裹。

翻悔

不肯今時專念佛，臨終翻悔欲何為。 （伯2066，斯2059，善導《西方禮讚文（一作西方禮讚偈文）》，13/156/5851）

後悔，也指因後悔而推翻曾經允諾的事或說過的話。隋侯白《啟顏錄》卷上《嘲誚》："侯白即覓富人云：'我知有一瑞物，你與我幾錢。'富人大喜，即與侯白二十貫錢。白即共作券契，不得翻悔。"[4]32 唐齊己《憶別匡山寄彭澤乾晝上人》："卻回看五老，翻悔上孤舟。"[5]9521《儀禮》卷四《士昏禮》："下達，納采用鴈。"唐賈公彥疏："納吉言納者，男家卜吉，往與女氏，復恐女家翻悔不受，故更言納也。"[6]961 唐義淨譯《根本說一切有部毘奈耶》卷二十五："某村長者許女為婚。使役多年今乃翻悔。"（T23/p.764/b26-27）《大詞典》以宋蘇軾《奏戶部拘收度牒狀》："百姓聞之，皆謂朝廷不惜飢民，而惜此數百紙度牒，中路翻悔，為惠不終。"為始見例，較晚。

抵當

六藝周備體無常，生死難抵當。 （斯2204，《太子讚》，

14/179/6694)

同"抵擋"，抵禦，阻擋。《唐文拾遺》卷四十三崔致遠《進詩賦表狀等集狀》："及罷微秩，從職淮南，蒙高侍中專委筆硯，軍書幅至，竭力抵當，四年用心，萬有餘首。"[7]10863《敦煌變文校注》卷五《維摩詰經講經文（四）》："維摩神力不同常，誰肯將心敢抵當。"[8]860《大詞典》以《朱子語類》為始見例，較晚。

折本

> 興生向前走，唯求多出利。折本即心狂，惶惶煩惱起。（伯3418，王梵志《興生向前走》，5/266/637）

賠本，虧本。《大詞典》引《朱子語類》卷二六："云我不當得貧賤，有汲汲求去之心，譬如人作折本經紀相似。"和《古今小說·裴晉公義還原配》："從來奉承盡有折本的，都似此類。"較晚。

背地

> 背地道他非，對面伊不是。（列1456，王梵志《可笑世間人》，7/377/870）

"背地"與"對面"相對，明顯是"暗地裏，私下"的意思。《祖堂集》卷十《長慶和尚》："師有時云：'與摩舉揚，背地看來，卻成返仄。'僧便問：'當眾舉揚為什摩卻成返仄？'師云：'只為容易。'"[9]492《大詞典》首引宋周邦彥《歸去難·期約》詞："佳約人未知，背地伊先變。"較晚。

3.《大詞典》以元代文獻為始見例

敦煌詩歌詞語中《大詞典》以元代文獻為始見例的共有25例。它們是：

病患，草頭，打羅，骨崖崖，黑頭蟲，懷擔，荒忙/慌忙，魂飛魄散，假饒，諫勸，界畔，聚頭，口，起初，權且，使用，頭繩，無價之寶，圍逯，現今，銷鎔，醺醺，冤恨，針腳，重賞之下必有勇夫。

黑頭蟲

報導黑頭蟲，世世莫與恩。（斯 1441，斯 1973，無名氏《鹿兒贊文》，14/179/6683）

指人，因亞洲人頭髮是黑的，故稱。《大詞典》釋為"民間相傳黑頭蟲是吃父母的蟲，故用以喻忘恩負義者。"恐不確，"黑頭蟲"之稱來自佛經，它是對人的蔑稱，並不是什麼"吃父母的蟲"。梁寶唱集《經律異相》卷三："有黑頭蟲身長五丈，蟲行道中與蛇相逢。適欲舉頭前斷大蟲，蛇聞藥香屈頭欲走，蛇身羅藥樹，身即中斷分作兩段。"（T53/p. 12/c29－p. 13/a4）唐義淨譯《根本説一切有部毘奈耶破僧事》卷十五："是時老烏來詣王所，便即告言：'此黑頭蟲，都無恩義，勿須救拔。若得離難必害鹿王。'時彼鹿王為慈悲故，不取烏言，往溺人所，背負而出。"（T24/p. 175/b15－18）《大詞典》舉例為元紀君祥《趙氏孤兒》無名氏《小尉遲》為例，太晚。

懷擔

父母恩重十種緣，第一懷軏（擔）受苦難。（斯 2204，無名氏《父母恩重贊》，14/179/6703）

第一囑甚囑，發願耶娘長萬福。十月懷軏（擔）受苦辛，乳哺三年相養育。（斯 2702，無名氏《三囑歌》之一，14/180/6720）

懷孕。《大詞典》以元紀君祥《趙氏孤兒》第五折："你則那三年乳哺曾無曠，可不勝懷擔十月時光。"為始見例，太晚。

草頭

本是蕃家將，年年在草頭。（斯 2607，無名氏《贊普子》，11/130/5095）

人命由（猶）如草頭露，火急努力勤修福。（斯 0427，無名氏《十二時·禪門十二時》之七，12/145/5502）

草上。唐杜甫《送孔巢父謝病歸游江東兼呈李白》："惜君只

欲苦死留，富貴何如草頭露。"[5]2259 唐岑參《冀州客舍酒酣貽王
綺寄題南樓（時王子欲應制舉西上）》："前日在南縣，與君上北
樓。野曠不見山，白日落草頭。"[5]2030 《大詞典》引元薩都剌
《酹江月·登鳳凰台懷古用前韻》詞："遙憶王謝功名，人間富
貴，散草頭朝露。"太晚。

4. 《大詞典》以明代文獻為始見例

敦煌詩歌詞語中《大詞典》以明代文獻為始見例的共有 37
例。它們是：

安邦定國，不是，草頭，成真，穿連，隊，哥哥，骨頭，呵
嗔，呼喚，輝耀，穢言，間歇，嬌媚，經年累月，砍伐，況且，
淚汪汪，良辰吉日，嘍囉，媚麗，披毛戴角，飄飄然，遷加，千
生萬死，舌頭，身量，所有，騰身，稀奇，鄉頭，須當，依從，
慵夫，永別，殞滅，朱唇皓齒。

安邦定國

遂便安邦定國，永世款伏承前。（伯 4011，無名氏《兒
郎偉》，13/153/5736）

使國家安定。《全唐文·後漢高祖李皇后〈議擇嗣君誥〉》：
"高祖皇帝翦亂除凶，變家為國，救生靈於塗炭，創王業於艱難，
甫定寰區，遽遺弓劍。樞密使郭威、楊邠，侍衛使史宏肇，三司
使王章，親承顧命，輔立少君，協力同心，安邦定國。"[7]1274
《大詞典》以《三國演義》第三七回為始見例，太晚。

哥哥

（1）（妹答）我今隨順哥哥意，祇恨娘娘猶未知。（斯
1497，斯 6923，伯 4785，無名氏《小小黃宮養贊》，14/
179/6686）

（2）回來直擬苦過磨，思量得還是諕哥哥。（伯 3137，
無名氏《失調名》，11/125/4944 ）

a 對同父母年長男性的稱呼，兄長。如例（1）。唐李復言

《續玄怪錄》卷三《蘇州客》：“方對食，太夫人忽眼赤，直視貫詞，女急曰：‘哥哥憑來，宜且禮待，況令消患，不可動搖。’”[10]165此義《大詞典》以《清平山堂話本·快嘴李翠蓮記》：“哥哥、嫂嫂休推醉，思量你們忒没意。我是你的親妹妹，止有今晚在家中。”為始見例，太晚。b. 妻子對丈夫或情人的稱呼。如例（2）。唐孫光憲《浣溪沙》：“縷金衣上小雙鵝，醉後愛稱嬌姐姐。夜來留得好哥哥，不知情事久長麼。”[5]10135這是女子對情人的稱呼。此義《大詞典》以宋無名氏《朝野遺記》：“光宗既愈，後泣謂曰：‘嘗勸哥哥少飲，不相聽。’”

不是

見人鬥打，必須諫之。見人不是，必須語之。 （伯3764，無名氏《太公家教》之六，9/90/3838）

共別人，好説我不是，得莫辜天負地。（日本橋川時雄藏本，無名氏《魚（漁）歌子》，12/132/5171）

錯誤，過失。《貞觀政要·納諫第五》附《直諫》：“今聞鄭氏之女，先已受人禮聘，前出文書之日，事不詳審，此乃朕之不是，亦為有司之過。”[11]65《大詞典》以《清平山堂話本·快嘴李翠蓮記》：“適間婆婆説你許多不是。”為始見例，太晚。

成真

舍邪歸六趣，畢竟去貪嗔。無塵複無垢，何慮不成真？（列1456，王梵志《多緣饒煩惱》，7/366/848）

莫向閻浮貪五欲，念吾名字速成真。成真早得悟無為，毫相光明安兩眉。 （伯2250，無名氏《極樂連珠贊》，14/171/6423）

指宗教信徒經修煉達到理想境界，具體來説，對於道教來説，“真”就是“仙”，“成真”指成仙，對於佛教來説，“真”是指佛，“成真”就是成佛。敦煌詩歌中皆是指成佛。唐張籍《哭丘長史》：“曾是先皇殿上臣，丹砂久服不成真。”[5]4334此是指成仙。也有指其他宗教者。《全唐文》卷九一六唐景淨《景教流行中國碑》：“制八境之度，煉塵成真；啟三常之門，開生滅死。”[7]9546《大詞典》釋為“成仙”，引例為明屠隆《彩毫記·夫妻玩賞》：“男子得道，隸籍木公；女子成真，列名金母。”釋義不全面，舉例也太晚。

　　5.《大詞典》以清代文獻為始見例

　　敦煌詩歌詞語中《大詞典》以清代文獻為始見例的 35 個。它們是：

　　暴風疾雨，秉正，慚荷，掣取，抽換，當即，阿彌，憨癡，懷胎，回想，筋疲力盡，開啟，客侶，空幻，葺治，濡濡，三災八難，稍息，繩子，守財奴，漱口，脫卸，萬里迢迢，餒飼，紊亂，孝家，懌悅，盈餘，查郎，展手，嶄新，張眉努目，制遏，炙熱，囑咐。

　　炙熱

　　　　不知僧，在夏月，房舍無屋日炙熱。（伯 4980，談信《秋吟》，14/166/6307）

　　熾熱。《大詞典》以清楊炳《農夫歎》詩：“日如火，火傘初張避猶可；日如湯，炙熱之勢不可當。”為始見例，太晚。

　　盈餘

　　　　數回賭得這回輸，少智沒盈餘。（斯 5588，無名氏《求因果》之三三，12/148/5569）

　　除去開支後的剩餘。《舊唐書》卷一百三十五《裴延齡傳》：“既賴盈餘之財，稍弘心意之欲，興作浸廣，宣索漸多。”[12]3722《大詞典》此義以清昭槤《嘯亭雜錄·關稅》：“其後司事者覬久留其任，每歲以增盈餘，至乾隆六十年加至八百四十六萬有奇。”為始見例，太晚。

　　嶄新

　　　　闊口袴，嶄新鞋，大跨腰帶拾參事。（伯 3644，無名氏

《店鋪招徠叫賣口號》之二，9/89/3794）

極新。《大詞典》以《二十年目睹之怪現狀》第六回："我今天日裏看見他送客的時候，莫説穿的是嶄新的衣服，底下人也四五個，那裏至於吃盡當光。"為始見例，太晚。

6.《大詞典》以現代文獻為始見例

敦煌詩歌新詞中《大詞典》以現代文獻為始見例的有 19 個。它們是：

拔除，操勞，弓身，鐫雕，可身，臨產，領承，面臨，謬失，南蠻子，燃燒，使遣，手臂，水汪，酸疼，奄化，映照，永恒，戰征。

永恒

光明遍滿充一切，壽命究竟永恒安。（斯 2659，道明譯《歎明界文》，14/165/6263）

永久，永遠。《大詞典》引冰心《我們太太的客廳》："於是兩人愈説愈投機，而友誼也永恒的繼續着。"和柳青《創業史》第二部第五章："生命有限，而人類世界永恒。"太晚。

使遣

張騫本自欲登山，漢帝使遣上升天。（伯 3910，無名氏《聽唱張騫一西（曲）歌》，9/94/3938）

派遣。《貞觀政要·納諫第五》："使遣獻鷹，遂不曲順，論今引古，遠獻直言。"《大詞典》引老舍《我這一輩子》二："當徒弟的得晚睡早起，得聽一切的指揮與使遣。太晚。

酸疼

杖鞭繩縛苦難任，皮肉酸疼連骨髓。（伯 2054，智嚴《十二時·普勸四衆依教修行》之一二二，11/122/4831）

疼痛。《大詞典》引《小説選刊》1981 年第 6 期："他拉開插銷，從窗口跳出去，蹾得老寒腿一陣酸疼。"太晚。

戰征

頻見老人星，萬方休戰征。（伯3128，無名氏《菩薩蠻》，11/125/4929）

征戰。唐李白《初月》："樂哉弦管客，愁殺戰征兒。"[5]p.1889 羅隱《得宣州竇尚書書因投寄》之一："時見齊山敬亭客，不堪戎馬戰征頻。"[5]p.7534《全唐文》卷一百二朱瑱（梁末帝）《給複宋亳等三十二州制》："顧茲殘孽，勞我大邦，將士久于戰征，黎庶疲於力役。"[7]p.1044《大詞典》引郭沫若《中國古代社會研究》第三篇第二章第二節："俘虜一次可殺至二千六百以上，則戰征之劇烈殊可想見。"太晚。

二　補充詞條

敦煌詩歌中有些詞條，《大詞典》失收，這些詞語不僅見於敦煌詩歌，還見於同時代或較晚的其他文獻，《大詞典》似當補。敦煌詩歌共有67條詞語《大詞典》未收。它們是：

菴屋，菴子，伴涉，便貸，兵夫，村頭，大大，道長説短，帝主，方孔兄，浮逃，貫穿，國泰人安，後翁，皆盡，金玉滿室，經求，溘溘，療醫，籠纏，獿玃，慢坡，忙怕，彌陀佛，蔫萎，排撥，鋪頭，欺屈，千吼萬喚，青雲人，泉寶，然燒，桑田變海，殺鬼，燒燃，舍割，社邑，聲喚，世世生生，手頭，壽延，舜日堯時，四片板，死去生來，四合舍，伺命，隨波逐水，歲歲年年，鐵石心肝，偷光鑿壁，土庵，五五三三，嚇嚇，下氣低聲，香號，響音，形段，行案，要勒，依頭，夜夜朝朝，游游，展腳，轉加，卓豎，土庵，朝朝暮暮。

依頭

雪山成正覺，交（教）我没衣（依）頭。（斯2204，無名氏《太子贊》，14/179/6695）

依靠。"頭"為詞尾。《大詞典》未收此詞。

慢坡

　　五台險峻極崔嵬④，四面陡斬（塹）無慢坡⑤。　（伯
3645，無名氏《五臺山贊文（一作五臺山贊）》，14/176/
6606）

　　即緩坡，指傾斜度很小的坡。此例中，"慢"與"陡塹"相
反。"慢"是"趨向和緩"的意思。今豫東方言中猶有此詞。《西
廂記諸宮調》卷三："【越調】【鬥鵪鶉纏令】天昏昏兮，陣雲四
合；□騰騰地，塵頭俏如鍬鍁。栲栲大隊精兵，轉過拽腳慢坡。"
《堯舜禹故都紀行》："走過夫妻柏，沿慢坡而上，進入陵廟大門，
再前行不遠處，便是舜帝陵了。"[13]86《大詞典》未收此詞，當
補。

後翁

　　（1）後母即後翁，故故來相值。（伯3418，王梵志《夫
婦擬百年》，5/295/721）

　　（2）撩亂失精神，無由見家裏。妻是他人妻，兒被後翁
使。奴事新郎君，婢逐後娘子。（斯0778，王梵志《撩亂失
精神》，1/009/45）

　　繼父。《大詞典》未收此詞。例（1）中"後翁"與"後母"
相對，"後翁"即是"繼父"義甚明。《大詞典》收"後母""後
父""後爹""後娘""後媽"後妻""後婦"，"後翁"似亦應當
收。

鋪頭

　　鋪頭錢買取，飽噇何須慮。（伯3833，王梵志《自死與
鳥殘》，3/109/328）

　　店鋪。唐王建《題崔秀才里居》："自知名出休呈卷，愛去人
家遠處居。時複打門無別事，鋪頭來索買殘書。"[5]3428《大詞典》
未收此詞。

三　修正釋義

生緣

乞就生緣活，交即免飢寒。（伯 3211，王梵志《觀内有婦人》，2/024/96）

不采生緣瘦，唯願當身肥。今身損卻寶，來生更若為？（伯3211，王梵志《寺内數個尼》，2/026/109）

家鄉。項楚先生言：“‘生緣’本是佛教術語，謂人命終後，‘中陰’期間所獲得的轉生因緣。‘生緣’可指投生之處，引申而為籍貫或家鄉之義，亦為眷屬或親人之義。”[14]102 唐顧況《送少微上人還鹿門》：“少微不向吳中隱，為個生緣在鹿門。行入漢江秋月色，襄陽耆舊幾人存。”[5]2969 齊己《逢鄉友》：“無況來江島，逢君話滯留。生緣同一國，相識共他州。”[5]9451 “鄉友”即是老鄉、同鄉，言家鄉本相同，卻在他鄉相見。《祖堂集》卷三《慧忠國師》：“祖曰：‘生緣在阿那裏？’子曰：‘自得五陰後忘卻也。’祖師招手云：‘近前來！’子便近前。祖師曰：‘實説你是什摩處人？’子曰：‘浙中人。’”當六祖問他家鄉在哪裏時，慧忠先以禪語相答，後六祖再次問他什麼處人時，他纔説出家鄉。《敦煌變文校注》卷三《燕子賦（二）》：“大宅居山所，此乃是吾莊。本貫屬京兆，生緣在帝鄉。”《唐文拾遺》卷十六許敬宗《唐故臥龍寺黃葉和尚墓誌銘》：“和尚自説姓張，名真志，其生緣桑梓，莫能知之。”“生緣”與“桑梓”同義連用。《大詞典》“生緣”義項❶為“佛教語。塵世的緣分。”釋義不明。

四　增加新義

《大詞典》雖為迄今為止收詞最全、釋義最精當的漢語辭書，但仍存在着釋義不全、不確的問題。敦煌詩歌中的一些詞語可以補充《大詞典》中部分詞語的詞義。敦煌詩歌共有 20 個新義《大詞典》未收，或所釋不確。它們是：

比來，長頭，當頭，雕朽，端正，及時，叫喚，啾唧，覺知，可哥，料取，淪落，論平，明珠，襪，聖主，使者，巡環，紫金容，紫金身。

論平

無怠無荒，賜（四）夷來王。是何徒衆，夜入村坊。難飛鳥宿，風塵荒荒。君是何人，輒事夜行。君且停住，吾欲論平。（斯 6207，無名氏《兒郎偉·障車詞》之三，13/154/5765）

詢問。《大詞典》釋為"考慮公正平和"，引例為唐張九齡《敕吐蕃贊普書》："朕心無所負，事欲論平。"與此義不同。

比來

黃昏戌，官職比來從此出。文章爭不盡心學。有智勿令生愧悔。（伯 2952，《十二時》之一，12/135/5253）

勸善比來無惡意，學取如來智。同向菩提會裏行，清淨了無生。（斯 5588，無名氏《求因果》之一一一，12/147/5551）

侍奉比來居左右，色（索）喚專祇候⑥。（斯 5588，無名氏《求因果》之三八，12/148/5574）

從來。《大詞典》未收此義。隋侯白《啟顏錄》卷上《論難》："法師既不知佛常騎牛，今更問法師一種小事：比來每經之上，皆云價值百千兩金；未知百千兩金，總有幾斤？"唐張籍《寄白二十二舍人》："偏依仙法多求藥，長共僧遊不讀書。三省比來名望重，肯容君去（一作意）樂樵漁。"[5]4345《舊唐書》卷一百三十五《王叔文傳》："前一日，叔文置酒饌于翰林院，宴諸學士及內官李忠言、俱文珍、劉光奇等。中飲，叔文白諸人曰：

'叔文母疾病，比來盡心戮力為國家事，不避好惡難易者，欲以
報聖人之重知也。若一去此職，百謗斯至，誰肯助叔文一言者，
望諸君開懷見察。'"

料取

料取世尊必問疾，從茲折服大聲聞⑦。（斯6631，無名
氏《十二時·維摩十二時》之三，12/150/5620）

料想。唐白居易《贈韋八》："容鬢別來今至此，心情料取合
何如。"（〔4909〕440，13）《大詞典》未收此義。

雕朽

彼處寶樹皆行列，寶菜常生不雕朽。（斯2659，道明譯
《歎明界文》，14/165/6261）

凋謝。唐李白《下途歸石門舊居》："壺中別有日月天，俯仰
人間易凋朽。"[5]1842 陸龜蒙《江南秋懷寄華陽山人》："驚懼疑凋
朽，功勤過屑瓊。"[5]1842《大詞典》未收此義。

及時

兩眼如刀，渾身似玉，風流第一佳人。及時衣著，梳頭
京樣。（伯2838，無名氏《御制林鍾商內家嬌》，11/123/
4878）

入時，合乎時代潮流。唐杜甫《晚晴》："未怪及時少年子，
揚眉結義黃金臺。"[5]2365《大詞典》未收此義。

可可

經紀須平直，心中莫側斜。些些微取利，可可苦他家。
（伯3418，王梵志《經紀須平直》，5/233/552）

表示極甚之辭，很，非常。王梵志詩中言做生意時要公平，
要不然賣家雖然取得了一點利益，卻嚴重損害了別人。《遊仙
窟》："十娘詠曰：'雙燕子，可可事風流。即令人得伴，更亦不
相求。'"《大詞典》未收此義。

五　補充用例

《大詞典》中有的詞條有詞無例，敦煌詩歌可以補充一些用例。如：

別人

(1) 幾般鸑鳳錦，應付別人收。（斯 5639，《亡小娘子》，10/109/4396）

(2) 埋向黄泉下，妻嫁別人用。（伯 3211，王梵志《得錢自吃用》，2/029/127）

(3) 自家身事自家修，別人誰肯相哀愍（憫）。（伯 2054，智嚴《十二時·普勸四衆依教修行》之一八，11/120/4747）

其他人，另外的人。例 (3) 中，"別人" 與 "自家" 相對。唐耿湋《代園中老人》："林園手種唯吾事，桃李成陰歸別人。"[5]3003 張籍《鄰婦哭征夫》："今日軍回身獨歿，去時鞍馬別人騎。"[5]4354 白居易《前有別楊柳枝絶句夢得繼和雲春盡》："柳老春深日又斜，任他飛向別人家。"[5]5204《祖堂集·江西馬祖》："汝將妄心，以口亂説，所以必受罪報。但責自嫌，莫怨別人。"[9]612 "別人" 與 "自己" 相對。敦煌變文《漢將王陵變》："霸王謂曰：'不是別人，則是前月廿五日夜，王陵領騎將灌嬰，斫破寡人營亂，廿萬人各着刀箭，五萬人當夜身死。"[8]70 "別人" 指王陵以外的其他人。《大詞典》"別人" 條未舉文獻用例，是當作現代纔有的用法，實則不然。

〔注釋〕

① 引用《全敦煌詩》（張錫厚主編，作家出版社，2006 年）的例子，分別列出敦煌卷號，作者及題目，册數/卷數/頁碼，如 "12/135/5256" 指

《全敦煌詩》第 12 册 135 卷第 5256 頁，下同。

　　② 佛經引自《大正新修大藏經》，T 代表册數，p. 代表頁碼，a/b/c 分别代表上中下欄，後面代表行數。下同。

　　③ 王梵志詩皆引自項楚先生《王梵志詩校注》（上海古籍出版社，1991 年），再列出敦煌卷號，作者及題目，卷數/詩歌標號/頁碼，如"2/026/109"指第 2 卷第 26 首第 109 頁，下同。

　　④ 嵳峩，原卷作此，《全敦煌詩》徑作"嵯峨"，未出校記。

　　⑤ 慢，原卷作此，《全敦煌詩》改作"墁"，誤。"墁"是"塗抹"的意思，《莊子·徐无鬼》："郢人堊慢其鼻端，若蠅翼，使匠石斲之。"成玄英疏："漫，汙也。"陸德明釋文："慢……李云：猶塗也。"不合語境。

　　⑥ 祇，《全敦煌詩》作"秖"。

　　⑦ 服，甲本作此，《全敦煌詩》據乙本、丙本作"伏"。

〔主要參考文獻〕

　　[1] 林玉山. 中國辭書編纂史略［M］. 鄭州：中州古籍出版社，1992.

　　[2]（清）嚴可均輯. 全上古三代秦漢三國六朝文［M］]. 北京：中華書局，1958.

　　[3] 魯迅輯. 古小説鉤沉［M］. //魯迅全集. 第八卷. 北京：人民文學出版社，1973.

　　[4]（隋）侯白. 啟顏錄［M］. 上海：上海古籍出版社，1990.

　　[5]（清）彭定求等編. 全唐詩［M］. 北京：中華書局，1960.

　　[6]（清）阮元刊刻. 十三經注疏［M］. 北京：中華書局，1980.

　　[7]（清）董誥輯. 全唐文附唐文拾遺［M］. 北京：中華書局，1983.

　　[8] 黄征，張涌泉. 敦煌變文校注［M］. 北京：中華書局，1997.

　　[9]（南唐）靜，筠二禪師編撰. 祖堂集［M］. 孫昌武，［日］依川賢次，西口芳男點校. 北京：中華書局，2007.

　　[10]（唐）李復言編. 續玄怪錄［M］. 程毅中點校. 北京：中華書局，1982.

　　[11]（唐）吳兢. 貞觀政要［M］. 上海：上海古籍出版社，1978.

　　[12]（後晉）劉昫等. 舊唐書［M］. 北京：中華書局，1975.

[13] 柴繼光. 堯舜禹故都紀行 [M]. 北京：中央文獻出版社，2003.

[14] 項楚. 王梵志詩校注 [M]. 上海：上海古籍出版社，1991.

The Relation of Dunhuang Poetry and Compilation of Grand Chinese Dictionary

Hong Shuai

(College of Arts, Northwest Normal University, Lanzhou730070, China)

Abstract: For its special value, dunhuang poetry can provide a rich corpus for the compilation of voluminous dictionaries. Taking *Grand Chinese Dictionary*, shortened as *Grand Dictionary* below, as an example, with the largest lexicon and the most accurate definitions at present, dunhuang poetry may antedate the intial documentary evidences of 164 words including 17 idioms, supplement 66 terms, add 20 new meanings.

Key word: Dunhuang Poetry; *Grand Chinese Dictionary* ; compilation

（洪帥，西北師範大學文學院，郵編　730070）

利用帛書《老子》校正
通行本《老子》四則[*]

劉玉環

內容摘要：長沙馬王堆三號漢墓出土了帛書《老子》，其中的字句和通行本《老子》有較多出入，對校勘和研究《老子》一書具有重要的參考價值。利用帛書《老子》來校正通行本《老子》，通行本《老子》第二章的"音聲相和"應依帛書本作"意聲相和"，通行本《老子》第四章的"淵兮似萬物之宗"應依帛書本作"瀟呵始，萬物之宗"，通行本《老子》第三十二章的"天地相合"應依帛書本作"天地相去"，通行本《老子》第五十五章的"知和曰常，知常曰明"應依帛書本作"和曰常，知曰明"。

關鍵詞：帛書《老子》　通行本《老子》　校勘

1973 年 12 月，長沙馬王堆三號漢墓出土了帛書《老子》[①][1]，把幾千年來的老學研究引向更廣闊的天地。這次發現的帛書中，《老子》有兩種寫本，為了便於稱引，把字體較古的一種稱為甲本，另一種稱為乙本。兩者都是《德篇》在前，《道篇》在後。帛書《老子》的字句和通行本《老子》[②][2]有很多出入，對校勘和研究《老子》一書具有重要的參考價值。

一方面，可以利用通行本《老子》來考釋和補足帛書《老

---

* 本文為 2012 年度教育部人文社會科學研究青年基金項目"簡帛訛字研究"階段性成果之一，項目批准號：12YJC740071；昆明學院引進人才科研項目"魏晉時期簡帛訛字研究"階段性成果之一，項目批准號：YJW12006。

子》，在整理和研究帛書《老子》的過程中，這種方法廣為學者們使用；另一方面，可以利用帛書《老子》校正通行本《老子》，從而更好地疏通文句，進而更科學、更合理地理解老子本意。下面四則即是我利用帛書《老子》來糾正通行本《老子》而做出的一點嘗試，有不當之處，敬請方家指正。

一　意聲相和

通行本《老子》第二章作："天下皆知美之為美，斯惡已；皆知善之為善，斯不善已。故有無相生，難易相成，長短相形，高下相傾，音聲相和，前後相隨。是以聖人處無為之事，行不言之教。萬物作焉而不辭。生而不有，為而不恃，功成而弗居。夫唯弗居，是以不去。"[2]

陳鼓應先生的《老子注譯及評介》將"音聲相和"解釋為："樂器的音響和人的聲音互相調和。"[3]郭錫良等先生編的《古代漢語》選了《老子》第二章，在文後注釋"音：指音調有高低的樂音。聲：指音調簡單的和聲。和：和諧。音與聲是相對立的，兩者相配合才能形成和諧的音樂，顯現出聲音的高低。"[4]這兩種解釋都對"音"和"聲"做了區分，但都沒有說明其區別使用的依據，也沒有說清楚"音"和"聲"怎麼會是相反相成的關係。《説文·音部》："音，聲也。生於心又節於外謂之音；宮商角徵羽聲；絲竹金石匏土革木音也。從言，含一。"[5]《説文·耳部》："聲，音也。從耳，殸聲。殸，籀文磬。"[5]許慎使用互訓的方法解釋"音"和"聲"；可見籠統地説，"音"和"聲"都可以指樂音和一般的聲音；分析地説，其區別歷來存在爭議，依據《説文》的解釋，則"聲"指聲律，"音"指樂器，聲律依靠樂器奏出美妙的樂曲，從這個角度説，"音"和"聲"相互依存；但兩者是意義相關的同類概念，並不存在對立關係。而老子在這一章提到的概念都有對立的兩個方面，他以美和醜、善和惡的相互依存關係引出有無、難易、長短、高下等的對立統一，進而闡述"無為"的政治主張。其中"有"和"無"、"難"和"易"等都是相互依存、相互聯繫的，又都是相互對立的，即都是兩個表面相反的概念的相生相成，反映了老子樸素的辯證法思想。而"音"和"聲"不存在對立關係，所以"音聲相合"與上下文文意不能貫通。

　　相應的文句出現在帛書《老子》甲本第96行，整理者釋為"意〈音〉、聲之相和也"[1]，其中該行第10個字原帛書字形作、；帛書整理者將之釋為"意"，後用尖括弧注出"音"，依照此書凡例，尖括弧表明正訛關係，即認為此處"意"是別字，正字當為"音"。整理者顯然是依據通行本《老子》來釋定帛書。實際上，《說文·心部》："意，志也。從心察言而知意也。從心，從音。"[5] 即"意"是思想、意向的意思，在這裡和"聲"相對，表示思想内容；"聲"表語音形式；聲音表達心意，稱之為"意聲之相和"，文從義順；而且"意"和"聲"同屬於語言這一屬概念，又存在相反相成的關係。另，《老子》乙本第75行有"聲實調合，禍材（災）廢立"[1]的句子，其中"實"的内涵和"意"基本一致，可為輔證。

　　總之，帛書《老子》中的"意"就是正字，不是別字；"意聲相合"正符合老子本意。相反，通行本《老子》在流傳過程中，因"聲"和"音"常常連用，"意"字受下文"聲"字影響，而脫落構件"心"，錯寫成"音"，參照帛書《老子》可以得到校正。糾正後通行本《老子》的文句應為"故有無相生，難易相成，長短相形，高下相傾，意聲相合，前後相隨。"意為：因此有和無相互生發，難和易相輔相成，長和短相對成立，高和下相互轉化，思想和聲音相應相合，前和後相隨相從。

二 瀟呵始，萬物之宗

通行本《老子》第四章作："道沖③，而用之或不盈。淵兮似萬物之宗。挫其銳，解其紛，和其光，同其塵④，湛兮似或存。吾不知其誰之子，象帝之先。"[2]

這段話出現在帛書《老子》甲本第 100 行，整理者釋為："道沖而用之，有弗盈也；瀟（淵）呵始（似）萬物之宗。銼其兌，解其紛，和其光，同其塵。湛呵，似或存。吾不知誰子也，象帝之先。"[1]其中此行第 3 個字的原帛書字形作，帛書整理者釋為"瀟"，讀為"淵"。其後注釋："瀟是淵之異體字，春秋時《王孫遺者鐘》'肅哲聖武'，《齊鎛》及《叔夷鐘》'肅肅義政'肅皆讀為淵。"[1]

按，《説文·水部》："瀟，深清也。從水，肅聲。"[5]《説文·水部》："淵，回水也。"[5]顯然"瀟"和"淵"是記錄不同詞的兩個完全不同的字，注釋中"瀟是淵之異體字"的説法不準確。若認為此處的"瀟"當讀為"淵"，那麼兩者應該是正訛關係。實際上，"瀟"指水深而清澈，形容祖源的清深幽遠，其意義正合文義。

帛書《老子》乙本與通行本同，亦作"淵"。"淵"指水的深遠，于文意亦可通。但下文作："湛兮似或存"。《增修互注禮部韻略·赚韻》："湛，澄也。"⑤[6]湛有清澈、透明的意思。"瀟"的深清義與下文表示清澈的"湛"正相呼應，因此文中用"瀟"比用"淵"更加貼切。疑因"瀟"字不如"淵"字常用，所以在流傳過程中，誤將"瀟"錯寫為形近的"淵"。另，《老子》甲本第 106 行有"心善瀟"的句子，其中的"瀟"字作，"瀟"也用為本字。

此句第三個字，通行本作"似"，帛書甲本用"始"（整理者依據通行本將帛書的"始"讀為"似")。〔漢〕河上公曰："道淵深不可知也,似為萬物之宗祖。"[7]而奚侗則認為:"道固'萬物之宗',與'萬物之母'、'衆妙之門'同語,不得云'似'。"他進一步指出"似"當作"以","以"是"為"的意思,即理解為"淵兮為萬物之宗"⑥[2]。奚侗的意見很值得重視;但其説過於迂曲。熊春錦先生將此句標點為:"潚呵!始萬物之宗。"將"始"看作及物動詞,認為整句可理解為:她清純的源流,開創了萬物的宗根⑦[8]。按,開創宗根,於文義仍有隔礙。我們認為此句第三個字當依帛書作"始",但應斷句為"潚呵始!萬物之宗。"從語法上看,前一句作"道沖而用之或不盈",此句承前省略了主語"道";就文意而言,始有開始、起始的意思⑧,整句意為:(道是)多麼深邃清澈的始端啊,是萬物的宗祖。這樣理解正符合老子對於道一貫的詮釋和讚歎。

　　總之,帛書《老子》中的"潚"和"始"就是正字,不應當分別讀為"淵"和"似"。依據帛書《老子》校正通行本《老子》,其字句應為:道沖而用之或不盈。潚呵始!萬物之宗⑨。

三　天地相去

　　通行本《老子》第三十二章作:"道常無名。樸雖小⑩,天下莫能臣也。侯王若能守之,萬物將自賓。天地相合,以降甘露,民莫之令而自均。始制有名,名亦既有,夫亦將知止,知止可以不殆。譬道之在天下,猶川谷之于江海。"[2]

　　相應的句子出現在帛書《老子》甲本第 159 行,帛書整理小組釋為:"道恒無名⑪,樸唯小,而天下弗敢臣。侯王若能守之,萬物將自賓。天地相谷〈合〉,以俞甘洛(露),民莫之〔令,而自均焉〕"。[1]其中此行第 14 個字原帛書字形作🔲,帛書整理者先依照原形摹寫為谷,後參照乙本和通行本讀為"合"。

　　按，從原帛書字形看，此字中間的兩筆濃黑，是一撇一捺而不是一橫，不能直接隸定為"合"是毫無疑問的，整理者將之摹形為"合"，是謹慎的，但"合"不成字。我們認為此字當隸定為"去"，《老子》甲本第 167 行第 5 個字的"去"作▓，我們要討論的字形（《老子》甲本第 159 行第 14 字）上部構件與此字的上部構件相同；《老子》甲本第 159 行第 14 字的下部構件為"口"，《老子》甲本第 167 行第 5 字的下部構件為"凵"；實際上，甲骨文、金文中的"去"字多數從"口"，例如，佚 382 的"去"作🔳，前 1·47·7 的"去"作🔳，哀成叔鼎的"去"作🔳，中山王鼎的"去"作🔳⑫[9]。所以《老子》甲本第 159 行第 14 字正是"去"字⑬。

　　從文意看，釋為"去"比讀為"合"文義更加通暢。此句的上文作："殺人眾，以悲依（哀）立（涖）之；戰勝，以喪禮處之。道恒無名，樸（樸）唯（雖）[小而天下弗敢臣。侯]王若能守之，萬物將自賓。"老子這是在講相反相成的道理：殺人眾多，以悲哀的心情來面對；戰勝對方，以喪禮的方式來對待。"天地相去，以俞甘洛（露）"，"去"指離開、分離⑭，"俞"可讀為"輸"⑮，意義與"降"相同，整句話是講：天和地相分離，使甘露得以降落。而且釋為"去"，正好和"露"押韻（去屬魚部，露屬鐸部，魚鐸對轉）。若讀為"合"，合有合口、閉合、交合等義⑯。天地閉合了，又何以能降甘露呢？

　　這段話陳鼓應先生翻譯為："天地間[陰陽之氣]相合，就降下甘露，人們不須指使它而自然均匀。"這樣理解，從文意上看解釋得通；但"天地"在原文中作主語，陳先生將之譯為"天地間"，在句中作狀語，又增加了"陰陽之氣"作主語，是增字為訓，顯然不夠妥當。

　　總之，帛書《老子》甲本第 159 行第 14 字的"▓"，應當隸定為"去"，"去"就是正字，不應讀為"合"；相反，通行本

《老子》在流傳過程中，將"去"錯寫為形近的"合"，"合"實為"去"的別字，可依據帛書《老子》得到校正。

四　和曰常，知和曰明

通行本《老子》第五十五章的後半段作："終日號而嗌不嗄⑰，和之至也⑱。知和曰常，知常曰明。益生曰祥。心使氣曰強。物壯則老。謂之不道，不道早已。"[2]帛書《老子》乙本亦作"知和曰常，知常曰明"[1]。這段話出現在《老子》甲本第 37 行，帛書整理者釋為"終日〈日〉號而不发⑲，和之至也。和曰常，知和〈常〉曰明，益生曰祥，心使氣曰強"[1]。此行第 20 個字原字形作■，帛書整理者將此字隸定為"和"，後面用尖括弧注出"常"，即認為此處"和"是別字，正字當為"常"。其後注釋："此句通行本作'知和曰常，知常曰明'。"[1]

對於這段話，《老子》的幾個版本在字句上有出入，我們這裡要討論的是：帛書甲本的"和曰常，知和曰明"和通行本的"知和曰常，知常曰明"，那個更合理？

凡是認同通行本的學者，解釋"知和曰常"時，常常需要增字為訓。比如奚侗在老子集解中認為："'知和'，則得養生之常理矣。"[2]顯然，奚侗解釋的不是"知和曰常"，而是"知和曰得常"。邱嶽在注評《道德經》時將此句翻譯為："能夠認識柔和淳樸這個道理的，就能合于常道。"[10]將"知和曰常"理解為"知和曰合常"。此句眾多學者在理解時都必須增加一個字才解釋得通，正說明了原句"知和曰常"是難以講通的。細細想來，"知和（了解和）"怎麼就是常理呢。實際上，"和"指和諧、祥和、平和、淳樸。《禮記·中庸》："喜怒哀樂之未發，謂之中；發而皆中節，謂之和。"《荀子·天論》："萬物各得其和以生。"嬰兒混沌無知，與天地之和合二為一，"和"所表示的和諧統一是有永恆性的，所以説"和曰常"，即"和"是萬物運動與變化中不變的規律。

對於後半句，郭店楚簡與甲本同，也作"智（知）和曰明"[11]，郭店楚簡《老子》是目前所知《老子》最古老的文本，此版本值得我們重視。"和曰常，知和曰明"意為：平和是萬物的常理，懂得"和"這一常理稱得上明智。這樣理解，文意通暢。

楚簡本和帛書甲本是比帛書乙本和通行本更古老的本子，更好地保持了《老子》原貌。疑通行本《老子》在流傳過程中為了湊足四字一句，而在"和曰常"前誤加"知"字，又將後半句"知和曰明"改為"知常曰明"；實際上這段話不是四字排比句，而是散句。加上"知"、改為"常"後，文意反而不通暢。

另，《老子》通行本第十六章有相類似的句子："夫物紜紜，各歸其根。歸根曰靜，靜曰復命，復命曰常，知常曰明。"[2]第五十五章的"知和曰明"訛為"知常曰明"也可能是受此處的影響。奚侗集解："知物之'常'者，不眩惑於物。""和"即為"常"，則"知和曰明"即"知常曰明"。第五十五章作"知和曰明"，既與第十六章的"知常曰明"在字句上不相重複，又可相應相成。

總之，利用帛書《老子》甲本糾正通行本《老子》的訛誤之後，這段文句應為"終日號而嗌不嗄，和之至也。和曰常，知和曰明。益生曰祥。心使氣曰强"。意為：整天號哭，嗓子卻不會嘶啞，和就達到了極致。"和"是一種常道，瞭解"和"這種常道就稱得上明智。這樣理解暢通無礙，並使我們對老子的思想有了更深入的認識。

《老子》在世界思想史、文化史、宗教史、哲學史等方面都產生了巨大影響。然而《老子》一書歷經輾轉，傳抄有誤；歷代以來的注解更是見仁見智，難以統一；建立在正確的字詞詮釋基礎之上的《老子》研究才是科學的、可信的；本文利用新出土的帛書《老子》來校正通行本《老子》在流傳過程中出現的錯誤，所作的探討將有助於探索老子學説的真正意藴和深刻内涵。

〔注釋〕

① 這裡所説的帛書《老子》依據 1980 年由文物出版社出版、國家文物局古文獻研究室編著的《馬王堆漢墓帛書（壹）》，即文後參考文獻 [1]，下同。

② 這裡所説的通行本，即傳世本，本文主要以方勇標點整理的《老子·奚侗集解》（即文後參考文獻 [2]）為依據，有字詞出入的，隨文作注。

③ 傅奕本、范應元本作"道盅"，它本皆作"沖"。盅和沖都有空虛之義。此注依據奚侗集解。

④ 陳鼓應先生認為"挫其鋭，解其紛，和其光，同其塵"是第五十六章錯簡重出，因上句"淵兮似萬物之宗"與下句"湛兮似或存"正相對文。從文意來看，陳先生的這種説法頗有説服力；但帛書《老子》"挫其鋭"等四句也出現在"潚（淵）呵始（似）萬物之宗"與"湛呵似或存"之間，所以究竟是不是錯簡還可以討論。

⑤ 轉引自《漢語大字典》（縮印本），漢語大字典編輯委員會編，湖北辭書出版社，1992 年，第 700 頁。

⑥ 參見《老子·奚侗集解》，方勇導讀，方勇標點整理，上海古籍出版社，2007 年。[漢] 河上公的觀點亦引自此書。

⑦ 參見《老子·德道經》，熊春錦校注，中央編譯出版社，2006 年，第 129 頁。

⑧《説文解字·女部》："始，女之初也。從女，台聲。"《説文解字·刀部》："初，始也。從刀從衣，裁衣之始也。"

⑨ 通行本句中使用語氣詞"兮"，帛書本句中使用語氣詞"呵"。老子是楚國人，語氣詞"兮"應當更符合老子的用語實際，帛書用"呵"恐是漢代抄手受當時口語影響而改，但都是語氣詞，意義和用法相似，没有必要依據通行本將帛書本中的語氣詞"呵"改讀為"兮"。

⑩ 陳鼓應先生在《老子注釋及評介》中，斷句為："道常無名、樸。雖小，天下莫能臣也。"郭店楚簡作：僕唯妻。

⑪ 通行本作"常"，奚侗集解認為："道常"，猶首章言"常道"。依據帛書本可知，通行本中的"常"就是"恒"的意思。

⑫以上四個"去"字的古文字形均取自《漢語古文字字形表》，徐中舒主編，漢語古文字字形表編寫組編，四川人民出版社，1980，第191頁。

⑬祇是字形的上部因斷裂而稍稍寫訛，但參照《老子》甲本第167行第5個字的 （"去"），可直接認同為"去"。

⑭《説文·去部》："去，人相違也。"段玉裁注："違，離也。"

⑮俞，楚簡本作"逾"，也應讀為"輸"。

⑯《説文·亼部》："合，合口也。"

⑰《説文》："嗌，咽也。"河上、王弼本均脱"嗌"字。茲從范應元本補。《玉篇》："嗄，聲破也。"河上本作"啞"，義同。或本作"嚘"，則"嗄"之誤字。《莊子·庚桑楚》篇："老子曰：'兒子終日嗥而嗌不嗄，和之至也；終日握而手不掜，共其德也；終日視而目不瞚，偏不在外也。'"依據《莊子》，《老子》原文當以"嗌不嗄"為是。此注依據奚侗集解。

⑱奚侗集解：赤子之啼號，每動於不能自已，而未嘗逾量，則和之至也。

⑲发甲本作发。楚簡本作"意"，即"憂"的異體字。乙本缺字，通行本作"嚘"。

〔主要參考文獻〕

[1] 國家文物局古文獻研究室. 馬王堆漢墓帛書（壹）［M］. 北京：文物出版社，1980.

[2] 方勇導讀，方勇標點整理. 老子·奚侗集解［M］. 上海：上海古籍出版社，2007.

[3] 陳鼓應. 老子注譯及評介［M］. 北京：中華書局，1984.

[4] 郭錫良等. 古代漢語［M］. 北京：商務印書館，2007.

[5]（漢）許慎. 説文解字（附檢字）［M］. 徐鉉校定. 北京：中華書局，2009.

[6] 漢語大字典編輯委員會. 漢語大字典［M］. 縮印本. 成都：四川

辭書出版社，武漢：湖北辭書出版社，1992.

　　[7]（漢）河上公. 道德經河上公章句 [M]. 北京：中國道教協會印.

　　[8] 熊春錦校注. 老子·德道經 [M]. 北京：中央編譯出版社，2006.

　　[9] 徐中舒主編，漢語古文字字形表編寫組編. 漢語古文字字形表 [M]. 成都：四川人民出版社，1980.

　　[10]（春秋）李耳. 道德經 [M]. 邱嶽注評. 北京：金盾出版社，2009.

　　[11] 荊門市博物館. 郭店楚墓竹簡 [M]. 北京：文物出版社，1998.

Four Short Essays of Using Silk Book 〈Laozi〉 to
Collate the Handed Down 〈Laozi〉

Liu Yuhuan

(Humanities College, Kunming University, Kunming 650214, China)

Abstract : The third Changsha Mawangdui tomb of the Han dynasty unearthed silk book 〈*Laozi* 〉 which words and sentences differ from the handed down 〈*Laozi* 〉, and have the important significance to collate and study the 〈*Laozi* 〉. Using the silk book 〈*Laozi* 〉 to correct the handed down 〈*Laozi* 〉, the sentences of the second chapter of the handed down 〈*Laozi* 〉 "*yin sheng xiang he* " should be "*yi sheng xiang he* " as copied on silk, and the sentences of the fourth chapter of the handed down 〈*Laozi* 〉 "*yuan xi si wan wu zhi zong* " should be "*su he shi, wan wu zhi zong* " as copied on silk, and the sentences of the thirty－second chapter of the handed down 〈*Laozi* 〉 "*tian di xiang he* " should be "*tian di xiang qu* " as copied on silk, and the sentences of the fifty—fifth chapter of the handed down 〈*Laozi* 〉 "*zhi he yue chang, zhi chang yue ming* " should be "*he yue chang, zhi he yue ming* " as copied on silk.

Key words: silk book 〈*Laozi* 〉; the handed down 〈*Laozi* 〉; collation

（劉玉環，昆明學院人文學院，郵編　650214）

《醫心方》所引《產經》校釋八則[*]

梁超　王曉明

内容摘要： 本文以古代數術以及其他相關文獻為參照，對《醫心方》卷二十四《相子生屬月宿法第十一》所引《產經》佚文中的若干字詞進行校釋，或校正文字，或訂補舊説，對古文獻整理、辭書編撰等都有一定的意義。

關鍵詞：《醫心方》　《產經》　數術文獻　校釋

　　《醫心方》成書於公元 984 年，相當於中國宋太宗雍熙元年，為日本醫家丹波康賴所撰。該書内容豐富，不僅摘錄了隋唐以前的兩百多種漢方著作，還保存了大量的古代數術史料。比如其卷二十四所引的《產經》中，就有根據二十八星宿來占測生子吉凶的文字，可與古代數術文獻相互參校、印證，對研究中國古代數術文化有重要的參考價值①。沈澍農先生的《醫心方校釋》（學苑出版社 2001 年版）和高文柱先生的《醫心方》校注本（華夏出版社 2011 年版）都對這些内容有過整理研究，他們的注釋翔實，校勘合理，顯示出校注者深厚的學術功底。但千慮之疏失在所難免，如有些祇作校錄未作解釋，有些斷句存在失誤，也有些詞義的解釋，不甚清楚。有鑒於此，本文對照影印本，嘗試結合

---

　　* 本文得到北京語言大學研究生創新基金項目（中央高校基本科研業務費專項資金）資助，項目編號：13YCX050。

出土簡帛"日書"、敦煌解夢書等古代數術文獻以及其他相關文獻，對《醫心方》卷二十四《相子生屬月宿法第十一》所引《產經》中的若干字詞加以校釋，以就正於方家。

一

　　角生子，宜兵，善腹，不為人下，身長，好隱潛，至二千石。一云：可以遠行拜吏，生子卿相，祠祀皆吉，不可登埋屋。（《醫心方》卷二十四《相子生屬月宿法第十一》所引《產經》，第 489 頁）②

　　按，"善腹"一詞令人費解。檢尋現存與之内容相似的《產經》占文，或作"良腹"。如《醫心方》所引《產經》云："氐生子，貞信、良腹，好田蠶，男至二千石。"（第 489 頁）"心生子，忠信、良腹，聖教賢明，二千石。"（第 489 頁）"女生子，宜田蠶，忠孝，良腹，吉昌。"（第 490 頁）"璧生子，良腹，工巧，不死，挾貧。"（第 490 頁）皆是其例。不難看出，"善腹"、"良腹"中的"善"、"良"意義相同，謂良好、美好。"良腹"、"善腹"或云"良心"、"善心"，謂善良的内心。如《生經》卷四："其五百童，雖有善心，宿命福薄。"《雲笈七籤》卷九五："大王及諸羣臣八千餘人，皆發善心。"又《醫心方》第 489 頁所引《產經》："亢生子，善心，外出道死，不歸。"又《孟子·告子上》："雖存乎人者，豈無仁義之心哉？其所以放其良心者，亦猶斧斤之於木也。"朱熹集注："良心者，本然之善心。即所謂仁義之心也。"亦其例。另外，從上引《產經》的行文表達形式來看，"善腹"、"善心"、"良腹"句式相似，前言生子"忠信"、"忠孝"、"貞信"，後述"聖教顯明"、"吉昌"、"工巧"、"不為人下"，可證三者意思大致相同。

　　"良腹"、"善腹"何以有"良心"、"善心"之義？"腹"亦可指"內心"，先秦典籍中已見。如《漢書·食貨志下》："湯奏當異九卿見令不便，不入言而腹非，論死。"可能是"心腹"常常連用，使得"腹"受到"心"的詞義感染③，出現了"良心"與"良腹"，"善心"與"善腹"這樣構詞及義理相同的形式。

"至二千石"。上脫"男"字，上文所引《產經》"氏宿"條："氏生子貞信，良腹，好田盬，男至二千石，吉。"可為證。

"可以遠行拜吏"。此處標點有誤。"遠行"指出遠門，與"拜吏"是兩件事情，習見於古代數術文獻，這裡舉敦煌寫本解夢書中的一二例。如 P. 3281、S. 2222 號《周公解夢書·天事章》："夢見雷落者，憂遠行，亦病。"①又如 S. 620、P. 3990 號《占夢書·六畜篇》："夢見乘馬走，富貴，或遠行。"據此，二者之間應斷開，讀為"可以遠行、拜吏"。

"不可登埋屋"。此句難解。沈澍農校記："'理'原作'埋'，據[札記]改。'登理屋'似為登高修屋義。"按，檢尋典籍，"登理屋"別無佐證，疑此處文字有脫誤。"登埋"應作"葬埋"，"登"為"葬"字形訛。"登"字《醫心方》寫本中常寫作"**登**"形，與"**荃**"形近，"屋"為衍字。葬埋即"埋葬"，是文獻中使用很廣的習語。《周禮·地官·族師》："以役國事，以相葬埋。"又《玉匣記·二十八星宿值日吉凶歌》"角宿"條："角星造作主榮昌，外進田財及女郎。嫁娶婚姻生貴子，文人及第見君王。惟有葬埋不可用，三年之後主瘟皇。起工修築墳墓地，堂前立見主人亡。"亦謂角宿之日不可葬埋。

全句大意是說，角宿日適宜兵事，此日所生之子，天性善良，不為人下，身體修長，喜好隱潛避世，為官，官至二千石。或云，此日可以出遠門，可以拜官吏，所生之子日後將為卿相，此日利於祠祀，但不利於葬埋。

二

亢生子，善心，外出道死，不歸。一云：生子為卿，徙移賈市，作門戶，大吉。（第289頁）

按，此文標點有誤。應是"生子為卿，徙移，賈市，作門戶，大吉。""徙移"又作"移徙"，謂遷移，系同義連言，典籍中習見。如《史記·匈奴列傳》："而單于之庭直代、雲中：各有分地，逐水草移徙。"《漢書·司馬相如傳下》："昔者，洪水沸出，氾濫衍溢，民人升降移徙，崎嶇而不安。"漢王充《論衡·辨祟》："起功、移徙、祭祀、喪葬、行作、入官、嫁娶，不擇吉日。"又，"移徙"一詞在敦煌解夢書中屢見。如P.3281號《周公解夢書·天事章》："夢見震雷，憂移徙。"S.2222號《周公解夢書·龜鱉章》："夢見蛇，得移徙事。"S.620號《占夢書·龍蛇篇》："夢見蛇出宅者，憂疾病，一云移徙。"例多不備舉。據此，《產經》"氐宿"條中的"入官移徙，遠行造舉百事，大吉。"（第489頁）也應標點為："入官，移徙，遠行，造舉百事，大吉。"

"賈市"指買賣，交易。如《醫心方》卷二十四所引《產經》云："晡時生子，宜賈市，吉。"（第489頁）《管子·七臣七主》："主好本，則民好墾草萊；主好貨，則人賈市。"《史記·大宛列傳》："其兵弱，畏戰。善賈市。"南朝陳張正見《前有一樽酒行》："為吏當高遷，賈市得萬倍。"由此可知，《醫心方》卷二十四所引《產經》："可以起土賈市。"（第490頁）亦應將"起土"、"賈市"斷開。"起土"亦"起功"，謂興建之事。

"賈市"一詞，在早期數術文獻中多有用例。出土簡帛"日書"，如睡虎地秦簡日書甲種《星》篇："斗，利祠及行賈、賈市，吉。75正壹"、"須女，祠、賈市、取妻，吉。生子，三月

死，不死毋晨。77 正壹"，《置室門》篇："貨門，所利賈市，入
貨吉，十一歲更。120 正參"，《相宅》篇："宇南方高，北方下，
利賈市。20 背貳"，又如睡虎地秦簡日書乙種《官》篇："卯
（昴）、邋（獵）、賈市，吉。85 壹"、"娶女，祠、賈市、娶妻，
吉。105 壹"⑤，孔家坡漢簡日書《星官》篇："十一月斗，利祠
及行、賈市，吉。56"⑥，皆是其證。

　　《產經》此條占文，是說亢宿日所生之子天性善良，日後外
出會死在路上，無法回家。一說，此日生子為卿士，適宜遷徙、
做買賣、修建門戶，大吉。

三

　　　房生子，反急腹，無治忔功⑦。一云：富貴，乘車馬出
　　入，皆大吉。（第 489 頁）

　　按，"反急腹"一句文義不順。當以"急腹"連言，"反"字
獨立成句，讀為"反，急腹。"《正字通·又部》："以下叛上曰
反。"《呂氏春秋·古樂》："成王立，殷民反。"高誘注："反，
叛。""急腹"猶言性急。《莊子·列禦寇》："人者厚貌深情，故
有貌願而益，有長若不肖，有順懁而達。"成玄英疏："懁，急
也。形順躁急而心達理也。"釋文引三倉云："懁，急腹也。"從
《產經》各星宿占文的表達方式上看，上文中"善心"、"善腹"、
"忠信"、"信貞"等詞是講所生之子的性格品質，後面如"外出
道死，不歸"、"多疾病、破亡"等，則講所生之子日後的吉凶禍
福。"房生子，反，急腹"是說，房宿日所生子，容易背叛，是
個急性子。至於"無治忔功"，存疑待質。

　　"乘車馬出入"，應斷句作"乘車馬、出入"。"出入"此處是
買賣義，與常義有別，出土"日書"中即已出現。如睡虎地秦簡
日書甲種《星》："抵（氏），祠及行、出入貨，吉。取妻，妻貧。

生子，巧。70 正壹”“房，取婦、家（嫁）女、出入貨及祠，吉。可為室屋。生子，富。71 正壹”又如睡虎地秦簡日書乙種《官》：“九月：氐，祠及行、出入，吉。取妻，妻貧。生子，巧。98 壹”、“方（房），取婦、家（嫁）女、出入貨，吉。可以為室。生子，寡。祠，吉。99 壹”，上述“出入”都是買賣的意思。前文之所以未斷，是誤把“出入”理解為進出的意思。

　　另外，《產經》中還見“出室”一語，如：“觜生子，喜夜行，不祥，盜賊。一云：可以出室，財分異，不可嫁娶，凶也。”（第 490 頁）“出”相對於“入”，指賣出。“出室”猶言“出貨”，謂賣出財物。睡虎地秦簡日書甲種《稷（叢）辰》有：“結，是胃（謂）利以出貨。不可以入。45 正”可以參證。

　　全句意思是，房宿日生子，富貴。此日乘車馬、買賣財物，皆大吉。“無治忙功”待考。

四

　　尾生子，僇辱不祥，即任遠之他邦。一云：可以納財、不可祠祀，造舉百事，皆大吉。（第 489 頁）

　　“僇辱”，高文柱注：“僇辱：同意複詞，羞辱。”⑧按，此注文義近是，但未確切。僇，通作“戮”，“僇辱”即“戮辱”，指受刑被羞辱。《韓非子·難言》：“然則雖賢聖不能逃死亡避戮辱者，何也？”漢賈誼《新書·階級》：“廉恥禮節以治君子，故有賜死而無戮辱。是以系、縛、榜、笞、髡、刖、黥、劓之罪，不及大夫。”王充《論衡·辨祟》：“禍祟以為人之疾病、死亡，及更患被罪、戮辱、歡笑皆有所犯。”

　　此句謂尾宿日生子，日後會受刑被辱、不祥，應立即使其遠走他鄉。一說，可以納取財物，不可祠祀，造舉百事，大吉⑨。

五

斗生子，屢被懸官，多疾病，破亡。一云：生貴子，不可納財，奴婢亦多死，凶。（第 489 頁）

按，"懸官"一詞應注，指受官事牽連。"屢被懸官"謂屢次受到官事牽連。此詞在敦煌寫本占夢書中屢見。如 ДХ. 10787 號《解夢書》："夢見有客，懸官。" S. 620《占夢書·水篇》："夢見沒水中者，憂病，憂妻，亦懸官。""夢見床上有水，懸官起。""懸官起"謂官事起。又或作"縣官"。S. 620《占夢書·塚墓棺槨篇》："夢見七棺，有縣官。"同上卷《野禽獸篇》："夢見虎咋人，縣官口舌事。""縣官口舌事"謂因口舌之事受到官事牽連。《漢語大詞典》漏收該詞條。

"懸官"實際上是"縣官事"的緊縮。我們看以下的例子：S. 620《占夢書·六畜篇》："夢見豬犬肉，縣官事起。"又同上卷《農植五穀篇》："夢見拔田中草，憂縣官事"又 ДХ. 10787 號《解夢書》："夢見捕人在，懸官事。"稱"縣官"、"懸官"、"懸官事"意思都是指受到官事牽連。

還有相近的說法：可單言"官事"。宋陸游《初秋》詩："簿書終日了官事，樽酒何時寬客愁。"又 S. 2222 號《周公解夢書·六畜雜事章》："夢見豬肉，憂官事。"又同上卷《禽獸章》："夢見騎虎，憂官事。"又 S. 620 號《占夢書·六畜篇》："夢見轉牛，官事不解。"

此條占文意思是說，斗宿日生子，其子日後屢遭官事，多疾病，將家破人亡。一說，斗宿日生貴子，此日家中不可收入財物、奴婢，如果犯了禁忌，則會死亡，凶。

六

　　井生子，必掠死、溺水死，他身不葬。一云：不可移
徙，入官行作，凶。生子逢殘病也。（第 490 頁）

　　按，"掠死"，猶言掠殺，指搶劫殺戮而死。晉葛洪《抱朴
子·詰鮑》："而狂狡之變，莫世乏之，而命放之，使無所憚，則
盜蹠將橫行以掠殺，而良善端拱以待禍。"

　　"入官行作"，指"入官"、"行作"兩件事情，當斷開。"入
官"專指拜官上任之事，是古人擇日占測的重要內容，在《產
經》中屢見。睡虎地秦簡日書、孔家坡漢簡日書題有"入官良
日"篇專門為拜官上任擇取吉日。《風俗通義》云："俗云五月到
官，至免不遷。"謂在五月到任作官，仕途順利。此詞在其它文
獻中也有用例。如《書·周官》："學古入官，議事以制，政乃不
迷。"《孔子家語·入官》："子張問入官於孔子。"王肅注："入
官，謂當官治民之職也。""入官"也可稱"上官"。唐李白《尋
陽送弟昌峒鄱陽司馬作》詩："朱紱白銀章，上官佐鄱陽。"宋吳
曾《能改齋漫錄·正五九月不上任》："偶讀寶所引用，於是始知
不用正、五、九上官之理。"後世的數術類選擇通書中還有"上
官吉日"、"上官壇經"、"逐月上官吉日"等等。例多不備舉。

　　"行作"，《漢語大詞典》釋為"勞作、作為。"並引《商君
書·墾令》："聲服無通於百縣，則民行作不顧，休居不聽。休居
不聽，則氣不淫；行作不顧，則意必壹。"漢王充《論衡·辨
祟》："起功、移徙、祭祀、喪葬、行作、入官、嫁娶，不擇吉
日，不避歲月，觸鬼逢神，忌時相害……如實論之，乃妄言也。"
按，《大詞典》的解釋似有不妥。"行作"不是指一般的勞作。
"行作"一詞在先秦出土日書材料屢見。九店楚簡日書："【栖
（酉）】、戌、亥、子、丑、寅、卯、唇（辰）、巳、午、未、申，

是胃（謂）外害日，不秎（利）目（以）行俟（作），延（踵）
四方埜（野）外，必埐（遇）冠（寇）逃（盜），必兵。是古
（故）胃（謂）不利於行（作）、埜（野）事，不吉。32"睡虎地
秦簡《除》："外害日，不可以行作。之四方埜（野）外，必耦
（遇）寇盜，見兵。9正貳"李家浩："《商君書》以'行作'與
'休居'對言，《禮記》鄭注以'道路'與'行作'連言，秦簡以
'行作'與'之四方野外'連言。更值得注意的是，鄭注説'行
作'是由行神主管的。衆所周知，占人平時外出遠行要祭'行'。
這些情況都足以證明'行作'的意思是'出門勞作'，而不是一
般的'勞作'。"⑩又，《爾雅·釋地》："邑外謂之郊，郊外謂之
牧，牧外謂之野，野外謂之林，林外謂之坰。"從上下文義上推
斷，簡文"行作"後云："之四方野外"，將"行作"解釋為
"外出遠行作事"，這樣於文義更為確切。《漢語大詞典》所釋當
據以修訂。

　　全句意思是説，井宿日生子，其子或被搶劫殺戮，或溺水而
亡，死無葬身之地。一説，此日不可遷徙、入官、外出遠行作
事，凶。所生之子，天生殘疾。

七

　　柳生子，簪遠行他遊則死亡。一云：賈市百事吉，不可
壅水漬，凶。（第490頁）

　　"簪"頗費解，沈澍農校注："《集韻》曰：速也。在此似用
此義"⑩。按，"簪"當"僭"字音誤，此字獨立成句，即讀作：
"簪，遠行他遊則死亡。"僭是虛偽的意思。《詩·小雅·巧言》：
"亂之初生，僭始既涵。"鄭玄箋："僭，不信也。"《詩·大雅·
抑》："其維愚人，覆謂我僭。"鄭玄箋："僭，不信也。"《左傳·
昭公八年》："君子之言，信而有征，故怨遠於其身；小人之言，

儥而無征，故怨咎及之。"文中的"簪"，是指此日所生之子虛偽
不誠信。

"水瀆"，即水溝。《說文·水部》云："瀆，溝也。""溝，水
瀆，廣四尺、深四尺。""不可壅水瀆"謂不可阻塞水溝，泛指此
日不可行水利之事。

全句是說，柳宿之日生子，其子品性虛偽、不誠實，日後若
出門遠行、去外地會死亡。一說，此日是吉日，利於做買賣等
事，但不利於興建水利，凶。

八

　　翼生子，一南一北，身在他邦，心中因因，腹如刺棘。
一云：造舉百事，皆吉。（第 490 頁）

因因，旁校作"困困"。札記曰："恐'冈'之訛字，'冈'
即'冈'。"高文柱認為："'因因'或為'隱隱'聲誤。"⑫沈澍農
校注："疑當為'冈冈'，音'聶聶'，心中動悸之貌。"⑬按，作
"隱隱"未確，作"冈冈"是。"冈"字底本作"冈"，當是
"冈"字的手寫之訛⑭。"冈"即"網"的俗字。《龍龕手鏡》卷
二有"冈"部，即"網"部，其"網"旁多俗作"冈"。俗書义、
又形不分，《刊謬補缺切韻》卷首："冈（冈）网冈，上正，中
篆，下石經。"⑮慧琳《一切經音義》卷六十六《阿毗達磨法蘊足
論》第九卷音義："網，古文作冈。"《正字通·山部》說"冈"
字本作"冈"，故"冈"、"冈"皆即"網"字。"網"字或體增加
聲旁作"冈"，又增加形符作"網"，後世以"冈"為悵惘、誣罔
的專字。敦煌寫本北 7522 號《佛說父母恩重經》"昊天罔極"，
其"罔"字正作"冈"形，其餘所存各卷作"冈"、作"冈"，更
是"冈"乃"罔"字俗寫的確證⑯。

　　審查文義，這段占文前面說"一南一北，身在他邦"，藉以

説明此日所生之子遠離故鄉，顛沛流離。"（罔罔）"，猶言"惘惘"，是感傷失意、心神不定貌。《楚辭·九章·悲回風》："撫佩袵以案志兮，超惘惘而遂行。"王逸注："失志偟遽。"晉陸云《與兄平原書》："臨紙罔罔，不知複所言。"《資治通鑑·宋孝武帝大明六年》："夏，四月，淑儀殷氏卒。追拜貴妃，諡曰宣。上痛悼不已，精神為之罔罔，頗廢政事。"胡三省注："罔罔，失志也，若有若無也。"宋蘇軾《次韻周開祖長官見寄》："罔罔可憐真喪狗，時時相觸是虛舟。"由此可見，把"团团"認作"冈冈（罔罔）"，原意順適。

至於"腹如刺棘"，含義不甚明白。檢核影印本，"刺棘"實作"剌剌"形。"剌"為"刺"的俗寫，清顧藹吉《隸辨》："碑變從夾，《左傳·成十六年》'刺公子偃'，釋文云：'刺，本又作剌'。相仍積習，有所自來。"可參。然"刺棘"一辭與上下文義不一致。疑"棘"字原寫作"来刺"，即"刺"的俗字。《篇海》卷一五來部引《搜真玉鏡》："来刺，音刺。"《龍龕手鏡》卷一來部"棘"俗作"刺"，可為證①。蓋"刺"俗寫作"剌"，繁化作"来刺"、"束刺"，後來訛寫為"棘"，形近作"棘"。據上說，則"刺棘"當作"剌剌"，猶言"惻惻"，乃音同而訛，是傷感悲痛貌。戴侗《六書故》："惻，心有感觸剌剌然也。"漢揚雄《太玄·禽》："禽繳惻惻。"範望注："鳥而失志，故高飛，飛而遇繳，欲去不得，故惻惻也。惻，痛也。"晉歐陽建《臨終詩》："下顧所憐女，惻惻中心酸。"唐杜甫《夢李白》詩之一："死別已吞聲，生別常惻惻。"皆是其例。文中"剌剌（惻惻）"與"冈冈（罔罔）"對舉，意義相近。全句大意是說，翼宿日所生之子，將遠離故鄉，顛沛流離，陷入失意悲痛的境地。一說，此日為吉日，適宜造舉等事。如此則文意豁然貫通。

小結：《醫心方》所引《產經》的古代數術內容，除了星宿占生子法外，還有六十甲子占小兒吉凶法、十二支占生子法、時辰占生子法等。文中的語言大抵是當時的口語，此外還有相當數量的數術用語。這些詞語或字面晦澀，或字面普通而義別，易致誤解，甚至為某書所獨有，加之文字抄寫的輾轉變易以及内容、性質的特殊，使得此類文獻往往被研究者忽略。

本文以上所舉，有些是據出土"日書"、敦煌周公解夢書等相關數術類文獻校釋字詞，補充詞條，有些是指出校注本存在的句讀錯誤，也有些是從俗字訛變的角度來考查文義。對於《產經》中的其他問題，如星宿產子占法的形成過程，某些吉凶占斷的前後矛盾等，尚未論及。這些問題，還有待於新資料的發現和研究的進一步深入。

附記：本文寫作過程中得到了導師魏德勝教授的悉心指導，謹致謝忱。

〔注釋〕

①有學者指出，《醫心方》所引《產經》中的二十八星宿占文，與出土簡帛"日書"類數術材料中使用的方法一致，是將各月的朔日分別固定在某一宿上的月宿紀日法。詳見劉樂賢：《簡帛數術文獻探論》，湖北教育出版社，2003年，第83頁。

②《產經》原書早已亡佚，衹有部分内容尚見於《醫心方》。據馬繼興推斷，《產經》成書於晉代以後的南北朝。詳見馬繼興：《中醫文獻學》，上海科學技術出版社，1990年，第219頁。除特別説明外，本文所引《產經》内容據高文柱校注本《醫心方》，華夏出版社，2011年。下不標書名者均引此書。

③伍鐵平：《詞義的感染》，《語文建設》，1984年第3期。

④具體的分類校錄，參見鄭炳林：《敦煌寫本解夢書校錄研究》，民族出版社，2004年。後文不再標注。

⑤本文所引用睡虎地秦簡釋文均見於睡虎地秦墓竹簡整理小組編《睡虎地秦墓竹簡》一書，文物出版社，1990年。

⑥本文所引用孔家坡漢簡釋文均見於湖北省文物考古研究所、隨州市考古隊編《隨州孔家坡漢墓簡牘》一書，文物出版社，2006 年。

⑦《札記》曰："'㐖功'即'化功'之訛。"詳見高文柱校注：《醫心方》，第 489 頁。

⑧高文柱校注：《醫心方》，第 489 頁。差辱，應作羞辱。此當印刷致誤。

⑨按，《醫心方》卷二十四《相子生屬月宿法第十一》所引《產經》條文由兩部分組成：一是某星宿日生子的吉凶禍福，一是在"一云"後面闡述此日做事的宜忌。前後兩部分有時存在吉凶不一致的現象，如"翼宿"條等。有些"一云"的内容往往可與睡虎地秦簡日書、放馬灘秦簡日書、孔家坡漢簡日書等相互印證。我們猜想，之所以吉凶不一致，主要在於二者占測的目的不同，前者是專為產子占測吉凶，後者則是專講該日做事的宜忌。這似乎是兩種數術材料的結合，至於擇日的具體依據，還需深入研究。

⑩湖北省文物考古研究所、北京大學中文系：《九店楚簡》，中華書局，2000 年，第 186 頁。

⑪（日）丹波康賴撰，沈澍農等校注：《醫心方校釋》，第 1469 頁。

⑫（日）丹波康賴撰，高文柱校注：《醫心方》，第 490 頁。

⑬（日）丹波康賴撰，沈澍農等校注：《醫心方校釋》，第 1485 頁。

⑭敦煌文書上圖 119 號《佛說父母恩重經》"烱"字作""，可以參證。

⑮周祖謨：《唐五代韻書集存》，中華書局，1983 年，第 484 頁。

⑯張涌泉：《敦煌本〈佛說父母恩重經〉研究》，後載入《張涌泉敦煌文獻論叢》，上海古籍出版社，2011 年，第 281 頁。

⑰張涌泉：《漢語俗字叢考》，中華書局，2000 年，第 40 頁。

〔主要參考文獻〕

[1]（日）丹波康賴. 醫心方. 高文柱校注. 北京：華夏出版社，2011.

[2]（日）丹波康賴. 醫心方校釋. 沈澍農等校注. 北京：學苑出版社，2001.

[3]（日）丹波康賴. 醫心方，北京：人民衛生出版社，1955.

[4] 劉樂賢. 簡帛數術文獻探論. 武漢：湖北教育出版社，2003.

［5］鄭炳林. 敦煌寫本解夢書校錄研究. 北京：民族出版社，2004.

［6］周祖謨. 唐五代韻書集存. 北京：中華書局，1983.

［7］張涌泉. 漢語俗字叢考. 北京：中華書局，2000.

［8］張涌泉. 張涌泉敦煌文獻論叢. 上海：上海古籍出版社，2011.

［9］項楚. 項楚敦煌語言文學論集. 上海：上海古籍出版社，2011.

［10］湖北省文物考古研究所，北京大學中文系. 九店楚簡. 北京：中華書局，2000.

［11］伍鐵平. 詞義的感染. 語文建設，1984（3）.

The Explanations of some Quotations from Chanjing in Ishipo

Liang Chao　Wang Xiaoming

（Beijing Language And Culture University，Beijing 100083，China）

Abstract：This paper mainly provides some explanations about some quotations from *Chanjing*（產經）in *Ishipo*（醫心方）Volume 24，through basing on research findings in relevant area and comparing with Shushu（數術）literature and unearthed literature. The author wrote down views of himself after researchers' views，or chose correct views，or explained words and their meanings.

Key words：*Ishinpo*（醫心方）；*Chanjing*（產經）；Shushu（數術）literature；Collations & explanations

（梁超、王曉明，北京語言大學，郵編　100083）

禪錄詞語釋義劄記

李 旭

内容摘要： 本文將圍棋常識與禪宗義理結合，對禪錄中出現的"綴五饒三"、"閉門作活"、"奪角衝關"、"硬節"、"虎口"、"綽斡"、"肥邊"、"瘦肚"、"私行"、"失黏"、"投撞"等詞語進行釋義。

關鍵詞： 禪錄　棋語　釋義

在禪宗燈錄中常有隨機說法的場景，如喝茶、吃飯、鋤地、下棋等過程中常以實景或實物來喻指禪義，體現為以文化詞群進行隱喻說理的情形，即實景或實物被賦予了新的禪義，這些禪義與其於世俗文化生活中的意義在屬性、性狀、本質、特徵等方面存在着引申關係，但在語義上又有極大的區別。正如雷漢卿所說："禪籍俗成語的語義由表及裏，字面義屬於最外層的淺層義，通過對字面義的抽象概括，歸納出富有哲理性和普遍意義的引申義，引申義是淺層字面義之下的深層語義。但禪籍俗成語的引申義往往還不是禪宗所要表達的終極意義，經過對引申義或字面義的偏取、補充而獲得體現禪理的禪義纔是禪籍俗成語所要表達的最終意義。"[1]313 禪宗借用棋語表義時就體現了"字面義"——"引申"——"對引申義偏取"這一過程，現將棋語過錄如下：

> 歐陽文忠公聞師奇逸，造其室，未有以異之。與客棋，師坐其旁。文忠遽收局，請因棋說法。師即令撾鼓陞座，曰："若論此事，如兩家著棋相似，何謂也？敵手知音，當

機不讓。若是綴五饒三，又通一路始得。有一般底，祇解閉門作活，不會奪角衝關，硬節與虎口齊彰，局破後徒勞綽幹。所以道，肥邊易得，瘦肚難求。思行則往往失粘，心麁而時時頭撞。休誇國手，謾説神僊，贏局輸籌卽不問，且道黑白未分時，一著落在甚麼處？”良久曰：“從來十九路，迷悟幾多人。”（《五燈會元》卷十二《舒州浮山法遠圓鑒禪師》）

由“因棋説法”、“若論此事，如兩家著棋相似”可知，此段内容中的棋語是對禪理的隱喻，即“借棋説禪”。從“十九路”可知，此為圍棋，因為圍棋棋面上有縱橫十九條等距離、垂直交叉的平行線。現將此圍棋棋語及其引申義試作分析，懇請方家指正：

“敵手知音，當機不讓”一句説明禪悟生活中體用的關係，若假設“敵手”為用，即世俗世界；“知音”為體，即清淨自性，那麼在生活實踐中體與用的矛盾和紛擾是時時存在的，體現為“當機不讓”。如何解決這個問題，法遠圓鑒禪師借助棋語給出了一系列的答案：

【綴五饒三】

“綴五饒三”未見於文獻典籍其他語境中。在圍棋術語中有“聚五”、“曲三”之説。“聚五”又叫“花聚五”，是基本死活之一。一塊棋被包圍，其眼位是花朵形狀的五個交叉點，稱為“花聚五”。如圖（一）形勢，若輪黑方走，下在甲位可做活；若輪白方走，在甲位點眼，黑棋被殺[2]129。

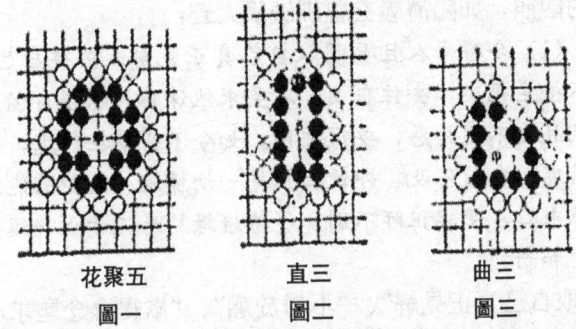

花聚五　　　直三　　　曲三
圖一　　　圖二　　　圖三

《説文·系部》："綴,合箸也。"段玉裁注："聯之以絲也。""綴"的本義為"縫補、縫合"引申為"連結"義。因此"綴五"即鏈接五個"眼"之間氣息之義,即為"聚五"的形勢。

在圍棋術語中還有"直三"和"曲三"兩種説法,"直三"是基本死活之一,一塊棋被包圍,其眼位是直線形狀的三個交叉點,稱為"直三"。如圖(二)中形勢,若輪黑方走,下在甲位可做活;若輪白方走,在甲位點眼,黑子被殺。另有"曲三",也稱"拐三"、"彎三"。基本死活之一。一塊棋被包圍,其眼位是彎曲形狀的三個交叉點,稱為"曲三"。如圖三中形勢,若輪黑方走,下在甲點可做活;若輪白方走,在甲位點眼,黑子被殺[2]128。"直三"與"曲三"行棋的原理相同,祇是形狀不同而已。

"饒"與"繞"音近,若解為"繞"之"彎曲"義,疑為"曲三"。"綴五饒三"為並列式短語。"綴五"與"饒三"的相似處在於都是"基本死活"之棋,被圍之後都是於中心處"一子定死活"。隱喻到禪理上即"直指自心"便可作活。反之,心若被外物所踞,即執於外物,便不能了悟(無氣便死)。也就是説,如果在參禪的過程中,能夠意識到"自心是佛"、"自性是佛",在自己的心性上下功夫,不為外境所轉的話,便是了悟的途徑(又通一路使得)。法遠圓鑒禪師為臨濟下六世,臨濟宗非常重視對自性的觀照，如臨濟義玄曾訓誡學人云：

（1）今時學人且要明取自己真正見解，若得自己見解，即不被生死染，去住自由。不要求他殊勝，殊勝自備。如今道流且要不滯於惑，要用便用。如今不得病在何處，病在不自信處。自信不及，即便忙忙徇一切境脫。大德若能歇得念念馳求心，便與祖師不別。（《傳燈錄》卷二十八《鎮州臨濟義玄和尚》）

“明取自己真正見解”、“不滯於惑”、“歇得念念馳求心”都明確説明了“心無掛礙”的重要性，即心不為物所累。以“聚五”和“曲三”棋局中把握自心，不讓對方棋子斷了自己心中之氣的特徵隱喻成禪宗“把握自心清淨圓澄、無外物所據”的重要性，進而説明把握自心，做心之主人，纔能達到了悟的境界。

【閉門作活】足不出戶，以啞羊枯坐式的閉門修禪求了悟。

“閉門作活”字面上的意思為“關起門來幹活，足不出戶”。而在圍棋中一塊棋要“作活”（即為活棋），至少有兩個“眼”存在。其中“眼”是指由幾個棋子圍住一個或兩個空交叉點，該點即稱為“眼”。“眼”是棋子生存在棋盤身上的根據。一塊棋有兩個眼，就可以生存在棋盤上，直至終局。如圖（四）中一二為在棋盤角上的眼。三四為在棋盤邊上的眼。五六為在棋圖盤中央的眼[3]13。

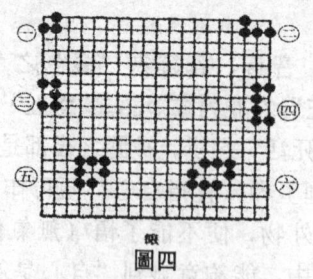

眼
圖四

由此可以看出，“作活”是要圍出“眼”的，“圍”的行為結果與“閉門”在形狀上有一定的相似性，而“眼”之“空”的特徵引申為禪宗語境中的"空心"，因此，圍棋盤上"圍真眼"的行為通過形狀上的相似，隱喻為禪境中的閉門修心，空心靜坐以求了悟的狀態。"圍真眼"在圍棋中本是使一塊棋成活的方法，但是在禪境的闡釋中卻需對其意義進行偏取，因為禪宗反對這種"啞羊枯坐"式的修禪方式，如：

（2）更有一種，長年不出戶庭，祇解閉門作活，脫過盤根錯節，即到鋒挫鋩摧，安能隨事游刃恢恢有餘？此亦是病。（《五燈全書》卷八十四《三峰清凉僧鑒青禪師》）

（3）諸昆仲，此事不從功行得，不從修證得，不從思議得，不從學分得，不從禪定得。有一等人，閉門作活，暗裏休心，將自己身心，煉得如枯木寒灰，蟲咬衣而不知，蛛結網而不顧，縱是百年在定，終如一個死人，於本分事中，全無交涉。（《五燈嚴統》卷十六《廣信府博山無異元來禪師》）

由（2）、（3）可以看出禪宗重點强調"隨事游刃恢恢有餘"，而非絕對的"空念"。馬祖道一著名的"磨磚不能成鏡、坐禪豈能成佛"這則公案也意在説明此理。因此，"閉門作活"在禪宗語境中指空心靜坐的修禪方式，是不能了悟的。

【奪角衝關】

"角"指圍棋棋盤上的星位所確定的四角，即"左上"、"左下"、"右上"、"右下"。《玉篇·奞部》："奪，取也。"《篇海類編·通用類·大部》："奪，强取也。"可見，"奪角"指佔據角上的局勢。因為棋盤的邊線本身就是一道屏障，在角處圍"地盤"是非常便捷的方法。如：

（4）無為堂上敵手相逢，移來一座水晶盤，傾下兩行碧玉子。聚三掣五，奪角爭先。（《錢塘湖隱濟顛禪師語錄》卷一）

例（4）中即採取了以"奪角"來爭先的路數。"衝"也是術語，指向敵子呈"關"形的中央空隙處突入[2]36。"關"亦為圍棋術語，也稱“單關”。指“在原有棋子的同一條直線或橫線上間隔一路下子……習慣上‘關’多指向中腹空曠處進展的著法”[2]37 當然，多是連子衝過，否則容易被殺。由此可知，“衝關”指使“氣”穿過對方兩棋子的空位①，使棋子向中腹空曠處進展的方法。在禪宗燈錄中引申為“開一線道”，突破束縛，悟得真如實體於心是“無漏清淨”、“如實空”的。再如：

（5）賈勇揚旌無大敵，看看身已陷重圍。要令奪角衝關去，駕與青龍不解騎。（《物初大觀禪師語錄》卷一）

例（5）中“無大敵”指外界的對立與干擾實際上是不存在的。“揚旌”便是自作煩惱，自己將自己束縛住了，因此説“身已陷重圍”。在這種情況下需借助一定的方便打破束縛，認識到自性的重要性（駕與青龍），達到見性無礙的目的。

由以上可知，“奪角衝關”本為圍棋術語，指佔據角上的氣，并通過對方所置之“關”中以一子或兩子將氣延伸到中腹區，在禪宗語境中指採取方便，開一線道打破束縛，直指内心，以達到了悟心性的目的。

【硬節】

圍棋辭書及棋譜中未收“節”這一術語，“櫛”（棋譜中作“栉”）與“節”形近，故疑“硬節”為“硬櫛”。“櫛”為基本活棋之一。一塊棋的形狀與“梳子”相似，故名。如圖（五）[2]131。黑若要在櫛形中下子，就會終因無“氣”而被提掉。櫛棋局看似半包圍形狀，似乎有“氣”可通，而實際上落字即死。禪宗語境中以形狀及特徵引申，意在提醒學人不要落入窠臼虛空的陷阱之中。

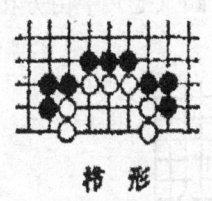

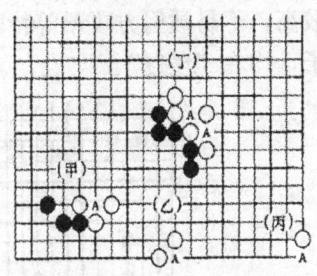

圖五　　　　　圖六　【虎口】

"虎口"為圍棋術語。"虎"指在原有呈尖形二子的基礎上，再下一著，使三子構成"品"字形狀。在使己方棋子連絡或防止對方切斷時經常採用。由"虎"形三子三面圍攏中的空交點稱為"虎口"。一般虎口方向朝中央稱"上虎"，虎口方向朝邊角稱"下虎"[2]45這種"虎口"類似一個窠臼或者陷阱，如果在對方所設的"虎口"中下子，就會立刻被提掉。如圖（六）中，（甲）圖，白三個子從三面圍着 A 位交叉點，如果黑在 A 位下子，就會被白棋提掉。這好像老虎張着嘴似的，圍棋術語便叫'虎口'。（乙）圖這是在邊上，A 位是'虎口'，黑不能再 A 位下子，否則將被白棋提掉。（丙）圖這是在角上，A 位也是'虎口'。（丁）圖這是在中腹，白棋有兩個 A 位'虎口'"[3]19

由圖示可知，"虎口"像以缺口作陷阱之形，禪宗語境中以此形狀及功能的相似性，引申為落入陷阱之中。

【綽斡】

（宋）徐鉉《圍棋義例》："綽，侵也。以我子斜侵彼子之路，而慾出之曰綽。"

"侵"為圍棋術語，也稱"侵入"、"侵消"、"侵分"。在對方的形勢範圍內下子，以期達到削減或分取敵地的目的。所指範圍甚廣，包括"打入"及"淺侵"等方面。[2]121"淺侵"也稱"淺消"。術語。從外部限制、削減對方的形勢或地域。一般具有落子位置較高，不易被對方攻擊等特點。圖（七）中白方在甲位或乙位下子，均為"淺侵"[2]122-123。

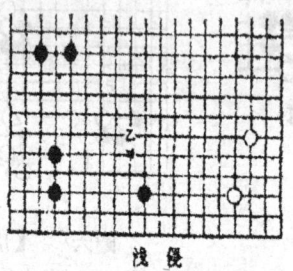

淺侵

圖七

　　由圖（七）知，"淺侵"主要突出的是遠距離的限制。

　　《説文·斗部》："斜，杼也。"《説文·木部》："杼，機之持緯者。"即是"織布梭子"，其掛著緯線，在織布機上來回穿梭，涉及的範圍較大。因此"斜侵"也有牽制且涉及範圍較大之義。故"斜侵"應為"淺侵"，"淺"古音為清紐元韻，"斜"為邪紐魚韻，清邪旁紐，元魚可通轉，古音近，因此"斜侵"蓋為"淺侵"。由此可證"綽"即是遠距離的控制對方的局面，使得自己取勝。禪宗燈錄中引申為距證悟較遠的法門。

　　"斡"為圍棋古代術語。讀 wā，音義與"挖"同[2]62。（明）林應龍《適情錄》："投子入關曰斡。""挖"指在對方相隔一路的棋子中間下一著[2]41。由此可知，"斡"使己方的棋子與對方的兩枚棋子緊鄰且處於同一直線上，和對方的棋子較近。禪宗燈錄中引申為距證悟較近（便捷）的法門。

　　"綽斡"兩個反義的單音節詞並列複合，在禪宗燈錄中泛指尋找這樣那樣的證悟途徑。

　　【肥邊】

　　"邊"指除角部以外的接近棋盤邊線（一般指五路以下）的地帶。根據所在方位不同，可分為"上邊"、"下邊"、"左邊"、

"右邊"[2]94。"肥邊"指在邊路上佔據的地盤較多。如：

  (6) 生機易作爭先手，活眼難防末後籌。瘦肚肥邊看廝
誅，橫飛直赶莫輕休。（《虛堂集》卷二）

  在禪宗中引申爲只見一邊之義，不能利用辯證統一的觀點看
問題。

【瘦肚】

  在圍棋界有"金角銀邊草肚皮"之諺語。喻在棋盤各個部位
圍取地域的不同價值：起手以佔角價值最大，既容易圍空，也容
易成活，邊則次之，中腹則在其次。故通常對局總是先佔角部，
然後拆邊，最後才向中腹進展。可見中腹圍點之難，故例文中言
"瘦肚難求"。因其在中腹，且又圍點成虛空的形狀，故禪宗燈錄
依此形狀引申爲自性圓滿、內心清淨圓澄之義。又因圍棋中在中
腹（棋盤中間）圍點較難，禪錄中用來強調了悟並非易事。

【思行】

  也有作"私行"②。指急於下子，子與子之間沒有聯繫。禪宗
指證道的行爲無所依止，無所接續，一味地尋找出路，四處亂撞。

【失黏】

  "粘"爲圍棋術語，是指下一個子之後把自己的兩個子或兩
部分子連接在一起，下的這個子就叫"連"，也叫"黏"。如圖
（八）中，黑1都叫"連"[4]3。

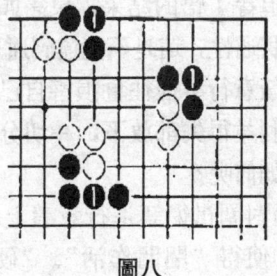

圖八

"失黏"在圍棋中指下子時沒有將己方的兩個子或兩部分子連接在一起。在禪宗燈錄中引申指行為不受主觀意識（心性）的指導，行動散亂，沒有貫通性，未達到通達無礙的境界。

【頭撞】

"頭撞"也作"投撞"③。"投"指下子。"撞"，術語，指下子過程中，將棋子的氣數輕易減少或撞緊，以至產生不利後果的著法。[2]127. 在圍棋中指自己削減自己的圍點。在禪宗燈錄中引申為如果不仔細觀心自照，那麼隨性而行的行為常常會阻礙自性清淨的證得。

通過以上對圍棋術語的闡釋，可知此段公案大意如下：

參禪了悟一事，與下棋差不多，為什麼這麼說呢？紛擾的世俗生活與清淨自性兩者就像是敵手知音相見一般，往來交互是時時存在的，若能夠明得"自性是佛"，清楚自心的作用，做自性之主，即為了悟的關鍵。但一般人祇知道啞羊枯坐般地於外在形式上裝模作樣地修禪學道，尚未了解禪理的真諦，更不懂得在"悟道"的基礎上通過一定的方便法門、開一線道保任了悟的狀態，以達到明心見性的徹悟之境，於形式上學禪修道者很容易陷入各種錯誤的知見（陷阱）中，這根本不能達到了悟的狀態，採取各種途徑向外馳求是於了悟之事無益的。所以說，祇見一邊的修行方式是比較多見的，而真正了悟的"出入不著兩邊"的"真實空"的境界卻是極少有人能達到的。一味地去追尋了悟的結果，東一頭西一頭地亂撞，行為紛亂不成系統，沒有貫通性，這是不能達到通達無礙的了悟之境的。不觀照自己的內心，任意行事往往會損害自己的清淨自性。一切名相高下都放下，一切利益得失都放下，一切分別是非長短善惡都放下，這時，你的本心如何呢？

這則公案中通過對圍棋術語進行意義上的引申，再結合禪理對引申義進行偏取，使得"閉門作活"、"硬節"、"虎口"、"肥邊"、"綽斡"等原在圍棋路數中利於"作活"、具有積極色彩義的詞語在禪境中具有消極色彩。要理解疏通這些詞語的意義，需要了解禪宗大意，結合禪宗語境進行釋義。正如雷漢卿所言："禪籍有文語、俗語和禪語，追尋由文語、俗語到禪語的演變軌跡需要訓詁學、詞匯學和禪學聯手纔能獲得滿意的答案。"[5]326.

〔注釋〕

① "關"有"單關"和"隔二關"，因此兩子之間可能有一個空點，也可能有兩個。

②見《建中靖國續燈錄》卷四第 82 頁。

③同上。

〔主要參考文獻〕

[1] 雷漢卿. 禪籍方俗詞研究 [M]. 成都：巴蜀書社，2010.

[2] 趙之雲. 圍棋詞典 [M]. 上海：上海辭書出版社，1989.

[3] 邱百瑞. 圍棋入門一月通 [M]. 上海：上海文化出版社，2003.

[4] 翟燕生，徐瑩. 圍棋入門 [M]，北京：北京：金盾出版社，2007.

[5] 雷漢卿. 禪語脞說 [C] // 漢語史研究集刊 [M]. 第十四輯. 成都：巴蜀書社，2011.

Notes on the Words of Zen Quotations

Li Xu

(The Grammar College, Donghua Polytechnic University,
Nanchang330013，China)

Abstract：This paper combines go knowledge with zen doctrine , translating "Zhuiwu Raosan"、 "Bimen Zuohuo"、 "Duojiao Chongguan"、"Yingjie"、"Hukou"、 "Chuowo"、"Feibian"、"Shoudu"、"Sixing"、"Shinian"、"Touzhuang" and other words appeared in the zen books.

Keywords：Zen；Chess；Interpretation

（李旭，東華理工大學文法學院，郵編　330013）

量詞"點"源流淺探[*]

王彤偉

内容摘要:"點"的量詞用法最早可以追溯到初唐時期,這一時期量詞"點"主要用於稱量事物;宋代出現了一般的動量用法,明代出現了借用的動量用法。量詞"點"表示"些少"義時,其前的數目詞多爲"一、半",元代開始常加後綴"兒",清代開始後綴也可爲"子"。而現代漢語常說的"幾點希望"這種用法直到晚清時代纔出現。

關鍵詞:漢語史　詞匯史　量詞　點

直到在南北朝時代,"點"還是主要表示"字的點畫、筆畫"這樣的實意。

臣案桑字爲四十而二點,世祖年過此即帝位,謂著屐爲木行也。(《南齊書・祥瑞志》)

夫工欲善其事,必先利其器,伯喈非流紈體素,不妄下筆,若子邑之紙,妍妙輝光,仲將之墨,一點如漆,伯英之筆,窮神盡善,妙物遠矣,邈不可追。(《全齊文》卷七)

體韻遒舉,風彩飄然,一點一拂,動筆皆奇,傳世蓋少,所謂希見,卷軸故爲寶也。(《全齊文》卷二十五)

故知真解脫者,誰辯去來,實智慧者,非有生滅,而顛倒迷愚,不曉三點之理,無明覆蔽,空有八十之疑。(《全陳

───────────

* 本文得到了韓國外國語大學 2013 年研究基金的支持 (This work was supported by Hankuk University of Foreign Studies Research Fund of 2013.)

文》卷二）這裏的 "點" 還是實指 "組成梵字伊字的三個點畫、筆劃"。

若不信其説，則冥冥不知一點一畫，有何意焉。"（《顏氏家訓》卷六）

至為一字，唯見數點，或妄斟酌，逐便轉移。（《顏氏家訓》卷七）

雖然劉世儒先生認爲 "點" 在南北朝時代已經用作量詞了①，但他僅舉了 "可憐數行雁，點點遠空排"（北周庾信《晚秋》詩）這一個例子②。我們進行了比較廣泛的調查，但在這一時代的文獻中還没有找到其他明確的例子。因此，我們保守一點説，在南北朝時代，"點" 作爲量詞的例子還很少見。

《全隋文》中未檢索到 "點" 的量詞用法。初唐時期 "點" 的量詞用例也還不多，但從檢索到的例子看用法已經比較靈活，即在初唐時期已經是 "數＋點＋名" 和 "名＋數＋點" 兩種格式共用了③。如：

不睹河陽一縣花，空見青山三兩點。（李治《句》）

微雲一點曙煙起，南陌憧憧遍行子。（劉希夷《洛中晴月送殷四入關》）

中唐以後，"點" 作量詞的用例才逐漸多了起來。如：

殘星幾點雁橫塞，長笛一聲人倚樓。（趙嘏《長安秋望》）

一點露珠凝冷，波影，滿池塘。（溫庭筠《荷葉杯》）

一局殘棋千點雨，綠萍池上暮方還。（溫庭筠《春日訪李十四處士》）

所以自古已來，雪無一點消融之時矣。（《入唐求法巡禮行記》卷三）

一點靈光空際來。（呂岩《沁園春》）

如何是道，這一點古今尋求顛倒。（呂岩《曲江秋》）

山枕上，幾點淚痕新。（顧複《甘州子》）

春豔豔，江上晚山三四點，柳絲如蕑花如染。（馮延巳《歸國謠》）

師與洞山鋤茶次，洞山拋卻钁頭云："我今日困，一點氣力也無。"（《祖堂集》卷六）

細觀用例，這一時期量詞"點"主要用於稱量"事物"（包括具體事物和抽象事物），同時在數詞位置上主要是"一、兩、三、萬、數、幾"等有限的幾個；"數＋點"在表義上往往不是表示精確的實際數量，往往含有"小、少"之義。如：

萬點湘妃淚，三年賈誼心。（李嘉祐《裴侍御見贈斑竹杖》）

兩行秦樹直，萬點蜀山尖。（杜甫《呈楊五侍御》）

唯看一點火，遙認是行舟。（白居易《西河雨夜送客》）

去雁數行天際沒，孤雲一點淨中生。（章莊《題盤豆驛水館後軒》）

何人正得風濤便，一點輕帆萬里回。（崔塗《鸚鵡洲即事》）

回仙駕，更無一點塵隨馬。（呂岩《漁家傲》）

攔棹聲齊羅袖斂，池光颭，驚起沙鷗八九點。（李珣《南鄉子》）

人不見，夢難憑，紅紗一點燈。（毛文錫《更漏子》）

洞庭波浪颭晴天，君山一點凝煙。（牛希濟《臨江仙》）

一點凝紅和薄霧，翠娥愁不語。（牛希濟《謁金門》）

海棠未坼，萬點深紅。（毛文錫《讚成功》）

羅裾薄薄秋波染，眉間畫得山兩點。（魏承班《菩薩蠻》）

回頭卻顧蓬山頂，一點濃嵐在深井。（齊己《升天行》）

一點春心無限恨，羅衣印滿啼妝粉。（馮延巳《鵲踏

枝》)

　　　數點雨聲風約住，朦朧淡月雲來去。(李煜《蝶恋花》)
　　　一點相思，萬般自家甘受。(鍾輻《卜算子慢》)
　　"點" 也可重疊後表示 "小而多" 之義①，語法上常作定語。
如：

　　　流到瓜洲古渡頭，吳山點點愁。(白居易《宴桃源》)
　　　曉看襟上淚流處，點點血痕猶在衣。(梁瓊《宿巫山寄
遠人》)
　　　梧桐葉上，點點露珠零。(尹鶚《臨江仙》)
　　　嫋嫋垂柳風，點點回塘雨。(杜牧《村行》)

　　宋代文獻中，量詞 "點" 在稱量事物方面和唐代一樣，也是
既可用于具體事物 (如星辰、燈火、山峰、梅花、雨雪、飛鳥
等)，又可用于抽象事物 (如愁思、心志、情感、氣力等)。這類
用例衆多，此不贅舉。最值得注意的是，在宋代，量詞 "點" 出
現了稱量動作的用法，不過這類例子還不多。如：

　　　師曰："雖然不鑒照，謾他一點不得。"(《景德傳燈錄》
卷五)

　　金元文獻中，量詞 "點" 在稱量事物方面和前代一樣，祇是
稱量對象上多出了一些，如鴉聲、槍纓、紅日、煙霞、塵埃、酒
食、花朵等。略舉數例如下：

　　　數點鴉聲迎暮雨，一行魚影漲春潮。(譚處端《水居六
首之六》)
　　　殷勤一點東華日，先到紅鸞扇影光。(耶律楚材《萬壽
節五首之一》)
　　　揚鞭回首漢家營，一點槍纓野煙碧。(耶律楚材《飛豹
行》)
　　　小雨十數點，澹煙三四峰。(鮮于樞《南居寺》)

　　另外，元代量詞 "點" 前的數目詞 "半" 很常見；表示 "少

量"義時兒化現象也很普遍。如：

> 這個竇娥的血都飛在那丈二白練上，並無半點落地，委實奇怪。（關漢卿《竇娥冤》）

> 每持大體諸人服，若説私心半點無。（劉時中《上高監司》）

> 看他儀容嬌媚，一個没包彈的俊臉，似一片美玉無瑕；體態幽閒，半點難勾引的芳心，如幾層清水徹底。（高明《琵琶記·牛氏規奴》）

> 若有半點風聲漏傳，可不滅盡滿門良賤。（無名氏《錦雲堂暗定連環計》）

> 更通疏，没半點兒包彈處。（商挺《潘妃曲》）

> 全不見白髭鬢，才四十整，有家珍無半點兒心腸硬。（盧摯《贈歌妓》）

> 打得來没半點兒容針處。（王仲文《救孝子賢母不認屍》）

> 你若文案中有半點兒差遲，我先切了你顆驢頭。（王仲文《救孝子賢母不認屍》）

> 更也没那半點兒慈悲的？（楊顯之《臨江驛瀟湘秋夜雨》）

> 若是走透了一點兒消息，我著俺姐姐打也打殺你。（高茂卿《翠紅鄉兒女兩團圓》）

> 哎喲，天那，我這裏便則落的那幾點兒悽惶淚。（無名氏《凍蘇秦衣錦還鄉》）

元代文獻中，量詞"點"放在動詞、形容詞前後，表示程度、數量略微變化的例子多了起來。如：

> 我志誠心一點無辭，無辭憚去伊身上死。（商正叔《遠寄》）

> 我若吃一點酒呵，吃血！（關漢卿《望江亭中秋切鱠

旦》)

是兀那窗兒外梧桐上雨瀟瀟。一聲聲灑殘葉，一點點滴寒梢，會把愁人定虐。(白樸《唐明皇秋夜梧桐雨》)

老千戶云你放心，我帶了這牌子呵，我一點酒也不吃了。(李直夫《便宜行事虎頭牌》)

縱然死了，也該備些衣棺，埋葬骸骨，豈可委之荒野，任憑暴露，全無一點休戚相關之意？(石君寶《李亞仙花酒鵓江池》)

比及你露十指玉筍穿針線，你怎不啟一點朱唇説是非，教萬代人知。(孟漢卿《張孔目智勘魔合羅》)

從今後見酒一點也不要吃。(秦簡夫《晉陶母剪髮待賓》)

二郎云著箭。鬼力云正中紅心。兩射科二郎云西北下一點著箭。(無名氏《二郎神醉射鎖魔鏡》)

明清時代除了繼承前代的情況外，有一些新的發展。比如明代出現了一種新的動量用法，如：

象這五七千路，只消把頭點上兩點，把腰躬上一躬，就是個往回，有何難哉！(《西遊記》第二十二回)

那龜馱著淨瓶，爬上崖邊，對菩薩點頭二十四點，權為二十四拜。(《西遊記》第四十二回)

大概點了一點數目單冊，問了來升媳婦幾句話，便坐車回家。(《紅樓夢》第十四回)

薛蟠先還要掙挫起來，又被湘蓮用腳尖點了兩點，仍舊跌倒。(《紅樓夢》第四十七回)

王老先生點了點頭兒。(《官場現形記》第一回)

這種動量與宋代出現的"謾他一點不得"不同，是通過借用的方式而來的，其借用爲動量的理據在於"點頭""清點""腳手指點"類動作具有可稱量性。

另外一個比較明顯的特點是，清代量詞"點"後的詞綴除"兒"外還常用"子"，"子"綴在清代南北方語言中都有。如：

老尼道："這點子事，在別人的跟前就忙的不知怎麼樣，若是奶奶的跟前，再添上些也不夠奶奶一發揮的。（《紅樓夢》第十五回）

媽媽你老人家擔待他們一點子就完了。（《紅樓夢》第二十回）

所以那时兄弟就算受点子辛苦，看着如今大家享太平日子，想来还算值得。（《孽海花》第二回）

晚清時期出現了"一點一點"這樣的重疊形式。如：

日月一天一天的走，悲痛也一點一點的減。（《孽海花》第三十回）

現代漢語中量詞"點"的主要用法除了表示"少量"（如"干一點兒活"），表示程度的"些微"（"如大點兒聲、跑快點、一點兒不能馬虎"）外，最常見的是用於稱量"意見、希望、內容"等，在這裏"點"有"事項、方面"的意思，如：

下面我講幾點意見。

從歷史發展看，這種用法最早出現在晚清小說中，這也是量詞"點"在晚清時代發展出的新用法⑤。

令兄曉得了，就借這一點做了兩人認識的媒介，漸漸地交談了，漸漸地合夥了。（《孽海花》第二十八回）

鄭姑姑也是個女子，就這一點講，她也一定肯挺身而出！（《孽海花》第三十三回）

請諸位把我今天提出的四要點，去詳細研究一下，向來對於《春秋》的疑點，一切都可迎刃而解。（《孽海花》第三十四回）

綜上所述，"點"的量詞用法最早可以追溯到初唐時期，這一時期量詞"點"主要用於稱量事物；宋代出現了一般的動量用法，明代出現了借用的動量用法。量詞 "點" 表示 "些少" 義時，其前的數目詞多爲 "一、半"，元代開始常加後綴 "兒"，清代開始後綴也可爲 "子"。而現代漢語常説的 "幾點希望" 這種用法直到晚清時代纔出現。

〔注釋〕

① 劉世儒在《魏晉南北朝量詞研究》118 頁講到 "點" 的時候説："在這一時代它就已經開始用作量詞了。"

② 從語言的歷史性和社會性角度看，因爲在這個時代 "點" 的量詞用法罕見，所以這句詩中的 "點" 恐怕還是理解爲表示實意的 "黑點" 較妥。這樣的話，這句詩也可理解為 "數行大雁在遠空變成了排排黑點"。雖然表意相差不多，但還是没有 "點點飛鴻向天末" 這樣的例子典型。

③《漢語大字典》、《漢語大詞典》在 "點" 的量詞義項下均首引蘇軾《洞仙歌》："繡簾開，一點明月窺人。" 時代嫌晚。

④ 結合前述北周庾信《晚秋》詩 "點點遠空排" 來看，表示 "小而多" 的 "點點" 並非全部來自量詞 "點" 的重疊。

⑤《漢語大字典》、《漢語大詞典》均舉現代的例子，時代稍晚。

〔主要參考文獻〕

劉世儒. 魏晉南北朝量詞研究. 北京：中華書局，1965。

殷煥先，何平主編. 現代漢語常用量詞詞典. 濟南：山東大學出版社，1991.

王彤偉. 量詞 "頭" 源流淺探. 語言科學，2005（3）.

王彤偉. 量詞 "首" 源流淺探. //漢語史研究集刊. 第八輯. 成都：巴蜀書社，2005.

王彤偉. 量詞 "口" 的源流及演變. //漢語史研究集刊. 第十五輯. 成都：巴蜀書社，2012.

The Origin and the Development of the Quantity of Dian（點）

Wang Tongwei

（Department of Chinese, Sichuan University, Chengdu, 610064 Department of Chinese, Hankuk University of Foreign Studies, Seoul, Korea, 130－791）

Abstract: The time of Dian（點）as a quantity is early period of Tang dynasty, not is the period of the Northern and Southern Dynasties which was said by Liu Shiru. And it was used to quantify the objective things at the early period of Tang dynasty. Untile the Song period, it became a quantity to quantify the action.

Key Words: the history of Chinese language; the history of vocabulary; quantity; Dian（點）

（王彤偉，四川大學文學與新聞學院，郵編　610064；韓國外國語大學中文系，韓國首爾，郵編　130－791）

對《論辭書編纂中採用偽典小説的問題》一文的商榷

謝曉暉　曾昭聰

内容摘要：羅寧先生《論辭書編纂中採用偽典小説的問題》一文使用了"偽典"、"偽典小説"的概念，並指出了辭書編纂中採用偽典小説應注意的詞目收録、詞語釋義、詞義書證等問題。我們認爲："偽典"概念的提出有待商榷；羅文未分清"偽典小説"與"偽書"二者概念；作者關於辭書詞語立目所提出的意見在辭書的編纂中不太現實；該文多處將詞匯與詞語兩個術語混用。

關鍵詞：偽典小説　偽典　辭書　典故　詞目　詞匯

羅寧先生在其《論辭書編纂中採用偽典小説的問題》[1]（以下簡稱《問題》）一文中，結合偽典小説，對辭書的詞目收録、詞語釋義、及詞義書證等方面提出的見解有一定道理，其研究值得我們學習。但我們認爲此文仍有失當之處，今據《問題》所提的問題，提出幾點不同看法，請羅先生及同道指正。

一　典故與偽典

關於修辭意義上典故的定義，各家有各家的界定，現代學者給典故下的定義雖有不同，但是沒有一家否認了典故的可虛構性。如，《漢語大詞典》"典故"條："詩文等作品中引用的古代故事和有來歷的詞語。"[2]《辭海》"典故"條："詩文中引用古書裏的故事或語句。"[3]《辭源》"典故"條："詩文中引用的古代故事和有來歷有出處的詞語。"[4]《現代漢語詞典》"典故"條："詩文等所引用的古書中的故事或語句。"[5]典故既含"故事"就不能排除虛構，如"牛郎織女"的傳說是虛構的，它用於《詩·小雅·大東》之中："維天有漢，監亦有光。跂彼織女，終日七襄。雖則七襄，不成報章。睆彼牽牛，不以服箱。""守株待兔"典出《韓非子·五蠹》，其內容也是虛構的。《問題》一文指出："所謂'偽典小說'，是指筆者提出的一個概念與小說類別，指編造各種新奇典故的一類小說。"從作者對偽典小說的定義，我們可推出：但作者認爲編造的典故是偽典，編造偽典的小說叫做偽典小說。既然典故不拘於是否虛構，那麼"編造（或說"杜撰"）應是典故由來的一種正常方法。典故原本就不排除虛構，自然也無"偽典"、"真典"之別。

　　作者談到古代軼事小說與偽典小說的區別時指出：軼事小說多少有所根據，體現了軼事小說的實錄精神，而偽典小說杜撰軼事，違背了軼事小說的實錄精神[6]。據此，作者認爲如果典故來源於偽典小說所杜撰的軼事，那麼這種典故是偽典。但語言是約定俗成的，不管名人其事是"偽"是"真"，祇要這個典故詞語（或語詞）的意義被社會團體所認可，那麼，這個典故就會得以傳承。如作者所舉偽典小說《開元天寶遺事》中"解語花"的典故，現在還在使用。故雖軼事有偽，但典故卻因其可虛構性不能冠之以"偽"，"偽典"這一概念的提出有待商榷。作爲研究語言的語言學，祇是描寫客觀存在的語言現象。所以，語言學意義上，出自偽典小說中的典故的研究價值與其他典故是一樣的，辭書編纂同樣也應該重視這類典故。

二 偽典小説與偽書

　　從羅先生其他關於偽典小説的論文來看，偽典小説幾乎就類同於偽書。如他在《明代偽典小説五種初探》一文中所説的："從廣義上來説，《草玄雜俎》七部書（筆者按，這七部書指：《琅嬛記》、《誠齋雜記》、《女紅餘志》、《緝柳編》、《尤射》、《古琴疏》、《雲仙雜記》）全都可以稱作偽書，但差別較大。《誠齋雜記》祇是托名作者和寫序者，但内容多數有來源，可以説是書偽而内容不全偽。其他六部則基本上從作者到内容全偽，《琅嬛記》偽託作序者，《尤射》偽託撰者注者，至於馮贊、林坤、龍輔、虞汝明、沈麐元，則不知何人，也是托名。把這些書籠統地稱爲偽書、偽託、偽撰，不能揭示其實質，引入偽典小説的概念，則可以更好地認識它們。"[7]這段引文可看出，羅先生是將偽典小説包含在偽書内的。但是，羅先生在《問題》一文中給偽典小説下的定義是"偽典小説是筆者提出的一個概念和小説類別，指編造和杜撰各種新奇典故的一類小説，這裏所説的典故，包括故事、代名、詞藻等"。在《明代偽典小説五種初探》一文中，他還指出："偽典小説一般都有這樣三個鮮明的特點：一、杜撰故事（故實、典故），編造代名，内容荒誕；二、條文簡短瑣碎；三、語言纖巧，風格豔麗。"[7]從偽典小説的定義與特點可以看出，偽典小説並不一定是偽書（儘管很多偽典小説是偽書，但偽典小説與偽書還是有區別的）。

　　一般而言，所謂偽書，就是一書的公認作者及時代並非這書的真正作者及時代，這書即稱爲偽書。至於書的内容的虛構性與書中史料的虛假性並不在偽書之列[8]。如果偽典小説在時代及作者方面爲真，而祇是杜撰了典故，那麼這種偽典小説就非偽書。這類偽典小説在辭書編纂中，可以爲詞語的探源、釋義、書證服務（如果僞書能夠考證出時代，也可爲詞語研究、辭書編纂做出其貢獻）。爲了語言的明確性，利用僞典小説也好，利用其他資料也好，弄明時代是必須的。詞語釋義的話，如果怕詞語所指誤導讀者，不妨加上"舊説"以示客觀。書證是爲了説明詞的用法，如果辭書有探源的性質，那麽書證應盡量採取最早用例，但與書證的具體所指的内容是否子虛烏有，應該是没有關係的。因爲語言學家辨真僞是以語言表達爲標準，以歷史事實爲標準辨别真僞，那是歷史學家的研究方法。

三　詞目收録與"僞典"、"僞詞"

《問題》認爲，"辭書中設的有些詞語，原本來自僞典小説的生造，後來'謬種流傳'"、"像這樣的出自僞典的詞彙，也許可以稱之爲'僞詞'"。語言學關心的是語言現象的本身，袛要某種語言表達確實存在，就是語言學家研究的對象，而不論它的"出身"是什麽。在語言學意義上，一個産生於四書五經的詞語，並不比一個出身於僞書的"謬種"詞語高貴。《漢語大詞典》、《辭源》都是歷時性的側重於描寫的詞典，亦具詞庫性質，它們以漢語詞語的歷時演變爲描述、解釋對象，對語言現象不顯示傾向性態度，袛力求忠實記録語言。《漢語大詞典》貫通古今，《辭源》貫穿古代各個歷史時期。原則上，歷代文獻中出現過的詞語都可在其收録之例（雖然事實上不可能將古今典籍之詞全部收録）[9]。所以，不管"僞典"也好，"僞詞"也罷，袛要不是誤目假目，那麽就是詞彙學研究的對象，也是辭書收録的對象。

一部辭書整個宏觀結構的的質量如何，主要看選詞是否合適，安排是否縝密[10]。《漢語大詞典》、《辭源》這類歷時性的大型辭書，要求盡量全面完整地體現詞彙體系的整體面貌，收詞的完備性是其編纂詞典的原則之一。另外，辭書的主要功能就是滿足人們對詞語查考的需求，收詞時考慮查考需要是詞典必須遵守的基本準則。辭書收詞的完備性、查考的要求，再加之《漢語大詞典》、《辭源》的閱讀對象這些決定了某些低頻詞、生僻詞，兩部辭書亦得收錄。任何一部辭書都有其收詞原則，但對於一部大型歷時性辭書來說，如何辨別哪些詞目該收，哪些詞目不該收却是個説易做難的問題。《問題》一文對詞目收錄的意見有些在目前是不現實的。出於一部辭書容量大小的考慮，在其他條件同等的情況下，哪些詞該收？哪些詞不該收？或許，我們可以通過檢索古籍，根據詞頻原則來決定一個詞目的收錄與否。可是，《問題》一文説："那些目前能夠確信未被使用的出自偽典小説杜撰的詞匯，可以不用爲了迎接它將來的復活而預先在辭書中留個位置吧。"這樣的説法是有道理，不僅偽典小説中這類詞不必收錄，但凡祇要是祇出現過一次，以後不再被使用的詞，都不必在詞典中收錄。但是，説易做難，由於歷史久遠，我們不能肯定有的詞的使用（如"十二時盤"、"夜明杖"）是某個人的個人言語行爲，還是社會語言現象。目前不能窮盡古籍閱讀與文獻檢索的情況下，我們不能判斷這些詞的使用是否祇是偽典小説作者的個人言語行爲。正因如此，我們不能確信那些是"未被使用的偽典小説杜撰的詞匯"。

四　術語使用問題

最後，《問題》一文在使用語言學術語方面也有二個。（1）該文第二個小標題爲"源出於偽典小説的詞語"。將這個小標題改成"源出偽典小説的代名"可能更適合些。因爲第三個小標題"源出於偽典小説的典故詞匯"中，有些典故詞，如"眉史"、"祭詩"等，也屬於詞語。（2）文中多處出現詞匯與詞語二個概念不分的情況（表現爲以詞匯指稱詞語表達的概念）。詞匯又稱語彙，是一種語言裏所有（或特定範圍的）詞和固定短語的總和，亦指一個人或一部作品所使用的詞（如漢語詞匯、英語詞匯、《魯迅全集》詞匯、先秦漢語詞匯等），詞匯與詞語是集體與個體的關係[10]。《問題》第三節中出現的"典故詞匯"一說，"詞匯"所指可以理解爲特指所有僞典小説中出現過的典故詞與典故短語的集合。但有些地方用詞匯這一概念就不太應該了，較典型的例子有："有的詞匯，雖然出處明確可信，釋義也無不妥，但辭書在解釋時採用了僞典小説作爲書證，也不太恰當。如：'繞梁'……"、"……無法預測未來的作家會偶然地發現和偏好那一個詞匯了"。而"對於出自僞典小説生造而暫時未見後人引用的代名和詞匯"，這一句的術語使用更是讓人覺得作者使用語言概念種屬不分。代名是詞或短語的一種，詞匯是某類詞和短語的集合，代名不可與詞匯並列使用。

　　綜上所述，我們認爲：（1）因爲典故本就可以虛構，故不宜將某類典故冠以"僞"的標籤。"僞典"這個概念的提出值得商榷。（2）根據作者給僞典小説所下的定義與特點，我們可以推出，僞典小説並不等於僞書。而作者在其另外的論文中，卻把僞典小説等同於僞書；在辭書的編纂中，我們利用僞典小説的材料爲詞語探源及書證服務時，考慮的祇是時代的確定與否，而書證内容的真假不在考慮之例。（3）"僞典"、"僞詞"的可收錄性與其他詞語一樣，收錄的標準也與其他詞語相同；古籍浩瀚，且辭書（如《漢語大詞典》）有完備性、查考性的要求，故《問題》一文關於詞語立目所提出的意見在辭書的編纂中不太現實。（4）詞匯與詞語的概念要厘清。詞匯與詞語的關係是集體和個體的關係，好比樹林和樹的關係。

〔主要參考文獻〕

[1] 羅寧. 論辭書編纂中採用僞典小説的問題 [A]. //漢語史研究集

刊 [M]. 第十五輯. 成都：巴蜀書社，2012：305-330.

[2] 羅竹風主編. 漢語大詞典 [Z]. 第二册. 上海：上海辭書出版社，1986：114.

[3] 夏征農，陳至立主編. 辭海 [Z]. 第六版第一册. 上海：上海辭書出版社，2009：453.

[4] 吳澤炎，黃秋耘，劉葉秋編纂. 辭源 [Z]. 修訂本第一册. 上海：商務印書館，1988：318.

[5] 中國社會科學院語言研究所詞典編輯室. 現代漢語詞典 [Z]. 第六版. 北京：商務印書館，2012：290.

[6] 羅寧. 論五代宋初的僞典小說 [A]. //中國中古文學研究——中國中古（漢—唐）文學國際學術研討會論文集 [C]. 北京：學苑出版社，2005：841-855.

[7] 羅寧. 明代僞典小說五種初探 [J]. 明清小說研究，2009（6）：31-47.

[8] 杜澤遜. 文獻學概要 [M]. 北京：中華書局，2008：182.

[9] 傅元愷. 談談《漢語大詞典》的收詞與立義 [J]. 辭書研究，1994（3）：45-49.

[10] 黃建華. 詞典論 [M]. 上海：上海辭書出版社，2001：55.

[11] 黄伯榮，廖伯榮主編. 現代漢語 [M]. 北京：高等教育出版社，2007：216.

The Discussion towards "On the Problems of Lexicography Using the Novels about Forged Allusion"

Xie Xiaohui And Zeng Zhaocong

(Department of Chinese，Jinan University，Guangzhou510632，China)

Abstract：Mr LuoNing used the concepts of "forged allusion" and " Novels about forged allusion" and pointed out that the use of novels about forged allusion needs to concern the problems of collection of entries, explanation of words, and citations of acceptation in compiling dictionary. It can be suggested that the paper which written by Mr LuoNing has a few problems. Firstly, the concept of forged allusion is still being assessed. Secondly, the author did not distinguish betwwen the cocept of novels about forged allusion and forged books. Thirdly, it is impracticable for buiding eneties of Lexicography in terms of Mr LouNing's views. Finally, the author confused the terms of lexicon and word.

Key words：novels about；forged allusion；forged books；forged allusion；dictionary；allusion；entry；lexicon

（謝曉暉、曾昭聰，暨南大學中文系，郵編　510632）

"餌"之語源義考證

忻麗麗

内容摘要：餌本指"稻米做成的軟黏的食品"，其語源義爲"軟濕"，引申爲"使之濕軟"、"軟化"義。此義字典辭書皆不載，而道經中常見，世俗文獻亦有。

關鍵詞：餌　語源義　道經　考證

東晉道經《太上洞玄靈寶五符序》卷中："先取松脂、茯苓各十二斤，以水漬茯苓、松脂七日，朝陽去水。以醇酒二斗，與茯苓合餌之，以曝令乾。月食一斤，欲不食。"（影6·327b①）

按，餌爲濕化、軟化義，此處指用酒浸泡或烹煮。文中又有"季春採其根，其根名山精，洗以清水，盛以大盤，好以治擇，可餌可乾，乾之者散，餌之者丸。"（影6·330a）餌即"使之濕"，與干相對。"餌之"以後可以捏成丸。此義《大詞典》未收，但文獻中不乏用例。又"欲餌之法，以二月、八月取根，刮去毛，熟洗細切，一斛煮以水六斗，炊火令和，且至夕藥熟，出使寒，手挼之使碎。酒囊?? 得汁還竭，令可丸。……亦可散服，未必餌也。"（影6·330b）餌亦爲軟化、濕化，此處手段爲以水烹煮。《抱朴子内篇》卷十一《仙藥》："（天門冬）入山便可蒸，若煮啖之，取足可以斷谷。若有力，可餌之，亦可作散，並及絞其汁作酒，以服散尤甚。"

餌又有"軟"義，指柔軟的物體，如：

東晉南朝《太清金液神丹經》卷上："金在醯中過三七日，皆頓如餌，屈伸隨人。"（影 18·752a）魏晉南北朝《三十六水法》："又法：取白玉如豬肪者，以蟾蜍汁塗之，即消潤如餌，即粉解治之，以棠梨實屑粉蟾蜍，一日一夜化爲水。"（影 19·325b）南朝梁陶弘景《真誥》卷十："又法：成术一斛，水盛洗，洗乃乾，乾乃細搗爲屑，大棗四斛，去核乃搗，令和合。清酒五斛，會於銅器中，煎攪使成餌狀。日服如李子三丸，百病不能傷，而面如童子，而耐寒凍。"（影 20·546b）唐《神仙服餌丹石行藥法》："又煮石：欲爲石二斗，若三斗漬石。水出石三寸，所用藥粉水中攪之，然火煮之數沸，而爛如餌，可食取飽。"（影 6·605b）

餌有柔軟、濕潤等特點，作動詞即"濕化、軟化"義，其手段有以水或其他液體烹煮、參和、浸泡，或以脂塗抹等。道經中多有"餌丹"語，但很多時候，餌的具體手段或方法並不清楚。如：

舊題西漢劉向《列仙傳》卷上："任光：任光者，上蔡人也。善餌丹，賣於都市裏間。積八十九年，乃知是故時任光也。皆説如數十歲面顔，後長老識之，趙簡子聘與俱歸，常在栢梯山上，三世不知所在，晉人常服其丹也。上蔡任光，能鍊神丹，年涉期頤，曄爾朱顔。頃適趙子，縱任所安，升軌栢梯，高飛雲端。"《列仙傳》卷下："犢子：犢子者，鄴人也。少在黑山，採松子茯苓，餌而服之，且數百年，時壯時老，時好時醜，時人乃知其仙人也。……且還，後在市中數十年乃去，見潘山下冬賣桃李云：犢子山棲，採鬆餌苓，妙氣充内，變白易形。"《列仙傳》卷下："玄俗：玄俗者自言河間人也。餌巴豆，賣藥都市，七丸一錢，治百病。"《文選》卷六左思《魏都賦》："玄俗無影。"劉良注："玄俗者自言河間人也，餌巴豆雲英，賣藥於市，七丸一錢，治百病。"南北朝《上清九真中經内訣》："蒸苣勝法：苣勝皇皇，太一餘糧。九日九蒸，餌之金璫。苣勝將開，玉潤金漿。"（影19·107a）晉張華《博物志》卷七："《神農經》曰：黃帝問天老曰：天地所生，豈有食之令人不死者乎？天老曰：太陽之草名曰黃精，餌而食之，可以長生。太陰之草名曰鉤吻，不可食，入口立死。""餌"即濕化、軟化義，是道教加工製作草藥（有時也包括石藥）的重要步驟，但具體做法則由於藥材和藥方的不同而不同。

又有"餌烹"，《曹子建集》卷五《矯志》："芳樹雖香，難以餌烹。尸位素餐，難以成名。"餌烹應爲並列結構，皆爲製作藥物食物的方法、工序，《大詞典》釋爲"烹食"，不確。

道經中"餌"的對象多爲草藥，也有石藥或金屬，亦爲軟化義。如舊題西漢東方朔《神異經》："入山下一丈，有銀；又入一丈，有錫；又入一丈，有鉛；又入一丈，有丹陽銅，似金，可鍛以作錯塗之器也。淮南子術曰：餌丹陽之爲金也。"此言軟化丹陽銅。又《列仙傳》卷下："主柱：邑令章君明，餌砂三年，得神砂飛雪，服之五年，能飛行，遂與柱俱去。"

又有"鍊餌"，熔煉軟化義。《抱朴子內篇》卷四《金丹》："抱朴子曰：其次有餌黃金法，雖不及金液，亦遠不比他藥也。或以豕負革肪及酒鍊之，或以樗皮治之，或以荆酒磁石消之，或有可引爲巾，或立令成水服之。或有禁忌，不及金液也。或以雄黃雌黃合餌之，可引之張之如皮，皆地仙法耳。"又"小餌黃金法，鍊金內清酒中，約二百過，出入即沸矣。握之出指間令如泥，若不沸，及握之不出指間，即削之，內清酒中無數也。成，服之如彈丸一枚，亦可二丸，分爲小丸，服之三十日，無寒溫。神人玉女事之。銀亦可餌之，與金同法。"又"兩儀子餌消黃金法，豬負革脂三斤，淳苦酒一升，取黃金五兩，置器中，煎之土爐。以金置脂中，百入百出，苦酒亦爾。餐一斤，壽蔽天地。"此皆言軟化金銀的方法。

又如東晉南朝《太清金液神丹經》卷下："而此五國不見服用之方，莫知長延之道，貴無用以填宇內，遺靈石而不眄。競雕玩之貨，賤流丹之藥，鍊餌不加，真質長隱耳。混雜無親，妙物不顯矣。"（影 18 · 757c）唐《神仙服餌丹石行藥法》："鍊餌白雄黃方：入蜜三十上下，可藥成正白，皋如餌。"（影 6 · 602a）

餌有"濕軟的物體"、"濕化、軟化"義，其義源爲何？

餌有粘黏義，是一種用稻米做的有黏性的食物。《周禮·天官·塚宰》："羞籩之實，糗餌粉餈。"鄭玄注："鄭司農云：糗，熬大豆與米。粉，豆屑也。玄謂此二物皆粉稻米黍米所爲也，合蒸曰餌，餅之曰餈。糗者，擣粉熬大豆，爲餌餈之黏，著以粉之耳。餌言糗，餈言粉，互相足。"唐賈公彥疏："云糗餌粉餈者，此爲二籩，糗與粉爲一物，恐餌餈黏着籩，故分於二籩之下。……云'餌言糗餈言粉互相足'者，此本一物，餌言糗，謂熬之亦粉之。餈言粉，擣之亦糗之，凡言互者，據兩物相互，今一物之上，自相互直，是理不足明，故言互相足。"鄭玄認爲"餌餈"是一物，"糗粉"是一物，故言互相足。餌餈都是用稻米黍米做成，柔軟粘黏，所以要傅谷物豆粉以防止粘黏器物。《說文通訓定聲》頤部第五："不粉者餈，餈而傅以它粉曰粉餈。餌而傅以熬米曰糗餌。"

《說文·𩰲部》："𩱦，粉餅也，从𩰲，耳聲。餌，𩱦或从食，耳聲。"[2]段注："蓋謂糌者，不粉之稻米爲餅；餌者，稻米粉之爲餅。文互相足。經云糗餌者，謂以熬米麥傅於餌；粉糌者謂以他穀粉傅於餈。此許意，與先後鄭說異。"按此，段認爲餌是稻米粉末做成，餈是沒有粉碎的稻米做成。餌餈互文，統稱稻米做成的食物。《周禮》"糗餌粉餈"，是餌餈上又傅了糗或者其他穀物的粉末。

稻米具有黏性。《說文·禾部》："稬，沛國謂稻曰稬，從禾耎聲，奴亂切。"桂馥《義證》卷二十一："《字林》：'稬，黏稻也.'……禹錫曰:'依《説文》,稻即糯也,江東呼稬,乃亂切。《齊民要術》有秫稻,秫稻米一名糯米,俗云亂米,非也.'馥謂,亂稬聲近.……"邍人職"之餌粢,注亦以爲稻米,皆取其黏耳。馥案此皆指稬言之,稬亦儒稻,故以稻爲通名也。凡耎字隸皆作需,行之已久,音隨形變。《爾雅》釋文:'江東人皆呼稻米爲秫米.'案秫稬皆黏,故儒秫儒稬,皆謂黏也,非謂稻即秫也。《廣韻》:'稬,秫名.'是也。"此言稻米有黏性,又叫稬或秫,鄭玄所説的稻米即糯米,黏性很强。《玉篇·禾部》:"稬,黏也。"清桂馥《札樸》卷二《温經》:"稻:食夫稻,稻謂黏者。……《説文》云:'粢,稻餅也.''饊,熬稻,餦餭也.''餌,粉餅也.''熬餌,黏也.'此數味以稻作之,皆黏,乃真稻矣。凡谷皆以黏爲上。"

《釋名·釋飲食》卷四:"餌,而也,相黏而也。兗豫曰溏浹,就形名之也。"清王先謙《釋名疏證補》卷四:"成蓉鏡曰:'本書以溲面使合併訓餅,而此文云'餌而也相黏而也',蓋謂溲麥屑蒸之曰餅,溲米屑蒸之曰餌。劃然爲二.'……《釋名》以餅爲溲麥面,則餌爲溲米粉可知。故小顏注《急就章》:'餅餌雲溲米而蒸之,則爲餌,餌之言而也,相黏而也。溲面而蒸熟之則爲餅,餅之言並也.'"此言餌是米粉做成的,有"粘黏"等特性。現代方言中亦有之,如雲南大理有食物名"餌塊",即有黏性的大米做成熟飯後加工而成的食物。

《釋名疏證補》引成蓉鏡認爲"溏浹"爲糖餙之誤,《集韻·脂韻》:"餙,餌也。"又附一卷《釋飲食》:"許克勤曰:'黎刻《玉篇·食部》餹引作'兗豫謂餌曰糖餙也.'按涕餙古通,言餹形如涕也。……《坤蒼》:'糖餙,餌也.'據此則溏浹當作溏涕,即餹餙也。"《類篇》:"餙,餌也。兗豫謂之餹餙。"可見餌又名"餹餙"。按,餹通溏,糊狀物。故餌爲軟黏的糊狀物。清沈齡《續方言疏證》卷上:"《廣雅》溏訓爲淖,淖者和也。《一切經音義》引《通俗文》云：'和溏曰淖。'《爾雅·釋言》釋文引字書云：'黏糊也。'今人用麨糊，以麥末爲之，猶言和，是卽劉雲就形名之謂歟。"

餌用糯米粉做成，得名於"而"，粘黏柔軟義。餌又有"濕潤"、"浸濕"義，可指潮濕的食物或者湯食。如《漢書》卷十九上《百官公卿表》師古注："太官主膳食，湯官主餅餌，道官主擇米。"餅餌應爲湯類的食物，故湯官主之。

桂馥《札樸》卷九《鄉里舊聞》："科斗：濟南春初有賣科斗食者，乃和粉，以漏器瀹於沸湯中，形似蝦蟆子，故謂之科鬥。案，《集韻》：'斜斗，餌也。像蟲形。'"餌即湯食。

清郝懿行《證俗文》卷一："如彈丸者謂之牢丸，或謂之餛飩，亦謂之餃餌。《玉篇》：'餛飩也。'《正字通》：'今餛飩即餃餌別名，俗屑米麵爲末，空中裹餡，類彈丸形，大小不一，籠蒸啖之。'……案，今餛飩皆下湯煮。段成式：'食品所謂湯中牢丸。'《正字通》：'今餛飩即餃餌，別名水餃餌，即段成式食品湯中牢丸。或謂之粉角，北人讀如矯，因呼餃餌，僞爲餃兒。'案，今京師曰角子讀如矯也。"現代長沙方言有"餃餌"，《現代漢語方言大詞典》5195 頁："餃餌：餛飩。"

餌又通"糯"，有"粘黏"、"柔軟"義，《大字典》、《大詞典》均未收。長沙方言存之，《現代漢語方言大詞典》6244 頁："糯，指糯米及用糯米所做成的食品所具有的黏性。如'糯米它吃是好吃，就是太糯噠，吃多噠不好過。'"如"糯米冬莧菜：很嫩的冬葵，吃起來帶黏性，故此得名。"又有"糯米它"，用來比喻性格軟弱的人。又 6245 頁武漢話"糯米坨"，指無原則、是非不分的人。

糯有柔軟義，與懦、濡等通，從"需（耎、而）"字皆有柔軟義。餌又有"濕"義，與濡通，潮濕、浸濕義。"濡"又音"餌"，烹煮義，又音"軟"。餌、糯、濡、茹應音義通。又有

"腝胹臑"等，皆有"烹煮、煮爛"義，是一組同源詞。茹有柔
軟義，《楚辭·離騷》："攬茹蕙以掩涕兮，沾餘襟之浪浪。"王逸
注："茹，柔臭也。"《廣雅·釋詁》卷四："茹，柔也。"

餌，上古之部；茹，魚部。之魚旁轉，故餌、濡 er（之
部）、而（之部）、臑 er（之部）皆與"茹"韻近，皆有柔軟、
粘黏義。濡又音 ruǎn，元部，又如"臭"，元部，從而得聲，説
明之元可轉③。

《楚辭·招魂》："肥牛之腱，臑若芳些。"王逸注："臑若，
熟爛也。言取肥牛之腱，爛熟之則肥濡美也。"宋洪興祖《補
注》："臑一作腝，一作胹。臑，仁珠切；臑音臭，胹音而，《釋
文》作臭，而充切。《集韻》腝、煗、胹、臑皆有而音。《説文》
雲爛也。一曰臑，嫩臭皃。"腝、煗、胹、臑皆有"而"音，有
烹煮義、熟爛義。熟爛即柔軟，此數義可通。濡、胹、臑等皆有
烹煮義。

餌與臭亦音通。臭，隸書皆作"需"，侯部變爲虞韻。音隨
字變，故胹、腝又作臑，有煮熟、爛熟義。

胹有烹煮義。《左傳·宣公二年》："宰夫胹熊蹯不熟，殺
之。"陸德明《釋文》："胹音而，煮也。"《玉篇·肉部》："胹，
煮熟也。"又調和義，宋王安石《送劉貢父赴秦州清水》："劉郎
高論坐噓枯，幕府調胹用緒餘。"通臑，煮熟義。《楚辭·大招》：
"鼎臑盈些，致和芳只。"王逸注："臑，熟也。"又通濡，以汁調
和烹煮。《禮記·內則》："濡豚包苦實蓼，濡雞醢醬實蓼，濡魚
卵醬實蓼，濡鼈醢醬實蓼。"鄭玄注："凡濡，謂亨之以汁和也。"
陸德明《釋文》："濡音而。"

《説文·肉部》卷四下："胹，爛也。"《方言》卷七："胹，
爛，熟也。"又與"洏"同，《説文·水部》："洏，洝也，一曰煮
孰也。"段注："《肉部》曰：'胹，爛也。'然則洏與胹同也。"
《廣雅·釋詁》卷三："爛，胹，熟也。"王念孫《疏證》："爛亦

作爛。膴臑濡並通。"又同腇，熟爛義。北齊顏之推《顏氏家訓·勉學》："未知養親者，欲其觀古人先意承顏，怡聲下氣，不憚劬勞，以致甘腝，惕然慚懼，起而行之也。"

沘通濡，有濕潤義。濡有浸漬、沾濕義。《禮記·少儀》："羞濡魚者進尾；冬右腴，夏右鰭；祭膴。"孔穎達疏："濡，溼也。"又滋潤義。《詩·小雅·皇皇者華》："我馬維駒，六轡如濡。"鄭玄箋："如濡，言鮮澤也。"

《大詞典》："腝：烹煮。引申爲調和。"按，未確。腝、臑、沘、腝、濡皆有烹煮義，由"軟、濕"義而來。"調和"亦是由此而來。濡有濕潤和浸濕義，可引申爲"以水調和"，道經中多有"以水餌之"，即用水調和澆沃。該組同源詞的語源義是"柔軟、粘黏"，與濕潤義通。作名詞，指軟而黏的食物；作動詞，有"使之軟黏濕潤"義，可指"烹煮"、"以水調和或澆沃"，此二者之間無引申關係。

餌又有滑膩義，表示滑膩的東西亦與軟黏義通。《説文通訓定聲》頤部第五："餌：假借：又爲膩，《禮記·內則》：'捶反側之去其餌。'注：'筋腱也。'按，上肥也。餌膩雙聲。"按，餌與濡、膩音義通，不煩言假借。

這組同源詞中，從肉字皆有"烹煮"義；從水字，有烹煮、濕潤二義。祇有"餌"作名詞，表示稻米粉做成的柔軟的食物或湯食。又表示"藥餌"，因爲道教服餌，草藥和石藥多要經過"餌"，即軟化，才能煉成丹藥，故稱。"以水調和"和"烹煮"也都是"餌"的方法。

綜上，餌之語源義爲"軟濕"、"軟黏"，作名詞，指"稻米做成的軟黏的食品"或其他軟黏滑膩的物體，又引申有動詞義，即"使之軟濕"、"軟化"義。即：軟黏潮濕的食品→使之軟粘。"餌"表示軟化，文獻中多指加工食品或藥物使之濕軟沾黏，但其具體方法很多，如以水或其他液體浸泡、澆沃摻和、烹煮等，不盡相同。

〔注釋〕

①本文道經用例皆引自影印本《道藏》，並參照《中華道藏》。表示影印本《道藏》6 册 327 頁第二欄，下同。"影印本"以下簡稱"影"。

②《説文·食部》："餈，稻餅也。""餅，面糍也，從食並聲。"

③濡 ru（侯部），濡又音 rou（幽部），臑 ru（侯部）。

〔主要參考文獻〕

1.（明）張宇初編修. 道藏 [M]. 天津：天津古籍出版社等，1988.

2. 張繼禹主編. 中華道藏 [M]. 北京：華夏出版社，2004.

3. 李榮主編. 現代漢語方言大詞典 [M]. 南京：江蘇教育出版社，2002.

4. 羅竹風主編. 漢語大詞典 [M]. 上海：上海辭書出版社，1986.

"Er" etymological meaning research

Yi Lili

(College of Humanities, Inner Mongolia University, Hohhot 010021, China)

Abstract："Er"'s original meaning is the soft food made by rice at the beginning, and the etymology meaning is soft and wet. The original meaning developed into "make something soft and wet" or "soften". This meaning isn't included in the dictionaries, but it is common in the Taoism classics and other documents.

Key words：Er；etymology meaning；Taoism classics；research

（忻麗麗，内蒙古大學，郵編 010021）

"吃嘹" 補釋[*]

張文冠

内容摘要：禪宗語録中的"吃嘹"一詞義謂"喋喋不休"，是"謸"的切脚語。"吃嘹舌頭"又作"吉了舌頭"、"唧嘹舌頭"，而"吉了"又是一種能言的鳥，"唧嘹"又可指叫聲聒噪的蟬。因此，"吃嘹"與"吉了"、"唧嘹"等在音義上密切相關。

關鍵詞：吃嘹　釋義　探源

"吃嘹"一詞習見於禪宗語録，試舉三例如下：

（1）問："如何是教意？"師云："吃嘹舌頭，更將一問來。"（《雲門録》卷上）

（2）問："生死根源即不問，如何是目前三昧？"師云："吃嘹舌頭三千里。"（同上卷上）

（3）僧問："如何是'轉處實能幽'？"師云："吃嘹舌頭，老僧倒走三千里。"（同上卷中）

《禪宗詞典》釋"吃嘹舌頭"曰："禪師對於問法僧徒的斥罵語。嘹：男生殖器。"《唐五代語言詞典》"吃嘹舌頭"條云："挨燙的舌頭，嘗語。'嘹'借作'燎'。"何小宛先生的《禪宗詞語釋義商補》一文指出"吃嘹"同"吉了"，是一種能模仿人語的

———————

*　本文爲國家社科基金項目"唐宋禪籍俗成語研究"（13XYY012）、教育部人文社會科學重點研究基地重大項目"今訓匯纂"（11JJD740016）的階段性成果。

鳥,《禪宗大詞典》"吃嘹舌頭"條沿用此説。雷漢卿先生《語文辭書詞語釋義商補》"吃嘹舌頭"條云:"比喻學舌喋喋不休而言不及義。……'吃嘹'得名于'吉了'。這種鳥似鸚鵡,善效人言。又叫'秦吉了'。"此説溯源方面與何文相同,釋義則更進一步。王閩吉先生《〈禪宗詞語釋義商補〉商補》則認爲"吃嘹舌頭"即"縮却舌頭"。

　　筆者認爲,雷先生的釋義及溯源最爲可取。而在列舉"吃嘹"之異體及探求語源方面,似可做進一步的研究。今就上述問題,略作考辨,不足之處,敬祈各位方家賜教。

　　上述各文列舉了"吃嘹"的異形"乞嘹"、"吉獠"、"咭嘹",除此之外,筆者還檢尋到"犵獠"、"吉寮"、"吉撩"、"唧嘹"、"吉嘹"等,茲各舉一例如下:

　　(4) 問:"承古有'一塵遍含一切塵',如何是一塵?"師曰:"犵獠舌頭,更將一問來。"(《五燈全書》卷三一《韶州雲門山光奉院文偃禪師》)

　　(5) 且道:"如何是此事?"良久云:"吉寮舌頭。"(《住楚黄蘄水縣華桂山能仁寺語録》)

　　(6) 公曰:"親切,親切。"通曰:"吉撩舌頭三千里。"(《宗門拈古彙集》卷四四)

　　(7) 若在者裏出得頭轉得身,如枯木開花泥人拍掌。便是唧嘹舌頭三千里,六月梅花雪裏開,也不爲分外。(《聚雲吹萬真禪師語録》卷上)

　　(8) 問:"如何是鹿苑一路?"師曰:"吉嘹舌頭問將來。"(《景德傳燈録》卷一三《前吉州資福如寶禪師法嗣》)

　　通過眾多用例,可以看出"吃嘹"等大意爲"多言、多嘴"。這在古訓中有所記載,如例(8)中的"吉嘹"一詞,在宋人睦庵善卿所編著的《祖庭事苑》一書中即有明確解釋:

　　　吉嘹,下音料。北人方言,合音爲字。吉嘹言繳,繳,糾戾也。皦其舌，猶縮却舌頭也。如呼窟籠爲孔、窟駝爲窠也；又或以多言爲吉嘹者，嶺南有鳥似鸜鵒，籠養，久則能言，南人謂之吉嘹。開元初，廣州獻之，言音雄重如丈夫，委曲識人情性，非鸚鵡、鸜鵒之比。雲門居嶺南，亦恐用此意。①

《祖庭事苑》對"吉嘹"的解釋列有二説：其一，"吉嘹"爲"皦"之反切，皦其舌，猶縮却舌頭也。這是王閏吉先生立説的重要依據。我們認爲，如此作释當與文意相忤，因雷先生在文中對相關用例有詳細的闡釋，在此不再贅述。其二，"吉嘹"義謂多言，並指出南方有一種能言的鳥名爲"吉嘹"。"吉嘹"即"吉了"，是一種能言的鳥：

(9) 嶺南有鳥，似鸜鵒而稍大，乍視之，不相分辨，籠養久，則能言，無不通，南人謂之吉了，亦云料。(《舊唐書·音樂志二》)

在禪宗語録中，亦有"吉了"與"舌頭"相連用者：

(10) 師乃云："百不知百不會，天上人間豈堪對。見得徹提得去，吉了舌頭三千里。"(《了庵和尚語録》卷二《住嘉興路本覺禪寺語録》)

又作"鵠鷯"：

(11) 昆明池裏失却劍，曲江江上撈得鋸。阿呵呵，囉囉哩，鵠鷯舌頭三千里。(《了堂和尚語録》卷一《台州路紫籜山廣度禪寺語録》)

將例(10)、(11)與例例(2)、(3)相比勘，可知"吃嘹"與"吉了"這種能言的鳥在意義上有密切的聯繫。因此，《祖庭事苑》的第二種解釋可從。

通過《祖庭事苑》的解釋，我們可以確定"吉了"、"吃嘹"義謂"多言、喋喋不休"。那麼，其得義之由又爲何呢？竊以爲"吉了"、"吃嘹"等詞與"譎"有關，今試申説如下：

《祖庭事苑》的第一種解釋雖與文意不諧，但其視"吉嘹"爲某字反切上下字（即切脚語）的思路，對我們探究"吉了"、"吃嘹"等詞的語源具有很大的啓發意義。

檢《廣韵·小韵》"矯"小韵（居夭切）："譑，多言。"《玉篇·言部》："譑，居夭切，多言也。"從詞義上看，"譑"之"多言"義與《祖庭事苑》所云"多言爲吉嘹"相契合。從音理上看，《集韵·筱韵》"皎"小韵（吉了切）："譑，糾也。"《類篇·言部》："譑，吉了切，糾也；又舉夭切，一曰多言；又丘召切，弄言。"在《集韵》、《類篇》中，"吉了"是"譑"的反切上下字，儘管讀作"吉了切"的"譑"義謂"糾"，但《集韵·小韵》"矯"小韵（舉夭切）載："譑，糾也；一曰多言。"據此可知，"譑"三義讀音的區分並非十分嚴格[②]。與字書、韵書的記載相比，在民間俗讀中，各義讀音之間的差別可能更爲不彰。因此，在表示"多言"義時，"吉了"、"吃嘹"等有可能是"譑"的切脚語，換而言之，"譑"是"吉了"、"吃嘹"等的合音字。

此外，在禪宗語録中還有"蜘蟟"一詞，如：

（12）問："牛頭未見四祖時如何？"師云："家家觀世音。"進云："見後如何？"師云："火裏蜘蟟吞大蟲。"問："如何是禪？"師云："拈却一字得麼？"（《雲門録》卷上）

"蜘蟟"即蟬之別稱，例中的"禪"音同"蟬"，"如何是禪"乃雙關語。"蜘蟟"亦見于禪宗語録之外的文獻：

（13）蟬，即蜩也，《詩》"五月鳴蜩"，秋鳴者曰'蟬'，土人謂之'蜘蟟'。（元俞希魯《（至順）鎮江志》卷四《物産·蟲》）

（14）小兒持膠竿粘蟬爲戲，名'青林樂'；亦有貨者，婦妾小兒爭買，以籠懸窗間，驗其聲之長短較勝負，謂之'仙會社'，俗曰"蜘蟟會"。（清孔尚任《節序同風録·六月》）

　　據《漢語方言大詞典》的記載，今山東、河南、北京、遼寧等地，依然稱蟬爲"蚼蟟"。

　　在禪宗語録中，"蚼蟟"也作"唧嘹"③：

　　　　（15）三脚蝦蟆飛過海，火裏唧嘹吞大蟲。（《高峰龍泉院因師集賢語録》卷一三）

　　而"唧嘹"亦可與"舌頭"搭配，如上揭例（7）④，比勘之後，可知"唧嘹"與"吃嘹"等同義。

　　從語音上看，"吃"、"吉"等本爲見母字，而"唧"本爲精母字。在近代漢語中，精母和見母在細音前分別舌面化後讀音相同，因此，"吃嘹"、"吉了"等可以寫作"唧嘹"⑤，而"蚼蟟"也可寫作"唧嘹"，所以，"蚼蟟"當與"吉了"、"吃嘹"等在音義上具有密切的聯繫，而該組詞的核心義素爲"多言、聒噪"⑥。

　　要之，"譑"義謂"多言"、"弄言"，可做其切脚語的聯綿詞在意義上與之密切相關："吉了"可以指稱能言的鳥、"蚼蟟"、"唧嘹"等可以表示叫聲聒噪的蟬、"吃嘹"、"乞嘹"、"吉獠"、"咭嘹"、"吉嘹"等可以用來形容人言語時的喋喋不休。

〔注釋〕

　①《祖庭事苑》一書彙集了對《雲門録》語詞所作的解釋，根據其前後詞條，筆者推斷"吉嘹"即例（1）中"吃嘹"的異文。

　②實際上"吉了切"、"舉天切"、"丘召切"三切之間的差異甚微，"吉"、"舉"爲見母，"丘"爲溪母，皆爲牙音；"了"、"天"、"召"分屬篠、小、笑三韵，皆屬效攝。

　③"蚼蟟"、"唧嘹"，《漢語大詞典》、《禪宗大詞典》等失收，當補。此外，"蚼蟟"亦作"蛄蟟"、"齸蟟"等，《爾雅·釋蟲》"蜩"條清郝懿行義疏："今黄縣人謂之蛄蟟，栖霞謂之齸蟟，順天謂之蚼蟟，皆語音之轉也。"

　④又有"唧唧嘹嘹"，形容語速快、語音模糊，《歧路燈》卷一五："夏鼎道：'天色已黑，有人到門首説，我是他老爺同姓，街上打探，咱兩個著實相厚，交與我代投。我細問，他是南邊口語，唧唧嘹嘹的，我再也

不懂的，看他是急于回店光景。'"

⑤"吃"、"吉"與"唧"聲紐不同及精、見二紐在近代漢語中的演變，由汪維輝教授惠示，在此謹致謝忱！

⑥《宏智禪師廣録》卷一《泗州大聖普照禪寺上堂語録》："南海波斯鼻孔大，猞猻舌頭會者難。"例中"猞猻"，疑與"吃嘹"同義。"猞猻"又是古代對南方少數民族的稱呼，《宋史·蠻夷傳一·西南溪峒諸蠻上》："寶元二年，辰州猞猻 三千餘人款附。"亦作"犵獠"、"犵狫"等。《壇經》中則作"獦獠"，《壇經·行由品》："祖言：'汝是嶺南人，又是獦獠，若爲堪作佛？'""獦獠"一詞衆説紛紜，論者多拆字分訓，不得其要。筆者懷疑"獦獠"、"猞猻"與"吃嘹"等爲同源詞，之所以可以用來稱呼南方少數民族，可能與南方少數民族語速快的特點有關，即孟子所言"南蠻鴃舌"，唐柳宗元《與蕭翰林俛書》："楚越間聲音特異，鴃舌啁譟，今聽之怡然不怪，已與爲類矣！"

〔主要參考文獻〕

[1] 袁賓. 禪宗詞典［M］. 武漢：湖北人民出版社，1994.

[2] 江藍生，曹廣順主編. 唐五代語言詞典［M］. 上海：上海教育出版社，1997.

[3] 許寶華，（日）宮田一郎主編. 漢語方言大詞典［M］. 北京：中華書局，1999.

[4] 何小宛. 禪宗詞語釋義商補［J］. 中國語文，2009(3):270－271.

[5] 袁賓，康健主編. 禪宗大詞典［M］. 武漢：崇文書局，2010.

[6] 雷漢卿. 語文辭書詞語釋義商補［C］. //漢語史研究集刊［M］. 第十三輯. 成都：巴蜀書社，2010.

[7] 王閏吉. 《禪宗詞語釋義商補》商補［J］. 中國語文，2011(5):473－475.

Supplementary Explanation of "Chiliao"（吃嘹）

Zhang Wenguan

(Center for the Study of Chinese History, Zhejiang University,
Hangzhou310028，China)

Abstract：*"Chiliao"* （吃嘹），which is the cutting language of *"Jiao"* （譑），appearing in the Chan Master's quotations，means talking endlessly. The synonyms of *"Chiliaoshetou"* （吃嘹舌頭）are *"Jiliaoshetou"* （吉了舌頭）and *"Jiliaoshetou"* （唧嘹舌頭）. *"Jiliao"* （吉了）is one kind of bird，that can talk. The meaning of *"Jiliao"* （唧嘹）is cicada，which is noisy. So，*"Jiliao"* （唧嘹）*"Jiliao"* （吉了）and *"Chiliao"* （吃嘹）have a close relation in the pronunciation and meaning.

Key words：*"chiliao"* （吃嘹）；explanation；trace to the source

（張文冠，浙江大學古籍所，漢語史中心，郵編　310028）

釋"池"

鍾如雄　胡　娟

内容摘要：關於"池"的本義，段玉裁說是"池沼"，而且認爲"池"與"沱"是兩個不同的字，衹有"淺人謂'沱'、'池'無二"。這個結論一直影響許多學者對先秦元典中"池"義的正確訓讀。如對《孟子·梁惠王上》中"(洿)池"的解讀就有"池沼"、"護城河"、"池塘"等多種。這些解釋並不符合孟子原意。20世紀陳夢家就指出"金文沱、池一字，以池爲池沼，爲停水，爲城池，皆非朔義"，這種見解無疑是正確的，但他依然認爲"池(沱)"的本義是"江之别流"。本文通過對"池"、"沱"的融貫分析，佐之以方俗語料，論證"沱"、"池"在先秦以前是異體字，而"池"是由"沱"轉注出來的字，它們屬於形聲字平行對轉，讀音相同，本義也相同（均指沱江）。

關鍵詞：池　沱江　本義　考證

《孟子·梁惠王上》云："不違農時，穀不可勝食也；數罟不入洿池，魚鱉不可勝食也。"其中的"洿池"，趙岐未作注，孫奭在串講時説"細密之網不入於洿池則魚鱉不可勝食"，依然未作注[1]。王力先生主編的《古代漢語》注成："洿(wū)，濁水不流。洿池，即池塘。"[2]這個解釋很成問題。第一，水既然是"濁"的，而且還是"不流"的，怎麼能養魚鱉？既然不能養魚鱉，哪來"不可勝食"的"魚鱉"？第二，"洿池，即池塘"，"洿"字沒有着落，有没有不都是一樣的嗎？第三，"池"如果就是現在所説的"池塘"，那麼"護城河"爲什麼不能叫做"護城池"呢？諸多疑問都集中在"池"上。孟子所説的"洿池"肯定不是現在意義上的"池塘"，那又是什麽呢？楊伯峻先生認爲是"池沼"。他説："數罟——數音朔（shuò），細也，密也。罟，魚網。古代曾經規定，網眼在四寸（古代的尺寸小，四寸祇相當於今天的 92 公釐，不過二寸七分六厘罷了）以下的叫做密網，禁止放在湖泊内捕魚意思在保留魚種。洿池——'洿'音烏，大也。《廣雅·釋詁》云：'洿，深也。'亦通。"其譯文是："如果細密的魚網不到大的池沼裏去捕魚，那魚類也會吃不完了。"[3]"池沼"或"湖泊"的解釋比"池塘"好，因爲池沼是天然之物，池塘往往是人造之物，較爲接近原意。朱振家先生則認爲"洿池"的"池"應該是"護城河"，而不是什麽池塘。他在他主編的《古代漢語》（下册）中談及漢語"常用義變易所形成的古今詞義的差異"時，就是用"池"的意義變易來證明的。他説："上古漢語'池'的常用義是護城河，不是池塘。如《左傳·齊桓公伐楚》：'楚國方城以爲城，漢水以爲池。'楚國把方城山當作城墻，把漢水當作護城河。池塘義是非常用義。《孟子·梁惠王上》：'數罟（cùgǔ，密網）不入洿（wū）池。'後來池塘義逐漸取代了'護城河'的位置，上陞爲常用義。"[4] 我們暫且不論"護城河"是"池"在上古漢語中的常用義是否正確，但是，説《孟子》"洿池"中的"池"就是"護城河"，恐怕也有問題。因爲護城河的主要功能是軍事上的防禦和生活中的引用水的供給以及消防用水，其水也並不以深取勝，所以無所謂"洿池"可言，至於是否要用來養魚以供食用，尚未見其他古籍有如是記載。

　　"池"的本義是四川岷江支流沱江的專稱，故又寫作"沱"，音也念 tuó 而不念 chí。《説文·水部》："沱，江别流也。出崏山東，别爲沱。从水，它聲。"（十一上）段玉裁注："按：今《説文》衍'流'字，宜删。沱爲江之别。"[5]《尚書·禹貢》："華陽黑水惟梁州，岷、嶓既藝，沱、潛既道。"其中的"沱"就是指今天流經四川廣漢的沱江，俗稱鴨子河，經川南瀘州流入長江。晉常璩《華陽國志·蜀志》云：“《夏書》曰：‘岷山道江，東別爲沱。’”劉琳注：“《漢志》蜀郡郫縣下云：‘《禹貢》江沱在西，東入大江。’在郫縣之西出於江而又東入於江者，唯有今柏條河。柏條河過新都爲毘河，至金堂會青白江、綿遠河等，南流至瀘州復入大江，今仍稱沱江。”北魏酈道元《水經注》卷三十三《江水》：“又有湔水入焉，水出綿虒道，亦曰綿虒縣之玉壘山。呂忱云：一曰半浣水也，下注江，江水又東別爲沱，開明之所鑿也，郭景純所謂玉壘作東別之標者也。”[6]楊守敬疏：“此注但敍湔水注江，不復言沱注江，以沱下流即湔水故也。”

　　傳世《説文》無“池”字，段玉裁注依徐堅《初學記》補入：“池，陂也。从水，也聲。”並注：“此篆及解各本無，今補。按徐鉉等曰：池沼之池通用江沱字，今別作池，非是。學者以爲確不可易也。考《初學記》引《説文》：‘池者，陂也。从水，也聲。’依《阜部》‘陂’下‘一曰池也’，《衣部》‘襹，讀若遲’核之，則‘池’與‘陂’爲轉注，徐堅所據不誤。又考《左傳·隱公三年》正義引應劭《風俗通》云：‘池者，陂也。从水，也聲。’《風俗通》一書訓詁多襲《説文》，然則應所見固有‘池’篆，別於‘沱’篆，顯然徐堅所見同應，而孔穎達引《風俗通》不引《説文》者，猶上文引《廣雅》‘沼，池也’，不系諸《説文》耳。逮其後《説文》佚此，而淺人謂‘沱’、‘池’無二。夫形聲之字多含會意。‘沱’訓‘江別’，故從‘它’，‘沱’之言有它也，停水曰‘池’，故從‘也’。‘也’本訓‘女陰也’。《詩》謂水所出爲泉，所聚爲池，故曰池之竭矣，不云自瀕，池之竭矣，不云自中，豈與‘沱’同字乎？漢碑作‘池沼’字皆从‘也’，《廣雅》曰：‘沼，池也’、‘池，沼也’，二字互訓，與許合，直離切……今本《初學記》‘也’聲誤爲‘它’聲，今本《左傳》正義‘陂也’誤爲‘陂池’，皆淺人所改。”[7]段氏考證的

結論有一點應該充分肯定，他恢復了失傳已久的《説文》有關
"池"的解釋，作爲很常用的字"池"，許慎不可能不收。但是，
他批評"淺人謂'沱'、'池'無二"，"今本《初學記》'也'聲
誤爲'它'聲，今本《左傳》正義'陂也'誤爲'陂池'，皆淺
人所改"，則過於武斷。我們祇要梳理清楚"池"、"陂"、"阪"、
"沼"、"湖"、"泊"、"澤"等字與"沱"之間的語義關係，而
"沱"、"池"之間的形、義關係，就渙然冰釋了。

《説文·水部》："池，陂也。从水，也聲。"（十一上）（依段
注本）又："沼，池也。从水，召聲。"《阜部》："陂，阪也。一
曰沱也。从阜，皮聲。"（十四下）又："阪，坡者曰阪。一曰澤
障，一曰山脅也。"[8] "池"、"沼"有"陂"義，"陂"有"阪"
義，"阪"有"澤障"義，那麽"池"、"沼"、"陂"、"沱"都有
"澤障"義。"澤障"是什麼？《説文·水部》："澤，光潤也。从
水，睪聲。"（十一上）"澤"的本義顯然不是"光潤，而是"水
聚會處"。《釋名·釋地》："下而有水曰澤。言潤澤也。"[9] "下而
有水"，就是江河兩岸低窪而淤積洪水和雨水的地方，也就是
《廣雅·釋地》所説的"池也"。而"澤障"是指水澤堤岸。《尚
書·禹貢》："九川滌源，九澤既陂。"孔安國傳："九川之澤已陂
障無決溢也。""九川之澤已陂障"，就是説九大湖泊（雷夏、大
野、彭蠡、震澤、雲夢、滎波、荷澤、孟豬、野豬）已修建起堤
防。江河兩岸低窪而淤積洪水和雨水的地方叫"澤"，也泛指水
草叢生的湖泊。《風俗通·山澤》："水草交厝，名之曰澤。"《詩
經·小雅·鴻鴈》："鴻鴈於飛，集於中澤。"毛傳："中澤，澤中
也。""澤"中有水草，故可以焚燒。《孟子·滕文公上》："舜使
益掌火，益烈山澤而焚之，禽獸逃匿。"《説文·水部》："湖，大
陂也。从水，胡聲。"段注："大陂謂大池也。古言鴻隙大陂，言
汪汪若千頃，皆謂大池也。池以鍾水，湖特鍾水之大者也。"[10]
段氏認爲"湖"與"池"的區別在於"鍾水"面積的大小，聚水

之大者曰湖，聚水之小者曰池。《説文》無“泊”字，戴侗《六書故·地理三》云：“泊，北人以止水爲泊，有高雞泊、白水泊、楊柳泊。”“湖”與“泊”的區別在於方言地域稱謂的不同，北方人謂之泊，南方人謂之湖。這樣“池”、“陂”、“阪”“沼”、“湖”、“泊”、“澤”的語義特徵可作出如下歸類：

（1）“池”、“沼”、“湖”、“泊”、“澤”表示湖泊義，“陂”、“阪”表示湖泊的堤防。而湖泊與湖泊的堤防是同一物體的兩個方面，二者唇齒相依。

（2）“湖”（“池”、“沼”、“澤”）和“泊”的稱謂不同與方與言地域有關。

（3）“湖”（“泊”、“沼”、“澤”）與“池”有大小的差異，“湖”比“池”大。

但是，以上分類祇能説明“池”、“陂”、“阪”、“沼”、“湖”、“泊”、“澤”等在漢代以後的特徵，因爲在先秦以前，“池”的原形字是“沱”，本義是沱江的專稱。陳夢家先生在《禺邘王壺考釋》中清楚地指出“沱、池一字”，而“池沼”、“停水”、“城池”之類都不是“沱（池）”的“朔義”。他説：“金文沱、池一字，以池爲池沼，爲停水，爲城池，皆非朔義。池即沱也，而沱者水之別流也……江之別流曰沱，亦曰渚，亦曰汜。”[11]不過，陳先生所説的“水之別流”也不是“沱（池）”的本義，而是從本義沱江中引申出來的意義。

“湖”、“泊”、“沼”、“澤”因江河而生成，没有江河哪來“湖”、“泊”、“沼”、“澤”，這是誰都明白的常識。江河之水冬枯夏漲，兩岸的平地若低於河床，每逢夏季洪水暴漲，漫防決堤便成汪洋；洪水退後深積的潦水無法排泄，年復一年，沿江兩岸就形成了一個個大大小小的沼澤、湖泊。最早的沼澤、湖泊都是天然形成的，後來帝王將相、政府官員，或興修水利，或防禦圍城，或人造風景，則依川流而挖築湖泊，這樣以來，就有了人工建造的湖、池。由此而論，"沱（池）"的引申脈絡就明晰了：

（1）由專稱沱江，引申爲泛指江河或江河的支流。《爾雅·釋水》："江有沱，河有灉，汝有濆。"郝懿行義疏："《詩·汝濆》正義引李巡曰：'江、河、汝旁有肥美之地名，然則此以地言，彼以水言，名同義異。'李説是也。"《詩經·召南·江有汜》："江有沱，子有歸，不我過。"毛傳："沱，江之別者。"《説文·阜部》："隍，城池也。有水曰池，無水曰隍。"（十四下）《周禮·夏官·職方氏》："正北曰并州……其川虖池。"《廣韻·歌韻》："池，虖池，水名，在并州界。出《周禮》。徒河切。又音馳。"[12]《集韻·戈韻》："池，呼池，水名。通作沱。""池水"，今音 chíshuǐ，即淮河的支流。《水經注·淮水》："淮水又東，池水注之。水出東城縣東北，流經東城縣故城南……又東北流歷二山間，東北入於淮，謂之池河口也。"再引申爲護城河，寫作"池"（音直離切[13]）。《左傳·僖公四年》："楚國方城以爲城，漢水以爲池。"賈誼《過秦論》："然後踐華爲城，因河爲池。"《漢書·蒯通傳》："皆爲池，不可攻也。"顔師古注："以金喻堅，湯喻沸熱不可近。"《宋史·李綱傳上》："天下城池，豈有如都城者？"今有成語"金城湯池"。再引申爲水道、溝渠，寫作"池"（音直離切）。《周禮·秋官·雍氏》："雍氏掌溝、瀆、澮、池之禁。"鄭玄注："池爲陂障之水道也。"《禮記·月令》："（仲春之月）毋竭川澤，毋漉陂池。"鄭玄注："穿地通水曰池。"再引申爲承接屋簷水的半圓形管道（承雷），寫作"池"（音直離切）。《漢書·宣帝紀》："（神爵元年）金之九莖產於函德殿銅池中。"顔師古注："承雷是也，以銅爲之。"

（2）由專稱沱江，引申爲江河水灣、回水的地方（俗稱"回水沱"），寫作"沱"。如今重慶市的李家沱、朱沱等，皆因其地爲長江上游的回水沱而得名。再引申爲池沼、停水、水塘，寫作"池"（音直離切）。《玉篇·水部》："池，停水。"《廣韻·支韻》：

"池，停水曰池。"《詩經·大雅·召旻》："池之竭矣，不雲自頻。"謝靈運《登池上樓》詩："池塘生春草，園柳變鳴禽。"白居易《感鶴》詩："委質小池内，爭食群雞前。"再引申爲墓穴，寫作"池"（音直離切）。《小爾雅·廣名》："埋柩謂之殔。殔、坎謂之池。"《呂氏春秋·異用》："周文王使人抇池，得死人之骸。"再引申爲硯池，寫作"池"（音直離切）。傅玄《硯賦》："節方圓以定形，鍛金鐵以爲池。"陸龜蒙《顧道士亡弟子奉束帛乞銘於襲美因賦贈》詩："唯我有文無賣處筆鋒銷盡墨池荒。"再引申爲衣服邊緣、字畫的鑲飾，寫作"池"（音直離切）。左思《嬌女詩》："衣被借重池，難以沉水碧。"顏師古《匡謬正俗》卷七："今之臥氈煮裏施緣者，何以呼爲池氈？答曰：……池者，緣飾之名，謂其形象水池也。"文震亨《長物志·御府書畫》："傍有木印黑字一行，俱裝池匠花押名款。"再引申爲像水池的建築物或物品，如舞池、樂池、電池等，寫作"池"（音直離切）。

從前文的分析中我們不難出，在先秦以前"沱"、"池"是同一個字的兩種書寫形式，初文作"沱"，"池"是由"沱"轉注出來的。黃侃《字正初編·支韻》也説："沱，正；池，別。今承用。"[14]它們屬於形聲字平行對轉，讀音相同，本義也相同。《初學記》所引《説文》原文"池，陂也。從水，也聲"的解釋，屬於"池"的引申義。漢代以後，按照變音分義的方法，"沱"、"池"各自分擔着一部分引申義，並且獨自再孳乳出新的意義。因此《孟子·梁惠王上》中的"洿池"應指深的江河，而解釋成污濁的護城河或污濁的池塘，都不妥當。

〔主要參考文獻〕

[1]（漢）趙岐章句，（宋）孫奭疏. 孟子注疏 [M]. // （清）阮元校刻. 十三經注疏 [C]. 北京：中華書局，1980：666.

[2] 王力主編. 古代漢語 [M]. 北京：中華書局，1999：288.

[3] 楊伯峻．孟子譯註 [M]．北京：中華書局，1980：6—7.

[4] 朱振家主編．古代漢語 [M]．北京：高等教育出版社，1994：77—78.

[5]（清）段玉裁．説文解字注 [M]．上海：上海古籍出版社，1988：517.

[6]（北魏）酈道元．水經注 [M]．陳橋驛校點．上海：上海古籍出版社，1990：677.

[7]（清）段玉裁．説文解字注 [M]．上海：上海古籍出版社，1988：553—554.

[8]（漢）許慎．説文解字 [M]．北京：中華書局，1963：304.

[9]（清）王先謙．釋名疏證補 [M]．上海：上海古籍出版社，1984：54.

[10]（清）段玉裁．説文解字注 [M]．上海：上海古籍出版社，1988：554.

[11] 陳夢家．禹邗王壺考釋 [J]．燕京學報，1937．（21）.

[12] 宋本廣韻 [M]．北京：中國書店，1982：29.

[13] 宋本廣韻 [M]．北京：中國書店，1982：139—140.

[14] 黃侃．字正初編 [M]．武漢：武漢大學出版社，1983：21.

The Interpretation of "Chi"

Zhong Ruxiong[1] *And Hu Juan*[2]

([1]The school of literature and Journalism , Southwest University for Nationalities, Chengdu610064, China; [2] Study of Chinese language and Literature, Southwestern University, Chongqing400715, China)

Abstract: According to Duan Yucai, the original meaning of "chi" is pond and pool, and he thought "chi" and "tuo" are two different Chinese characters. Affected by Duan Yucai's conclusion, many scholars misunderstand "chi" in ancient books of pre—Qin period. For example, the word "wu-chi" in *Mencius* was explained as "pond", " pool" or "moat". Nonetheless, these explanations are not the Mencius' own meaning. In twentieth century,

Chen Mengjia put forward a new idea that " 'tuo', 'chi' in bronze inscriptions are the same character, and 'pool', 'still water' or 'moat' are not their original meaning. . " This idea is undoubtedly right, but he still thinks original meaning of "chi（tuo)" is "the branch of river". This article demonstrates "tuo" and "chi" are character variants before pre－Qin period, and "chi" is a synonymous character from "tuo". Both characters are phonograms with the same pronunciation and original meaning（both mean Tuojiang river）.

Key words：Chi ； Tuojiang river ； original meaning ； textual research

（鍾如雄，西南民族大學文學與新聞傳播學院，郵編　610041 ；胡娟，西南大學漢語言文獻研究所，郵編　400715)

《西遊記》宗教用語辨釋*

張曉英　譚文旗　吳　敏

内容摘要：《西遊記》取材於唐僧取經的宗教故事，小説中的某些尋常字眼源出宗教典故或闡發宗教義理，閱讀時需要了解其特殊的語言表達。現行《西遊記》最權威的整理本，是黃肅秋先生以世德堂本為底本精心點校、人民文學出版社出版的善本，既便於一般讀者，也為研究者提供了有益的參考。但細讀此本，有若干語詞尚可商榷。今就人文本中失校或誤校的宗教用語擇要辨正，以就正於方家。

關鍵詞：《西遊記》　宗教語詞　校勘

　　《西遊記》取材於唐僧取經的宗教故事，小説中的某些平常字眼源出宗教典故或闡發宗教義理。在閱讀和研究時不僅要注意宗教的思維方式，還要清楚它特殊的語言表達。況且，《西遊記》在成書後四百多年的流傳中，有多個版本，文獻資料十分豐富。現存明刊百回本有四個：書林楊閩齋清白堂刊《新鐫全像西遊記傳》（簡稱"楊本"）[1]、金陵唐氏世德堂刊《新刻出像官板大字西遊記》（簡稱"世本"）[2]、《李卓吾先生批評西遊記》（簡稱"李本"）[3]、殘本《唐僧西遊記》（簡稱"唐僧本"）[4]。不同版本在文字上有較大差異，傳抄翻刻的訛脱謬誤亦時有所見。現行《西遊記》最權威的整理本，是黃肅秋先生以世德堂本為底本精

---

* 本文為四川省教育廳立項課題《楊閩齋〈新鐫全像西遊記傳〉校點》階段性成果之一（項目批準號13SA0056）。

心點校、人民文學出版社出版的善本（簡稱“人文本”）[5]，既便於一般讀者，也為研究者提供了有益的參考。但細讀此本，有若干語詞尚可商榷。今對人文本中失校或誤校的宗教用語擇要辨正，以就正於方家。

一 失校例

【秤杆獄】

血池獄、阿鼻獄、秤杆獄，脫皮露骨，折臂斷筋，也只為謀財害命，宰畜屠生，墮落千年難解釋，沉淪永世不翻身。（第10回，第126頁。為方便讀者查閱原文，引文出自人民文學出版社2002年版《西遊記》。以下徑出回數頁碼。）

按：“秤杆獄”費解，世本與李本同；唐僧本為“枰杆獄”；楊本為“秤杵獄”。“秤”是一種棒狀刑具，“杵”也是古代一種棒狀的武器。《西遊記》第四回：“縛妖索子如飛蟒，降妖大杵似狼頭。”[5]46 又第四十二回：“那木叉按下雲頭，將降魔杵，如築牆一般，築了有千百餘下。”[5]518 “杵”用作動詞意即築、搗、戳。那些冤魂孽鬼在“秤杵獄”裹飽受搗磨舂杵之苦，所以是“脫皮露骨，折臂斷筋”。“杆”當為“杵”字形誤，人文本“秤杆獄”失校。

【吊搭嘴】

卷脏蓮蓬吊搭嘴，耳如蒲扇顯金睛。（8/89）

按：另有第五十四回：“八戒真個把頭搖上兩搖，豎起一雙蒲扇耳，扭動蓮蓬吊搭唇。”[5]656 “吊搭”均當是“吊塔”。八戒嘴長如碓，似蓮蓬，又像吊塔。也就是説，“蓮蓬”、“吊塔”都是用來形容豬八戒嘴長如碓。在《西遊記》中，多有［d］［t］不分的情況，如第二十三回：“那婦人道：‘你師父忒弄精細。在我家招了女婿，卻不强似做掛搭僧，往西蹌路？’”[5]280 “掛搭僧”

當是"掛褟僧"，指到處遊歷、在寺院中暫住的過往僧人。人文本失校。也有"褟"誤作"塔"，如第七十三回："又進數裡看時，見一個女道姑坐在塔上。"[1]870 又："那菩薩即下塔，合掌回禮道：'大聖，失迎了。你從那裡來的?'"[1]871 "塔"皆為"褟"，人文本所校甚是。

【放法力】

那國王聞言，急回頭，便請三藏道："長老若有手段，放法力，捉了妖魔，救我孩兒回朝，也不須上西方拜佛，長髮留頭，朕與你結為兄弟，同坐龍床，共享富貴如何?"（29/351）

按："放法力"一詞楊本、世本、李本、唐僧本都相同。竊謂"放"當為"施"字形誤。"施"意謂施展。"施法力"在《西遊記》中習見。如第十六回孫悟空助燒觀音禪院："南方三炁逞英雄，回祿大神施法力。"[5]196 又第十七回："我佛如來施法力，五行山壓老孫腰。"[5]206 再又第四十五回："推雲童子顯神威，骨都都觸石遮天；布霧郎君施法力，濃漠漠飛煙蓋地。"[5]554

【教網張羅】

法雲容曳舒群嶽，教網張羅滿太空。檢點人生歸善念，紛紛天雨落花紅。（12/148）

按："教網張羅"費解，人文本失校。按照漢語同義連及、語義互補的語用習慣，"教網"與"張羅"當義同或義通。佛教認為，修造了佛殿和佛像，倘若祇是光禿禿的房子和塑像，那就不算完工，還必須在寶像、天花板、牆壁之上增加彩畫，進行種種藝術加工；還得懸掛幢、幡等，陳設供品法器、種種珠寶，以作莊嚴之具。如《法華經·方便品》云："金銀及玻璃，硨渠與瑪瑙，玫瑰琉璃珠，清靜廣嚴飾，莊校于諸塔。"[6]243 甚至用於齋僧的車輛亦作如是裝飾，如《譬喻品》："金銀琉璃，硨磲瑪瑙，以眾寶物，造諸大車。莊校嚴飾，周匝欄楯。四面懸鈴，金繩交絡。真珠羅網，張設其上，金華諸瓔，處處垂下。"[6]267 故此可見，"教"當為"設"字繁體形誤，"設網張羅"文從字順。對於佛家來說，真珠羅網不過是物質方面的莊嚴，更重要的是要以此激發善男信女們内心的"萬德莊嚴"，即以功德智慧來作莊嚴。供鈴於塔廟、法場，常以法音覺諸世間，"清風時發，出五音聲"[7]108。羅網的作用在於把諸多珍寶垂鈴聯綴起來，如《佛説無量壽經·菩提道場第十五》曰："有菩提樹，高四百萬裡…金珠鈴鐸，周匝條間；珍妙羅網，羅覆其上。"[7]108 又《往生論》："宮殿諸樓閣，觀十方無礙。雜樹異光色，寶欄遍圍繞。無量寶交絡，羅網遍虛空。種種鈴發響，宣吐妙法音。"[8]174 "羅網遍虛空"與"設網張羅滿太空"雖文字微別，但意思是相同的。"設網張羅滿太空"即寫唐僧妙演大法，感得天花亂墜，響振九天，故此聽法者人人歸善。另有《西遊記》第六十五回："渾戰驚天並振地，强爭設網與張羅。"[5]793 亦可證。

【潑法】

　　早有五臺山秘魔岩神通廣大潑法金剛阻住，道："牛魔，你往那裏去!"(61/743)

　　按："潑法"不辭，"潑"當為"護"之誤。人文本失校。"護法"謂護持佛法者，上自梵天帝釋、八部鬼神，下至人世檀越、施主，都可稱護法。佛經故事裏，每一位佛祖甚至修行者都有護法，如《西遊記》中孫悟空、豬八戒、沙僧即是唐僧護法。如第十六回："衆人悚懼，才認得三藏是位神僧，行者是尊護法。"[5]199 在唐僧身邊還有受觀音法旨，一路上暗中保護的護法神祇，第三十七回借烏雞國鬼皇帝道："山門前有那護法諸天、六丁六甲、五方揭諦、四值功曹、一十八位護教伽藍，緊隨鞍馬。"[5]447

【蒲團一榻上】

　　歸鳥棲枯樹，禪僧講梵音。蒲團一榻上，坐到夜將分。

(13/152)

按："蒲團一榻上"世本與李本同，楊本與唐僧本"一"為"在"，是。唐僧抵達法門寺，天晚時與法門寺僧衆坐禪。文中交待法門寺有五百余僧人，似乎不太可能坐在同一榻上。"蒲團"是用蒲草編成的圓形墊子，多為僧人坐禪和跪拜時所用。"蒲團在榻上，坐到夜將分"，是説僧衆在榻上坐禪，直至夜半時分。"蒲團"代指僧人，用的是借代的修辭手法。

【總發揮】

　　金性剛强能克木，心猿降得木龍歸。金從木順皆為一，木戀金仁總發揮。(19/232)

按：此詠孫悟空擒拿豬八戒，韻文皆為道教術語。"總發揮"的"輝"當為"揮"。道家丹門功理功法修煉，追求身、心、靈合一。《悟真篇·西江月》其四："木性愛金順義，金情戀木慈仁。相吞相啖卻相親，始覺男兒有孕。"[9]143 金喻性、木喻情，金木相合謂之"木性金情"。但是，"甲乃青龍之木，庚乃白虎之金。故金木常有間隔之患。"[9]P5 要達到靈肉合一、金木交並之境，即煉就金丹，修煉者需與時消息，隨日之陰晴圓缺適時用功，"月盈虧，應精神之衰旺；日出没，合榮衛之寒温"[9]165；"中秋月魄十分圓，金旺潮洪出海門。内外與潮相應處，自家真氣正朝元。"[10]6 修行者長期進德修真，方能體證人天合一的生命之境。"神息定而金木交，心意甯而龍虎會"[11]51，"西山白虎正猖狂，東海青龍不可當。兩手捉來令死鬥，化成一片紫金霜"[11]67。道教經典中不乏對修行者進入這種甚深功態之境的描繪。"一息之間，即得金木歸併，性情合一，龍虎入鼎，心虛湛然"[10]4；"一霎火焰飛，真人自出現"[11]67，又"近來透體金光現，不與凡人話此規"[9]116。修行者金丹煉就，内視則光華奪目，閃爍上下。如《雲笈七籤》卷五《中嶽體玄潘先生》載："先生真氣内融，輝光外發。"[12]26 又卷四十七《櫛髮咒》："映照我身，三光同輝，策空駕浮，舉形仙飛。中央黃中理氣，總統玄真，鎮星吐輝，流煥九天。"[12]276再又卷八十《神仙守一養身圖》第五《真氣頌》："導引九天氣，摩手熨身形。遏斷邪魔逕，瑩飾練光明。"[12]501又《神仙常存圖》中部第四《真氣頌》："漏盡外應消，正氣自夷微。積感妙真降，六府生光輝。"[12]501故此可見，韻文"木戀金仁總發輝"正是描繪"六腑生光輝"的甚深功態。丹道家又把這種生命體證喻作明月，"牽將白虎歸家養，產個明珠是月圓"[9]22，"華池宴罷月澄輝，跨個金龍訪紫微"[9]105。所以，《西遊記》第二回道："屏除邪欲得清涼。得清涼，光皎潔，好向丹台賞明月。"[5]18

【同幼同生】

　　佛恩有德有和融，同幼同生意莫窮。同住同修同解脫，
　　同慈同念顯靈功。(51/619)

按："同幼同生"費解，世本、李本與唐僧本同；楊本作"同歺同生"，是。人文本失校。"歺"即"死"字俗寫，或又作"歾"，在楊本中多見。"同死同生"意即"同生共死"、"生死與共"。

【無不定】

　　走盤無不定，圓明未有方。三三勾漏合，六六少翁商。
(17/214)

按："走盤無不定"費解，世本與李本同；楊本與唐僧本作"走盤無不足"。竊謂"無不足"當是"無下足"，"不"為"下"字形誤。此寫為了降伏黑熊精，孫悟空變作仙丹。觀音菩薩變凌虛妖道的模樣，托著玻璃盤去為熊黑精上壽。"走盤無下足"謂仙丹沒有腳卻滿盤滾動，文從字順。

二　誤校例

【法界】

　　安享淨土祇園，受用龍宮法界。(8/83)

　　按："法界"世本原作"沙界"，人文本徑作"法界"，失當。
"法界"為梵語意譯，通常泛稱各種事物的現象及其本質。但是，
"淨土""祇園"與"龍宮""沙界"皆同義連文，均指佛寺。"沙
界"文義均佳，不煩改。如《西遊記》第六十五回寫小雷音寺：
"霞光縹緲龍宮顯，彩色飄飄沙界長。"[5]785 "沙界"與"龍宮"
對舉，其義可證。"龍宮"借指佛寺的典故，見於《佛說海龍王
經》[13]。《海龍王經·請佛品第十》載：海龍王詣靈鷲山，聞佛
說法，信心歡喜，欲請佛至大海龍宮供養。佛許之，龍王即入海
化作大殿。無量珠寶，種種莊嚴，且自海邊通海底造三道寶階，
恰如佛往昔化寶階自忉利天降閻浮提時。佛與諸比丘菩薩共涉寶
階入龍宮，受諸龍供養，為說大法。後人即用"龍宮"指代佛
寺。如唐·劉長卿《戲贈幹越尼子歌》："厭向春江空浣沙，龍宮
落髮披袈裟。"[14]（第三冊）1582 又楊衡《寄徹公》詩："別來幾度龍宮
宿，雪山童子應相逐。"[14]（第七冊）5315 故此可見，"淨土"、"祇園"、
"龍宮"均指佛寺、寶剎，"沙界"亦當指佛寺。如果把"沙界"
釋為世界或其他意思，甚至徑改作"法界"，則有違詩歌對仗章
法，語意也欠安。再如唐·王勃《益州德陽縣善寂寺碑》："祇園
興板蕩之悲，沙界積淪胥之痛。"[15]106 "沙界"與"祇園"對舉，
其義自明。

　　【富貴】

　　　　寇元員喜待高僧，唐長老不貪富貴。（96/1143）

　　按：此為第九十六回回目。"富貴"世本原作"富惠"，人文
本徑作"富貴"，失當。"惠"用作動詞，表示施予恩惠。佛語裡
"惠"特指佈施、布惠，因與"舍"、"施"等同義，故常常同義
連用。《百喻經·見他人塗舍喻》："虛棄稻穀，都無利益。不如
惠施，可得功德。"[16]71《大唐西域記》卷一："周給貧窮，惠施
鰥寡。"[17]136 "惠"用作名詞，指施捨之物。《史記·李斯列傳》：
"私家之富，與公家均。布惠施德，下得百姓，上得群臣。"[18]2559

可見"富惠"意即厚施。此寫唐僧在寇員外家稽留半月，不貪享
寇家奢侈供養堅志奔西而去。

【萬境皆清】

　　心淨則孤明獨照，心存則萬境皆清。(78/950)

　　按："萬境皆清"世本原作"侵"，人文徑作"清"，殊為欠
當。又第八十五回："心淨孤明獨照，心存萬境皆清。"[5]1024人文
本亦當失校。"侵"意謂侵擾。佛教修行以無念為宗，無念乃自
心清靜，外境不入，内欲不生。《壇經·定慧品》云："於一切境
上不染，名為無念；於自念上離境，不於法上生念。"[19]32《五燈
會元》卷十一《臨濟玄禪師法嗣·寶壽沼禪師》："僧問：'萬境
來侵時如何？'曰："莫管他。'"[20]652按照佛家的説法，魔由心
生。所以《西遊記》第十三回道："心生，種種魔生；心滅，種
種魔滅。"[5]152又第七十八回："一念纔生動百魔，修持最苦奈他
何。但憑洗滌無塵垢，也用收拴有琢磨。掃退萬緣歸寂滅，蕩除
千怪莫蹉跎。"[5]943所以修德即屏除心中的一切妄念。道家修行也
要求凝神息慮，謂之"無念坐"。《尹真人東華證脈皇極闔辟證道
仙經·采藥歸壺章第五》："清心靜坐，凝神定息，收視反聽，一
念不生，萬緣盡息。渾淪如太極之未分，溟涬如兩儀之末兆，湛
然如秋江之映月，寂然似止水之無波，内不知乎吾身，外則忘乎
宇宙。虚極靜篤，心與天通。"[21]1566正因一念不生，萬境不侵，
才能心淨如月，神明似燈，恢復人自身圓明通靈之性。

〔主要參考文獻〕

　　[1] 书林杨闽斋清白堂刊. 新锲全像西游记传 [M]. 上海：上海古籍
出版社，1996.

　　[2] 金陵唐氏世德堂刊. 新刻出像官板大字西游记 [M]. 上海：上海
古籍出版社，1996.

　　[3] 李卓吾先生批评西游记 [M]. 台北：天一出版社，1985.

[4] 唐僧西游记（又称《全像唐三藏西游记》）[M]. 台北：天一出版社，1985.

[5] （明）吳承恩著. 西游记 [M]. 北京：人民文学出版社，2002.

[6] 張新民，龔妮麗. 法華經今譯 [M]. 北京：中國社會科學出版社，1994.

[7] 黃念祖居士. 大乘無量壽經白話解 [M]. 上海：上海佛學書局，1993.

[8] 戒修輯述.《往生論注》講義 [M]，北京：宗教文化出版社，2009.

[9] 王沐. 悟真篇淺解 [M]. 北京：中華書局，1990.

[10]（唐）崔希范. 入藥鏡 [M]. 王道淵等注解. 上海：上海古籍出版社，1989.

[11] 道藏氣功書十種 [Z]. 北京：中醫古籍出版社，1987.

[12]（宋）張君房纂輯. 雲笈七籤 [M]. 蔣力生等校注. 北京：華夏出版社，1996.

[13] 大正新修大藏經. 第十五冊. 東京：東京市小石川區台町五番地，昭和四年版.

[14] 中華書局編輯部點校. 全唐詩 [Z]. 增訂本. 北京：中華書局，1999.

[15]（唐）王勃. 王子安集 [M]. 上海：上海古籍出版社，1992.

[16] 弘學. 百喻經注釋 [M]. 成都：巴蜀書社，2008.

[17]（唐）玄奘，辯機. 大唐西域記 [M]. 季羨林等校注. 北京：中華書局，2000.

[18]（漢）司馬遷撰，（宋）裴駰集解，（唐）司馬貞索引，張守節正義. 史記 [M]. 北京：中華書局，1959.

[19] 郭朋. 壇經校釋 [M]. 北京：中華書局，2007.

[20]（宋）普濟. 五燈會元 [M]. 蘇淵雷點校. 北京：中華書局，1997.

[21] 段成功，劉亞柱主編. 中國古代房中養生秘笈 [Z]. 下卷. 北京：中醫古籍出版社，2001.

A Textual Research on Some Difficult and Complicated Words of Journey to the West (西遊記)

Zhang Xiaoying, *Tan Wenqi*, *Wu Min*

(Chinese Department, Aba Normal College,
Wenchuan 623002, China)

Abstract: Journey to the West (西遊記) is based on a true strory of Xuan Zang, a famous Chinese monk in the Tang Dynasty. Some common words and expressions in the novel come from religious storys , expounding religious dogma. We should understand the language performance clearly in the time of reading or researching. Journey to the West, collated and punctuated by Mr. Huang Suqiu , is a valuable book for reference. But there are some mistakes in the work. The paper demonstrates and analyses a few typical errors.

Key words: Journey to the West; difficult and complicated words; collate

（張曉英、譚文旗、吳敏，阿壩師範高等專科學校中文系，郵編 623002）

再説 "叵羅"

樊瑩瑩

内容摘要：一般認爲"叵羅"是一種酒器，是"某一外族語言的譯寫"。其實，"叵羅"當是一種無足、紋飾簡略的敞口杯，即先秦時期的"著略"。

關鍵詞：叵羅　酒器　著略

關於"叵羅"一詞，學術界一致的觀點是一種酒器，是"某一外族語言的譯寫"①。作爲外來詞，有不同的書寫形式。亦作"頗羅"。唐李白《對酒》："蒲萄酒，金叵羅，吴姬十五細馬駄。"瞿蜕園、朱金城校注："叵羅，胡語酒杯也。《舊唐書·高宗紀》作頗羅。"②又聲轉爲"錯落"、"不落"、"不洛"、"鑿絡"等。前蜀韋莊《病中聞相府夜宴戲贈集賢盧學士》詩："花裏亂飛金錯落，月中爭認繡連乾。"宋陶穀《清異錄》卷下"水晶不落"條："白樂天《送春》詩云'銀花不落從君勸'，不落，酒器也，乃屈巵鑿落之類。開運宰相馮玉家有滑樣水晶不落一隻。"清吴景旭《歷代詩話》卷五十庚集五"鑿落琵琶"條："按《海錄碎事》云：'蒼梧令金佐堯從賊，被黥面，嘗自稱金鑿絡。湘、楚人以盞斝中鐫鏤金鍍者爲金鑿絡。又樂天《送春詞》：'銀不洛，從君勸。'不洛，酒器也。意落、絡、洛，古字通用。"王鍈先生説："按'叵羅'之與'鑿落'，語音上似有某種聯繫，疑二者或即同出一源。"③以上所説，信而不誣。

　　至於是什麼形制的酒器，自古及今卻是眾說紛紜，沒有一個令人滿意的解釋。筆者認爲“叵羅”當是一種無足、紋飾簡略的敞口杯。從語音出發，“叵羅”可以進一步追溯至先秦時期的“著略”一詞。《周禮·春官·司尊彝》：“其朝獻用兩著尊。”鄭玄注：“鄭司農曰：‘著尊者，著略尊也。’”清孫詒讓《周禮正義》卷三十八：“著略蓋漢時常語。鄭《詩大小雅譜》云：‘此其著略大校，見在書籍。’孔疏以‘著明質略’爲釋，以相參證，疑著略亦文飾簡略之義。”“鑿落”，乃“著略”一聲之轉。其上古音音韻地位爲：鑿：從母藥部入聲。著：端母魚部去聲。落：來母鐸部入聲。略：來母鐸部入聲。其中“鑿”與“著”二字聲母爲王力所說的鄰紐，韻部可通轉。其說，前人已有考辯。清郝懿行《證俗文》卷三“壺”條：“《周官·司尊彝》：‘其朝獻用兩著尊。’注：‘著尊者，著略尊也。’案：詩人多言鑿落。韓愈《聯句》：‘酡顏傾鑿落。’白居易詩：‘銀含鑿落盞。’姜夔詩：‘剪燭屢呼金鑿落。’又白居易詞：‘銀不落，從君勸。’又《北史》：‘祖珽盜神武金叵羅。’李白詩：‘葡萄酒，金叵羅。’疑‘著略’轉爲‘鑿落’，又轉爲‘不落’，又轉爲‘叵羅’也。”所說甚是。因此，我們可以通過文獻對“著尊”形制的描述，得知“叵羅”的形制。宋聶崇義《新定三禮圖》卷十四“尊彝圖·著尊”條：“今以黍寸之尺計之。口圓徑一尺二寸，底徑八寸，上下空徑一尺五分，與獻尊、象尊形制容並同，但無足及飾耳。”④清馬驌《繹史》卷一百五十九“名物訓詁下·著尊”條：“《博古圖》著尊，高一尺四分，口徑五寸，腹徑九寸八分，容一斗七升四合。《明堂位》曰：‘著，殷尊也。’著尊，著地無足。此器底著地，誠所謂著尊也。”⑤且“叵羅”常與“金”、“銀”、“玉”這樣的修飾語連用。可見，“叵羅”是一種無足、紋飾簡略的敞口杯。

〔注釋〕

①王鍈．金叵羅辨疑．中學語文教學，1982（12）．

②瞿蛻園，朱金城．李白集校注（四）．上海：上海古籍出版社，1979：1481.

③同①。

④（宋）聶崇義集注．新定三禮圖．北京：清華大學出版社，2006：460.

⑤（清）馬驌．繹史．北京：中華書局，2002：4185.

"PoLuo" Revisited

FanYingying

(Department of Chinese, Sichuan University,

Chengdu, 610064, China)

Abstract: It is generally believed that "PoLuo" is a kind of wine, and "a foreign language translated writing". In fact, "PoLuo" is a kind of exposured cup that is no feet and simple pattern , That is "ZhuLue" of the pre—qin period.

Key words: PoLuo; wine; ZhuLue

（樊瑩瑩，四川大學文學與新聞學院，郵編　610064）

釋《三朝北盟會編》中的 "物色"

羅 舒

内容摘要：文章從探求 "物" 與 "色" 的本義出發，通過一系列例證，考察了《三朝北盟會編》中 "物色" 一詞的意義，並結合詞彙化與語法化的理論，闡明了其意義的發展演變軌跡。

關鍵詞：物色　詞彙化　語法化

《三朝北盟會編》中屢見 "物色" 一詞，如：

(1)（王）齇歎曰："何謂苟目前之利也？公之下策，乃朝廷之上策。於公下策中，更待添些物色。" 僕曰："更添物色，便是無策。"（卷十三）

(2) 燕京每年所出稅利五六分中只算一分，計錢一百萬貫文，合值物色，常年搬送南京界首交割。（卷十四）

(3) 十三日癸卯，令邵溥同所差郎官四員管勾南薰門下交納物色。（卷八十五）

(4) 戊申三月，來燕山城中，（趙）子砥邐迤以物色而問其詳，云："招誘南北人士已及萬數，若得三萬可以橫行虜中，決報大讐。"（卷九十八）

(5) 一應監司州縣違法賦歛，涉於掊尅或科配，代買物色，實有擾害及應幹民間疾苦事件，並許中外臣庶詳具利害，經所屬官司陳述繳奏或詣闕投進，當議考察，改正施行。雖語言觝訐，亦不加罪。（卷一百一）

關於"物色"的釋義，諸語文辭書，以《唐五代詞典》為例，有一義項爲"物品用具"，所引例證分別為《廣異記》中的"持弓弩物色相助"與《敦煌資料》第一輯《分家書樣文三件》："已上物色，獻上阿叔。"這一義項與上述例子中的"物色"意義較為貼近，不過仔細考察唐末五代直到宋代文獻中出現的"物色"用例，可以發現"物色"一詞在很多情況之下，表示的并不祇是一般物品用具，比如：

（1）臣見前朝閩浙入貢物色，下船之後，官差腳乘，搬送到京。（唐呂咸休《請令閩浙貢物自出腳乘奏》）

（2）所有隨行驢畜物色，一半支與捉事人充優賞，其餘一半並鹽並納入官。（唐闕名《定私鹽科罪奏》）

（3）太皇太后坤成節，已有朝旨，諸般恩禮並增一倍外，其歲時合供奉物色，亦合增一倍供納。（《續資治通鑑長編》卷三百七十四）

（4）今者通和大事既荷講成，賞軍物色，豈敢較計多寡？（《大金弔伐錄》卷一）

從以上例子，並結合《會編》中的用例可以看出，"物色"皆不是單純指一般的物品用具，而是經常與賦稅貢品聯繫在一起。魏達純（2003）認為"物"在《貞觀政要》一書中指的就是絲織品，如其中的"賜物百段"、"賜物五匹"等。王燦龍（2005）贊同此觀點，並認為"物色"中的"色"可能也有表絲織品的意義或者跟絲織品相關，並舉了幾個例子證明，如《穆天子傳》卷三："六師之人大畋九日，乃駐於羽之口。收皮效物，債車受載。郭璞注：物，謂毛色也。"《雞肋編》卷上："婦女於灘中求小白石有孔可穿者，以色絲貫之懸插於首，以為得子之祥。"《鐵圍山叢談》卷一："上得此喜，乃命宣示百官，則禮臣錦薦、色組、繅藉十襲。"他認為"物"與"色"結合起來，表絹帛之類的絲織品，引申指一般較為貴重的物品。王虎（2008）

考察了唐五代語料中的"物數"與"色物",引用唐五代小説以及敦煌文書的多個例證,認為"物數"爲各類絲織品的總稱,而"色物"也有絲織品之義。綜合以上觀點可以判斷,"物色"應是絲織品這一類東西的總稱,那麼為何"物色"一詞經常同賦稅貢品聯繫在一起,也就不難明白了。從《説文解字》中對"幣"的解釋"幣,帛也",可以看出在古代絲織品用來充當貨幣的歷史是源遠流長的,而用來繳納賦稅或是作為上貢財物也是常有之事。當然《會編》中的"物色"應是在"絲織品"這一意義上再進一步的引申,泛指稅賦貢品這一類的東西。另外,王燦龍對於"色"的意義的推測還值得商榷,像例證中"毛色"、"色絲"、"色組"中的"色"的意義似乎還是跟顏色相關,"色"此處當作"種類"之義解釋應該更為合理一些。"色"表"種類"的意思,屢見於唐宋時的文獻典籍,如韓愈《國子監論新注學官牒》:"伏請非專通經傳,博涉墳史,及進士五經諸色登科人,不以比擬。"寒山詩《一人好頭肌》:"問是何等色,姓貧名曰窮。"《東京夢華錄》卷八:"自早呈拽百戲,如上竿、趯弄、跳索、相撲、……裝鬼、研鼓、牌棒、道術之類,色色有之。"而"色"作為"種類"的意義,與其他語素搭配的例子也有很多。比如"色額"(表種類數量)、"色目"(表種類數目)、"色類"(表種類數目)、"貨色"(表貨物的品種及品質)、"色樣"(表式樣,模樣)、"價色"(表價格),而表絲織品義的"物"與表種類義的"色"相搭配則泛指了絲織品這一類的東西,這也與前面提到的"物數"一詞的搭配頗為相似。

關於"物色"的意義演變發展在一些討論詞匯化和語法化的文章中常作為一個比較典型的例子。董秀芳(2002)指出"物色"是從其本義"牲畜的毛色"發展為指"人或事物的形貌特色",這經歷了一個辭彙化的過程,即從一個短語發展成名詞的過程,不過對於"物色"如何演變為"尋找"這一意義時,卻語焉不詳①。王燦龍（2005）則認為現代漢語中"物色"一詞的意義是從前文所提到的"絹帛之類的絲織品"這個意義發展而來，"以'物色'作為禮品去尋找某個希望見到的人，在古代既是對他人的重視和尊重，同時也暗示着'尋找'這個行動本身所具有的一種嚴肅和鄭重"，由於"物色"與"求"經常搭配在一起，沾染上了"求"的意義，於是"物色"便開始有了"尋找"的意義。這其中"物色"名詞作狀語時，如"乃物色求之"，經歷了語法化的過程，最後逐漸發展成詞，又是一個詞匯化的過程。這一系列的邏輯推理其實都沒問題，祇是對"物色求之"的"物色"解釋上有失偏頗。為了説明以"物色"作為禮品去求見某人這一意義，王燦龍舉了魏晉到北宋的一系列例子，如晉皇甫謐《高士傳·嚴光》："嚴光，字子陵，會稽餘姚人也。少有高名，同光武遊學。及帝即位，光乃變易姓名，隱逝不見。帝思其賢，乃物色求之。"唐趙璘《因話錄·隨駕老鴟》："德宗初登勤政樓，外無知者。望見一人衣綠乘驢戴帽至樓下，仰視久之，俯而東去。上立遣宣示京尹，令以物色求之。"宋釋惠洪《禪林僧寶傳》卷十一："時堂中僧千餘，使吏檢床曆，物色求之，乃至。"認為上述例子中"物色"均為名詞作狀語，即用"物色"這樣的貴重物品去求。

其實這幾個例子中的"物色"最早可追溯到《後漢書·嚴光傳》："帝思其賢，乃令以物色訪之。"李賢注曰："以其形貌求之"。可知這裏的"物色"指形狀樣貌，即"人或事物的形貌特色"之義。而上述例子中的"物色"不難看出皆是後人對於《後漢書》此文的創造性用典，其意義其實與《後漢書》中的"物色"相同，祇是句法特徵有所不同，有的充當介詞"以"的賓語，有的作了句子中的狀語成分。由此可以看出表"尋找"義的"物色"跟表"絲織品"的"物色"是沒有直接聯繫的，而是來自於表"形狀樣貌"義的"物色"。

　　綜上可以得出關於 "物色" 詞義演變確切的過程②：第一個進程是由表 "牲畜的毛色" 的短語發展引申成為表 "形狀樣貌" 的名詞。第二個進程則主要是由於古人創造性的用典所引起，"後代文人都對這些典籍比較熟悉，有時會在自己的作品中加以利用，並為原來的短語賦予與原義相近的新的含義，這樣原來的短語就變成了詞。"（董秀芳，2002）不過 "物色" 與這種描述的情況還不太一樣，"物色" 這時已經是作為一個表 "形狀樣貌" 的名詞，而並非短語，在古人的用典中，它經歷了名詞作狀語這一語法化的過程，在反復的引用中，正如王燦龍所指出的那樣，由於 "物色" 與 "求" 的經常搭配，沾染上了 "求" 的意義，使得最終得以取代 "求" 來表示其意義，從名詞形式的 "物色" 到動詞形式的 "物色"，經歷了一個先語法化然後詞匯化的進程。因此總體來看，"物色" 的意義發展演變是經歷了詞匯化—語法化—詞匯化這一較為複雜的過程。

〔注釋〕

　　①2011 年商務印書館出版了《詞匯化：漢語雙音詞的衍生和發展》一書的修訂本，在這一版本中已將 "物色" 這個例證刪去，可見作者已經意識到了其中的問題。

　　②這裏僅討論 "物色" 從最初之本義如何發展到現代漢語中的意義，至於 "絲織品" 這一意義的發展演變則是獨立於這一進程之外，暫不作討論。

〔主要參考文獻〕

　　[1] 魏達純 . 說《貞觀政要》中的 "物" . 中國語文，2003（3）.

　　[2] 王燦龍 . 詞匯化二例——兼談詞匯化和語法化的關係 . 當代語言學，2005（3）.

　　[3] 王虎 . 唐五代小說語詞研究 . 蘇州大學博士學位論文，2008.

　　[4] 董秀芳 . 詞匯化：漢語雙音詞的衍生和發展 . 成都：四川民族出版社，2002.

Study on "Wuse" in Sanchao Beimeng Huibian

Luo Shu

(The Institute of International Education, China University
of Petroleum Hua Dong, Qingdao266555, China)

Abstract：On the basis of explaining the original meaning of "Wu"（物）
and "Se"（色）, this paper reserched the meaning of "Wuse"（物色）in San-
chao Beimeng Huibian through a series of examples, and combined the theo-
ries of lexicalization and grammaticalization to expound the development and
evolution track of its meaning.

Key words：Wuse; Lexicalization；Grammaticalization

（羅舒，中國石油大學［華東］國際教育學院，郵編　266555）

"恪"字 què 音考釋[*]

陳　寧

内容摘要：陳寅恪的"恪"字時常被讀作 què，但是這個讀音的來歷始終不甚明了。本文考察了近代多種音韻文獻資料，理清了恪字讀音演變的軌跡，揭示了 què 音的源頭和産生原因。恪字本爲一等字讀洪音，在明代王文璧增訂的《中州音韻》中始與"確卻"等字同音，讀細音。這並非單純的自然音變，而是在南北語音接觸的背景下人爲造成的。

關鍵詞：恪　què　音　《中州音韻》

　　陳寅恪先生的恪字音 kè 還是音 què，一直討論頗多。恪在《廣韻》等早期韻書中衹有一音：苦各切。是一等字，kè 音的前身。這也是 kè 音現在被審定爲規範讀音的原因。我們與很多學者一樣是贊同音 kè 的。但是對於影響頗廣卻來歷不明的 què 音也應當有個交待，故而此文的目標是探尋並解釋 què 音的來歷。

　　關於恪字 què 音的來歷，大致有如下説法：

　　1. 誤讀説。趙元任先生指出是誤讀，但沒有説明原因[①]。

　　2. 方言説。認爲在方言中恪字讀爲 quo 等音，與"確"同音。具體來自何種方言，又分粤方言説（鄭茵 1997）、客家方言説（董寶光 1997）、湖南方言説[②]等。

　　3. 派生説或舶來説。認爲 què 音是 20 世紀 20－30 年代以

---

　　* 本文爲國家社會科學基金青年項目"曲韻書音系比較研究"［13CYY043］的階段性成果。

來以清華、北大爲“根據地”的那部分高層知識界所“派生”出來的名堂。甚至可能是海峽那岸的“舶來品”（黃延復 2006）。

4. 異體字偏旁影響説。恪的異體愙從客聲，客是二等字，有些地方讀 qiè，從而反過來影響恪字讀爲 què（王繼如 2007）。

5. 文白異讀説。恪字文讀爲 kè，白讀爲 què（曹先擢 2007）。

6. 古今字説。恪與愨爲古今字，故而恪可音 què（張旭東 2009）。

7. 北京方音舊讀説。劉經富（2009）列出了 1912 年到 1957 年間六部字辭典對恪字的注音。其中最早的商務 1912 版《新字典》對恪的注音是：“苦各切，讀如卻。”再晚一點的是商務 1915 年版的舊《辭源》的注音“可赫切，亦讀如卻”。他認爲“恪字在北京話裏有兩讀，與‘腭化’有關。……北京話‘客’字有 kè 和 qiè 兩讀，‘客’爲‘愙’的本字，‘客’有兩讀，由它孳乳出來的‘愙’自然也會有兩讀。”

不管持何種觀點，以往的論者對恪字 què 音的歷史追溯都不很久遠，衹找到了 20 世紀初的記錄，沒有發現更早的文獻依據。因此會認爲“讀如卻”出現得太過突兀，於古無徵，便試圖從各個角度來對此音加以闡釋，從而導致衆説紛紜的局面。上述説法都未能探得 què 音的真正出處，有的説法存在錯誤。

恪字 què 音真的於古無徵嗎？我們查閱了宋元至明清的若干韻書、韻圖、字書，根據文獻記載把恪字讀音自中古音以來的演變理清，試圖發現恪字 què 音的發端和演變。

從中古起到近代，恪字讀音經歷了以下五個階段：

一、讀宕攝入聲階段

恪字《廣韻》“苦各切”，《韻鏡》裏列宕攝鐸韻入聲一等字。《集韻》《古今韻會舉要》《洪武正韻》等爲“克各切”，皆是承襲中古音。可擬爲 [kʰak]④。

二、讀近效攝開口階段

1161 年《七音略》恪字仍爲入聲，但是兩屬於效攝、宕攝。《切韻指掌圖》《四聲等子》與之相同。屬宕攝是承襲傳統 [kʰak]，屬效攝是反映新音，可擬爲 [kʰauʔ]。1308 年《蒙古字韻》，1313 年八思巴字漢文對譯碑（羅常培、蔡美彪 2004：45、248）中，恪字的八思巴字譯音都是 [kʰaw]，無入聲塞尾。1336 年《切韻指南》恪字仍爲入聲一等字，但祇屬效攝，不再屬宕攝，可擬爲 [kʰauʔ]。《中原雅音》"恪音考"（《韻學集成》引）。這些材料説明元代北方話中恪已讀同或讀近效攝開口 [kʰau]。

三、讀近效攝齊齒階段

1503 年王文璧《中州音韻》蕭豪部，"殼確却郤恪"① 爲同音小韻，注"音巧"。這是恪字首次與二等字"殼確"和三等字"却郤"同一小韻。《中州音韻》是曲韻書中的一種，其先的《中原音韻》《瓊林雅韻》《詞林韻釋》均未收恪字，因此"恪"字當是王文璧所補入。1578 年《元音韻學大成》，"郤却殼恪確"小韻與"巧"小韻相配，注"北上"，即北方話讀上聲。可擬爲 [kʰiau]。

四、讀近果攝開口、齊齒階段

1587 年《書文音義便考私編》中《難字直音》恪下注"渴、却"兩音。入聲卷第六藥韻下，恪在却小韻中，旁註"今通呼"。第七曷韻下，恪在渴小韻中，旁註"舊音"。却小韻擬音 [kʰiɒʔ]，渴小韻擬音 [kʰaʔ]，與渴同音是恪首次與曷韻溪母字合流。根據旁註，[kʰaʔ] 是舊音，[kʰiɒʔ] 是當時通行的音。

1602 年的《合併字學篇韻便覽》中，作爲韻書的《合併字學集韻》恪字兩收。"渴，堪貨切"下"恪愙窓"三字。"却，欺吒切"下收"恪"一字。巧小韻中已無恪字。作爲字書的《合併字學集篇》恪下注："渴、却二音。"雖與《書文音義便考私編》

字面相同，但讀音不同，因爲《書文音義便考私編》有入聲，《合併字學篇韻便覽》没有入聲。《合併字學篇韻便覽》的渴音應擬 [kʰo]，却音應擬 [kʰio]，均爲去聲。

1626 年《西儒耳目資》，恪字用羅馬字母標注 k 'ŏ，k 'iŏ 兩音，屬入聲調但無塞音韻尾。

五、讀如今音的階段

1743 年《圓音正考》"殼愨却卻郄蹺恪確趹" 同音，屬團音，滿文標音是ᡣᡳᠶᠣ，轉寫爲 kiyo，國際音標是 [kʰio]。一般認爲《圓音正考》時代尖團已經合流，聲母 [k, kʰ, x] 配細音變爲 [tɕ, tɕʰ, ɕ] 應是更早些時便發生的變化。因此，恪音 què [tɕʰyɛ] 應是此後不久便形成了。

恪音由階段一演變爲階段二，是宕江攝入聲字讀同效攝的反映。宕江攝入聲字是北方話中最先一批向陰聲韻轉化的，讀同效攝，後來便成爲北方話的白讀音。由 [kʰak] 變爲 [kʰau]，由中古一等字變爲近代的開口呼，是正常的音變。

由階段二演變爲階段三，是一個頗爲離奇的變化。一般來說，中古一等字今讀洪音。以現代方言而論，牙喉音開口二等字，北方方言一般會生出 [i] 介音，從而與三等合流；吳方言白讀則與一等字合流。《中州音韻》裏 "殼確二等却郄三等恪一等" 爲同音小韻，注 "音巧"。無論單從北方話還是單從吳方言的角度都很難解釋，因爲在這裏一、二、三等字同音了。但這又是恪字 què 音産生的關鍵，因爲目前來看《中州音韻》是最早這樣做的文獻。之前的《瓊林雅韻》《詞林韻釋》，"殼確二等卻三等" 同音，二等與三等合流，未收恪字。《中原音韻》無此小韻。王文璧是在前書的基礎上增訂而成，"恪" 又是小韻末字，故而很可能是由王文璧補入的。王文璧爲何不將恪獨立一小韻而偏要放入殼小韻呢？可以有兩種解釋：1. 這是一個偶然的疏失。2. 有某種原因。如是前者則無解釋的必要。如是後者，則要找到其原因。

一等字與二、三、四等字同讀細音的情況在《中州音韻》中並非孤例。拿《中州音韻》與《中原音韻》相比較，中古開口牙喉音二等字的讀音情況是這樣的：除了蕭豪部和庚清部之外，與《中原音韻》大致相同，一般與一等韻字對立，與三、四等字合流。

蕭豪部和庚清部的情況值得注意。《中原音韻》蕭豪部這些開口牙喉音二等字尚可獨立，與一等對立，與三、四等也不混。《中州音韻》裏這些字已經與三、四等字合流了⑤，但也有一個例外："趬趬橇三等 敲二等 撬四等 磽二等 尻尻一等 墝二等"同音，"欺堯切"，讀爲細音。《中原音韻》"敲磽二等"與"趬橇三等"尚不同音。《瓊林雅韻》《詞林韻釋》"尻一等 敲骹磽二等"同音，是二等讀如一等，當是受江淮官話的影響。在二等字與一等字合流這一點上，江淮官話與吳方言相近。今南京話"敲"音 [kʰɔɔ]（劉丹青 1995：149），與一等字"考"聲母韻母相同。到了《中州音韻》中，一、二、三、四等都同音了。

《中原音韻》庚青部除了"亨莖甖"三個二等字的韻母與一等字相同之外，大部分二等字的韻母與三、四等字相同。《中州音韻》庚青部情況基本與之相同，不同點在於二等字"甖"讀與三、四等字同，二等字"莖"和一等字"恒"混入二、三、四等字之列："形刑邢陘四等 衡桁二等 銒四等 胻二等 硎四等 珩蘅行莖二等 恒一等"同音，"奚經切"，讀爲細音。

可見，一等字讀細音的不僅有"恪"，還有"尻尻"和"恒"。它們都是牙喉音開口一等字，都有相配的二等字。這說明"恪"字讀細音不會是偶然的失誤，而是有其原因。

曲韻書以元代卓從之《中州樂府音韻類編》和周德清《中原音韻》爲鼻祖，是以北方話爲基礎方言編制的。入明後演化爲《瓊林雅韻》《詞林韻釋》，北方話的性質未改。到吳興（今浙江湖州）人王文璧這裏，早期曲韻書的基本格局未曾大動，但是增加了音注，收字也有變動。由於受到其母語吳方言的影響，新增的音注和收字的變動，會與早期曲韻書的語音格局有矛盾。

《瓊林雅韻》《詞林韻釋》中，“殼確二等却三等”同音。牙喉音開口二等與三、四等合流，是早期北方方言的演變方式。《中原音韻》中除了蕭豪部牙喉音二等可獨立，其他部皆是如此。之後蕭豪部的二等字最終還是與三、四等合流了。吳方言中牙喉音二等字白讀與之不同，一般與一等字合流。而文讀因受北方方言影響，二等字反而與三、四等合流。以今蘇州話爲例[6]：

表一　蕭豪部牙喉音字在蘇州話的讀音

一等		高	kæ	考	kʰæ	好	hæ	各	koʔ	—	—	鶴	ŋoʔ	腭	ŋoʔ
二等	白讀	交	kæ	敲	kʰæ	孝	hæ	角	koʔ	確殼	kʰoʔ	學	ɦoʔ	樂	ŋoʔ
	文讀	交	tɕiæ	敲	tɕʰiæ	孝	ɕiæ	角	tɕioʔ*	確	tɕʰioʔ*	學	jioʔ	樂	jioʔ
三、四等		嬌	tɕiæ	翹	tɕʰiæ	曉	ɕiæ	腳	tɕioʔ	却	tɕʰiʔ	—	—	藥	jiʔ

因此，王文璧把“恪”字補入“殼”小韻，可能是受其母語吳方言的影響，一等字與二等字同音。當中的“却”是三等字，在吳方言中與“恪殼”應當不同音，怎能同居一個小韻？

這個正是新增字與早期曲韻書小韻的矛盾處。我們設想：王文璧在增訂時會遇到矛盾的兩個方面，一方面是北方話及以北方話爲基礎的早期曲韻書，一方面是自己所操的吳方言[7]。王文璧看到北方話和早期曲韻書中是“殼確”與“却”同音，而吳方言白讀中“恪”與“殼確”同音，因此他得出了“却＝殼確＝恪”的結論。見下表：

表二　二等字的雙重身份及其對《中州音韻》的影響

北方話	吳方言白讀	《中州音韻》
却＝殼確	殼確＝恪	却＝殼確＝恪

也許是爲了兼顧（或者說調和）南北音，故而使一、二、三、四等字共居一個小韻。也可以說，二等字在南北方言中的雙重身份使其起到了一個媒介作用，把一等字和三、四等字結合進同一小韻。這可能是“恪”以及“尻㲹”“恆”這幾個一等字在

《中州音韻》中讀細音的原因⑧。

《中州音韻》對後世韻書頗有影響⑨。"恰"與"殼確"或"却"同音這種做法，隨着時間的推移，就有越來越多的韻書加以採用了。如明代的《並音連聲字學集要》《元音韻學大成》《書文音義便考私編》《合併字學篇韻便覽》《西儒耳目資》《中州全韻》《音韻正訛》，清代的《詩詞通韻》《音韻須知》《圓音正考》《曲韻驪珠》《中州音韻輯要》《同音字辨》，等等，都承襲了這一做法。雖然這些韻書的音系性質、語音基礎不盡相同，"恰殼確却"等字有的歸入聲，有的不歸入聲，有的讀近效攝，有的讀近果攝，但那是音值的不一，字的歸類是一致的。

從《中州音韻》之後，恰字開始可以讀細音。先是讀效攝齊齒，是北方話的白讀音。1587 年江蘇江寧人李登編的《書文音義便考私編》記載恰有"渴、却"兩讀，前者是"舊音"，後者是"今通呼"。説明當時江淮方言中"恰"音"却" [kʰiɒʔ] 是通行的讀音，蓋過了開口讀法。這種讀音不再接近效攝，而是接近果攝了。1602 年的《合併字學篇韻便覽》恰字亦爲"渴、却"兩讀，但已不讀入聲改讀去聲，是果攝陰聲韻字。這是新産生的文讀音，排擠了原來讀效攝上聲的白讀音。之後直到清代《圓音正考》，溪母在細音前顎化爲 [tɕʰ]，[kʰio] 變爲 [tɕʰio]。再後來 [o] 受介音 [i] 的影響而前化變爲 [ɛ]，圓唇性轉到介音 [i] 上，使之變爲 [y]，便成爲現代的 què [tɕʰyɛ] 音了。

歷史上還有一些韻書韻圖未受這種做法的影響，仍然堅持恰讀洪音。如《字學元元》(1603)《音聲紀元》(1611)，恰字三屬於宕攝、效攝、果攝，都與洪音相配。《五方母音》(1654—1664)，"恰渴磕"同音，與"却卻確殼"不同音。《等切元聲》(1703)"音考，又音可。"《音韻逢源》(1840) 恰與課同音。《韻籟》(1824—1854)"恰渴刻克"同音。《正音切韻指掌》(1860)"恰，喀額切，却，欺約切"。《新訂中州全韻》(1791) 還據《中原雅音》對《中州全韻》提出批評："恪，范氏叶巧，亦誤，原本叶考。"有的依違於洪音、細音之間，《音韻清濁鑒》（1721）"恪，本苦各切，叶巧。"但在《辨清濁》部分的韻圖中，四聲相配，"尻考餉恪"洪音相配，"敲巧敲殼"細音相配。

由此我們知道，恪字 què 音產生的關鍵，也是過去難以索解之處，在於一等字讀細音。這是在受到吳方言影響的《中州音韻》一書中最先產生的。它不是語音的自然演變，而是韻書編者爲了調和南北音，人爲地消彌語音差異造成的。之後，因爲各種韻書之間的傳承和互相參考，影響逐漸擴大。現在，我們既要明白 kè 音是應當遵循的規範讀音，也應認識到 què 音的來源也頗爲深遠，至少可以上溯五百多年，它的產生和演變是有跡可考的。

〔注釋〕

① 原文作："我（趙元任先生）那時（1924 年 8 月 7 日）是用英文寫的日記，記了。'Y. C. Chen' 括弧裹注 '陳寅恪'。八月十五日又寫 'David Yule & Y. C. Chen Here'，David Yule 就是俞大維先用的英名拼法。到了八月二十日才發現寅恪自己用的拼法，那天的日記上就寫了去訪 'Yinko Tschen'。'陳' 字的拼法當然就是按德文的習慣，但是 '恪' 字的確有很多人誤讀若 '卻' 或 '怯'。前者全國都是讀洪音ㄎ母，沒有讀細音ㄑ母的，而 '卻、怯' 在北方是讀ㄑㄩㄝ，所以我當初也跟着人叫他陳寅ㄑㄩㄝ；所以日記上也先寫了 'Y. C. Chen' 了。"見趙元任、楊步偉文章《憶寅恪》，《陳寅恪印象》第 19 頁。

② "湖南中、西部是把 '恪' 讀爲 quó 的（如 'quó 守成規'），陳先生同湖南曾家、俞家關係密切，可能人們把這個地方讀法普遍化了，從而也就在普通話中念成 què 了！"參見黃延復（2006）引李光謨信。

③ 本文擬音多來自前人時賢相關研究論著，不一一注出，謹致謝忱。

④ 本文所引古代字書、韻書中的收字，均原文照録，對繁體字、異體字不作改動。

⑤ 祇有 "哮嗃虩烋詨二等" 小韻與 "梟四等 罵桴款三等 嘵鴞驍四等" 小韻

的對立尚且保持，但兩小韻的反切相同，都是"希交切"，說明實際上已同音。

⑥ 本表字音選自《漢語方音字彙》，不標聲調。加 * 的音是據《蘇州方言語音研究》所補入。

⑦ 假如當時吳方言中牙喉音開口二等字已經有文白異讀，那麼矛盾的兩方面也會體現爲文讀和白讀。

⑧ 李榮先生在《語音演變規律的例外》一文中曾論及"攪"、"搞"二字的淵源，可參看。這兩字情況與"恪"字兩音有所不同，但都是牙喉音二等字在南北方言中的演變規律不同而又互相影響所致。

⑨ 甯忌浮先生（2009：422）說："《中州音韻》的社會效應，實用價值，是同類韻書不能相比的。……在韻書史上，它的反切確實有影響。"

〔主要參考文獻〕

[1] 劉經富 . 談陳寅恪的"恪"字讀音 [J]. 文史知識，2009（6），136－141.

[2] 張旭東 . 公案總傳疑：陳寅恪先生"恪"字之讀法 [J]. 中國文化，2009（1）：150－155.

[3] 鄭茵 . 陳寅恪的"恪"應當怎麼讀？[J]. 咬文嚼字，1997（9）：28－30.

[4] 董寶光 ."恪"字讀音 [J]. 文史知識，1997（4）：32.

[5] 黃延復 . 陳寅恪先生怎樣讀自己的名字？中華讀書報，2006－11－15（4）.

[6] 曹先擢 . 也談"恪"的音讀問題 . 光明日報，2007－8－16.

[7] 王繼如 ."恪"字究竟怎麼讀？光明日報，2007－7－26（9）.

[8] 北京大學中文系語言學教研室 . 漢語方音字彙 [M]. 第二版重排本 . 北京：語文出版社，2003.

[9] 高曉虹 . 北京話入聲字的歷史層次 [M]. 北京：北京語言大學出版社，2009.

[10] 耿振生 . 明清等韻學通論 [M]. 北京：語文出版社，1992.

[11] 劉丹青 . 南京方言詞典 [M]. 南京：江蘇教育出版社，1995.

[12] 羅常培，蔡美彪 . 八思巴字與元代漢語 [M]. 增訂本 . 北京：

中國社會科學出版社，2004.

[13] 甯繼福．中原音韻表稿 [M]．長春：吉林文史出版社，1985.

[14] 錢乃榮．當代吳語研究 [M]．上海：上海教育出版社，1992.

[15] 汪 平．蘇州方言語音研究 [M]．武漢：華中理工大學出版社，1996.

[16] 王 力．漢語語音史 [M]．北京：中國社會科學出版社，1985.

[17] 趙元任，楊步偉．憶寅恪．//錢文忠編．陳寅恪印象 [M]．上海：學林出版社，1997：17—20.

[18] 甯忌浮．漢語韻書史 [M]．明代卷．上海：上海人民出版社，2009.

[19] 李榮．語音演變規律的例外 [A]．//音韻存稿 [C]．北京：商務印書館，1982.

The origin of "恪" being read "què"

Chen Ning

(School of Chinese Language and Literature, Central
China Normal University, wuham430079, China)

Abstract："恪" is one character of Chen Yin—ke's name. It is pronounced "què" sometimes. But people do not know how this pronunciation came. We refer to many dictionaries which were written from Song Dynasty to Qing Dynasty, search evolution of "恪"'s pronunciation, find out where the pronunciation came from and how it came into being. "恪"'s pronunciation is big aperture (洪音) and belongs to first division (一等) originally. It first became homophonous characters with "確" "卻" in *Zhongzhou Yinyun*, a rhyme dictionary of Qu poetry, which was written by Wang Wen—bi in Ming Dynasty. It became small aperture (細音) from big one. This is not a natural but man—made change. It took place against north and south dialects background.

Key words："恪"；"què" pronunciation；*Zhongzhou Yinyun*

(陳寧，華中師範大學文學院，郵編　430079)

知莊章三組聲母在《通鑑釋文》中的發展

鄧 强

内容摘要：《資治通鑑釋文》約作於 1150－1160 年之間，作者爲宋代四川人史炤。該書有大量反映知莊章三組聲母混注的音切，這些材料反映出《通鑑釋文》中知莊章三組聲母演變的方式是知組二等與莊組合併，知組三等與章組合併，然後知組三等和章組又漸與知組二等和莊組合流。知莊章三組聲母在《通鑑釋文》中正處在合流的過程中，尚未完全合併。這是宋代四川語音知莊章三組聲母演變的真實反映。

關鍵詞：《通鑑釋文》 宋代 聲母 知 莊 章

《資治通鑑釋文》（下簡稱《通鑑釋文》）是現今所能見到的最早爲《資治通鑑》作注的音義專書。作者史炤，字子熙，又字見可，宋眉州眉山（今四川眉山）人，曾官宣義郎，監成都府糧料院。古代文獻中鮮有對史氏生平仕履的詳細記載。《通鑑釋文》前所存宋馮時行序是現今考察史氏其人其書最早最可靠的歷史文獻。馮序曰：

> 《通鑑》之成，殆百年未有釋文。學者讀其書，間有難字，必舍卷尋繹，淹移晷景。一字既通，則已忘失前覽矣。於是眉山史見可著《通鑑釋文》三十卷，字有疑難，求於本史，本史無據，則雜取六經、諸子、釋音、《説文》、《爾雅》及古今小學家訓詁、辯釋、地理、姓纂、單聞、小説。力疲

疲積，十年而書成。吁！亦勤哉！夫無用之學，聖賢所不
取，古今以文章名世傳後固不少，雖傳矣，未必真有補於
世。見可精索而粗用，深探而約見，不與文人才士競能於異
世，而爲後學垂益於無窮，亦可以觀其用心矣！見可名焰，
嘉佑治平間眉州三卿爲搢紳所宗，東坡兄弟以鄉先生事之，
見可即清卿之曾孫也。溫恭誠信見於言貌，年幾七十，好學
之志不衰，其猶所謂古君子者歟！紹興三十年三月日左朝散
郎權發遣黎州軍州主管學事縉雲馮時行序。

紹興三十年爲公元 1160 年，此時史焰"年幾七十"，則史氏
生年當在 1090 年之後不久。《玉海》卷四十七載："《通鑑釋文》
三十卷 史焰紹興三十一年（筆者按：1161 年）上。"《中國史學
史辭典》推斷史焰主要活動在公元 1092－1161 年之間，基本可
信。史焰由北宋入南宋，經歷了社會動盪和政權更叠，《通鑑釋
文》約作於 1150－1160 年之間，時值南宋高宗紹興年間。

《通鑑釋文》注釋條目共 28078 條，注音在除去重複之後共
計有效反切和直音 9875 條。該書音切材料如此豐富，是我們今
天考察兩宋之交時期漢語語音的重要文獻。《通鑑釋文》中有大
量知莊章三組聲母混注的音切，成爲我們考察這三組聲母在宋代
四川地區演變的重要依據。

知莊章三組的合流是近代漢語發展過程中一項重要的音變。
該音變自唐五代開始便已出現，在反映當時西北方音的文獻材料
裏，這三組聲母相混的例證屢見不鮮。漢藏對音和《開蒙要訓》
音注（羅常培 1961）、唐五代俗文學中的別字異文（邵榮芬
1963）、《字寶》音注和《千字文》別字異文（劉燕文，1998）等
材料中都有不少三組聲母相混的例證。宋代知莊章三組合流繼續
發展。北宋中期《皇極經世書 聲音倡和圖》裏知照（章莊）兩
組合一，周祖謨先生（1966）說："考本組（筆者按：知組）與
照穿床相次，而不與端透定相次，其讀音或已與照母相混。"與

《通鑑釋文》出現時間相若的《盧宗邁切韻法》，該書是一部韻圖，也是知莊章三組已合併（魯國堯，1993）。同樣是出現於十二世紀末期，反映西北方音的漢夏對音材料《番漢合時掌中珠》，知莊章三組也已合併（龔煌城，1981）。那麼出自宋代四川的《通鑑釋文》中這三組聲母的關係又是如何呢？本文擬對此問題進行討論。

　　本文選取"四部叢刊本"爲工作底本（該本乃據"烏程蔣氏密韻樓藏宋刊本"影印，爲完帙），再取"中華再造善本"（影印宋本）與之對校，以"叢書集成初編本"作參校，對音注全面校勘。與中古音的比較，我們遵循邵榮芬和陳亞川先生先後提出和完善的反切比較法原則，找《廣韻》中的可比對之音作比較，在必要時亦參考《集韻》。下面先分類羅列反映知莊章三組聲母混注的反切和直音，然後討論。對被注字和反切上字注出在中古完整的音韻地位。音注後的括弧裏注出該被注字的出處。

一　知組與章組

（一）知母與章母

1. 以知注章

鷙_{章至開三去}，陟_{知職開三入}利切（周紀三）　　診_{章軫開三上}，張_{知陽開三平}忍切（晉紀三十三）

障_{章漾開三去}，竹_{知屋合三入}亮切（唐紀二十五）

2. 以章注知

縶_{知緝開三入}，脂_{章脂開三平}利切（宋紀七）　　知（通智）_{知寘開三去}，主_{章廣合三上}義切（秦紀一）

質_{知至開三去}，音寔_{章寘開三去}（漢紀一）　　質_{知至開三去}，音至_{章至開三去}（晉紀二十四）

質_{知至開三去}，音贄_{章至開三去}（唐紀五）　　質_{知至開三去}，執_{章緝開三入}

利切（漢紀五十八、梁紀二十二）

　　質_{知至開三去}，職_{章職開三入}利切（秦紀一，漢紀十七、二十四、三十一、四十一、四十五，魏紀九，晉紀二、七、十一、十三、十七、十九、二十六、二十九、三十二、三十七，宋紀四、十三，齊紀五、七、九，梁紀十二、十八、十九、二十一，陳紀一、四、八、九，隋紀七，唐紀三十七、七十七、七十九，後梁紀一，後唐紀一，後晉紀五）

　　蛛_{知虞開三平}，音朱_{章虞開三平}（秦紀二）　著_{知御合三去}，音注_{章遇合三去}（漢紀四十六）

　　駐_{知遇合三去}，音注_{章遇合三去}（唐紀四十六）　珍_{知真開三平}，音真_{章真開三平}（晉紀三十五）

　　珍_{知真開三平}，朱_{章虞開三平}仁切（唐紀八）　珍_{知真開三平}，之_{章之開三平}人切（梁紀十二）

　　窀_{知諄合三平}，朱_{章虞開三平}倫切（漢紀四十五）　陟_{知職開三入}，之_{章之開三平}日切（唐紀六十五）

　　厔_{知質開三入}，職_{章職開三入}日切（唐紀四十四、四十六）

　　朝_{知宵開三平}，音昭_{章宵開三平}（漢紀十二、晉紀六）

　　長_{知養開三上}，章_{章陽開三平}仗切（周紀二）　長_{知養開三上}，之_{章之開三平}兩切（晉紀二十四）

　　著_{知藥開三入}，只_{章支開三平}略切（唐紀六十）　芍_{知藥開三入}，音酌_{章藥開三入}（漢紀五十八、宋紀三）

　　輈_{知尤開三平}，音舟_{章尤開三平}（漢紀四十五）　輈_{知尤開三平}，彰_{章陽開三平}留切（漢紀五十一）

　　盩_{知尤開三平}，之_{章之開三平}由切（唐紀四十四）　肘_{知有開三上}，執_{章緝開三入}柳切（唐紀四十七）

　　縶_{知緝開三入}，音執_{章緝開三入}（唐紀五十八）　沾_{知鹽開三平}，之_{章之開三平}廉切（魏紀八）

　　（二）徹母與昌母

1. 以徹注昌

吹昌支合三平，敕徹職開三入類切（唐紀五）　　占昌鹽開三平，勅徹職開三入廉切（漢紀六）

2. 以昌注徹

答徹之開三平，昌昌陽開三平之切（晉紀十七）　　郗徹脂開三平，昌昌陽開三平之切（晉紀十八）

郗徹脂開三平，處昌御合三去脂切（晉紀二十六、唐紀五十三）

樗徹魚開三平，音樞昌虞合三平（周紀三）　　褚徹語開三上，昌昌陽開三平與切（漢紀五十四）

昶徹養開三上，昌昌陽開三平兩切（晉紀八、宋紀六）

綝徹侵開三平，尺昌昔開三入林切（晉紀二十二）

《通鑑釋文》知章組的混注以知母與章母、徹母與昌母的混注爲主，澄母與船禪二母無混注。

從混注例的被注字和反切上字的等第來看，知章兩組的混注都是知組三等與章組混注，被注字和反切上字無知組二等字，這説明知章組的相混最初當是發生在知組三等和章組之間的。知母三等音注 69 條[①]，章母音注 115 條，混注共 30 條，混注佔總數的比例爲 16.30%，混注比例很高，可以確定知三等章合併。徹母三等音注 42 條，昌母音注 42 條，混注共 9 條，混注佔總數的比例爲 10.71%，混注比例也很高，可以確定徹三等昌合併。由此看來《通鑑釋文》中知組三等當與章組合併。

二　知組與莊組

以莊注知

獠知巧開二上，側莊職開三入絞切（唐紀五十九）　　獠知巧開二上，音爪莊巧開二上（唐紀三、二十九）

吒知禡開二去，側莊職開三入加切（唐紀十七）　　樝知麻合二平，

莊_{莊陽開三平}華切（唐紀七十五、後梁紀三）

《通鑑釋文》知組與莊組的混注例都是知母與莊母的混注，未出現徹母與初母、澄母與崇母等的混注。從混注例的被注字和反切上字的等第來看，知莊兩組的混注主要是知組二等與莊組混注，僅一例爲知母三等注莊母二等，見下文。這説明知莊組的相混最初可能是先發生在知組二等和莊組之間的。知母二等音注10條，莊母音注 33 條，混注 4 條，混注佔總數的比例爲9.30％，比例較高，接近 10％，而且單從知母二等來看，它的音切總共 10 條，其中便有 4 條是與莊母的混注，可見知母二等與莊母的關係是十分密切的，它們的讀音當已無分別。

三　知三等章組與知二等莊組

（一）知母三等與莊母

1. 以知注莊

捉_{莊覺開二入}，竹_{知屋合三入}角切（唐紀三十一）

（二）章母與莊母

1. 以章注莊

柤_{莊麻開二平}，之_{章之開三平}加切（魏紀六）

2. 以莊注章

甄_{章真開三平}，側_{莊職開三入}鄰切（漢紀二十七、二十八、三十一，魏紀一、五，晉紀三十五，齊紀十，梁紀一）

（三）昌母與初母

以昌注初

毳_{初祭合三去}，充_{昌東合三平}芮切（唐紀十七、後梁紀四）

（四）船母與崇母

以船注崇

咋_{崇陌開二入}，實_{船質開三入}窄切（後唐紀五）

（五）禪母與崇母

以禪注崇

柿崇止開三上，上禪漾開三去 史切 （唐紀二十六）

（六）書母與生母

1. 以書注生

索生陌開二入，式書職開三入 格切 （唐紀五十五）

2. 以生注書

瀒書葉開三入，所生語合三上 涉切 （晉紀二十一）

知母三等音注 69 條，莊母音注 33 條，知莊混注 1 條，混注佔總數的比例爲 0.98%。章母音注 115 條，莊母音注 33 條，章莊混注 2 條，混注佔總數的比例爲 1.35%。昌母音注 42 條，初母音注 22 條，昌初混注 1 條，混注佔總數的比例爲 1.56%。船母音注 29 條，崇母音注 25 條，混注 1 條，混注佔總數的比例爲 1.85%。禪母音注 65 條，崇母音注 25 條，混注 1 條，混注佔總數的比例爲 1.11%。書母音注 62 條，生母音注 51 條，混注 2 條，混注佔總數的比例爲 1.77 %。以上幾種形式的混注數量和比例都很小，不足以將它們分別合併。

從混注的數量看，知組三等與章組混注的數量及知組二等與莊組混注的數量都較多，都遠大於知三等章組與知二等莊組的混注。這說明知組三等與章組的合流及知組二等與莊組的合流遠比知三等章組與知二等莊組的相混發展得成熟，當產生得更早，已經有一定的發展歷史，知三等章組與知二等莊組相混發展的時間則相對較短。這種混注發展的不平衡現象可以這樣來解釋，即知章莊三組的相混是以知組三等與章組、知組二等與莊組分別合流開始的，合流路線分爲兩支，前者爲一支，後者爲一支，兩組合流平行發展。知三等與莊、章與莊、昌與初、船與崇、禪與崇、書與生等的混注說明知三等章組與知二等莊組有逐漸合流爲一支的趨勢。其發展路線可以用下圖簡略地表示：

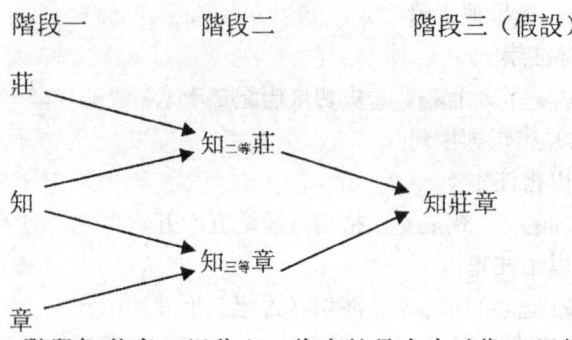

　　第一階段知莊章三組分立，代表的是中古時期三組聲母的狀況，第二階段知二等莊合流，知三等章合流，代表的就是宋代《通鑑釋文》時期的發展狀況，第三階段知莊章三組基本完成合流，這是我們對《通鑑釋文》中這三組聲母發展趨勢的假設。根據音切混注的實際情況來看，《通鑑釋文》音系中知莊章三組的合流已經超越了第二階段，有向第三階段邁進的趨勢，即知三等章組與知二等莊組逐漸相混。因此知莊章三組聲母在《通鑑釋文》中尚未完全合併。

　　《通鑑釋文》音系章莊之間的混注爲我們提供了知三等章組與知二等莊組的相混是哪一組逐漸併入哪一組。以章注莊例：粗，之加切。被注字“之”爲章母三等字，用作莊母二等字“粗”的反切上字。章母是舌面前音，祇拼三等，不與二等拼合，用章母字作莊母二等字的反切上字，應該説明章母讀音變同舌葉音莊母，相反的變化則不大可能。知三等莊之間的混注也能説明這一點，以知注莊例：捉，竹角切。知三等與章已合併，那麼知三等與莊混注的實質與章莊混注相同，所以知三等讀入莊的道理也與章讀入莊相同。

　　知莊章三組聲母合流的模式，即哪兩組先合併，然後哪兩組再合併，各類文獻反映出的情況不盡相同，學界對知莊章三組合流的模式尚未有統一的意見。王力（1958）認爲章莊二組先合併，然後知組併入。魯國堯（1993）與王力的觀點基本一致，認爲《盧宗邁切韻法》所反映的"……當是莊章先合，再與知合，初昌先合，再與徹合"。晚唐五代出現的《守温韻學殘卷》（黃易青，2007）將章莊並爲"照穿床審禪"，也是章莊先合，知組尚未併入。《通鑑釋文》中知莊章三組合流的模式與之不同。宋初《爾雅音圖》（馮蒸，1994）的知莊章三組中知三等章相混是主流，知二等莊相混，章莊相混。稍晚於《通鑑釋文》的《詩緝》（劉紅花，2005）知三等章混同，知二等莊相混，但莊章界限還很分明。從合併的模式上來看，《通鑑釋文》與《爾雅音圖》和《詩緝》近似。據周祖謨（1966）等先生研究，北宋的中原語音裏知莊章三組已經合一。相比較之下，《通鑑釋文》中這三組聲母的演變則顯得比較緩慢，這應當是通語音變在方言地區發展速度不一致的表現。《通鑑釋文》中知莊章三組合流的獨特模式和速度應當是宋代四川語音的真實反映。

〔注釋〕

①《通鑑釋文》音注有博採《廣韻》、《集韻》和宋以前音義作品反切的特點。知莊章三組（除泥娘二母）有效音注共 1583 條，其中引自《廣韻》和《集韻》的反切共 904 條，佔了一半以上，引自《經典釋文》等前代音義的共 11 條，能視爲作者自創的僅 668 條。《廣韻》反切是我們比較的對象，《集韻》在音系上基本沿襲《廣韻》。計算混注佔某兩類聲母的比例時若把這些引自《廣韻》和《集韻》等書的音切都納入進來，那麼就會大大增加兩類字自注的數量，導致基數增大，混注佔總數的比例很小。在考察音系時由於這部分音切的存在就很難反映音類的混合情況，容易出現音類有別的假像，這樣就不利於對真實情況的考察。因此在計算比例時，基數不包括引自《廣韻》和《集韻》以及前代音義的音切數，本文中給出的各聲母的音切數也都是除去引自他書的音切後屬於作者自創音切的數量。

〔主要參考文獻〕

[1]（宋）史炤 . 資治通鑑釋文 . //四部叢刊初編 [C]. 上海：上海書

店，1989.

[2]（宋）王應麟．玉海．//影印文淵閣四庫全書［C］．第九四四册．臺北：商務印書館，2003.

[3] 明文書局編．中國史學史辭典［M］．臺北：明文書局，1986.

[4] 羅常培．唐五代西北方音［M］．北京：科學出版社，1961.

[5] 邵榮芬．敦煌俗文學中的別字異文和唐五代西北方音［J］．中國語文，1963（3）.

[6] 邵榮芬．《五經文字》的直音和反切［J］．中國語文，1964（3）.

[7] 劉燕文．敦煌寫本《字寶》《開蒙要訓》《千字文》的直音、反切和異文．//語苑擷英［C］．北京：北京語言文化大學出版社，1998.

[8] 周祖謨．宋代汴洛語音考．//問學集（下册）［C］．北京：中華書局，1966.

[9] 魯國堯．盧宗邁切韻法述論．//魯國堯語言學論文集［C］．南京：江蘇教育出版社，2003.

[10] 龔煌城．十二世紀末漢語的西北方音（聲母部分）.//西夏語言文字研究論集［C］．北京：民族出版社，2005.

[11] 陳亞川．反切比較法例説［J］．中國語文，1986（2）.

[12] 王力．漢語史稿［M］．北京：中華書局，1958.

[13] 黃易青．守温韻學殘卷反映的晚唐等韻學及西北方音［J］．北京師範大學學報，2007（3）.

[14] 馮蒸．《爾雅音圖》音注所反映的宋代知莊章三組聲母演變［J］．漢字文化，1994（3）.

[15] 劉紅花．《詩緝》音釋研究［D］．南京大學博士論文，2005.

The Development of Initial Groups：Zhi（知），
Zhuang（莊）and Zhang（章）in Tongjian Shiwen（《通鑑釋文》）

Deng Qiang

(School of Humanities，Kunming University，
Kunming Yunnan 650214，China)

Abstract：*Tongjian Shiwen*（《通鑑釋文》）by SHI Zhao（史炤）in *Song*

(宋) dynasty is a book with a lot of *fanqie*（反切）and *zhiyin*（直音）. Some peculiar *fanqie*（反切）and *zhiyin*（直音）in this book reflected the confusion of initial groups：*Zhi*（知），*Zhuang*（莊）and *Zhang*（章）. This fact was the manifestation of *Sichuan*（四川）dialect in *Song*（宋）dynasty.

Key words：*Tongjian Shiwen*（《通鑑釋文》）；*Song*（宋）dynasty；initial；*Zhi*（知）；*Zhuang*（莊）；*Zhang*（章）

（鄧强，昆明學院人文學院，郵編 650214）

《敦煌本〈俗務要名林〉
音注聲母再探討》誤例辨析*

高天霞

内容摘要：敦煌本《俗務要名林》音注與《廣韻》有很多不同之處，對此進行深入研究，既有助於全面認識唐代西北方音的面貌，也有助於深入研究漢語語音的發展變化，李紅《敦煌本〈俗務要名林〉音注聲母再探討》即這方面的論文之一。該文主要探討了《俗務要名林》音注所反映的聲母現象，其中不乏符合實際的見解，然遺憾的是，在該文所利用的取自《俗務要名林》的 55 條音注例證中，有 32 條是有問題的，這些問題例證的使用大大影響了一些研究結論的準確性。爲了使人們更加清楚地認識並準確地把握《俗務要名林》音注聲母的特點，我們有必要對這些問題例證進行審辨分析。

關鍵詞：《俗務要名林》 音注 聲母 辨析

引 言

《敦煌學輯刊》2011 年第 1 期第 136 頁至 142 頁刊發了李紅的文章《敦煌本〈俗務要名林〉音注聲母再探討》（以下簡稱

---

* 本文爲河西學院青年基金項目“敦煌寫本《俗務要名林》音注研究”的成果之一。本文在寫作過程中承蒙周玉秀先生悉心指導並提出寶貴的修改意見，特此致謝。

《再探討》），該文以取自敦煌本《俗務要名林》（以下簡稱《要名林》）的 1113 例反切和 305 例直音爲依據，探討了《要名林》音注的來源與特點，舉例分析了《要名林》的聲母現象。在論證過程中，李紅一方面對前人研究的既成結論作了補充，另一方面又根據前人沒有發現的例證探討了《要名林》音注的一些問題。其中的一部分結論是能夠成立的，如《要名林》輕重唇音分立、舌頭音與舌上音分立、有濁音清化的現象、齒音各系之間有混同、牙音與喉音有混同等。同時，文章也存在明顯的不足之處，即在其使用的 55 條例證[①]中，有 32 條是有問題的。這些問題例證的使用有的直接影響了結論的正確性，有的雖不至於推翻其基本結論，但其準確性和說服力卻打了折扣。

如今，距離《再探討》一文的發表已過去了兩年多的時間，然筆者尚未發現有專門撰文討論這些問題的。再加之《要名林》是發現於敦煌藏經洞的一種流行於 7 世紀後半葉唐代民間的漢文寫本文獻，它所反映的社會生活"是唐代社會，尤其是敦煌地區的社會生活的寫真"[1]55；"其反切注音不受傳統韻書的局限，故可借由材料的分析而呈現出唐代西北方音聲、韻、調的特徵"[2]532。因此，辨析清楚《再探討》一文中的問題例證，準確揭示《要名林》音注的聲、韻、調特點，對於全面認識唐代西北方音的面貌以及深入研究漢語語音的歷時演變都是很有意義的。

依據致誤原因的不同，《再探討》中的 32 條問題例證大體可分爲以下四類：（1）不明《廣韻》聲類與聲母的關係而誤；（2）不明字的音義對應關係而誤；（3）校勘不精而誤；（4）不明字之聲系而誤。

一　不明《廣韻》聲類與聲母的關係而誤

《廣韻》之聲類是學者們通過繫聯《廣韻》反切上字而得到

的結果，由於繫聯時於個別地方尺度的寬嚴不同，諸家繫聯出的《廣韻》聲類也不盡相同，如陳澧繫聯的結果是 40 類，曾運乾的則是 51 類。"聲類的不同並不意味着聲母的不同，因爲表示同一聲母的反切上字，根據繫聯或統計可能會分成兩類。"[3]57 因此在確定某字的聲母屬於哪一紐時不能僅僅根據繫聯出的反切上字的類來決定，而應當將其與該字的韻等結合起來考慮。就唇音而言，輕唇音非、敷、奉、微祇跟合口三等韻以及流攝開口三等韻拼合。也就是説，在繫聯出的唇音反切上字中，祇有與合口三等韻以及流攝開口三等韻拼合的唇音，其聲母纔屬於輕唇音。

《再探討》中屬於不明白《廣韻》聲類與聲母的關係而誤的例子有 3 條，都集中在唇音上，它們是：

(1) 皴，《要名林》普儀反，滂母；《廣韻》敷羈反，敷母；輕重唇混注。

(2) 帔，《要名林》普義反，滂母；《廣韻》披義反，敷母；輕重唇混注。

(3) 麵，《要名林》莫見反，明母；《廣韻》彌箭反，微母；輕重唇混注。

從反切看，"皴、帔、麵" 3 字的《廣韻》聲類分別爲"芳"類、"芳"類、"武"類，但這不等於説它們的《廣韻》聲紐就是敷紐和微紐。因爲"皴、帔"爲止攝開口重三等字、"麵"爲山攝開口四等字，它們皆非合口三等韻或流攝開口三等韻。故"皴、帔、麵"三字的《廣韻》聲紐當分別爲滂紐、滂紐、明紐，這與它們在《要名林》中的聲紐是完全一致的——皆爲重唇音，而非《再探討》所認爲的 "輕重唇混注"。

關於《要名林》之重唇音與輕唇音之間的關係，我們可以和《經典釋文》（以下簡稱《釋文》）之陸氏音以及張參《五經文字》（以下簡稱《文字》）中的直音和反切比較。陸德明約生於公元552 年，歿於 622 年，因此《釋文》之陸氏音基本代表 6 世紀後半到 7 世紀初的語音。《文字》成書於公元 776 年，其作者張參是涇州（今甘肅涇川）人，從小就在長安唸書，故《文字》可以代表 8 世紀的北方語音。據王懷中研究，在《釋文》之陸氏音系中重唇音幫、滂、並與輕唇音非、敷、奉是完全分開的，明微二紐則混而不分[4]37,124。到了《文字》中，明微二紐也分開了，一些在《廣韻》及《釋文》中明微不分的字，在《文字》中都作了改動[5]254。在時代上，《要名林》介於《釋文》與慧琳《音義》之間，據此推斷，其輕重唇音的分化情況亦當介於此二書之間。而據筆者研究，在《要名林》完整的 229 例唇音音注中，微紐單用 11 例，明微二紐混用 2 例（即"貓""芒"二字），其他輕重唇音混用 2 例（即"餚""碧"二字）。這說明《要名林》重唇音幫、滂、並與輕唇音非、敷、奉是徹底分開的，明微二紐則處於徹底分化前的混用狀態。這一結論與前面的推斷完全吻合。

二 不明字的音義對應關係而誤

諸家在研究《要名林》音注系統及其特點時，往往拿某字在《要名林》中的注音與該字在《廣韻》中的反切作對比。這個方法是有效而可行的，《再探討》也採用的是這一方法。但我們必須注意，使用這一方法時有些原則是務必要堅持的，即：（1）被比較的字在二書中字義必須相同；（2）當同一個字在二書中意義相同衹是所收音注有多少的差別時，分兩種情況：如果少數一邊的音注都能在多數一邊找到，可以認爲在此字的注音上兩書相同，衹是其中的一書多出了又讀罷了；如果少數一邊的音注與多數一邊的都不相同時，以語音差別的遠近作標準，將語音差別最近的那個音拿來作比較[5]249。

漢語音節數量的有限性與詞義表達的無限性之間的矛盾，使得漢語中存在着大量的多音多義字（詞），同一個字的不同讀音往往對應着不同的字義。因此，在上述兩條原則中，堅持"被比較的字在二書中字義必須相同"這一條就顯得尤爲重要。具體到《要名林》音切研究中，就意味着當碰到多音多義字時，我們祗能拿該字在《要名林》中所表現出的那個義項的音注與《廣韻》中同一義項所對應的反切作比較，字義不同的讀音之間是没有可比性的。

《再探討》没有注意到這一點，於是在舉例論證《要名林》音注聲母之特點時使用了9條音義不對應的例證，它們是：

(4) 樘，《要名林》丑庚反，徹母；《廣韻》徒郎切，定母；《集韻》抽庚切，徹母。

(5) 湔，《要名林》即先反，精母；《廣韻》昨先切，從母；精從相混。

(6) 扻，《要名林》側解反，莊母；《廣韻》諸氏切，章母；照三組與照二組相混。

(7) 齝，《要名林》丑之反，徹母；《廣韻》書之切，書母；照三組與知組相混。

(8) 辛，《要名林》音福（方六切），幫母；《廣韻》蒲角切；並母；清濁混用。

(9) 驃，《要名林》匹妙反，滂母；《廣韻》毗召切，並母；清濁混用。

(10) 酢，《要名林》倉路反，清母；《廣韻》在各切，從母；清濁混用。

(11) 犍，《要名林》居延反，見母；《廣韻》渠焉切，群母；清濁混用。

(12) 蝦，《要名林》呼加反，曉母；《廣韻》胡加切，匣母；清濁混用。

"樘"字《要名林·手部》曰："樘柱，上丑庚反，下智主反。"《要名林·手部》羅列的都是表示手部之動作的詞，"樘柱"

肯定也是手部的動作之一。《廣韻·唐韻》：“樘，徒郎切，車樘。”其義明顯與《要名林》不合。又《廣韻·庚韻》曰：“樘，撐也，又樘柱也，丑庚切。樘，上同。”據此，《要名林》之“樘”當即《廣韻·庚韻》之“樘、樘”，其聲紐皆爲徹紐，而非《再探討》所認爲的有徹、定之別。《再探討》以《廣韻》“車樘”之“樘”與《要名林》“樘柱”之“樘”進行語音對比，實乃疏失。

“湔”字《要名林·水部》曰：“湔，亦浣也。即先反。”《廣韻》“湔”有四音，其中“昨先切”下曰“湔葫，藥名”；“子仙切”下曰“洗也”。顯然，後者與《要名林》“即先反”同屬於精紐且詞義完全吻合，它們之間不存在“精從相混”的問題，《再探討》不當以《要名林》“浣洗”義的“湔”與《廣韻》“藥名”義的“湔”作語音對比。

“扻”字《要名林·手部》曰：“扻柳，上側解反，下阻力反。”俗書往往“扌”旁與“木”旁相混，故“柳”當爲“挧”之俗訛。《玉篇》：“扻，擊也。挧，打也。”《要名林》“扻”之取義與《玉篇》同。《廣韻》：“扻，諸氏切，開也。”詞義明顯與《要名林》不合。《集韻·佳韻》又有“扻，仄蟹切，擊也”，音義與《要名林》正合。因此，《要名林》之“扻”與《廣韻》之“扻”詞義有別，不符合音切對比的原則，《再探討》不當將二者相對照而認爲《要名林》“扻”字爲“照三組與照二組相混”例。

“齝”字《要名林·雜畜部》曰：“齝，中（牛）吐食。刃（丑）之反。”《廣韻》“齝”有二音二義：“書之切，《說文》曰：‘吐而噍也’”；“丑之切，牛吐食而復嚼也”。後者與《要名林》“齝”之音義皆合。《再探討》在比較音切時沒能保持詞義的一致性，於是誤以爲《要名林》之“齝”屬於“照三組與知組相混”例。

“篘”字《要名林·養蠶及機杼部》曰：“篘■，上音福，下音兩。"儘管詞目之下字殘損，但從該詞所在的部類以及部類內的位置看，它與"維子、龛、尿"等織機構件羅列在一起，其義定與機杼相關。《廣韻》："篐，蒲角切，竹名。"音義與《要名林》之"篐"不相屬。《集韻》："篐，方六切，織具。一曰竹名。"其"織具"義以及"方六切"之音與《要名林》"篐，音福"正合。《再探討》不當以《要名林》織具意義上的"篐"與《廣韻》竹名意義上的"篐"作比較而認爲此例屬於清濁混用例。

"驃"字《要名林·雜畜部》曰"匹妙反"，與表示馬毛色之種類的"連錢、騘、騅"等羅列在一起。《廣韻》："驃，驃騎，官名；又馬黃白色。毗召切，又卑笑切，又匹召切。"其中的"馬黃白色"、"匹召切"與《要名林》音義正合。《再探討》在對照時不當取"毗召切"一音。

"酢"字《要名林·飲食部》曰"食（倉）路反"，與"醬、塩"等調味品羅列在一起，其義即今天的"醋"。《廣韻·鐸韻》："酢，在各切，酬酢。"音義與《要名林》迥異。又《廣韻·暮韻》："醋，倉故切，醬醋。《説文》作'酢'。"是《要名林》"酢，食（倉）路反"即《廣韻》之"醋，倉故切，醬醋"，二者音義皆同。《再探討》誤將"醬酢"字當成了"酬酢"字。

"犍"字《要名林·雜畜部》曰"居言反"（《再探討》誤作"居延反"），與指稱牛之種類的"犢、牸"等列，其義當爲某種牛。《廣韻》"犍"字二音二義："居言切，犍牛"；"渠焉切，犍爲縣，在嘉州"。其前者與《要名林》之"犍"音義密合，《再探討》不當以後者爲參。

《要名林》"蝦"字兩見，《虫部》曰："蝦蟆，上戶加反，下莫加反"；《魚鱉部》曰："蝦，呼加反"。《廣韻》曰："蝦，胡加切，蝦蟆。"這與《要名林·虫部》之"蝦"音義密合。"蝦"在《集韻》中有二音二義："何加切，蟲名，《説文》'蝦蟆'也。一曰蝦蟲，與水母游"；"虛加切，蟲名"。儘管後者釋義略顯籠統，但結合前者"一曰蝦蟲，與水母游"一語就不難看出，《集韻》中讀作"虛加切"的"蝦"指的並不是蝦蟆，而是蝦子，這一音義與《要名林·魚鱉部》的"蝦，呼加反"完全吻合。《再探討》以《廣韻》蝦蟆意義上的"蝦，胡加切"來比照《要名林·魚鱉部》蝦子意義上的"蝦，呼加反"，於是誤以爲《要名林·魚鱉部》"蝦"的音注屬於曉母與匣母之間的清濁混用。

關於《要名林》的編排體例，姜亮夫曾説："全書按事物分類編排，每類録常用物名若干，然後逐一注上音義。……這種分義類的編輯法，是六朝以來的類書體式，民間所慣用。"[1]55 很明顯，《要名林》是以義類分部的，每一大類下的詞都屬於一個共同的義類範疇。在同一部類内部，詞語的排列也不是雜亂無章的，詞義最接近的往往羅列在一起。明白這一點，對於準確把握《要名林》詞義是非常有幫助的。因爲《要名林》中有很多詞祇注讀音而不注詞義，對於這些没有釋義的詞，理解它們音義對應關係的一個有效途徑就是根據該詞在《要名林》中的位置判斷。《再探討》如果注意到了這一點，上述誤例就會減少很多。

三　校勘不精而誤

《要名林》是出自於敦煌藏經洞的一種寫卷文獻，其中脱文、衍文、錯簡、訛字、殘損、漫漶不清等現象比比皆是，因此，研究必須從校勘做起。學界對《要名林》的迻録與校勘始自 1925 年劉復的《敦煌掇瑣》，此後，經過慶谷壽信（1976）、張金泉（1996）、陳璟慧（1997）、郝春文（2003）、張涌泉（2008）等學者的不斷補充，寫卷數量由 1 個到 4 個，校勘質量也後出轉精。前人卓有成效的校勘爲我們全面理解並深入研究《要名林》中的其他問題奠定了良好的文本基礎，是研究《要名林》不可或缺的參考資料。研究《要名林》的音注問題時，充分參考並吸收這些校勘成果顯得尤其重要，因爲文字辨識上的"差之毫釐"將直接導致音注分析上的"謬以千里"。

《再探討》中因校勘不精而導致的錯誤例證有 17 條，它們是：

(13) 罩，《要名林》陡教反；《廣韻》都教切；二者皆爲類隔切。

(14) 裁，《要名林》則來反，精母；《廣韻》昨哉切，從母；精從相混。

(15) 餉，《要名林》職亮反，章母；《廣韻》式亮切，書母；照三組內部混同。

(16) 挺，《要名林》舒延反，書母；《廣韻》丑延切，徹母；照三組與知組相混。

(17) 塵，《要名林》音主：塵，直珍切，澄母；主，之庾切，章母；照三組與知組相混。

(18) 羆，《要名林》音悲：羆，敷羇切，並母；悲，府眉切，幫母；清濁混用。

(19) 荳，《要名林》蒲本反，並母；《廣韻》方問切，幫母；清濁混用。

(20) 坌，《要名林》府云反，非母；《廣韻》蒲悶切，並母；清濁混用。

(21) 㰸，《要名林》薄皆反，並母；《廣韻》匹卦切，滂母；清濁混用。

(22) 稒，《要名林》普胡反，滂母；《廣韻》奉甫切，奉母；清濁混用。

(23) 酘，《要名林》陡陋反，端母；《廣韻》田候切，定母；清濁混用。

(24) 秢，《要名林》杜迴反，定母；《廣韻》都回切，端母；清濁混用。

（25）破，《要名林》徒亂反，定母；《廣韻》丁貫切，端母；清濁混用。

（26）汋，《要名林》之藥反，章母；《廣韻》市若切，禪母；清濁混用。

（27）書，《要名林》時諸反，禪母；《廣韻》傷魚切，書母；清濁混用。

（28）蹶，《要名林》居月反，見母；《廣韻》其月切，群母；清濁混用。

（29）鏡，《要名林》巨京反，群母；《廣韻》居慶切，見母；清濁混用。

"罩"字《要名林》兩見：《聚會部》"罩"字下 S. 617 誤注作"所教反"，P. 2619 注作"知教反"；《魚鱉部》"罩"字下 S. 617 注作"陟教反"，P. 2619 注作"知教反"。不論是"陟教反"還是"知教反"，都說明《要名林》之"罩"字爲知紐字。《廣韻》"罩"音"都教切"，屬端紐。《廣韻》與《要名林》"罩"字音注上的差異説明，在《要名林》的語音系統中，舌上音已從舌頭音中獨立了出來。《再探討》誤以《要名林》"陟教反"爲"陡教反"，遂將"罩"字誤作了類隔切。

"裁"字《要名林·田農部》曰"裁，種拊，則來反"，與"蒔、苗"等詞並列，這裏的"裁"顯然非"裁衣"之"裁"，而乃"栽"字之形訛。諸家皆校"裁"作"栽"，甚確。《廣韻》"栽，祖才反，種也"，音義與《要名林》"裁（栽）"正合。《再探討》失校，故以《要名林》之"裁"爲精從相混例。

"餉"字 S. 617 作"蟻亮反"，P. 2609 作"識亮反"。《廣韻》曰"餉，式亮切"，與 P. 2609 "識亮反"同音。據此可知 S. 617 "蟻亮反"之"蟻"乃"識"之訛。張金泉《敦煌音義匯考》即校"蟻"作"識"。《再探討》不察，遂將"餉"字誤作"照三組內部混同"之例。

"梴"字在《要名林·手部》，曰："揉梴，上而由反，下舒延反。""揉梴"連言且在《手部》，則"梴"當爲手之動作。《廣韻》："梴，丑延切，木長。"音義與《要名林》不合。《廣韻》又有"挻，式連切，柔也，繫也，和也，取也，長也"，其讀音及部分義項與《要名林》之"梴"同。又寫卷往往"扌"旁與"木"旁相混。結合以上信息判斷，則知《要名林》"梴"乃"挻"之俗訛。張涌泉《敦煌經部文獻合集》（以下簡稱《合集》）即校"梴"作"挻"。《再探討》既已明言"以張涌泉主編《敦煌經部文獻合集》所收校勘整理後的《俗務要名林》爲文獻基礎，綜合各家校注取音"[6]136，然於此條又不取《合集》之校，實乃疏失。

《再探討》"塵"字之失，乃誤讀《要名林》原文而致。《要名林·火部》："塵埃，上直鄰反，下烏來反。"《要名林·獸部》："麈，音主。"《再探討》誤將《獸部》的"麈"認成了"塵"，於是得出了《要名林》的"塵"字爲"照三組與知組相混例"的結論。

《要名林》所存條目中無"罷，音悲"，而有"羆，音悲"。《廣韻》"羆"字"彼爲切"，幫母支韻；"悲"字"府眉切"，幫母脂韻。《要名林》支脂不別，故其注"羆，音悲"是符合實際的。《再探討》誤將《要名林》"羆，音悲"認成了"罷，音悲"，而《廣韻》"罷"音"符羈切"，於是《再探討》就得出了《要名林》的"罷"爲清濁相混例的結論。

《要名林·聚會部》曰："坋，以灰淹也，蒲本反"；"坌，除（糞）也，府云反"。張小豔認爲，此二條中"坋"、"坌"二字的位置當互換[7]276。此言極是！《廣韻》"坌，塵也，亦作坋，蒲悶切"，與寫卷"坌"下之注相合；《廣韻》"坋，埽棄之也，府文切，又方問切"，字又作"坌"，與寫卷"坋"下之注正相合。故《要名林》"坋"、"坌"二條當校作："坌，以灰淹也，蒲本反"；

"坴，除糞也，府云反"。如此，則《要名林》"坴"、"坴"二字不存在清濁混用的問題。《再探討》不察《要名林》"坴"、"坴"二條詞目與注文誤植之例，故誤以爲此二條爲清濁混用例。

"樿"字《要名林·舩部》曰："樿，竹樿也。薄皆反。"《廣韻》無"樿"字而有"箄"字，曰："箄，薄佳切，大栟。"《集韻》："箄，大栟曰箄。或從水（作簰）。"是《要名林》之"樿"即《集韻》之"箄"的異寫，亦即《廣韻》之"箄"。《要名林》音"薄皆反"與《廣韻》《集韻》之"薄佳切"聲紐相同，不存在清濁混用的問題。又《廣韻》去聲卦韻有一"漨"字，曰"匹卦切，水，在丹陽"，音義與《要名林》之"樿"不合。《再探討》顯然是誤以"樿（箄、簰）"爲"漨"了。

"稰"字《要名林·田農部》曰："稰，豆稰（稰）也。普胡反。"《廣韻》"稰，豆也，普胡切"，音義與《要名林》相合。因此，《要名林》之"稰"不存在清濁混用的問題。《再探討》曰"稰"字《廣韻》音"奉甫切"。今遍檢《廣韻》，並未見"稰"字有此讀，唯《集韻》有"稃，奉甫切"一條。故疑《再探討》誤將《要名林》之"稰"當成了"稃"。

"酘"字《要名林·酒部》曰："酘，再安米，徒陋反。"《廣韻》："酘，徒候切，酘酒。"二書音義密合。《再探討》誤以《要名林》"徒陋反"之"徒"爲"陡"字，故曰"酘"爲清濁混用例。

"粞"字《要名林·飲食部》曰"糖粞，上杜郎反，下杜迴反"，與"餈、粽粽"等米食羅列在一起。《要名林·飲食部》又有一"餽"字，曰"脂餽，下都雷反"，與"餄餅、籠餅"等麵食羅列在一起。一般認爲"粞"與"餽"之間是異體字的關係。不過，就《要名林》的情形看，不但"粞"、"餽"兩收，而且音義有別。《廣韻》祇有"餽"字，曰："餽，餅也，都回切。"《集韻》"粞"有二音二義，"粞，傳追切，粉餌"；"粞，都回切，丸餅，同䭔”。如果尋找韻書與《要名林》在“粧”、“䭔”之音義上的對應關係的話，那麽《要名林》與“粢、粩粽”等米食羅列在一起的“糖粧，上杜郎反，下杜迴反”對應的是《集韻》的“粧，傳追切，粉餌”；《要名林》與“飴餅、籠餅”等麵食羅列在一起的“脂䭔，下都雷反”對應的是《集韻》“䭔，都回切，丸餅，同䭔”以及《廣韻》“䭔，餅也，都回切”。這樣，《要名林》“粧”之“杜迴反”與韻書“粧，傳追切”之間就是定澄混用例，而非《再探討》所説的端紐與定紐之間的清濁混用例。

《要名林》無“㱠”字而有“㱩”字，曰：“㱩，卵（卵）壞也，徒亂反。”《集韻》：“𣦷，徒玩切。《説文》‘亂不孚也’，或作㱩。”“㱩/𣦷”字之注，韻書與《要名林》音義甚合，《再探討》不當以“㱩”爲“㱠”。

“汋”字《要名林》曰：“汋，橫木度水也，之藥反。”《廣韻》：“汋，市若切，瀺汋。又士角切。”《廣韻》又有：“彴，之若切，橫木渡水。”顯然，《要名林》之“汋”當據《廣韻》校作“彴”。《再探討》不明此校，以“瀺汋”之“汋”比照《要名林》“橫木度水”之“汋（彴）”，故誤以爲《要名林》“汋”字之音注屬清濁混用例。

“書”字在《要名林·男服部》，寫卷此字之音注清晰可辨，爲“詩諸反”，並非《再探討》所説的“時諸反”。

“鐝”字《要名林》曰：“鐝，作𬭚曲刀也，居月反。”據張小艷考證，此條當爲：“劂，作素（塑）曲刀也。居月反。”[8]304 此説甚確！《廣韻》無“鐝”字而有“鐾”字，曰：“鐾，其月切，磨鐾。”《篇海類編》：“鐝，其月切。”《龍龕手鏡》：“鑺俗，鐾正，其月反，磨鐾之皃。”以此觀之，則“鐝”之義與磨相關，而與《要名林》之“作素（塑）曲刀”相去甚遠。《廣韻》又有：“劂，居月切，刻刀。”《説文》：“剞，剞劂，曲刀也。”《廣雅》：“剞劂，刀也。”《玉篇》：“劂，九勿、九月二切，剞劂也。劂同劂。”

《駢雅》："剞劂，曲刀也。"諸書皆謂"劂"爲曲刀、刻刀，音義與《要名林》"作素（塑）曲刀也，居月反"正合。故《要名林》之"鐝"當校作"劂"，其音注"居月切"不誤，《再探討》失校。

"鏡"字《要名林》僅一見，即《女服部》之"鏡匣"，其中"鏡"字下無注音。又《要名林·器物部》有"橄"字，曰："橄，鑿橄也。巨京反。"《再探討》以《要名林》"橄，巨京反"與《廣韻》"鏡，居慶切"對照，其失明矣。

《要名林》的存在形式是寫本，俗寫訛字紛繁是其主要的文本特徵，對此，我們必須採取形音義互求的研究方法。文字之形、音、義三要素是相互統一的，"音生於義，義箸於形。聖人之造字，有義以有音，有音以有形；學者之識字，必審形以知音，審音以知義"[9]764。探究字義需要審形辨音，審辨字音需要形義結合，確定字形需要音義互參，形、音、義三方面中任何一方面的疏失都可能導致錯誤的結論。《再探討》之以上數條因校勘不精而誤的例證充分說明了這一點。

四　不明字之聲系而誤

《再探討》中因不明字之聲系而誤的用例都集中在正齒音上，共3例，逐錄如下：

（30）嘬，《要名林》常悅反，禪母；《廣韻》昌悅切，昌母；照三與照二混同。

（31）舂，《要名林》輸容反，生母；《廣韻》書容切，書母；照三與照二混同。

（32）竹，《要名林》所六反，生母；《廣韻》張六切，知母；照三與知組混用。

中古三十六字母之正齒五紐爲照、穿、床、審、禪，而在

《切韻》系的韻書中，此五紐分爲兩組：一組是莊、初、崇、生，俗稱照二系；一組是章、昌、船、書、禪，俗稱照三系。《要名林》"啜"之以禪切昌，屬於照三系内部的混用，《再探討》誤作"照三與照二混同"之例。"春"字《要名林》切上字"輪"與《廣韻》切上字"書"均屬照三系之書紐，不存在聲紐混同的問題，而《再探討》誤以"春"爲"照三與照二混同"例。《要名林》"竹"之以生切知，屬於照二系與知系的混用，《再探討》誤作"照三與知組混用"例。

小　結

　　研究《要名林》音注聲母之特點的基本方法是將《要名林》中的音注與《切韻》系韻書相對照，比較二者切上字的異同並據此分析其音注特點。當用以比較的條目本身存在問題時，得出的結論必定是不可靠的。就《再探討》一文而言，如果將上述錯誤例證排除掉，有一些結論就不成立了，如"《要名林》有以舌上注舌上而《廣韻》爲類隔的 1 例"[6]139（即"樑"字）。有些結論雖成立，但錯誤用例的排除減少了例證總數，於是這些例證所反映出來的語音現象的程度也就沒有《再探討》所説的那樣突出了。如《再探討》歸納出《要名林》有照三與照二混同 4 例、照三與知組混同 6 例、照二與知組混同 1 例、清濁混用 27 例，於是總結説："（《要名林》）知莊章合流和濁音清化明顯地表現了出來。這一語音發展面貌，在同期其他經典音注和韻書中都没有這樣鮮明地表現出來。"[6]142 而實際上，據筆者統計，在《要名林》完整且無重複的 1438 條音注中，屬於上述四個方面的例證數分别爲 1 例、2 例、1 例、20 例②。可見，《要名林》知莊章合流才露端倪；濁音清化的程度亦遠没有《再探討》所説的那樣明顯。這一結論與和《要名林》時代相差不遠的《五經文字》以及慧琳

《一切經音義》的情況差不多③。

〔注釋〕

①依聲紐之發音部位分類，這 55 條例證分別是：唇音類的皴、岐、麱、饢、筥、罷、坒、坌、臕、榉、稦、把；舌音類的驕、摛、啅、濯、檫、褚、酘、粗、破、洮、橝、擿、竹、齝、塵、蛛、軠、蘫；齒音類的爐、葤、裁、湔、瓚、祖、蟬、秌、贖、書、汋、餉、啜、舂、禠、扴、梍、酢、犍、鏃、鏡、蝦；牙音類的綷、澗；喉音類的陜。

②照三與照二混用的 1 例是"禠"字；照三與知組混用的 2 例是"蛛、軠（柱）"；照二與知組混用的 1 例是"竹"；清濁混用的 20 例是"秄、夋、柏、把、祂（囮）、橝、洮、蘫、瓚、鯑、秌、贖、啜、揭、杆、其、莧、莖、摁、綷"。

③詳參邵榮芬《〈五經文字〉的直音和反切》、石磊《〈五經文字〉音注反映的中唐語音現象》、金雪萊《慧琳〈一切經音義〉語音研究》等文。

〔主要參考文獻〕

[1] 姜亮夫. 敦煌學概論. 昆明：雲南人民出版社，1999.

[2] 洪藝芳. 論《俗務要名林》所反映的唐代西北方音. //慶祝潘石禪先生九秩華誕敦煌學特刊. 臺北：文津出版社，1996.

[3] 胡安順. 音韻學通論. 第 2 版. 北京：中華書局，2003.

[4] 王懷中. 《經典釋文》陸氏音系之聲類聲母研究. 陝西師範大學博士學位論文，2009.

[5] 邵榮芬. 《五經文字》的直音和反切. //邵榮芬音韻學論集. 北京：首都師範大學出版社，1997.

[6] 李紅. 敦煌本《俗務要名林》音注聲母再探討. 敦煌學輯刊，2011 (1)：136－142.

[7] 張小豔. 敦煌寫本《俗務要名林》字詞箋釋（二）. //語言研究集刊（第七輯）. 上海：上海辭書出版社，2010.

[8] 張小豔. 敦煌寫本《俗務要名林》字詞箋釋（一）. //語言研究集刊（第五輯）. 上海：上海辭書出版社，2008.

［9］（清）段玉裁. 説文解字注. 南京：江蘇古籍出版社，1998.

Analyzing the Wrong Examples of the Article "The Phonetic Tone of Suwu Yaoming Lin in the Version of Dunhuang"

Gao Tianxia

(College of Arts, He Xi University, Zhangye734000, China)

Abstract : There are a lot of difference in phonetic tone between the *"Suwu Yaoming Lin "* and the *"Guangyun "* . It is very valuable to study these phenomena, because it respected the face of Northwest voice in the Tang Dynasty. Li Hong's *"The Phonetic Tone of Suwu Yaoming Lin in the Version of Dunhuang "* is one of such studies. But there are 32 wrong examples in 55 examples of this article. In order to understand the true feature of the *"Suwu Yaoming Lin "*, we should analyze these wrong examples.

Keywords : *Suwu Yaoming Lin* ; phonetic tone; initials; analyze

（高天霞，河西學院文學院，郵編　734000）

從承繼到實踐[*]

——梵漢對音研究的開展與成果

李柏翰

内容摘要：梵漢對音研究已成爲漢語音韻學不可或缺的一環，儘管相關回顧和成果層出不窮，但其研究定位與實際對漢語音韻史的具體貢獻，卻依舊處於模糊不清的窘境。此文試圖從學術史脈絡重新檢視方法的承繼與實踐，並衡量當前聲母研究成果的價值，藉以作爲深入此議題的基礎。

關鍵詞：梵漢對音　高本漢　中古聲類　漢語音韻史　對音方法

一　前言

在漢語音韻學的發展歷程中，因爲瑞典學者高本漢（Bernhard Karlgren, 1889－1978）《中國音韻學研究》（1915－1926）的開創，讓原本清人已達研究局限的"古韻分部"轉而邁入"古音構擬"的新階段，而構擬古音也躍升爲漢語音韻學發展的主流，其中最能顯現構擬之法的莫過於"梵漢對音"的實踐操作。然而，若回顧這段歷史進展，儘管當年高本漢早已留意到這類珍貴語料，但始終保持謹慎態度且未深入進行全面性的採納，不過卻在《中國音韻學研究》裏對於這類"借入"和"借出"等域外

---

* 本文承蒙臺灣"中央大學"萬金川教授啓發教導，謹此誌謝，文責自負。

對音語料有着兩極化的處置①。隨後由於鋼和泰（Baron Alexander von Staël－Holstein，1877－1937）《音譯梵書與中國古音》的大力引介，漢語音韻學界熱烈響應，掀起了學者們對於以"梵漢對音"構擬古音的重大爭辯。儘管此研究模式後來正式爲學界所接納，且多年後在俞敏（1916－1995）的帶領下延續其研究，但這延續而來的經驗是否與原先高、鋼兩人的認知有所差異呢？其研究模式又是在怎樣的限定下進行論述呢？過去有關學科回顧或單一研究的數量都相當多，但在方法本質與實際對漢語音韻史所造成的影響，似乎都未被進行衡量評價；換言之，在梵漢對音法儼然成爲音韻學研究不可或缺的一環時，其研究定位和具體貢獻卻依舊處於模糊不清的窘境！因此，上述這些議題探究乃是極爲迫切且必要的基礎工作。

　　本文以回溯歷史源流作爲開端，瞭解高本漢採用這類材料的依據與評價此方法的理論基礎，並闡明日後促成的學術開展與影響，進而釐清其內涵意義與方法缺陷，最後針對當前研究成果進行檢視，衡量對漢語音韻史所提供的助益。研究步驟爲：第一，透過高本漢的研究著作歸納採用的依據與侷限，並說明這類語料的獨特立足點；第二，瞭解鋼和泰採納此法時如何巧妙改造，並間接促成漢語音韻學界的承繼；第三，分析當前對於梵漢對音的研究內涵，並對學科本質進行檢視，進而歸納其缺陷與省思；第四，梳理當前重要研究成果，並以聲母部分爲範圍，透過歷時音韻甄別項目衡量其特徵意義，藉此評估對音方法是屬於輔助旁證或獨特創見。

二　引進與詮釋 ——從《中國音韻學研究》談起

　　下文回溯對音方法的引進歷程，先透過高本漢相關著作的線索，瞭解高氏對於材料意義的評價，再進一步說明引進漢語音韻史研究後所造成的影響。

（一）高本漢的採用與評價

19 世紀的清代學者努力不懈地想重建出上古語音系統，但由於漢字本身表音方式的局限，最終也祇能停留在韻部的劃分上，始終無法準確擬測出真正的古音音值。直到 20 世紀初年，高本漢採用歷史語言學的比較方法，纔讓漢語語音的描寫方式有了重大突破，並逐一重建出中古語音的音韻系統，其具體成果展現於《中國音韻學研究》[②]中。該書指出可作爲構擬的材料即包括 "對音材料" 一類，如高本漢（1915—1926/1940:15）[③]所云：

專看古書上的材料，就可以看出這些材料分作三大類：1. 外國語言裏翻譯中國字的對音跟中國語言裏翻譯外國字的對音（例如梵文的字，尤其是中亞細亞語言的字）；2. 中國字典裏所用的古注音法，就是反切的方法；3. 各種帶解說的韻表。

第一類材料自然在將來可以給很有趣的結果。不過我們對於這一類材料得要當心一點。因爲各民族要遷就自己語言的讀書習慣，對於外來的借字都有曲改讀音的傾向，甚至改的認都認不出來了，所以有時簡直連相近的音值都不一定找得到了。例如：蒙古書中把漢語爆發音裏的清音寫作濁音，濁音寫作清音。所以從這些對音材料上所擬出的音系決不能就算是古代漢語的音系。至多祇能算是中國古音最粗的一個輪廓罷了。對音材料固然很重要，不過最好是先從本國的材料得出了結果，然後再拿對音當一種試金石來對一對。所以我們暫時祇限於研究後兩種材料。

古代文獻中的 "對音、反切、韻圖韻書" 等三項資料都是有其地位價值，不過在第一類 "對音材料" 方面，高氏則認爲必須抱持謹慎態度！因爲這類材料擁有 "曲改讀音" 的本質缺陷，若作爲佐證輔助證據時有益無妨，但其本身恐怕無法直接作爲例證，因而該書也僅限於考慮利用後兩類材料。因此，若從這段自我表述的觀點來看，後人大多數主張高本漢並不將梵漢對音的材料使用在古音構擬的過程裏，如朱慶之（2000：303、315）認爲"（高本漢）明確提到了梵漢對音材料在漢語音韻史研究方面的價值，不過他自己卻因爲没有把握而未加利用"；又如耿振生（2004：265）所言："高本漢的態度屬於'抽象肯定、具體否定'。"

　　細部來看，這類所謂"域外對音"的材料中，實際包含"外國語言裏翻譯中國字的對音"和"中國語言裏翻譯外國字的對音"兩部分，若綜觀《中國音韻學研究》的全書内容，不難發現高本漢對於這類材料似乎有着兩種截然不同的衡量標準！高氏仍然大量運用"外國語言裏翻譯中國字的對音"材料，即"高麗譯音、安南譯音、日本音讀（漢音吳音）"等借出材料，並將此與實際調查的方言材料等同使用，藉以作爲構擬音值時的重要證據；但這樣的處理原則，似乎已經和原本所強調僅當作一種輔助的論調相互矛盾！此外，再從"曲改讀音"的本質缺陷來看，無論是借入或借出的域外對音材料，似乎都無法避免這樣的缺失，這時候不禁令人好奇爲何高本漢偏偏獨厚"借出"的對音材料，而對於"借入"中國的"梵漢對音材料"抱持謹慎態度。

　　爲了瞭解高本漢對於"梵漢對音材料"的評價，除了從《中國音韻學研究》（1915）的説明來觀察外，也進一步從高氏的相關著作中梳理其意見，故下文以（1918）、（1920）、（1926）、（1946）、（1954）五部專著範圍進行討論④。

　　1. 甄別材料：構擬古音的依據

　　高本漢（1915）大量採用了高麗譯音、日本音讀（漢音吳音）、安南譯音等材料，不僅祇當作一種輔助的證據來使用，更與蒐羅的方言語料等同並用⑤，藉以作爲構擬音值時的證據。此外，晚年高本漢（1954：7—8）對中、上古音系的構擬進行最終總結時⑥，曾對所採用的材料進行細緻介紹，其主要内容仍包含："韻書、韻圖（《切韻指掌圖》）；日語、朝鮮語和越南語中的古漢語借字；大量現代漢語方音" 等三大類，且這時對於 "借字" 的特性則有了更明確的闡述，其云：

> 這些借字中，祇有一小部分是直接通過那些到過中國首都和其他大城市的留學生，以及到過日本、朝鮮和越南的漢人口頭傳入的，絕大多數是書面的借字，正如拉丁字大規模地移植到現代英語中一樣，所以在 "日本譯音"、"朝鮮譯音" 和 "越南譯音" 中可以觀察到相當嚴格的借用條例。這些借字在上述幾種外語中佔有相當大的百分率，在上層知識界尤其如此。……確實，在剛剛傳輸的時候語音就發生了相當大的變異：字音被改了，以適合於外國的發音習慣。……好在日語和朝鮮語的文字系統都很古舊，因而能在很大程度上揭示靠現代讀音所無法揭示的中古讀音（最初借字時的音），所以，混入上述三種外語的全部這些借字對語言學家來說都具有極大的價值⑦。

從上文可知，高氏從借出的 "材料數量" 與 "字音來源" 兩觀點進行縝密的思考，認爲儘管借出材料可能存有 "曲改讀音" 的缺失問題⑧，但由於文字系統的古舊，回復確切原始讀音仍是存在可能的。

相對於 "借入" 材料來看，高氏（1954：22）明顯不相信材料的可靠性，並對羅常培（1931）以 "梵漢對音材料" 作爲證據的論證提出質疑，其云：

> 然而羅常培曾提出過，雖然三等韻前的聲母是舌面前塞音，但二等韻前的聲母則是舌尖後塞音："站" ṭam，但 "展" ṭei，他引用了梵漢對音來證明這一論點。不過用梵漢對音來作證據卻是有些冒險，因爲中國人大多是從中亞細亞的俗梵語變體（Prakrit）那裏獲取材料，卻很少聽到純正

的經典梵語（Sanskirt）⑨。

可見高氏對這類材料的最大顧慮，應該是材料複雜性甚高，所以回復原始讀音的可能性相當低，故若作爲構擬古音的證據則有所不妥。然而，這樣的顧慮其實早在高本漢（1919）唯一專門研究梵漢對音的成果中就有類似的觀點⑩。文中整理兩本字典的對音語料，試圖歸納“音譯字”與中古音的對應關係，但最終僅僅是一種整理性的羅列，並沒有進行系統性的分析⑪。

2. 重要佐證：非否定性的獨特

儘管高氏對於梵漢對音材料採取不信任的態度，但是當遭遇無法倚靠方言解決問題時，仍必須仰賴這類保存古老語音的材料，如高本漢（1915：393 注 1）論證“照組二、三等清楚分作兩類”時所云：

這並不是一個模糊的理論，而是一個很有根據的構擬。關於此點我們幸而有些駁不倒的證據。近代方言並沒有給我們什麼幫助。自然，好些方言很小心的分別出兩類來，不過古代的音值齒上音跟顎音已經不保存了。在古時的佛經譯名，我們反倒發現好的證據，我們常常估定譯音用字是語言學上很危險的材料，不過在這裏材料的豐富可以使證據確鑿。

另外，不妨再從高本漢（1946：29－30）寫給歐洲大學生的漢語入門讀物來看，在解說如何透過語料構擬古音時，指出當方言語料無法顯示其效力時，可轉而求助“域外對音”的記錄，甚而將“梵漢對音”材料視爲重要而有效的證據，其云：

這個《切韻》韻部所有字的實際中古音是 a（如英語 father 中的 a）。域外方言證明事實確實如此，這三種方言我們可以稱之爲“日本譯音”、“朝鮮譯音”和“越南譯音”。一千多年前，這些漢語詞作爲借詞被這三種語言吸收了，在這三個國家裏，上述幾個字被轉讀成了 ka、ta，等等。每個藉詞的輸入途徑互不相干，而三個國家都轉讀成-a，這當然

就揭示出它們在《切韻》中都讀-aːka、ta，等等。……假
使我們懷疑中古域外方言的證據，那我們祇需求助於佛教翻
譯就能證實這一點。比如我們在一部經典中發現，公元 400
年時的中國旅行家法顯在遊歷錫蘭的時候來到了一座大廟，
廟名用五個漢字表示，現在北京話讀作 mo-he-pi-he-luo，這
是 Mahā-vihāra（大廟）的譯音。我們看到，這個梵語詞中
所有的 a 元音，ma、hā、ra，恰恰都是用我們所討論的韻部
之內的字來翻譯的，用的是現代北京話的 a 和 o。如果把我
們構擬的中古音 a 插入這一韻部，那麼我們就得到了 imɑ-
xɑ-bj'i-xɑ-lɑ ［摩訶毗訶羅］，這是梵語詞 Mahā-vihāra 的極
好的翻版。

從上文可知，儘管高氏並未對梵漢對音的材料進行系統性研
究，但是也從未否定這類材料的有效價值。換言之，若能適度解
除 "曲改讀音" 的本質疑慮，並透過系統而有效的利用，梵漢對
音的材料是能等同於其它域外對音材料來使用的。

（二）研究的開展與影響

最早透過對音材料進行構擬古音的研究，應該以鋼和泰
（1923）作爲開端，其云（1923：49）："在那些外國字的漢文譯音
之中，最應該特別注意的是梵文的密咒（Mantras）一類。" 文
中並與高本漢研究《切韻》的成果相互對照，將梵漢對音的方法
首次引介於國人面前，隨後汪榮寶（1923）撰文響應，進而引起
一場國內古音研究方法的大論辯。有關這段學術歷程，前人已經
有大量的考察和論述，本文不再多加贅述，但從種種跡象都顯示
鋼和泰利用梵漢對音材料的想法，應是受到高氏（1915）的啓
發，但爲何鋼氏極力倡導的態度與高本漢謹慎保留的觀點會如此
迥異呢？此外，國人大幅度接受高氏漢語音韻史的研究脈絡，但
爲何在運用對音方法時，似乎對於原先的提醒並未能留意。

1. 鋼和泰的改造與推進

由於當時《中國音韻學研究》尚未有中譯本流傳，所以在國內仍僅爲少數人所熟知，因而在回溯梵漢對音研究的開端時，鋼和泰（1923）經常被視爲是最早引進對音方法的論著。然而，若仔細考察其研究脈絡的立足點，其實不難看出鋼氏想法應是承繼高氏論點而來。首先，鋼氏考察漢字研究材料的説法幾乎與高氏如出一轍，其云（1923：49）：

　　研究各時代的漢字如何讀法，有三個重要的材料來源。第一，中國各種方言裏與日本、安南、朝鮮文裏漢字讀音的比較研究。第二，古字典（如《唐韻》之類）裏用反切表示漢字的讀法，古韻表可以考見韻母的分類。第三，中國字在外國文裏的譯音，與外國字在中國文裏的譯音。

與高氏有別的是，他特別推崇譯音材料的重要性，並更進一步選擇宋代法天的咒語材料作爲操作實踐。其次，該文更引述高氏研究《切韻》成果作爲對比，宣稱其研究的可行性和必要性，其云（1923：52—53）：

　　　從別方面研究漢字古音的要算瑞典學者高爾格倫（Karlgren）教授的《切韻》的研究爲最重要的了。高爾格倫教授把他研究《切韻》的結果著成一部大書《中國音韻學研究》（Études sur la Phonologie Chinoise, Leyden and Stockholm, 1915—1919）；這部書已出版部分已有七百頁了，但還不曾出完。高爾格倫教授頗得力於法國學者伯希和（Pelliot）及其他歐洲學者研究的結果。除了這部大書之外他還在《通報》（卷十九，第二期）上發表了差不多一千個中國字的古音，用羅馬字注明他們的讀法。他説，這個表裏的音讀可以代表中國一千三百年前（隋代）的一種方言的發音。這個時代固然比法天的時代要早四百年。然而這部較早的字典的研究結果，和那較晚的梵贊譯音比較起來，卻也還有趣味。……高爾格倫教授研究《切韻》的結果，正和法天的用法互相印證。

因此，不論從出版時間來推斷，或是從其採用高氏的研究成果，都能間接證實鋼和泰曾經受到高本漢的觀點所影響。

然而，不禁令人疑惑的是，儘管鋼氏曾受到高本漢（1915）研究觀點的影響，甚而也讀過高氏（1919）處理對音材料的專門論著，但爲何仍大力推崇高氏已提出質疑且似乎不願投注心力的議題呢⑫？若更進一步觀察鋼氏（1923）的研究角度，不難發現其選材的獨特性。他採用宋僧法天的梵文密咒（Mantras）譯音，這是由於密咒帶有濃厚的宗教性質，所以譯音漢字的過程都相當謹慎，而且爲了保持法力功效更被要求不能更動原音，因此也就相對避免了高氏所質疑的相關問題。另外，在字音來源考量方面，也明確是由法天使用標準梵語所譯成，所以不易有假造或混入方言等疑慮，故其可信的程度極高。因此，在鋼和泰極力提倡此方法的背後，其實已經對梵漢對音方法的長短優劣之處有較深刻的體察，故才能以此謹慎的角度進行研究。

2. 漢語音韻學界的承繼

隨後汪榮寶（1923）即以〈歌戈魚虞模古讀考〉響應，引起學界古音研究的一場大論辯⑬。依照魏建功（1929：116）的整理，當時學者們的態度可分作：根本贊同者（李思純）、根本反對者（章炳麟、徐震）、贊同而有補充及修正者（錢玄同、林玉堂、唐鉞）等三組，若從最後的結果來看，持贊同意見者明顯居多，可見對音材料的重要性獲得多數學者認同，並且爲音韻學界開創了一個新的研究方法。然而，不論是正方或反方，似乎都忽視此方法所存在的弱點，誠如徐通鏘、葉蜚聲（1980：90—91）所云：

> 首先，所依據的材料和所考證的古音的時代有矛盾。……再次，在辯論中雙方都注意到隋前後的譯音的"疏"與"密"的問題，但解釋殊異。……雙方都沒有注意到譯音材

料的不同來源。……所以，所謂隋以前譯音的"疏"和隋以後譯音的"密"，也就是音譯材料的來源不同，前者經過西域語的轉借，後者來自梵語，不一定是"漢語音韻流變之跡"。汪榮寶等沒有注意這方面的情況是不足爲怪的，因爲有關問題的研究那時候還祇是剛剛開始[14]。

當時國内學者對於材料來源的差異並沒有太大的認識，儘管已有季羨林等少數學者關心中印文化交流的問題，然而不但研究的腳步纔剛剛開始，隨後似乎也未在音韻學界引起重視[15]。

梵漢對音的研究正式爲學界所接納後，羅常培（1931－1932）、陸志韋（1947）和李榮（1951）等人陸續藉由對音材料的證據，修正了高本漢部分的研究成果。而後因爲歷史環境的限制，促使該研究被迫發生中斷，直到俞敏（1984）纔又大規模利用此方法構擬出"後漢三國"的音韻系統，並開始培養相關研究人才，延續了梵漢對音在漢語音韻學方面的研究。[16]因此，不難發現目前相關研究成果都受到俞敏（1984）的重大影響，所以若要作學術開展的檢視就必須先對俞敏的研究範疇進行大略性的檢視。[17]而恰巧的是，幾乎同時西方學者柯蔚南（Weldon South Coblin）（1983）也針對東漢對音材料進行研究，但可惜兩人都未見對方研究成果，所以不禁令人好奇雙方的研究模式有何大方向的差異。下文透過前人強調研究成立的兩個條件："材料數量"與"字音來源"進行對照討論。

（1）材料數量及複雜性

兩漢音韻研究的材料主要有四類："詩文韻部、簡牘帛書、梵漢對音材料、音注材料"[18]，其中數量龐大的佛典文獻卻少被漢語研究者所留意，故而俞敏首次蒐羅歸納該時期對音材料的研究則有開創性的歷史意義。俞敏（1984：10）依據《高僧傳》確定"後漢三國"的翻譯佛經範圍，其譯者包含："a. 攝摩騰、竺法蘭；b. 牟融；c. 安世高；d. 支讖；e. 竺佛朔；f. 安玄、嚴佛調；g. 支曜；h. 康巨；i. 康孟祥、竺大力；j. 曇果；k. 康僧鎧；l. 曇諦；m. 帛延；n. 康僧會；o. 支謙；p. 維祇難；q. 竺律炎；x. 失譯人名"[19]等。由於俞敏並沒有羅列詳細的經典卷數[20]，所以無從得知經典數量有多少，不過若以其中屬於東漢譯者的 a ～ j 作爲範圍，並依據任繼愈（1985：467－480）《附錄一，東漢三國譯經目錄》[21]作一個大概統計後，可知俞敏所採用的東漢佛經數量約有 "55 部 78 卷"[22]；而柯蔚南（1983：34）方面，則依據許理和（1977：202－203/1987：255）的統計數量 29 部中[23]，僅挑選了三位譯者（安世高 8 部、支讖 6 部、康孟祥 2 部），共 16 部經典。

從文獻本身來看，初期漢譯佛經的來源與內容都相當複雜，而許理和（1991：288－289）透過外部經錄和內部語言風格的嚴格篩選標準，認爲："有 29 部譯經可被認作真正的漢代譯作，這些經文是公元 150－220 年由 5 個不同的翻譯團體在洛陽翻譯的"[24]，若相較俞敏僅從《高僧傳》記載的篩選標準，清楚可見兩方所認定的材料範圍相差甚遠。此外，即便能以 29 部譯經來作爲研究素材，也還需評估五個翻譯團體所譯成的東漢佛經能否置於同處進行研究，所以有關選材方面的掌握，還有待日後重新進行檢視。

（2）佛典字音的原語

字音的來源會影響如何降低 "曲改讀音" 的缺失問題，而俞敏（1984：5）認爲後漢三國的譯本根據的是梵文原本，其云：

> 那經本一定是梵文本。現在中亞發現的古寫本殘卷，除古和闐文、藏文譯本以外，祇有梵本。漢經除支謙譯文裏偶爾零露些 P. 文痕跡外，別位大致都是純用梵本的。至於有和梵文不合的，裏頭有些是中亞方言。

透過版本校勘的方式，俞敏仔細校正了抄手可能產生的錯漏，儘管也發現部分譯本流露出巴利文等方言特色，但卻堅持主

張 "純梵本" 的想法，所以經常根據 Monier－Williams《梵英字典》校訂音譯詞中的錯誤。而柯蔚南（1983：32－34）對於佛典原語問題則抱持不確定態度，其云：

> An equally important and even more difficult problem is that of identifying the original languages upon which the transcriptions are based, which Zürcher says (p. 179) "may be Sanskrit, any kind of Prākrit, or even some Central Asian idiom." In fact it may not be possible to make such an identification with certainty. However, it is my belief that by careful inspection of the BTD material and the judicious use of those facets of the MC sound system which are reasonably well understood it may be possible to develop a sketch of certain salient features of the underlying language (or, more probably, languages) which may then be used to throw light on the phonology of BTD. ⋯⋯ All reconstructed Sanskrit forms given in Part Ⅲ. A. 11 are starred. In citing Sanskrit, Pali, Gāndhārī and certain other forms in Part Ⅲ. A it is not my claim that the original texts were written in any one of these languages. On the contrary it is merely hoped that these forms may serve as starting points from which we can begin to visualize what approximate phonetic shapes the original words may have had in whatever languages they represent. Only transcriptions which could be identified with a reasonable degree of certainty were included in the final BTD corpus. Many items remain problematical or completely unidentified and deserve further study㊽.

可知柯蔚南並非主張東漢佛經語料屬於某一種語言，僅能透過相關語言進行近似性的對應㊾。因此，從兩人的認定來看，俞

敏的預設立場顯然出現了重大瑕疵，但柯蔚南的方式也無法全面
檢討東漢原典語言的疑惑。根據平田昌司（1994：213）對"早期
譯經的語言"的全面檢討，透過辨別每部佛經所屬的部派和形成
文本年代的觀察，可推斷："在公元 3－4 世紀，譯經僧徒看到的
佛經原本不太可能使用純粹的古典梵語。"故若在這樣的預設立
場下所獲得的研究成果，難免就會產生較嚴重的缺失。

綜上所述，囿於時代環境與材料等局限，俞敏（1984）並未
能考量到許多複雜性因素，但卻讓原本幾乎消失殆盡的對音研究
再度興起，影響後續學者更深入對各時代進行探討，這對於漢語
音韻史的研究推展有不可抹殺的貢獻。此外，不同於以往羅常培
等人的研究取向，俞敏大幅度提昇對音材料的意義價值，將對音
材料從"佐證證據"轉爲"主體依據"，以歸納材料的音韻特徵
作爲該時代音韻系統的構擬依據，這對後人的研究立場有相當大
的影響㉗。但若反觀柯蔚南（1983）的研究模式，則仍將對音材
料視爲構擬音系中可參酌的一類文獻。因此，進行這類研究時，
或許應該思索在什麼條件下纔能有效成立，而非單純以材料數量
多寡進行衡量。

三　方法實踐與成果定位

下文闡述方法的本質意義，藉此對學科內涵進行瞭解，並進
一步檢視當前研究成果對於漢語音韻史的助益。

（一）學科的本質與意義

儘管從 1930 年起，"梵漢對音"的研究就已經陸續展開，但
有關學科研究的方法論問題，似乎都未見整體性論著。下文梳理
相關篇章㉘，藉以了解當前"梵漢對音研究"的引介情況，分別
從學科內涵和方法實踐兩方面來觀察；其次，以對比語言學中
"語音對比"的觀點，對照目前研究的局限；最後，檢視前人對

此方法内部缺陷的描述，作爲日後研究的省思。

　　1. 梵漢對音的内涵和實踐

　　前人研究主要圍繞兩項議題：一是定義學科内涵，思考其特殊性質；二是闡述背景知識，説明如何實踐於漢語音韻研究。學科内涵方面，劉廣和（1988：74）首次在《中國大百科全書》定義 "梵漢對音"（Sanskrit－Chinese transliteration），其云："利用梵漢對音材料，通過梵文的讀音來了解漢字的讀音，是漢語音韻研究方法的一種"；儲泰松（1995：4）延續此脈絡，認爲 "對音" 可譯作 "Transcription 或 Transliteration"，指 "用漢語音譯外語名詞術語或成段語料，或用外語音譯漢語名詞術語或成段語料，藉此考定各時期的漢語語音系統"；而尉遲治平（2000）則主張前人所稱 "譯音對勘" 應改作 "對音還原" 纔是⑳，更針對 "對音" 涵義進行思考，區別 "對音、借音、借詞" 三者的不同，其云（2002：10）：

　　　　對音，是用一種語言的文字記録另一種語言的語音。對音的雙方，被記録的語言是源語，記録的語言是目的語，可以採取源語在前、目的語在後的格式來標識。用漢字記録梵語語音可以稱作梵漢對音，用梵文記録漢語語音可以稱作漢梵對音。

　　所界定範圍已經排除 "Transliteration" 與劉、儲兩人不同，並從語言學角度對照 "對音還原法"（共時異源）與 "歷史比較法"（歷時同源）的差異，積極强調 "恢復對音時丟失的語音信息，還原實際語音"，試圖塑造出 "對音還原法" 的學科本質，對於 "梵漢對音" 的研究方法有重要的啓示意義。

　　方法實踐方面，可將儲泰松（1995）、尉遲治平（2000、2002）的内容列如下表㉑：

表一　內容比較

類別\項目\相關篇章	對音本質			語料甄別			對音步驟				相關背景			
	對音定義	方法正名	研究方法	時代分類	語料種類	語料檢索	價值判定	譯音條例	譯音方法	對音總則	對音實例	梵文版本	術語時代	譯主方言	譯音地位	語音知識
儲（1995）	v		v	v	v	v		v	v	v	v				
尉遲（2000）	v	v	v	v	v	v	v	v	v	v	v	v			
尉遲（2002）	v	v	v	v	v	v	v	v	v	v	v	v			

　　相較來看，研究焦點由相關背景介紹轉向對音本質、語料甄別、對音步驟。儲泰松（1995）着重語料梳理，並對語料的來源有較多的討論，試圖尋找語料所呈現的對音規則；而尉遲治平（2000、2002）則將焦點轉於學科本質的建立，突顯"歷史比較法"和"對音還原法"對於語料要求的不同，強調鑒別各類語料的價值，並總結三條對音準則作爲概括對音研究的判斷依據㉛。

　　2. 對比分析的原則與基礎

　　承繼高本漢的研究歷程，"對音"概念乃建立於梵漢對應的分析觀察，並以構擬古音音值爲最終目的；但若從語言學方法的角度來看，對音研究應該本屬於"對比語言學"㉜（Contrastive Linguistics）中的語音對比層面。這種對比分析（contrastive a-nalysis）的研究原則，必須先確立雙方對比基礎（tertium comparations）的內容，如許余龍（2002：37）所云：

　　　　對比基礎大致可以分爲語外對比基礎與語內對比基礎兩大類。所謂語外是指與語言發生聯繫的一些外部因素，如語言的物質實體、語言環境和交際情景等。而語內則是指語言本身的內部組織結構有關的一些因素。語言的內部組織機制，可以從形式與功能這兩個角度來加以描述㉝。

　　若觀察對音研究的現況：語言外部方面，可指對應過程中有關源頭語、目的語與譯者本身特色的層面；而語言內部方面，則是指梵漢語音類型比較、增減音與音節重組等層面㉞。相較之

下，前者已經受到研究者的關注，而後者關於梵漢語音本身結構
的差異則顯得乏人問津⑥。

　　對比語言學的重點在於對比分析語音的異同，進而尋找雙方
的語音規則，但反觀目前梵漢對音研究的焦點仍着重於還原相對
應的音類，而在對應還原的過程中，卻多方顯示兩語間對應性
（equivalence）的隔閡。如林光明（2011：81－84）將漢語中古
聲母與梵語輔音的音值相互比較，即指出有“漢梵完全相同、漢
梵略有差異、梵有漢無、漢有梵無”等四種情況，其中“漢梵略
有差異”的情況對音時可以音近代替，而“梵有漢無”則是隨着
譯經師而改變對音規則。然而，目前爲止這種對應過程時所産生
的不確定性，似乎都没能建立一套整體的解決方案，而語音對比
指導下的“語音學對比”或“音位學對比”，在研究中也甚少被
人討論⑥。因此，梵漢語音是否可以對比、着重於哪方面的對
比、應該怎麼進行等問題，恐怕不是簡單的一對一方式就能妥善
解決，而確認“對比基礎”恐怕是首要的任務。

　　3. 留待省思的方法論缺陷

　　平田昌司（1994）、辛嶋靜志（1994）兩人都曾對梵漢對音
的方法提出意見，其焦點主要在“原典語言”的認知上⑥。平田
昌司（1994）針對方法本質進行討論，主要説明“印漢對音”⑥
能確定音值，是非常重要的材料，但唐以前佛經所用的源頭語言
並非純粹是“古典梵語”，所以若僅根據《梵英辭典》（Monier
－Williams）來校改梵文音譯上的“錯誤”，恐怕會産生重大瑕
疵。因此，平田昌司以大小乘經典爲例，透過辨別各部佛經所屬
部派和文本年代，釐清文本的真正源頭語，並强調研究前必須澄
清雙方語言史和方言情況，纔不會發生解釋上的錯誤。最後，總
結印漢對音研究上應該留心的幾項原則，其云（1994：219）：

　　　　（1）要確定某部經典的原本形成的地域、所屬的部派、
　　原文使用的語言。（2）不能祇列每個漢字單獨的對音，要觀

察整個音譯詞的對應情形。就此一點，Coblin（1981）的處理方法比較謹慎。（3）有些印度文字的形體相似，抄寫、讀字上的錯誤是難免的。這樣就會出現"不規則的語音對應"。（4）印度文字的拼寫並不等於實際音值，參 Brough（1962）。

該文對語料的蒐羅與歸類提出看法，強調必須從整個音譯詞的音節來作考量，而非單純從漢字音素的對音來劃分。

辛嶋靜志（1994）則是運用目前對於中亞語言的研究成果作爲衡量，全面梳理《長阿含經》音寫詞所顯現的音變現象，檢討了過去僅依賴犍陀羅語（Gāndhārī）或俗語（Prākrit）的不足，讓過去被歸爲是無法解釋的例外或錯誤現象成爲反映源頭語特徵的重要依據，進而建立音寫詞的音變規則（rule）。辛嶋靜志（1994/2006：129）總結前人研究立場，對於材料的價值進行評述，其云：

> 最近，蒲立木與柯蔚南就經常採用這個方法來着手他們的研究。中國方面採用這個方法的，有羅常培和周法高等人，而日本方面則有滿田新造（《支那音韻斷》1914）和水谷真成等人。可是，高本漢（1963－1967：18－19）、河野（1966）和丁邦新（1975：32－3）等人，不但懷疑佛典的音寫漢字作爲研究漢語音韻資料的可靠性，並且還非常的排斥這種操作方式⑧。

由於其研究目的是希望透過解讀音寫詞原語來辨別佛典派別，所以並未對全書音系進行構擬⑨。這樣的研究模式，或許也讓我們必須思索一個問題，即："對音材料"所展現的音韻特性，是否真能成爲擬構該時代音系（Phonology）的主要依據呢？綜觀當前梵漢對音研究的趨向，多是劃定材料範圍進而擬構該時代的音韻系統，但從未有人徹底檢討"語料數量"的多寡是否有衡量標準、"對應比例"的高低是否影響推斷依據、"歧異例外"的現象是否有規則可尋等，這些都是需要再進一步思考的問題。

（二）研究成果檢視——以聲母爲例

爲了客觀衡量前人研究成果的價值，以下先對選定的研究篇目進行歷時性的歸類與劃分，進而建立出甄別的音韻特徵與呈現模式，最後探究各類現象的原因與評價。

1. 文獻範圍的劃分

繼汪榮寶後，學界陸續將梵漢對音材料運用於漢語音韻學科當中，早期以羅常培等人透過對音材料修正《切韻》音系最爲突出，而 1980 年後則以俞敏所培養的研究者作爲主軸，因而本文以此爲範圍進行整理⑨。爲了利於衡量譯音材料的貢獻，則以歷時性的角度觀察，並將其成果依照"代表語音"的先後時代順序進行劃分，如下表：

表二　成果歸類與劃分

代表語音	譯者	時間	研究著作
1—1 西晉（當時通語） 1—2 東晉（南方通語）	竺法護 爲主 法顯、佛陀跋陀羅爲主	265—317 317—420	劉廣和（2001）（1999） 劉廣和（1991）（1996）
2—1 後秦（長安音） 2—2 十六國（北方通語長安音） 2—3 北朝（北方共同語鄴城、洛陽音） 2—4 南朝梁 2—5 北周～隋（長安方音）	鳩羅摩什 僧伽提婆等 般若流支等 僧伽婆羅 闍那崛多等	401—413 351—439 386—618 502—557 564—604	施向東（1999）、儲泰松（1996）（1999） 施向東（2000）（2001） 施向東（2004） 劉廣和（2004）（2005） 尉遲治平（1982）（1984）
3—1 唐（中原方音） 3—2 唐（關中方音） 3—3 唐（長安音） 3—4 唐《一切經音義》	玄奘 善無畏等 不空 慧琳	600—664 637—774 705—774 788—810	施向東（1983） 儲泰松（2005） 劉廣和（1982）、尉遲治平（1985） 聶鴻音（1985）
4—1 宋初 4—2 宋初（汴洛方音）	天息災 施護	982—1000 982—1017	張福平（1996） 儲泰松（1996）

〔注 1〕："代表語音"的劃分標準，參見【附錄】的注脚說明。

〔注2〕："時間"部分以各朝代紀年或譯經（師）的年代作爲參考。

〔注3〕："研究著作"中包含聲母和韻母的成果，但下文僅論述"聲母系統"部分。另外，〈2－1後秦〉以施向東（1999）爲代表、〈3－3唐〉以劉廣和（1982）爲代表。

從【表二】可知，其文獻所橫跨的年代，若以向熹（2010：40－44）針對漢語史發展的四期（上古期、中古期、近代期、現代期）劃分形式[⑫]，六朝、唐宋時代約略屬於"中古期"部分（A. D. 4－ A. D. 12）；若再更進一步細分，則可將1－1～2－5部分劃入"中古前期（六朝）"；3－1～4－2劃入"中古中期（唐）"[⑬]。因此，可發現前人研究的對音材料中，其承載的語音時代多集中於漢語語音史的中古前、中兩期。

2. 甄別標準的模式

由於梵語元音的缺乏，所以本文僅對"聲母部分"進行考察[⑭]。爲了了解這些"中古前、中古中"兩期所呈現的古音聲紐音韻特徵，則必須以上古轉變至中古時期時，具有代表性的規律作爲標記，並再加上幾項歷來學者所指出的音韻特點[⑮]。大致可以"分化（divergence）"[⑯]和"合流（merger）"[⑰]的音變現象作爲甄別觀察，包含下列十四項（依唇舌齒牙喉的順序）：

表三　音變甄別項目

A. 全濁聲母是否送氣	H. 精莊組是否分化
B. 輕重唇音是否分化	I. 章莊組是否合流
C. 端知組是否分化[⑱]	J. 船禪母是否有別
D. 泥娘母是否分化	K. 匣群母是否分化
E. 日母是否產生(泥日母是否分化)	L. 匣云母是否分化
F. 精組四等是否有對音字	M. 云以母是否合流(喻母是否產生)
G. 邪母是否產生(從邪是否分化)	N. 曉匣母是否合流

此外，對音材料所體現的特徵，在於能提供音值構擬的準確訊息，所以我們除了列出音韻規律的特徵外，也一並將其構擬的

音值列上。不過關於音值方面有幾個部分需要留意：第一，運用
梵漢對音材料的研究者，大多是依據已有的同時代成果進行擬音
上的考慮或調整，所以若是拿同時代的研究成果來進行比對，恐
怕容易陷入循環論證的謬誤中，不容易得知孰是孰非，故下文不
作這樣的比對工作[49]；第二，儘管前人構擬音值時都以國際音標
呈現，但囿於時代所限，其音標形式或與今日通用者不同、或根
本無法於國際音標表中尋得[50]。因此，爲了對照研究成果上的便
利，【表四】將甲、乙、丙三套傳統音標形式對換成目前國際所
通用的“國際音標”[51]，而若爲目前國際音標表（IPA）所不足者
則加入朱曉農（2010：17－21、210、232）從漢藏語角度重新安
排的成果。其輔音對照部分可如下：

表四　輔音音標對照

		發音部位	發音方法				國際音標					
甲	①	舌尖後	塞音	鼻音	塞擦音	擦音	t ɖ	ŋ	tʂ dʐ	ʂ ʐ		
	②	翹/捲舌[52]	爆發				t ɖ	ɳ	tʂ dʐ	ʂ ʐ		
乙	①	舌面前	塞音	鼻音	塞擦音	擦音	t ɖ	ń	tɕ dʑ	ɕ ʑ		
	②	顎前	爆發				t ɖ	ȵ	tɕ dʑ	ɕ ʑ		
丙	①	舌葉			塞擦音	擦音			tʃ dʒ	ʃ ʒ		
	②	齦後							tʃ dʒ	ʃ ʒ		

〔注1〕：①爲傳統音標的形式，②爲目前通用國際音標形式。

　　綜上所述，下表根據【附錄】研究成果的音韻特徵歸納，縱
列所探討的研究篇目、橫列十四項音變項目，並以不同標記顯示
其所經歷的音變規律：已經顯現的音變規律以“○”標示；若音
變尚未發生則以“×”標示；若音變已經顯現但尚未完成（正處
於過渡階段），則以“△”標示；但若對音過程中從未出現使用，
則以“Ø”區別標示[53]。

表五 歷時音變現象

	A	B	C	D	E	F	G	H	I	J	K	L	M	N
1-1	×	×	△	×	○	O2	×	○	×	△	×	×	×	△
1-2	×	×	△	△	○	O3	×	○	×	×	×	×	×	△
2-1	×	×	△	△	○	O2	∅	○	○	×	×	×	×	×
2-2	×	×	△	△	○	O2	∅	○	○	×	×	×	×	×
2-3	×	×	△	△	○	O3	○	○	○	×	×	×	×	×
2-4	×	×	△	△	○	O3	∅	○	×	×	○	×/∅	×/∅	△
2-5	×	×	△	△	○	O2	∅	○	×	×	○	×	×	△
3-1	×	△	○	○	○	O3	∅	○	×	O∅	○	×/∅	×/∅	○
3-2	○	○	○	○	○	O4	∅	○	×	○	○	×/∅	×/∅	○
3-3	○	○	○	○	○	O4	∅	○	×	○	○	×/∅	×/∅	○
3-4	○	○	○	○	○	O4	∅	○	×	∅	○	×/∅	×/∅	○
4-1	○	○	○	○	○	O3	∅	○	×	O∅	○	×/∅	O∅	○
4-2	○	○	○	○	○	O3	○	○	○	×	○	×/∅	O∅	○

3. 音韻特徵的衡量

從【表五】中不難發現並非所有的音韻特徵都隨着時間的推進而規律演變，反而有部分僅在特定時間點出現、有部分甚至呈現不規律的現象，這種情況應該是譯音材料的特殊性所造成的！對音過程中往往因為地域上的差異或梵漢語言中沒有相應的輔音類型，所以讓原本可能顯現的音韻特徵沒有直接承載於對音材料上。因此，當不符合漢語音韻演變特徵或僅是研究者根據時代考量而作推論時，就必須從"譯者或材料的特殊性"與"輔音類型的不對應性"來做進一步衡量，以免落入先入為主的循環論證中，故下文分別從這三個層面來觀察。

（1）歷時音韻特徵的展現

　　對音材料是否真能呈現特殊的音韻現象，可先列出上古至中古漢語聲母演變特徵的產生時間與過程，如下[⑥]：

表六　上古至中古聲類的演變

音韻特徵	時間	音變過程
B. 輕重唇音分化	唐末至宋初（A.D.7—12）[⑨]	1. 唐以前輕唇音、重唇音還祇是一類，從初唐到中唐有了分化的趨勢，晚唐以後纔澈底分化。 2. 重唇、輕唇音的分化，並非同步發生。大約幫非、滂敷、並奉分化較早，明微分化較晚。 3. 北方分化早，南方分化晚或未分化。
C. 端知組分化 D. 泥娘母分化	中唐以後（A.D.8—10）	1. 六朝時期，舌上音還没有從舌頭音分化出來。 2. 在唐代，舌上音知、徹、澄已從舌頭音端、透、定中分化出來了。
H. 精莊組分化 I. 章莊組合流	南北朝末隋唐初	1. 精、莊兩組聲母的分化開始於漢代。……到了六朝，精、莊兩組分化的面貌就十分明朗了。 2. 莊組聲母和章組聲母並存了幾百年，它們的合併從唐代開始。
M. 云以母合流（喻母產生）	唐末（最遲A.D.9）	1. 上古匣母從漢以後分爲匣云兩類，從晚唐開始，云又和上古的才（以）母合併爲喻母，……到了晚唐，云、以逐漸没有區別，到宋代就完全合而爲一了。

　　下文以【表六】作爲衡量標準，依序討論“B、C、D、H、I、M”所呈現的音韻特徵：

　　B. 輕重唇音分化

　　“輕重唇音分化”方面，根據〈3—1唐（中原方音）〉的研究，分化現象在玄奘譯經時期就已經顯現，如施向東（1983：24

—25）所云：

> 玄奘譯音表明，中原方音中輕唇音的分化在 7 世紀初已
> 經發生。……我們通過玄奘譯經的對音可以大膽地肯定，輕
> 重唇音的分化在玄奘時代已經發生了，並且濁音的分化可能
> 要走在前面一些。奉紐的音值是 v，非常清楚；非敷微的音
> 值是什麼，因沒有對音的根據，我們暫不去構擬。

該研究顯示分化現象最先表現在“奉母”部分，而“非敷微”三母尚未有對音的依據，所以推論應該正處於分化的過程。而到了〈3—3 唐（長安音）〉的研究，劉廣和（1982：41—42）則更進一步發現：

> 微尾味襪嚩這些微紐字一律對 v。微紐已經從明紐分裂出來，讀音由 m＞v。……奉紐也分化出來了，從對音上看，它跟微紐混在一起。非紐字對音的太少，祇有廢對 ve，發對 phāt、phār。少是少，可是“少而精”，它能表示非紐字咒語裏不對 p，已經跟幫紐分裂了。……咱們可以肯定，長安音的唇音在八世紀分化了。

輕唇音中除了“奉母”已經明顯分化外，連歷來認爲分化較晚的“微”母也已經出現，因而推斷當時輕唇音的分化應該已經完成。因此，根據對音材料的證據，可將分化時間從晚唐的九世紀末推前至唐初年八世紀，這對於掌握“輕唇音分化”的歷史時間點是大有助益的！

值得思考的是，可否認定其現象是材料所呈現“從奉母開始”呢[⑤]？大致來看，漢語輔音“非敷奉微”四母都能與梵語輔音 v 相對應，但其中又以“奉母”與梵語輔音 v 的音值最爲接近，所以對音時往往就容易呈現奉母對音字占大多數的訊息！如果從較晚的〈4—1 宋初〉成果來對照，若依據漢語史的演變來推測，儘管此時分化的現象應該已經大致完成，但其研究仍顯示“非敷”兩母依舊未出現，如張福平（1996：291）所云：

對音材料中没有出現非敷兩組字，我們祇有通過考察重
唇 p、ph 的對音來看它們是否已經分化。……在當時的語
音中輕唇音已經從重唇音中分化出來了，對汴洛方音的研究
也可得到證明⑰。

可見其分化的細部情況，並没有與同時的文獻出現相似的情
況，所以這類問題還有待日後進行研究成果比對後，纔能更進一
步論述。

C. 端知組分化、D. 泥娘母分化

"端知組分化"方面，從〈1—1 西晉〉開始已呈現分化的大
致界線，僅有少數混用現象產生，如劉廣和（2001：185）所云：

端、知二組分別清楚；透、徹二組不相混；定、澄二組
有二十三個對音字，祇有兩個定組字對了 t 組音……混類現
象所占比例較低。咱們可以說，西晉語端透定跟知徹澄大體
上分開了。

這與漢語史上"六朝時舌上音尚未從舌頭音分化"的現象較
不相同！且在〈2—4 南朝梁〉中，更清楚呈現其分化速度的歷
程，如劉廣和（2004：221—223）所云：

知組正從端組往外分化着，由對音觀察，似乎知組分化
得最快，娘組分化得最慢，澄組分化速度居中。

由於端知組的漢梵輔音屬於一對一的型態，所以透過對音材
料的比例觀察，就可以將從無到有的音變現象清楚地表現出來，
這是對音材料的獨特貢獻。

"泥娘母分化"方面，從〈1—2 東晉〉開始就陸續有相混的
現象產生，而到〈2—5 北周～隋（長安方音）〉時，尉遲治平
（1982：21）首先指出分化的現象，其云：

梵漢對音中娘母一律對譯梵文的舌尖後鼻音ṇ。……泥
母字一律對譯舌尖前鼻音 n，如 çodhani "輸達泥"中的 ni

"泥"。祇有個別四等字例外,如 ak ṣiṇe "惡歇嬾"中的 ṇe "嬾"。現代西安方音,泥母四等字讀同娘母字,而與泥母一等字讀音不同。梵漢對音中"嬾"字對譯梵文舌尖後鼻音,反映周、隋長安方音中,二、三等娘母與一、四等泥母分化開後,泥母四等字也開始與娘母合流。總之,從梵漢對音和現代西安方音看,長安方音中娘母有區別於泥母的獨立的音值。

若依"中古存在泥、娘的區別"之論點⑳,由於漢梵輔音類型大致以"泥、娘"對"n、ṇ"的情況出現,所以從材料的統計數量來觀察,更能釐清兩者確切分化的時間點。其後〈3—1 唐(中原方音)〉中,施向東(1983:19—20)更展示出對音材料的優勢,其云:

> 祇有"泥、娘"兩組,混用的次數較多。談中古音者多數主張兩組不分。但是我們對材料再進行仔細的分析,就可以得出不同的結論。……以上三種材料是玄奘對音中最可靠的。這使我們相信,玄奘的方音中泥組和娘組是不同的。

其特點讓泥娘兩母已經確切分化的推論更加明確!若再與"端透定、知徹澄"的分化速度相比,也可見證泥娘兩母是屬於最晚分化的部分。

H. 精莊組分化、I. 章莊組合流

"精莊組分化"方面,呈現從六朝起清楚分化的面貌。而"章莊組合流"方面,則與漢語史上"章莊組聲母從唐代開始合併"的現象不一致!唐代對音中,章莊兩組都呈現明顯的分立現象,並沒有合流(混用)的現象產生,如〈3—1 唐(中原方音)〉中"穿三昌、穿二初"和"審三書、審二生"都分別對譯"ch、kṣ"和"ś、ṣ",一點都沒有合併的趨勢。直到〈4—2 宋初(汴洛方音)〉中清楚呈現合流現象,如儲泰松(1996:349)

所云：

> 看 2.1 表，kṣ對穿組二三等，"ś"和"ṣ對審組二三等，
> 看來穿審兩組的二三等已合流。

值得思考的是，爲何同時代〈4－1宋初〉卻一點都沒顯示出這類的現象，如張福平（1996：295）所云：

> 從擦音ṣ的對音來看，無一例外地全部用審母二等字對
> 譯；二合音 kṣ [ʈʂ] 用穿母二等字對譯，這説明照二組字讀
> 捲舌音。

不論是兩者的年代或方音依據，應該都是相當程度的接近，但在經過大量對音材料的統計後，卻仍然產生如此歧出的現象，或許僅能先視作譯者的特殊性，留待日後再進行考察。

M. 云以母合流（喻母產生）

"云以母合流"方面，呈現唐代期間並沒有任何合流的現象產生，直到宋代才有合流傾向，這樣的結果看視與漢語史"晚唐起云、以逐漸沒區別，到宋代完全合而爲一"的説法大致吻合。但若是詳細考察，恐怕還有待商榷！

首先，在前人未合流的觀察中，有時卻看不到"云母"對譯字的出現，如〈2－4南朝梁〉起幾乎都有這類的現象，如劉廣和（2004：229）所云：

> 喻三、喻四不同音。梁朝"有一侯…謂鄆州爲永州"
> 喻四、喻三不分。可羅公對音祇有喻四對 y，喻三組字（拋開
> 炎字有喻三喻四兩讀）沒有一個字對 y，是喻三另有他音，它
> 沒出現是因爲梵文沒出現相同或者相近的音。直到梁朝
> 喻三、喻四還沒合流。

由於漢梵輔音類型的差異，所以"云母"有時並未用於對譯字當中，這時如果僅靠着漢語史的演變情況來推論，證據恐怕不

足。畢竟從〈1—1西晉〉的對譯字中，云母並非完全没有出現過。其次，若觀察宋初 "云以母合流" 的特色，如張福平（1996：296）云：

> 至於喻三喻四我們認爲已没有區別。對譯半元音之所以全部用喻四紐字，這是因爲喻三都是合口字，與半元音 y 的音質相差較遠的緣故⑩。

此時 "云母" 依舊未出現於對譯字中。似乎是先默認了 "云以兩母" 已經合流的事實，才做出相同的推論。因此，對音材料是否能視爲展現云以合流現象的證據，還有待日後考察。

（2）譯者或材料的特殊性

"全濁聲母是否送氣" 與 "船禪兩母是否有別" 一直是對音研究中受到矚目的議題，其特點提供漢語史學者作爲論證的依據，也顯示出對音材料的特殊性。下面暫不論述學者們論辯的過程，僅從歷來對音材料的性質檢視其特殊現象。

A. 全濁聲母送氣

"全濁聲母送氣" 方面，最先呈現於被馬伯樂（1920：12—13、28—41）稱爲 "不空學派" 的譯家中，如不空、慧琳等人一律都以 "全濁聲母" 對譯梵文 "送氣濁音"，另用 "鼻聲母" 對譯梵文 "不送氣濁音"。唐代時，其現象僅出現在〈3—3唐（長安音）〉的不空譯音及隨後〈3—4唐《一切經音義》〉的慧琳譯音中，與過去〈3—1唐（中原方音）〉玄奘譯音、〈3—2唐（關中方音）〉善無畏兩人的譯法皆不同。

值得留意的是，據〈4—1宋初〉、〈4—2宋初（汴洛方音）〉的研究，也清楚表現出 "全濁聲母送氣" 的特色，如張福平（1996：289—290）所云：

> 天息災譯經於 10 世紀末，應該反映宋初的語音系統，那麼，按通行的説法，這個時期的全濁音就處於一部份甚至

大部分清化的階段。……從天息災的對音來看，我們很難得
出濁音清化的結論。……我們祇能認爲在當時的語音中仍是
清濁分明的。全濁聲母在宋代已完全消失的説法是不確切
的[⑩]。

　　張、儲兩人堅持所呈現"全濁聲母送氣"或"全濁聲母未清
化"的特色，都可以反映當時宋初實際語音的現況。但若是根據
漢語史的演變概況，宋初早已經産生濁音清化的現象，而再依據
周祖謨（1942）對宋初汴洛方音的考察，也有"濁音清化"的結
論！因此，若是單純以對音材料爲作推論的依據，恐怕無法形成
有力的論證過程。此外，宋初譯家與不空學派並沒有直接的聯繫
關係，而其地域也不相同，不禁令人好奇爲何會承繼這類的特
色。儲泰松（1996：358）曾對其原因進行解釋：

　　　　宋代個別語音現象從唐代的汴洛音上找不到根據，並且
　　　在後來的《中原音韻》系統上也沒有留下痕跡，相反卻與唐
　　　代的長安音類似，如宋代全濁聲母送氣，鼻音有塞音成分，
　　　導致這種參差的原因很複雜，下面做一點粗淺的探討。

　　儲氏將其歸納爲："宋初唐代遺風、長安的地位更替、大規
模的人口遷移、衆多的民族接觸"等因素。這類歧異的爭論議
題，還有待日後更深入的考察。

　　J. 船禪母是否有別

　　由於"船禪兩母"在各地方言幾乎没有什麼分別，所以部分
學者就提出懷疑，兩個是否爲不同的聲母。另外，有關高本漢將
船母擬作 dʑ（塞擦音）、禪母擬成 z（擦音）的方式，部分學者
則根據對音材料的證據，認爲是韻圖中船禪兩母的位置弄錯了，
應該是船爲 z、禪母爲 dʑ[⑪]。下面對這兩個層面進行觀察：

　　首先，有關"船禪母是否有別"方面，若從對音材料來看，
船禪兩母"有別"與"相混"的情況都有出現。早在〈1—1 西

晉（當時通語）〉中，劉廣和就發現了對譯字略微混淆的情況，而其後更在〈2-4 南朝梁〉中主張這類相混現象，如劉廣和（2004：225）所云：

> 羅公譯咒用了船紐述蛇兩個字，都跟禪紐一樣對塞擦音 j，最低限度也能説，船紐有混入禪紐的。這跟陸先生歸納的定律不一致。羅公船禪不分，可能是受了吳語影響。……大約六世紀晚期顏之推譏笑的船禪混淆，在六世紀初期（503—520）羅公的對音裏確確實實能看見，咱們的貢獻是直接由對音裏看見船禪都唸什麼樣的音，能碰上這個好事真是"三生有幸"。

劉氏依據《顏氏家訓·音辭》與《續高僧·卷一》的文獻記載，加強了對音材料"船禪相混"的證據。而在"有別"方面，如〈2-2 十六國（北方通語長安音）〉中，施向東（2000：103、106）所云：

> 十六國時代章組聲母的音值是：章 c 昌 ch 禪 j。船紐未在這組對音中出現。……現在我們把禪紐定為 j [dʑ]，船紐的音值定為 [ʑ]。
>
> 船紐是與半元音 y 的音值最接近的一個摩擦音，那麼它祇能是 [ʑ]。

又據（2000：107）的梵語 ṣ 的對譯字中，祇有"術船紐"與山、書紐，未見禪紐字混入，所以施氏推定對音材料中"船禪有別"的現象。因此，"船禪兩母是否有別"的問題，並無法從對音材料中獲得完善解答，或許僅能暫時推論與譯者特性有關。

其次，在"船禪母擬音"方面，由於對音過程中禪母都明顯對譯梵文輔音 j，所以將其擬作塞擦音 [dʑ]，但若間接將少數出現或根本未出現的船母字，擬作擦音 [ʑ] 是否能成立呢？如施向東（1983：16-17）所云：

> 《切韻》音系這一組聲母還有神紐（床₃組），但在玄奘

譯音中從未見到神紐字。……但從玄奘譯音看，既然在對譯
j時一個神紐字也不混雜到禪紐中去，那麼絕不能說這兩紐
實爲一紐。中原方言中神禪分紐，殊可定論。又從來構擬中
古音系的人，都以神紐爲塞擦音，以禪紐爲摩擦音，這是受
了後世等韻圖的蒙蔽了。祇有陸志韋先生主張把神禪兩紐的
位置互換。對音結果禪紐確確實實是一個塞擦音 j [ʥ]。神
紐字因爲沒有出現，不好貿然斷定它的音值，但它必定是一
個梵語中沒有的音。

前人研究中其實已經意識到"禪母"明顯對譯 j，而"船母"
則與其他母對譯 ʂ 或ṣ的現象ṣ。若據李方桂（1980：15－16）所
云："上古船禪兩母不分"的論點，若是對音語料中根本未見到
船母對音的證據，又如何能假定船母當時應該已經出現了呢⑫？

船母字出現與否或許並不影響兩母有別的判斷，但若是要藉
此擬出音值時，前人研究就產生了不同的處理方式，如〈2－1
後秦（長安音）〉施向東（1999：91）曾指出："禪紐對 j 對音中
未出現 jh），讀塞擦音。"；又據其後（1999：95）所列的後秦聲
母表中，並未擬有"船母"；但若從對音語料來看，梵文輔音ṣ中
有術船字對譯字與山、心母相混，而施氏並未將船母擬出。然
而，〈1－2東晉（南方通語）〉劉廣和（1991：154）也觀察到類
似的對音現象，但劉氏卻將船母推論擬出。

此外，據〈2－3北朝（北方共同語鄴城、洛陽音）〉中，施
向東（2004：120）所列齒音聲母對音表中，船母並沒有規則的
梵語輔音對音，而例外對音卻包含："j、y、ṣ́、ṣ"、對音用字則
有"虵賃示術"。由於作者並未作詳盡説明，若當"虵"字對譯
"j"時，此時兩母可能就有相混的現象產生，但又如何解釋對譯
"y、ṣ́、ṣ"的現象呢？因此，對音研究對於船母音值擬測的幫
助，恐怕還有待日後更進一步的研究纔能商榷。

(3) 輔音類型的不對應性

從【表五】中可發現，有部分音韻現象並不符合一般漢語歷時性的音變，是對音材料所展現的特殊性？還是有其他原因造成的呢？本文認爲多數情況應該都是由於梵漢輔音類型本身的不對應性造成的，分述如下：

E. 日母產生

"日母是否產生"方面，若根據章炳麟"娘日歸泥"的説法來檢視歷來研究成果，各時代都表現出"日母產生"的現象，這樣似乎可以認爲對音研究與漢語史演變相互呼應，但若是更細部觀察其對譯現象，就可發現其中的差別！首先，依據對譯情況，前人多將日母擬作 [ɲ]，但其是否完全對譯梵語輔音 ñ 呢？不妨可將歷來對譯情況整理如下：

表七　日母對譯情況

代表語音	字音對譯
1-1 西晉（當時通語）	ñ、n
1-2 東晉（南方通語）	ñ、n
2-1 後秦（長安音）	ñ、n、ṇ
2-2 十六國（北方通語長安音）	ñ、n、ṇ
2-3 北朝（北方共同語鄴城、洛陽音）	ny, jñ, ni, ŋy
2-4 南朝梁	ñ、ṇ
2-5 北周~隋（長安方音）	ñ、ny
3-1 唐（中原方音）	ñ、n、ṇ
3-2 唐（關中方音）	ñ、ṇ
3-3 唐（長安音）	j、n
3-4 唐《一切經音義》	j
4-1 宋初	j
4-2 宋初（汴洛方音）	j

可見日母除了對譯輔音 ñ 以外，也同時出現對譯 n、ṇ 兩類，這其實從"後漢三國"開始就有這樣的現象，如俞敏（1984：

12）所云：

> ñ組：若、然；這是"'日'之類"。這"若"字也用来
> 譯ŋya和nya。

俞敏考量上古"娘日歸泥"的規律，所以主張當時應該衹有
泥母字，不會有日母字的産生。但在後來學者們再度遭遇同類情
況時，卻提出了不同見解，如〈2－4南朝梁〉劉廣和（2004：
225－226）所云：

> 日組只出現兩個對音字耳和糅，都對ṇ。……假定因爲
> 日組對ṇ，就推斷爲"娘日歸泥"，日組到南朝還不獨立，
> 那可太冒險了，再説，羅公對字母ña用日組若字也不支持
> 那種假設。日組字對ṇ也好解釋，ṇ、ñ音近，用日組ñ對ṇ
> 是音近代替。南朝日組歸章組也符合一般的分類。

劉氏同樣考慮了時代音韻演變，改採"音近替代"的詮釋解
釋同時對譯之情況。因此，若以對譯字出現情況來證明該時代
"日母産生與否"的可能性，恐怕在邏輯推演上容易産生瑕疵，
故我們衹能單就日母對音上的現象進行描述。

此外，在〈2－2十六國（北方通語長安音）〉中，施向東則
對日母對輔音n的特別現象提出解釋，其云（2000：104）：

> 這一組對音所可注意的地方是，當t、d、n等輔音後邊
> 有y或i時，常常用章組字來對譯，如：……如nya（憍陳
> 如Kauṇḍiya），貳ni（阿迦貳吒akaniṣṭha），紝nim（紝婆
> nimba）等等。這個現象很有意思。它正好説明了章組聲母
> 來源於舌尖塞音[20]。

施氏對出現環境進行歸納，認爲儘管有音近替代而少數對譯
n的現象，但是對譯的情況卻是有所限定，且從上古音韻演變來
看也是可能發生的。

其次，在構擬音值方面，由於歷來日母多對譯ñ所以將其擬
作[ṇ]，但在〈3－4唐（長安音）〉開始，日母改對譯梵文輔音

j，發生了第一次的音值改變，如劉廣和（1982：46）所云：

> 日組字一般是對 j，一定條件下又對 n，音值當與禪近而有別。通常擬爲單純的 [ʑ]、[ɳʑ] 都不合適。……除非長安音 dʑ、ʑ 不能分清，日組音值可能讀 [nʑ]。讀 [ndʑ] 或者讀 [nʑ]，二者沒有原則的分歧。

其後於〈3—4 唐《一切經音義》〉中，日母與從母又同對譯梵文輔音 j，如聶鴻音（1985：65—66）所云：

> j 譯多用禪母字，慧琳改用從母和日母字，……事實上，慧琳譯梵文 j 的時候，往往在日母和從母之間猶豫不定，如譯 ja 的 "惹" 字是 "慈我反"，譯 ji 的 "爾" 字是 "薺以反"，對音字雖是日母，但反切上字卻都是從母，這大概是由於當時漢語的從母和日母相當近似的緣故。我們從反切上字考慮，以從母爲 j 的正譯。

此時依據這樣對譯的情況，學者們主張應將原本認爲的日母音值 [ɳ] 改擬作 [nz] 或 [ndʑ]。這恰恰與王力（1980：91）從音理上推斷日母音值演變看法一致，其云：

> 日母從上古到中古發展的情況是這樣：ɳ→ɳj→ɳʑ。由於韻頭 i 的影響，ɳ 的後面產生了舌面的半元音 j，後來這個 j 越來摩擦性越重，就變了輔音 ʑ 了。ɳʑ 不是兩個輔音，而是一個整體，和一般破裂摩擦音（塞擦音）的道理是一樣的。

因此，對音材料所呈現的歷時對譯景觀，恰好就記錄了歷來日母音值演變的情況，而爲日母音值構擬的問題提出文獻方面的佐證。

K. 匣群母分化、L. 匣云母分化、N. 曉匣母合流

有關 "匣群云" 三母分化的過程，大致在《玉篇》音系中 "群母" 已經出現，但 "匣云二母" 還有大量的混切，直到唐末

云以母才合流爲喻母。匣母對譯的複雜現象，最早在後漢三國俞敏（1984）研究中就已經被指出，俞氏則將其二分爲"匣₁群g"、"匣₂v"兩類；到兩晉時期的研究，劉廣和（2001）、（1991）則依其對音情況將其三分爲："匣₁群g"、"匣₂云v"、"匣₃曉h"。在〈2—1後秦（長安音）〉中，有關這類複雜現象，施向東（1999：92—93）則採取不一樣的解讀方式，其云：

> 有的研究者根據對音材料把匣組字切成幾塊，分別歸到群、喻三等組中去。但這樣無法解釋它們何以到切韻時代以後會歸併到一個聲母當中去。我們的解釋是，匣組由上古的g已向ɣ轉變，所以在後秦時代對譯g的祇有前代經師用過的極少數幾個匣組開口字（含 gam, gām；鉻 gam；恒 gāng），而匣組的合口ɣʷ-，由於發音機理的緣故（撮唇動作勢必減弱喉部的摩擦），ɣ弱化而w強化，所以可以對譯梵文的v。

由於施氏認爲與群母相混對譯的匣母字，僅僅祇有開口字，所以將其分爲"群g"、"匣ɣ云ɣʷj"二類。另外，從施氏的對音語料來看，匣母對g、v兩梵語輔音與前人相同，但卻没有匣母對h的情況。

到〈2—4南朝梁〉時，匣開口母完全不與群母字相混，但卻再度與曉母字相混，如劉廣和（2004：229）云：

> 匣組字混入曉組。西晉、東晉譯音匣組三分……。羅公譯咒匣組跟喻₃合口不見，是不是跟羅公念v爲b有關係？匣組開口不對g，應當是這部份上古念g的字已經轉變成其他音了；匣組開口曖害對h，證明它們跟曉組合流。

可知對音材料顯現"匣群母分化"現象的時間點應在〈2—4南朝梁〉。但是有關"曉匣母合流"的討論，恐怕就必須仔細考慮。"曉匣母合流"應該在濁音清化後纔會産生，但對音材料卻從〈1—1西晉〉開始就有相混現象，而到唐代更是有合流的情況，但這時並沒有任何濁音清化的演變特徵出現，不禁令人懷疑這裏的合流現象，不過僅僅是音近上的使用，而非真正語音上的展現！若再從漢梵輔音類型不相應來思考，如林光明（2011：83）所言"漢有梵無"的聲母包括"邪、莊、初、崇、匣、影"六個聲母，所以更能推論：因爲匣母沒有直接對應的梵語輔音音值，所以容易被拿來譯作相近的聲母。

"匣云母分化"方面，似乎僅在〈2—3北朝〉時曾顯現，在施向東（2004：121）的"喉音聲母表"中，匣母處沒有"規則對音"，"例外對音"則有"h、g、k、kh、p、v、φ"，而云母處"規則對音"則爲"v、y"，施氏（2004：121）認爲：

> 匣母本應是一個濁喉音聲母，因爲梵語中沒有相應的濁輔音，對音中匣母所對的都是相近似的輔音。p和v不是跟匣母近似的輔音，他們反映了對音字的合口介音（如 sai ṣṭ rakavāla 作"賴吒呵羅"、śāṇakavāsa 作"商那和修"、Jeta-vana 作"祇桓"，"呵、和、桓"都是合口字。以下云母字對 p、v，亦同此理）。以母是零聲母，所對的 y，v 反映的是對音字的開、合口介音。

儘管"和、桓"兩個"匣"母字都對譯"v"，這時與"云"母應該有相混的可能性，但這裏施氏卻主張應該將"匣、云"兩母分別各擬作 [ɣ] 和 [ɣj] 兩類。

若相較於施氏先前（1999）時將"匣云"母擬作"匣 ɣ 云 ɣʷj"與（2000）時將"匣云"母擬作"匣 ɣ"的作法，恐怕就出現了相互矛盾！因爲從其對譯字來看，在（1999：91）"v"的對譯字中，包含："書違衛于域越洹以上喻三組 和桓以上匣組"；而（2000：106）"v"的對譯字中，也包含："呵和洹桓會以上匣組合口／書韋衛于越以上雲組"[⑥]，兩處都與這邊發現的情況相同，但此時施

氏就改變了原先的堅持，主張"匣云母分化"現象，實在令人不
解。

　　因此，從對音研究的成果來看，並沒有顯現"匣云分化"的
現象，這時若再參考漢語史演變的情況，似乎可以間接推導出
"匣云母"正處於"相混"的現象。然而，這樣的推論恐怕還有
待商榷！因爲在"匣云分化"的觀察中，經常清楚看見"云母"
字根本尚未使用於對譯字當中，即我們根本無法得知"匣云兩
母"是否真正有相混的使用情況，故還有待日後進行考察。

　　F. 精組對音、G. 邪母産生（從邪是否分化）

　　從漢語史演變來看，學者多認爲齒音"精清從心"四母在上
古時已經具備，而逐漸分化出莊組字。若根據林光明（2011：
83）的漢梵輔音類型對照，精組四母當中：心母屬於"漢梵完全
相同"、精清從母則屬於"漢梵略有差異"的情況，所以在表中
各時期中才會顯現精組四母時多時少出現的現象，故其出現的多
寡並不與時代先後順序有直接相關。

　　"邪母産生"方面，僅有〈2—3 北朝（北方共同語鄴城、洛
陽音）〉中將邪母擬爲 [z]，如施向東（2004：120）所云：

　　　　三組齒音聲母的區別，在北朝時是真實存在的。精組
　　　（清從心邪）是舌尖音，莊組（初山）是捲舌音，章組（章
　　　昌船書禪日）是舌面音。

　　但若從施向東（2004：120）"齒音聲母表"來看，邪母處並
沒有"規則對音"，而"例外對音"部分則有"j、y、s"三類，
若當"j、y、s"又已經分別規則對譯"禪、以雲、心"母時，
就可推論施氏所主張的"邪母存在"，應該僅僅是因爲"漢有梵
無"的音近替代形式。此外，還可以從歷時性的觀察來論證，因
爲綜觀〈3—1 唐（中原方音）〉至〈4—2 宋初（汴洛方音）〉的
唐宋期間，邪母在對譯過程中根本就沒有出現！因此，如〈1—2

東晉（南方通語）》劉廣和（1991：157）所云：

> 如果拿我們得出來的東晉語聲系跟隋代修的《切韻》的聲系對照，很容易發現，二者大同小異。"小異"表現在兩個方面，一個是聲類劃分，東晉語匣分在三個聲母而《切韻》一個聲母，邪類東晉語不獨立而《切韻》獨立。

"邪類不獨立"的真正原因恐怕不是當時尚未產生邪母字，而是漢梵輔音類型不相應所造成，故單從對音研究恐怕無法得知"從邪母是否有別"的證據。

四　結　語

從高本漢《中國音韻學研究》的討論開始，近一個世紀以來"梵漢對音"的研究就未曾中斷，而本文以歷時性的回顧方式梳理學術史脈絡，重新檢視方法的承繼與實踐，並衡量當前聲母研究成果的價值，藉以闡發學科的本質意義，並作爲深入此議題的基礎。文中儘管提及有許多疑惑尚待日後解決，但事後的檢視往往比先見之明來的輕鬆容易，所以對於前賢篳路藍縷不畏艱辛的開創摸索，並透過大量瑣碎語料分析得來的重要線索，都應該予以肯定。值得省思的是，在漢語音韻學歷代擬音已大致勾勒完成的今日，梵漢對音的材料究竟還能激盪出什麼樣的火花，或許是日後值得發掘的方向。

藉着這樣的探析過程，本文認爲：（一）高本漢縝密衡量"對音材料"的獨特性而非一昧否定，也肯定其獨特性的佐證地位；（二）鋼和泰提倡的理念仍是延續高本漢而來，並對方法複雜性有較深刻的體察；（三）音韻學界承繼該方法時，已經發現材料複雜與原語認知等關鍵，但未進一步探求較完善的配套措施；（四）建構學科多集中於介紹基礎知識與實踐方法操作，而未以對比分析的原則修補本質意義上的偏限；（五）研究目的着

重於開創其它材料無法獲取的訊息，但過程中卻極少檢視循環論
證的迷思。若從聲母研究成果來衡量，有關"輕重脣音分化、端
知組分化、泥娘母分化、日母音值構擬"的過程和時間點，對音
材料確切提供了獨特性貢獻。但其餘所顯現的獨特性，有時並不
能與音韻特徵的歷時呈現劃上等號，而應從"譯者或材料的特殊
性"或"輔音類型的不對應性"的觀點衡量，並待日後比對相關
研究後重新檢視。

【附錄】主要研究成果

劉廣和[60]1982《不空譯咒梵漢對音研究—唐朝八世紀長安音
探索》，《音韻比較研究》：1－118，北京：中國廣播電視出版社，
2002 年。[61]

劉廣和 1991《東晉譯經對音的晉語聲母系統》，《音韻比較
研究》：148－159。

劉廣和 1996《東晉譯經對音的晉語韻母系統》，《音韻比較
研究》：160－177。

劉廣和 1999《西晉譯經對音的晉語韻母系統》，《音韻比較
研究》：189－204。

劉廣和 2001《西晉譯經對音的晉語聲母系統》，《音韻比較
研究》：178－188。

劉廣和 2004《南朝梁語聲母系統初探——《孔雀王咒經》
僧伽婆羅譯咒研究之一》，《音韻論叢》：213－230，濟南：齊魯
書社。

劉廣和 2005《南朝梁語韻母系統初探——《孔雀王咒經》
僧伽婆羅譯咒研究之二》，《音史新論——慶祝邵榮芬先生八十壽
辰學術論文集》：209－216，北京：學苑出版社。

施向東[62]1983《玄奘譯著中的梵漢對音研究》，《音史尋幽：

施向東自選集》：1—79，天津：南開大學出版社，2009 年⑱。

施向東 1999《鳩摩羅什譯經與後秦長安音》，《音史尋幽：施向東自選集》：88—99⑲。

施向東 2000、2001《十六國時代譯經中的梵漢對音》，《音史尋幽：施向東自選集》：100—116⑳。

施向東 2004《北朝譯經反映的北方共同漢語音系》，《音史尋幽：施向東自選集》：117—132㉑。

尉遲治平 1982《周、隋長安方音初探》，《語言研究》2：18—33㉒。

尉遲治平 1984《周、隋長安方音再探》，《語言研究》2：105—114。

尉遲治平 1985《論隋唐長安音和洛陽音的聲母系統》，《語言研究》2：38—48。

儲泰松 1996《施護譯音研究》，《薪火編》：340—364，太原：山西高校聯合出版社㉓。

儲泰松 1996《鳩摩羅什譯音的研究（聲母部分)》，《語言研究》增刊。

儲泰松 1999《鳩摩羅什譯音的韻母研究》，《安徽師範大學學報》27.1：120—121。

儲泰松 2005《唐五代關中方音研究》，合肥：安徽大學出版社㉔。

聶鴻音 1985《慧琳譯音研究》，《中央民族學院學報》1：64—71㉕。

張福平 1996《天息災譯著的梵漢對音研究與宋初語音系統》，《薪火編》：264—339，太原：山西高校聯合出版社㉖。

〔注釋〕

① 這個觀點來自於萬金川（2005：330 注 41），其云："然而，高氏一

生利用了日譯漢字音、朝鮮語譯漢字音，乃至安南語譯漢字音之類漢地輸出的借詞來當作他擬測漢語古音音值的試金石，但卻未曾拿過漢譯佛典裏的梵語漢字音寫當作試金石。在這一點上，高本漢當年極有可能是受到了法籍佛教學學者 Sylvain Lévi 之説的影響，而認爲漢地譯經的源頭語或有可能是來自梵語變體的‘俗語’（Prāākrit）而非‘雅語’（Sanskrit）。因此，他便曾經批評羅常培先生以漢譯佛典裏的‘梵語漢字音寫’作證據來進行中上古漢語的音值擬測工作，而認爲羅氏此舉或有冒進之嫌。但是，除非高氏完全昧於玄奘等人西行取經以及若干客僧攜梵夾東來的史實，否則他一生堅持不採用佛經音寫詞來着手中古漢語的音值擬測，當該還有另外一些不太爲人所知，但或許更爲深刻的理由吧！"

　　② 關於《中國音韻學研究》一書的出版時間與過程，可參考馬悅然（2009：315－316）《附録 高本漢作品年表》所列：Études sur la phonologie chinoise. Archives d'Etudes Orientales，《中國音韻學研究》，萊頓和斯德哥爾摩。1－4 卷，898 頁（1－388 頁爲博士論文，在烏普薩拉大學答辯，1915 年 5 月 21 日）；第 1 卷（1－316 頁），1915 年出版；第 2 卷（317－468 頁），1916 年出版；第 3 卷（468－700 頁），1919 年出版；第 4 卷（701－898 頁），1926 年出版。中文譯者爲趙元任、李方桂和羅常培，中譯名《中國音韻學研究》，上海 1940 年。1948 年重印，增加方言地圖。

　　③《中國音韻學研究》是歷經數年而最後集結的專著，但爲了論述上的簡便，下文暫以高本漢（1915）作爲標示。

　　④ 在馬悅然（1995：192－193）描述高本漢這部分的研究成果時，指出："從構擬中古語言系統開始的這一研究成果，體現在《中國音韻學研究》這部作品中。……在這部著作中，他綜合了中古和上古漢語語音構擬的成果。除此之外，他還在 1920 年代至 1930 年代寫的一系列文章中介紹了構擬工作中的各種觀點。在《中國音韻學大綱》（Compendium of phonetics in ancient and archaic Chinese, 1954）這部著作中，他描寫了自己逐漸摸索的研究過程。"因此，本文以高本漢（1915）和（1954）兩書作爲重要依據，並試圖從其它著作裏歸納高氏對於梵漢對音材料的想法。另外，雖然馬悅然（1995）並非嚴謹的學術性專著，但卻是目前完整對高本漢一生的學思歷程進行整理的論著，所以對於瞭解高本漢的研究歷程仍有參考的價值。

　　⑤ 如高本漢（1915：145）所列三十三種方言中，將"高麗譯音、日本音讀、安南譯音"直接稱作"域外的方言"，又如同書（1915：537－545）"第四卷方言字彙《第十八章方言字彙·緒論》"的說明，從方言列表中（頁 542），亦可發現高氏將此材料與其它方言點並列。

　　⑥ 高本漢（1954）《中上古漢語音韻綱要》可看作是他晚年對於漢語音韻學的研究總結，其云（1954：1－2）："這部著作的目的並不是要提出漢語歷史音韻學領域的新理論和新結果，而僅僅是要對中古、上古音系的構擬作一個總結，……我早年的著作中包含大量現已過時的證據和擬音理論，……因而在本綱要中，我選擇了一些我仍然認爲是完美而成定論的證據再次加以表述，並且試圖儘可能用簡單的方式說出來。"

　　⑦ 引自原文 p.215。此外，相似的觀點在高氏（1918：18－19）、（1926：74－75）、（1946：27－28）等三本流通性甚高的通論性著作中也都曾論及，可見高氏在運用對音材料時，已有縝密的考量。

　　⑧ 其實在高本漢（1915）成書時，馬伯樂（1920：15－16）就曾對高氏運用"高麗譯音（sino－coréen）"作爲解釋切韻的研究方式提出質疑，並認爲高麗譯音所根據的方言是吳語跟切韻很不同，其云："我們對漢字輸入朝鮮諸國的歷史，特別是對其當前讀音形成的歷史還幾乎一無所知。……總而言之，現存的朝鮮譯音不能用於中古漢語研究。我原則上承認現在的讀音實際上就是以 5 世紀吳方言爲基礎的新羅音，可是它也受到了以唐代北方方言爲基礎的高麗音的影響，在古音產生混淆的情況下顯得尤爲突出（例如江韻作 aŋ 而不作 oŋ，以避免相混於冬韻），它在某些情況下也受到了近代官話的影響。"而高本漢則在（1922）一文中，對馬氏的反對意見有所回應。

　　⑨ 引自原文 p.226。另外，此書譯者聶鴻音指出："這個說法是列維提出來的。參看 Sylvain Lévi, Le Tokharien B, Langue de Koutcha, JRAS 1913, 此文馮承鈞譯爲《所謂乙種吐火羅語即龜茲語考》，載《女師大學術季刊》一卷四期。"而筆者查找原文後，推測有關列維（1913：79）的觀點應該是："夫中國佛經之初譯，在紀元 2 世紀時。其間有佛教所用之語，非印度之原字所能對照；惟用龜茲語始能解其譯音。如沙門梵文爲 sramana，龜茲語爲 samane。中國之譯音與前者譯遠，與後者近也。……由是推之，龜茲語爲佛教傳佈中國之媒介，龜茲文學應始於紀元 1 世紀時也。"然而，

若參考辛嶋靜志於"漢譯佛典的原語"的回顧説明，則認爲這種觀點最早應由 Pelliot（1914）所提出；辛嶋（1994/2006：117）指出："古譯與舊譯時期的漢譯佛典並非譯自梵語，而是從某種俗語翻譯過來的。關於這項認識，其實一早便由伯希和（Pelliot 1914）加以指出了，因此這類説法似乎早就流傳於學界之間。"

⑩ 如高本漢（1919：109）指出："Enfin, et c' est là un fait qu' on ne peut pas trop souligner, les transcriptions bouddhiques chinoises ne sont pas faites sur des formes d' une seule langue. Certaines d' entre elles remontent à des originaux sanscrits, d' autres à des originaux palis, et un grand nombre montrent les traces évidentes d' être faites sur des formes prakrites fortement évoluées（avec perte de consonnes intervocaliques etc.）. Pour débrouiller définitivement les problèmes des transcriptions il faudra les attaquer du côté chinois et du côté hindou simultanément."

⑪高本漢（1919：105）指出："Puisque, par ce moyen, tout philologue qui s' intéresse aux transcriptions anciennes pourra trouver une prononciation ancienne de tout mot transcripteur, le travail de dresser une liste complète de toutes les transcriptions figurant dans l' énorme littérature bouddhique chinoise avec leurs valeurs phonétiques anciennes serait hors de proportion avec son utilité. Toutefois, dans l' article présent, j' entreprends de fournir une liste d' un millier de caractères chinois servant fréquemment de mots transcripteurs；elle est préparée à l' aide principalement des deux travaux de MM. Julien et Eitel. Je publie ce régistre pour plusieurs raisons." 兩本字典分別是：S. JULIEN, Methode pour dechiffrer et transcrire les noms sanscrits qui se rencon — renit dans les livres chinois, Paris, 1861. 和 E. J. EITEL, Handbook of Chinese Buddhism, Tokyo, 1904.

⑫鋼和泰（1923：55—56）於此文結語處深深寄予期盼，其云："我盼望讀這篇短文的中國學者能承認法天音譯的梵咒，即使不夠改正那從字典韻書得來的材料，至少也有參考互證的價值。……我很盼望中國學者將來能注意這一類的古音材料，把這些古譯音研究出來，不但中國音韻沿革史可以得許多旁證，歐洲研究印度史和中亞史的學者，也可以得益不少了。"隨後，汪榮寶（1923）即響應，引起古音構擬的大論辯。

⑬有關"古音論辯"的前後始末，可參閱魏建功（1929）。

⑭同樣的觀點亦見於徐通鏘、陳保亞（1998：229）一文中。而值得留意的是，此文另指出似乎尚未有研究者對其方音與古音研究的關係進行具體、深入的探索，或許可透過當時的方音表現來詮釋這類材料，其云："此等處正是我們所宜細心觀察的，因爲方音不同理所必有，所謂混用，未必是普通混用，未必不可尋出作家、地方，有條理的區別出來。這正是我們研究方音的好機會。"

⑮在國外的研究歷程中，雖然早在 Pelliot（1914）就已經被指出，但這方面的研究也直到 1946 年才有所突破，可參考辛嶋靜志（1994/2006：117—119）所言。

⑯如朱慶之（2000：307—308）所云："不難看出，在 20 世紀上半葉結束的時候，佛教譯音材料在中古漢語語音史的研究當中已經開始發揮重要的作用。可惜的是這一勢頭由於衆所周知的原因在大陸地區並沒有持續下去，根據中國社會科學院語言研究所編《中國語言學論文索引乙編》（增訂本），從 1950 年代到 1970 年代的 30 年時間大陸地區相關的文章似乎祇有兩篇……1978 年以後，大陸地區正常的學術活動逐漸恢復，但近 30 年中斷使佛教譯音材料的利用和研究人才喪失殆盡。1979 年，碩果僅存的俞敏內部出版了多年心血之作《後漢三國梵漢對音譜》，並且開始招收有關的研究生，爲這一學術研究的傳承作出了不可磨滅的貢獻。"

⑰有關俞敏（1984）的研究成果，目前似乎尚未有全面性的評述，僅見儲泰松（1999）曾以"入聲韻尾的清濁與陰聲韻尾的有無、去聲與﹣s 韻尾的關係、同韻部則同元音説質疑"等三部分進行討論。

⑱又如林燾、耿振生（2004：308）所云："漢代的聲母狀況，主要是從出土文獻的異文假借、傳世文獻的經師注音以及漢語和外語的對音等材料中得到的。……研究東漢聲母的主要材料是傳世典籍裏的音注，如：《説文解字》、《釋名》、《風俗通義》等書裏的'讀若'、聲訓，鄭玄、何休、應劭、服虔等人的直音和'讀如'、'讀爲'等音注方式或音義兼注方式。"

⑲經比對《高僧傳》後發現，並未見到有"b. 牟融"所譯經典。

⑳如俞敏（1984：10—11）所云："本譜祇注譯經法師人名，没注經、律、論的書名，是因爲名字太多，找不着適當字母當代號。用數碼又得考證譯出先後，浪費精力。"

㉑任繼愈（1985：466）指出：“本錄主要根據梁僧祐《出三藏記集》，並部分參照隋費長房《歷代三寶記》、唐道宣《大唐內典錄》、智昇《開元釋教錄》以及圓照《貞元新定釋教目錄》等制成。”

㉒依據任繼愈（1985：467－480）所列，分別爲：“c. 安世高：34 部 40 卷、d. 支讖：15 部 30 卷、e. 竺佛朔：1 部 1 卷、f. 安玄、嚴佛調：2 部 2 卷、g. 支曜：1 部 1 卷、i. 康孟祥、竺大力＋j. 曇果：2 部 4 卷。”其中，未見 a. 攝摩騰、竺法蘭；b. 牟融；h. 康巨。

㉓包含安世高 15 部；康孟祥、竺大力 2 部；支讖 9 部；安玄、嚴佛調 2 部；支曜 1 部。

㉔關於東漢至三國初期譯經的討論，還可參閱 Jan Nattier（2008）。

㉕有關柯蔚南 BTD 研究中，對於佛經原本語言的認定，平田昌司（1994：213）認爲：“Coblin（1981：124）對原本語言問題沒有提出明確的意見。他好像認爲東漢譯經的原文基本上用梵語撰寫，其中夾雜一些中期印度語（Middle Indic）的因素。又參 Coblin（1991：162－163）。”而辛嶋靜志（1994/2006：119）則認爲：“以漢魏音韻研究和漢藏語族研究而著稱學界的柯蔚南（South Coblin），在他的著作‘A Handbook of Eastern Han Sound Glosses’（1983），也將東漢時期漢譯佛典中的音寫詞當作語料，而和在地儒學學者的音注擺在一起，共同再次構擬東漢時期的漢語音韻。而且，他還推定這些早期翻譯的佛典其原語都是犍陀羅語。”

㉖根據辛嶋靜志（1994/2006：131）指出：“蒲立本和柯蔚南對印度俗語的認識，是有問題的。他們認爲漢代佛典的原語是犍陀羅語，或是與其類似的語言（Pulleyblank 1983：84f.；Coblin 1983：34－38）。”

㉗如劉廣和（1988：74）所云：“取材範圍擴大了，研究方法進一步改善，由零星的某些聲紐、韻部的考證轉向對一個時期、一個地區的整個語音系統的研究。”

㉘由於目前專著中的“對音研究”介紹，多是陳述歷來研究概述或材料價值（如：耿振生 [2004：261－292] 以專章“譯音對勘法”從研究史方面論述如何分析漢語古音；又如李無未 [2006：37－49] 以專節“對音譯音”歷時性回顧研究成果），對於學科特質與方法步驟方面仍甚少論及。因此，這裏以劉廣和（1988）、儲泰松（1995）、尉遲治平（2000、2002）等文進行討論。

㉙尉遲治平（2000：575）指出："利用古代用外族拼音文字記錄的漢語的讀音或用漢字記錄的外族拼音文字的讀音，來推求漢語的古音，用漢字記錄的外族語的讀音，有的並非那種語言的語詞，而祇是一些有音卻沒有意義的音節，例如字母表、宗教咒語等等，跟一般的音譯詞性質不同，所以我們採取'對音'的術語，不把它們稱作'譯音'。"

㉚劉廣和（1988：74）雖未論及"學科內涵、方法意義、對音步驟"等項目，但早已指出運用該方法時必須留意的缺失，其云："用歷史音變解釋不同來源的材料而忽視這些材料的地域差異，所以得出的某些結論與古文獻的事實不符"的重要觀點。而後劉廣和（2000）更全面對於"梵漢對音"的幫助和局限進行論述。

㉛尉遲治平（2002：12—13）指出："梵漢對音中關於處理兩種語言音系差異的條例，主要有以下三條：1. 梵語有的音節，漢語也有這個音節，則對音準確而嚴格；2. 梵語有的音節，而漢語沒有這個音節，對音時則用漢語中發音部位或發音方法相近的音節來代替，並設法加上標識，指示漢語中沒有這個音節，不能按漢字固有讀音來發音；3. 漢語有而梵語沒有的音節，一般不用來對音，除非加上標識，用來表示那些梵語特有而漢語沒有，祇是發音部位或發音方法相近的音節。"

㉜許余龍（2002：4）將其定義爲："對比語言學是語言學中的一個分支，其任務是對兩種或兩種以上的語言進行共時的對比研究，描述它們之間的異同，特別是其中的不同之處，並將這類研究應用於其他有關領域。"之後潘文國、譚慧敏（2006：252—253）以此爲基礎，進一步定義爲："對比語言學是在哲學語言學指導下的一門語言學學科，具有理論研究和應用研究的不同層面，旨在對兩種或兩種以上的語言或方言進行對比研究，描述其中的異同特別是相異點，並從人類語言及其精神活動關係的角度進行解釋，以推動普通語言學的建設和發展，促進不同文化、文明的交流和理解，促進全人類和諧相處。"

㉝許余龍（2002：37—44）將對比基礎分作語外、語內兩大類，語外有："物質實體、語言環境、交際情景"三項；語內則有形式和功能："語言系統、語言結構、語言規則與語法功能、篇章功能、功能負荷量"等。

㉞有關音譯時的"省音"現象，可參見齊冲（2002）。

㉟對音程序中有關"梵語音節劃分"的層面，就是因爲梵漢音節類型

的差異，而經常形成研究過程中劃分標準不同的處置。如趙淑華（2012）曾透過根據印度語音學著作、西藏《咒語讀誦法略集》、安然《悉曇十二例》、巴利語語法書等資料，試圖提出考察梵語音節劃分的重要性。

㊱目前筆者僅見張嘉慧（2008）以"語音對比"的理論，分析《翻譯名義集》音寫語段的特徵。如文中（2008：47）就曾以音位對比的方式，明確對照漢、梵語音位區別特徵的差異。

㊲陳保亞（1999：184—197）"3.2 對音與古音構擬"部分，也論述該方法運用的局限與貢獻，並舉例說明如何將此方法發揮最大的功效，可瞭解梵漢對音的方法如何與中古音系產生交流。

㊳平田昌司（1994：211）指出："本文有意不用'梵漢'的字眼。"此外，文章一開頭，平田昌司就引述湯用彤（1938：292）的看法，其云："至於六朝譯本原文，果何者爲胡，何者爲梵，則應俟比較各書之譯音，或可決定也。"

㊴筆者查找高、丁兩人意見如下：高本漢（1963—1967：44）則認爲蒲立本所利用的外來語多數是中亞與印度的中譯音，其來源有時是純梵文有時則是 Prākrit，會有無法確定的危險，指出："蒲立本氏所建立的中古語音系統有兩項決定性的錯誤：其一是：他所擬就的複元音（diphthongs）系列，在現代的方言與古代的外地方言裏找不出任何的根據。……其二是：他建立的系統常常與來源正確而本身又很明白的證據背道而馳，這是最要不得的。"而丁邦新（1975：32—33）認爲蒲立本利用音寫詞來構擬古音，會有無法確定譯者方音的缺陷存在，指出："Practically, dialectal element are deeply involved in the transcriptions. Let us examine a modern transcription: the name of the city Chicago is officially transcribed as '芝加哥' or '支加哥' in Mandarin, but it reveals little information as to the actual pronunciation of Mandarin *Chih—chia—ko*, because this transcription was originally done by Cantonese. Therefore, we suggest that the transcription values may be used as important references, but may not serve as primary evidence for systematic reconstruction."

㊵但是辛嶋靜志（1994）的音寫詞研究成果，已對漢語音韻學提出四項回饋：1. 羊母的音值；2. 第一口蓋音化；3. 韻尾—s 的問題；4. 魚部的音值。

㊶如朱慶之（2000：309）所言："1980 年代，俞敏培養的學生活躍在梵漢對音研究的第一線，他們對隋唐宋三代重要譯經的梵漢對音材料做了比較全面的整理描寫，作出了引人注目的成績。"大致來説，包含：劉廣和、尉遲治平、施向東、儲泰松、張福平等人，他們都曾大規模利用對音材料進行系統研究，所以本文暫以此作爲觀察。此外，由於俞敏（1984）所代表的"後漢三國"時代與中古前期相距較遠，故暫時不列入。

㊷向熹（2010）的分期標準，是參照呂淑湘"文體的轉變標準"和王力《漢語史稿》的觀點而來。

㊸雖然向熹（2010：42）將宋代歸入"中古後期"，但由於 4－1、4－1 爲宋代初年，所以本文仍視爲中古中期的一部分。

㊹這主要是爲了將對音時梵漢兩方的相似度提高，以利於減少對音時所産生的"音近替代"現象，如林光明（2011：90）所云："由於梵語輔音較豐富，故研究漢語聲母得力；而梵語元音比漢語韻母少許多，故考察漢語韻母較不利。"此外，辛嶋靜志（1994/2006：128－129）指出："對研究漢語音韻而言，除了本研究所處理的《長阿含經》（A. D. 413 年於長安譯出）之外，從東漢而至南北朝時代所問世的漢譯佛典，其實都是非常重要的資料。而其間出現的大量音寫語料，對於漢語字音，尤其是在有關聲類的研究上，更是最爲寶貴的資料。……不過，在有關聲母音值的研究上，祇散見於最近由蒲立本與柯蔚南等人所發表的論文裏，目前並没有完整的著作問世。"因此，整理歷來漢語聲類的研究概況乃有一定的價值存在。

㊺有關上古至中古聲紐演變的論述，依出版先後可參考王力（1980：85－92）、向熹（1993/2010：144－162）、黃典誠（1993：25－32）、周祖庠（2006：72－101）。

㊻王力（1985：594）指出："分化，指的是一個聲母分化爲兩個以上的聲母，一個韻部分化爲兩個以上的韻部，或一個聲調分化爲兩個以上的聲調。"另外，可見沈家煊譯（2000：116）對【divergence 分化】詞條的定義："'分化'一詞也常見於歷史語言學研究，指一個形式分裂爲兩個對立單位。"

㊼王力（1985：595）指出："合流，指的是兩個以上的聲母合併爲一個聲母，兩個以上的韻部合併爲一個韻部，或兩個以上的聲調合併爲一個聲調。"另外，可見沈家煊譯（2000：116）對【merger 合併】詞條的定

義：“語言學特別是歷史語言學用來指原來可區分的語言單位合在一起（即會聚）。”

⑱這裏的“端知組”僅指“端透定、知徹澄”六聲母。

⑲如儲泰松（1998）透過“梵漢對音”在中古音韻的研究成果，對比中古聲母和韻母音值的擬定。

⑳這是因爲 IPA 是印歐語言研究下的產品，所以有部分漢藏語音的特殊音值，也僅能以相對的方式對照。如朱曉農（2010：17）所云：“出於印歐傳統，西方語音學家對一些他們少見的音素常用一些附加符號（如：ɕ, ʑ 標爲 ś, ź）或近似標法（把 ɿ 標爲 ɯ），或即使是標準標法（如ʐ）對我們來說不但不方便，而且還可能構成理論問題。”

㉑可參見《方言》2007 年第 1 期所載：中國語言學會語音學分會的國際音標（修訂至 2005 年）中文版。而關於國際音標的使用說明，可見國際語音學會編著（2008）。

㉒關於漢語捲舌音的特徵，可如朱曉農（2010：122－123）所云：“S7 和 S8 可以籠統地都稱爲‘捲舌音’，但實際上兩者的主動器官、聽感、聲學上差別都很明顯。……兩者的主動器官差別明顯，S7 主要爲舌尖，也有用舌葉的；而 S8 則是舌下，也有用舌沿的。S7 是舌尖頂向齦後的‘翹舌音’，用下加點表示：ṭ。普通話的‘捲舌音’其實就是翹舌音。注意：北京人發這音時有用舌尖的，也有用舌葉的。S8 是真正的捲舌音，用舌下部捲起來接觸齦後前顎的‘舌下（捲舌）音’ ʈ。兩者在聽感上區別很明顯。……除了極個別語言，翹舌音和捲舌音在同一個語言一般沒有對立。翹舌音的音標應該是普通的齒/齦音下加小點，如：ṭ, ḍ, ṣ, ẓ，但由於‘卷舌’在漢語中的底伏義就是‘翹舌音’，所以我們用加右鈎的那套音標。必須加以區別時，就用文字描寫，稱爲‘翹舌 ṣṣ’和‘卷舌 ʂ’。”

㉓如 G 爲“邪母”從未出現、J 爲“船母”從未出現、L 與 M 爲“云母”從未出現。

㉔這裏以王力（1980：85－92）、向熹（2010：144－162）、周祖庠（2006：72－101）的論述進行整理。

㉕王力（1980：134－135）指出：“錢大昕所謂‘古無輕唇音’，直到第七世紀還是這種情況。……唇音分化的時期不能晚於第十二世紀”；而王

力（1985：255）在"第五章 晚唐—五代（836－960）"中指出："唇音分
化爲重唇（雙唇）、輕唇（唇齒），是從這個時代開始的。"

㊱當然，劉廣和（1982）所言："微母由 m＞v 的音變現象"，恐怕也
不能視爲輕唇音分化的一種通則。如同時代研究的施向東（1983：25）便
特別指出："但微紐不是 v，則是可以斷言的。"其句於頁下註云："《慧琳
音義》給『縛』字的注音是『無可反』。無，微紐字，以微紐切奉紐。但是
這種情況在玄奘音系中絕對沒有。"

㊲同時代 4－2 宋初（汴洛方音）也有類似的情況，如儲泰松（1996：
351）所云："梵文沒有唇齒音，但 P 組對音中除發、腹兩字外也沒有出現
非組字，可見輕重唇有分別，同期的其它很多材料都證明重唇、輕唇已分
化。"

㊳邵榮芬（1982：35－43、112－117）曾做過詳盡的論證，其中也以
梵漢對音材料作爲證據。

㊴另有儲泰松（1996：350）所云："影紐對零輔音，喻四紐對半元音
y，……可見兩者有別，影紐是零聲母，喻四是 j，這樣擬音兩紐也能分開，
譯音中有例證：i/ī 對伊，yì 對以。"

㊵另有儲泰松（1996：345）所云："施護、惟淨對譯濁輔音的處理規
則是：施護以不送氣濁音對漢語的鼻音和全濁音，而且以鼻音爲主；以送
氣濁音對漢語的全濁音，惟淨以不送氣濁音對漢語鼻音，送氣濁音對漢語
全濁音。據此我們認爲中古汴洛方音濁聲母送氣。"又如儲泰松（2005：
168）所言："《切韻》音系濁聲母，中晚唐的慧琳譯音、宋初的施護、天息
災譯音濁聲母均送氣，初唐譯音的這種情況正表明關中方音從方音到通語
基礎音系的嬗變。"

㊶有關"船禪"兩母的歷來爭論，可參見潘悟雲（2000：46－49）。

㊷如施向東（2000：109）的船母擬音爲"ẓ?"，不清楚爲何施氏加上
問號，其推論的聲母是以加"＊"表示。

㊸又如〈2－5 北周～隋（長安方音）〉中，尉遲治平（1982：23）所
云："梵漢對音中，日母字或對譯梵文舌面鼻音 ñ，或對譯 ny，而這個舌尖
鼻音 n 看來是被（顎化了的。所以，日母應該是舌面鼻音。"

㊹施向東（2000：106）"y"的對譯字，原爲："呴和洹桓會書韋衛于
越以上匣組合口"恐怕有誤，這裏將其改爲："呴和洹桓會以上匣組合口/書韋衛于越

以上云紐"。此外，對譯字當中，原本還有並紐、幫紐等字，但爲了論述上的方便，這裏暫時省略。

⑥劉廣和的研究成果，可參見《音韻比較研究》（北京：中國廣播電視出版社，2002 年）。如劉廣和（2002：1）指出："這本書收了我 1984 年以來所發表的有關音韻學的大部分文章。"

⑥此文爲作者 1982 年北京師範大學碩士論文。部分内容曾分作三文發表：（1）1984《唐代八世紀長安音聲紐》，《語言研究》12.3：45－50；（2）1991《唐代八世紀長安音的韻系和聲調》，《河北大學學報》3：32－39；（3）1993《唐朝不空和尚梵漢對音字譜》，《中國語學研究"開篇"》11：7－15。

⑥施向東的研究成果，可參見《音史尋幽：施向東自選集》（天津：南開大學出版社，2009 年）。如施向東（2009：357）指出："這本集子裏選錄的二十幾篇文章，包括梵漢對音、漢藏比較、漢語音韻學和對外漢語教學四個方面的内容，是我近三十年來所從事的主要工作的縮影。"

⑥此文部分内容曾以《玄奘譯著中的梵漢對音和唐初中原方音》爲題發表於 1983 年《語言研究》4.1：27－48。如此文（1983：1－4）所云："玄奘本人的及其譯著所反映的音系是以洛陽音爲代表的中原方音。……我們這裏所説的中原方言，是指以洛陽話爲代表的通行於廣大中原地區的一支大方言。"因此，可將其視爲"唐代中原方音"。

⑥據記載，鳩摩羅什在長安譯經的時間爲 A. D. 401－413。

⑦十六國譯經師的時間爲前秦到北涼，約 A. D. 351－439，以長安音爲代表。

⑦施向東（2004：117）指出："譯經地點多在鄴城、洛陽，少數在長安，各别在高昌。但是反映出來的語音系統並没有太大的差别。可見當時實際存在一種北方漢語共同語。北朝經師譯經多在後魏時，並延入北齊及隋。……本文將北朝經師瞿曇般若流支、慧覺、曇曜、闍那耶舍、菩提留支、曇林、勒那摩提、僧朗、毗目智仙、般若流支、曇摩流支、佛陀扇多、那連提耶舍、吉迦夜、曇曜、月婆首那等人……"因此，時間約在北魏～隋（A. D. 386－618）。

⑦尉遲治平（1982：18）指出："本文所用梵漢對音資料，採自北周及隋代闍那崛多、闍那耶舍、耶舍崛多、達摩笈多四位經師所譯的四十二部

一百七十八卷佛經。譯經時間起自北周保定四年（公元 564），迄於隋仁壽
四年（公元 604）。這四位譯主都是天竺來華高僧。"

　　⑦儲泰松（1996；340－341）指出："施護（？－1017）……於宋太平
興國五年（980 年）二月攜梵本至宋都汴京。兩年後開始譯經，至 1017 年
圓寂爲止，歷 35 年之久。"

　　⑦此書雖名爲《唐五代方音研究》，但這裏僅運用《第四章：唐五代關
中僧人的梵漢對音系統》的成果。若據儲泰松（2005；10－15）說明所運
用的對音資料，其譯者包含：輸婆迦羅（？）、善無畏（637－735）、金剛智
（671？－741）、佛陀波利（676?）、杜行顗（679?）、地婆訶羅（613－
687）、不空（705－774）等，而儲泰松（2005；2）對"關中地理範圍"的
說明，則是："從行政區區劃考慮，衹以京畿道爲限，即京兆府、同州、華
州、邠州、岐州，共一府四州，和今天的關中盆地範圍大致相當。"因此，
可將其年代跨限訂爲"637－774"，而代表音系應爲"唐關中方音"。

　　⑦聶鴻音（1985；64）指出："公元 788 至 810 年間，他匯集畢生學
識，綜合前人著述，編纂了著名的《一切經音義》。"

　　⑦張福平（1996；266）指出："太平興國七年（982 年）天息災等人
便受命在新落成的譯經院內開始翻譯……從太平興國七年到咸平二年
（1000 年），天息災共譯經 17 部，56 卷。"

〔主要參考文獻〕

王　力. 漢語史稿. 北京：中華書局，1980/2004.

王　力. 漢語語音史. 北京：商務印書館，1985/2008.

向　熹. 簡明漢語史. 修訂本. 北京：商務印書館，2010.（1993 年初
版）

朱曉農. 語音學. 北京：商務印書館，2010.

李　榮. 切韻音系. 臺北：鼎文書局，1951/1973.

李無未. 漢語音韻學通論. 北京：高等教育出版社，2006.

林光明. 梵漢對音初探. 臺北：嘉豐出版社，2011.

周祖謨. 魏晉南北朝韻部之演變. 臺北：東大圖書公司，1996.

周祖庠. 新著漢語語音史. 上海：上海辭書出版社，2006.

邵榮芬. 切韻研究. 北京：中華書局，1982/2008.

辛嶋靜志.《長阿含經》の原語の研究——音寫語分析を中心として. 東京：平和出版社.（第一章《序論》與附錄《〈長阿含經〉音寫詞的研究 與漢語音韻學的關係》由賀可慶譯成《〈長阿含〉經原語研究》，載《正觀 雜誌》38：115－136，2006 年）

高本漢. 1915－1926/1940. 中國音韻學研究. 趙元任，羅常培，李方 桂譯. 北京：商務印書館，2003.（1915、1926、1940 有不同版本）

高本漢. 中國文與中國語. 臺北：文史哲出版社，1977.　（譯自： 1923. Sound and Symbol in Chinese）

高本漢. 中國語言學研究. 賀昌祥譯. 上海：商務印書館，1934.（譯 自：1926. Philology and ancient China）

高本漢. 漢語的本質和歷史. 聶鴻音譯. 北京：商務印書館，2010. （譯自：1949. The Chinese Language：An Essay on Its Nature and Histo- ry. New York：The Ronald Press）

高本漢. 中上古漢語音韻綱要. 濟南：齊魯書社，1987.（原載：Kar- lgren, Bernhard. 1954. "Compendium of phonetics in ancient and archaic Chinese." BMFEA 26：211－367）

高本漢. 先秦文獻假借字例.（上、下）. 陳舜政譯. 臺北：中華叢書 編審委員會，1974.（原載：Karlgren, Bernhard. 1963－67. "Loan charac- ters in Pre－Han texts." BMFEA 35－39：1－128、1－106、1－136、1－ 82、1－40）

馬伯樂. 唐代長安方言考. 聶鴻音譯. 北京：中華書局，2005.

馬悅然. 我的老師高本漢：一位學者的肖像. 李之儀譯. 長春：吉林 出版集團公司，2009.

耿振生. 20 世紀漢語音韻學方法論. 北京：北京大學出版社，2004.

陸志韋. 古音說略. 臺北：學生書局，1979.（1947 年初版）

許余龍. 對比語言學. 上海：上海外語教育出版社，2008.

陳保亞. 20 世紀中國語言學方法論. 濟南：山東教育出版社，1999.

黃典誠. 漢語語音史. 合肥：安徽教育出版社，1993.

張嘉慧. 法雲《翻譯名義集》的語言研究——以音寫語段的分析爲中 心. 桃園：台灣"中央大學"中文所碩士論文，2008.

國際語音學會. 國際語音學會手冊：國際音標使用指南. 上海：上海

教育出版社，2008.

　　萬金川. 佛經語言學論集. 南投：正觀出版社，2005.

　　蒲立本. 上古漢語的輔音系統. 潘悟雲，徐文堪譯. 北京：中華書局，2008. （原載：Pulleyblank, E. G. 1962. "The Consonantal System of Old Chinese." Asia Major 9：58－144、206－265）

　　潘悟雲. 漢語歷史音韻學. 上海：上海教育出版社，2000.

　　潘文國，譚慧敏. 對比語言學：歷史與哲學思考. 上海：上海教育出版社，2006.

　　戴維·克理斯特爾. 現代語言學詞典. 沈家煊譯. 北京：商務印書館，2000. （譯自：1997. A Dictionary of Linguistics and Phonetics. 第四版）

　　羅常培. 唐五代西北方音. 臺北："中央研究院"歷史語言研究所，1991. （1933 年初版）

　　Coblin, W. South. （柯蔚南）1983. A Handbook of Eastern Han Sound Glosses. Hong Kong：The Chinese University Press.

　　Nattier, Jan. 2008. A Guide to the Earliest Chinese Buddhist Translations. IRIAB.

　　Ting, Pang－hsin. （丁邦新）1975. Chinese Phonology of the Wei－Chin Period：Reconstruction of the Finals as Reflected in Poetry. Special Publications No. 65, Taipei：Institute of History and Philology, Academia Sinica.

　　王松木. 會通與超勝——從演化模型看高本漢典範之成立發展與挑戰. 國文學報，2010 (13)：61－90。

　　王珊珊. 梵漢對音中的一個特殊現象. 古漢語研究，2003 (1).

　　平田昌司. 略論唐以前的佛經對音. //佛教漢語研究. 北京：商務印書館，2009：211－222. （原載：Current Issues in Sino－Tibetan Linguistics ed. By Hajime Kitamura, Tatsuo Nishida and Yasuhiko Nagano, The Organizing Committee, The 26th International Conference On Sino－Tibetan Languages and Linguistics, Osaka, 1994）

　　朱慶之. 2000. 佛典與漢語音韻研究——20 世紀國內佛教漢語研究回顧之一. //漢語史研究集刊. 第二輯. 成都：巴蜀書社，1999：302－320.

　　任繼愈主編. 中國佛教史. 第一卷. 北京：中國社會科學出版社，

2009.

列維. 馮承鈞譯 1913《所謂乙種吐火羅語即龜茲語考》. //吐火羅語
考. 北京：中華書局，2005：53—80.（與《中國西部考古記》合刊）

汪榮寶. 歌戈魚虞模古讀考. 國學季刊. 1923（1.2）：241—263.

周祖謨. 萬象名義中之原本玉篇音系. //問學集. 北京：中華書局，
1966：270—404.

周祖謨. 宋代汴洛語音考. //問學集. 北京：中華書局，1966：581—
655.

河野六郎 E. G. プーリーブランク. 古代中國語の子音組織. //河野六
郎著作集. 3. 東京：平凡社，1980：389—396.

俞　敏. 後漢三國梵漢對音譜. //俞敏語言學論文集. 1. 北京：商務
印書館，1984：62.

珂羅倔倫（Bernhard Karlgren）. 答馬斯貝囉（Maspero）論切韻之
音. //語言學論叢. 臺北：文星書店，1967：162—192.（原載：Karlgren,
Bernhard. 1992. "The reconstruction of Ancient Chinese." Toung pao 21：1
—42）

徐通鏘，葉蜚聲. 譯音對勘與漢語的音韻研究——"五四"時期漢語
音韻研究方法的轉折. 北京大學學報（哲學社會科學版），1980（3）：87—
95.

徐通鏘，陳保亞. 二十世紀的中國歷史語言學. //二十世紀的中國語
言學. 北京：北京大學出版社，1998：226—232.

許理和. 關於初期漢譯佛經的新思考. 顧滿林譯. //漢語史研究集刊.
第四輯. 成都：巴蜀書社，2001：286—312.（譯自：Zürcher, E. 1991.
"A New Look at the Earliest Chinese Buddhist Texts." In Koichi Shinohara
and G. Schopen eds. , From Benares to Beijing Essay on Buddhism and Chi-
nese Religion, Mosaic Press, pp. 277—304）

許理和. 最早的佛經譯文中的東漢口語成分. //語言學論叢. 14. 北
京：商務印書館，1987：197—225.（譯自：Zürcher, E. 1977. "Late Han
Vernacular Elements of the Earliest Buddhist Translations." Journal of the
Chinese Language Teachers' Association 12.3：177—203）

尉遲治平. 論"五種不翻"——梵漢對音語料的甄別. //文化語言學.

下編. 湖北：湖北教育出版社，2000：575—589.

尉遲治平. 對音還原法發凡. 南陽師範學院學報 2002（1）：10—15.

齊沖. 漢語音譯佛經詞匯中省音現象的分析. //漢語史學報（2）. 上海：上海教育出版社，2002：130—143.

趙淑華. 從"語料的整理"看"梵漢對音研究"所潛藏的一個問題. //第13屆國際暨第30屆全國聲韻學學術研討會論文集. 花蓮：東華大學，慈濟大學，2012.

劉廣和. 歷史語言的若干研究方法評議——讀徐通鏘《歷史語言學》札記. //音韻比較研究. 北京：中國廣播電視出版社，2002：148—159.

鋼和泰. 音譯梵書與中國古音.《國學季刊》1923（1.1）：47—56.

儲泰松. 梵漢對音概說. 古漢語研究. 1995（4）.

儲泰松. 梵漢對音與中古音研究. 古漢語研究. 1998（1）：45—52.

儲泰松. 梵漢對音與上古音研究——兼評後漢三國梵漢對音研究. 南京師範大學學報. 1991（1）：132—136.

魏建功. 古音學上的大辯論——《歌戈魚虞模古讀考》引起的問題. //魏建功文集（3）. 南京：江蘇教育出版社，2001：93—160.

魏建功. 中國音韻學研究（Etudes Sur La Phonologie Chinoise）——一部影響現代中國文學的著作的譯本讀後記. //魏建功文集（2）. 南京：江蘇教育出版社，2001：467—481.

羅常培. 知徹澄娘音值考. //羅常培語言學論文選集. 北京：中華書局，1963：22—53.

羅常培. 梵文顎音五母的藏漢對音研究. //羅常培語言學論文選集. 北京：中華書局，1963：54—64.

Coblin, W. South. Notes on the Dialect of the Han Buddhist Transcriptions. "中央研究院" 國際漢學會議論文集 語言文字組. 1981：121—183.

Coblin, W. South. 1993. BTD Revisited— A Reconsideration of the Han Buddhist Transcriptional Dialect. "中央研究院" 歷史語言研究所集刊，63. 4：867—943，1993.

Karlgren, Bernhard. 1919. "Prononciation ancienne de caractères chinois figurant dans les transcriptions bouddhiques." Toung pao 19：104—121.

Pelliot, Paul. 1914. "Les noms propres dans les traductions chinoises du

Milindapañha. ” Journal Asiatique 11：377—419.

　　Schlegel, G. 1900. “The secret of the chinese method of transcribing foreign sounds. ” Toung pao 2：1—32、2：93—124、3：219—253.

From adoption to practice: Academic development
and achievement of Sanskrit—Chinese transcription

Bo—han Li

(Department of Chinese Literature, National Tsing Hua
University, Taiwang 30013, China)

Abstract： The study of Sanskrit—Chinese transcription has already become an indispensable discipline of Chinese Historical Phonology. Although many scholars in the past have written much about Sanskrit—Chinese transcription, the contribution of Sanskrit—Chinese transcription in Chinese Historical Phonology is still in fuzzy predicament. This paper tries to look over the adoption and practice of research method from academic history, and observes the research results of consonant system. It is hoped that this paper will provide a whole understanding of Sanskrit—Chinese transcription.

Keywords： Sanskrit — Chinese transcription; Bernhard Karlgren 高本漢; Consonant system of Middle Chinese; Chinese Historical Phonology; research method of transcription

(李柏翰，臺灣“清華大學”中國文學系，郵編　30013)

《明清俗語辭書集成》因聲求義例説 *

李登橋

　　内容摘要：《明清俗語辭書集成》共收錄明清和民國時期的俗語辭書二十部，其中的求義類辭書多有考據成分，因聲求義是各書普遍採用的主要求義方法，此求義法主要從三個方面入手來解決詞義問題：一是繫聯同源詞，二是揭示轉語，三是辨明通假字。

　　關鍵詞：明清俗語辭書　因聲求義　同源詞　轉語　通假字

　　《明清俗語辭書集成》是由日本漢學家長澤規矩也輯集而成的一部俗語辭書集。該辭書集共收錄俗語辭書二十部，其中有五部出於明代人之手，清人收集編纂的有十二種，另有三部成書於民國。依據收錄内容和釋義方式我們將此二十部俗語辭書分爲四類，即：求義類辭書（在考據的基礎上釋義的辭書）、釋義類辭書（衹釋義而不作考證又不列書證的辭書）、溯源類辭書（衹對詞語進行歷史溯源，對其意義不加解釋，更不作考證的辭書）、教讀類辭書（收錄通語常用口語詞彙，標明正確讀音，偶有釋義，實質上是學習漢語通語的教科書）。其中求義類辭書的詞條釋義中含有大量的考據成分，求義方法多樣，爲不可多得的訓詁學著作。

---

　　* 本文爲教育部人文社會科學研究規劃基金項目 "中國古代俗語辭書發展史研究"（13YJA740024）、聊城大學博士科研啟動基金項目 "傳統語言學視域下的《明清俗語辭書集成》研究" 的階段性成果。

　　因聲求義是以字詞的讀音為線索來探求字詞的意義。雖然漢字的字形能在一定程度上揭示其意義，但漢字在使用流傳的過程往往會產生字形訛誤、同詞異寫等現象，加之記錄某些詞語（特別是方言詞語）時字無定寫，若衹拘泥於字形來尋求其意義就很難解決問題。而語音是語言的物質外殼，語音與語義的關係非常密切，通過語音探求詞語意義的方法更為奏效。在求義類辭書中，因聲求義的方法應用得非常普遍，其因聲求義的方式主要有三種：一是繫聯同源詞，二是揭示轉語，三是辨明通假。

一　繫聯同源詞以釋義

　　王力先生認為："凡音義皆近，音近義同，或者音同義近的字，叫做同源字。這些字都有同一來源。……同源字，常常是以某一概念為中心，而以語音的細微差別（或同音），表示相近或相關的幾種概念。"[1]³ 從中我們可看出，判斷一組同源詞的條件有兩個，一是要有音同、音近的語音關係，二是各詞必須具有相同的源義素。從音同、音近的角度入手去尋找詞與詞之間的共同義素，其實就是以共同的義源來繫聯同源詞的過程。如繫聯成功，則釋義也就隨之完成。在《集成》中有不少用這樣的方法求義的例子。如：

　　【手鐲】【手蠋】《俚》32 ①

　　　　鐲，音蜀，又音濁。《周禮》"鼓人以金鐲節鼓"注："鐲，鉦也，形如小鍾。"今人稱臂環曰手鐲，蓋方言也。考鐲字，於臂環無所取義。按：韻書："葵中蟲曰蠋。"又："桑蟲曰蠋。"《詩》"蜎蜎者蠋"是也。金銀臂環，纍纍有節，而拳曲如蠋形，則臂環當作蠋，俗作鐲，字訛。

　　　　按：《說文·金部》："鐲，鉦也。从金蜀聲。"《大字典》："《唐六典》卷十六：'金之制有四：一曰鈒，二曰鐲，三曰鐃，四曰鐲。'"義實與"手鐲"無關。《新編甲骨文字典》"蜀"作"&"，釋曰："商卜辭象爬蟲類動物形，後來增一形符虫作蜀。"[2]886手鐲的形狀正與"蜀"的甲骨文字形的捲曲之狀相合，其義源應為蜀。蠋其實是蜀的後起字，《詩詁》曰："蜀本从虫，又加虫，俗字也。"由此可知，認為手鐲之鐲義起於蠋的看法是不無道理的，至於字從金，因手鐲多為金銀製成，故借樂器"鐲"來稱"手鐲"，手鐲之"鐲"與鉦鐲之"鐲"並非同源，應視為同形詞。

【妣】《稱》629

《爾雅》："母為妣。"邢疏："妣，媲也，媲匹於父。"《釋名》："妣，比也，比之於父亦然也。"

又【妣】《證》2343

媲於祖也。

按：《說文·女部》："媲，妃也。从女𣬈聲。"又："妣，殁母也。从女比聲。妣，籀文妣省。"又《比部》："比，密也。二人爲从，反从爲比。"《同源字典》："〔pipei〕比妣：〔phiei〕媲（幫滂旁紐、疊韻）、〔phiei〕媲：〔phiuai〕妃（滂母雙聲，脂微旁轉）、〔phiuai〕妃：〔phuai〕配（滂母雙聲，微部疊韻）。"[1]426比、妣、媲、妃、配等諸字同源，皆由"匹配"義而來。

【墟場】《談》1172

虛也。朱子解"廛"為"空虛地"，即此意。古者市賣之區曰虛、曰集，集，聚也。神農氏日中為市，致天下之民，聚天下之貨，方市則集，市罷則虛。柳子厚云："往虛所買之。"又《峒岷》詩"綠荷包飯趁墟人"注："嶺南呼市為墟。"閔敘《粵述》："市謂之墟，赴者謂之趁墟。"今猶然。

按：墟，本作虛，《說文·丘部》："虛，大丘也。崐崘丘謂之崐崘虛。古者九夫爲井，四井爲邑，四邑爲丘。丘謂之虛。从丘虍聲。"徐灝曰："即所謂四方高，中央下者，故引申為虛空之稱。其後引申義行，又加土作墟。"[1]85 墟、虛同源義通。

【梳枇】《目》2125

《廣韻》："梳，櫛也；枇，細櫛也。"皆理髮之器。炙轂子："赫連氏造梳二十四齒，取疏通之義，故名梳；枇似梳齒而密，取密比之義，故名枇。"《匈奴傳》"比疎"注："比疎，解髮之飾，以金為之。"揚雄："頭蓬不暇疏。"疏，即梳也。今枇作篦。

按：疏、梳古音同，枇比古音近，皆分別為同源詞。《同源字典》："梳的齒是疏的，所以叫'梳'。'疏'又有'粗'義。故'疏''梳''粗'同源。"[1]166 又："《説文新附》：'篦，導也。今俗謂之篦。'字本作'比'。《説文》：'櫛，梳比之總名也。'《急就篇》：'鏡籢疏比各異工。'顏注：'櫛之小而細，所以去蟣蝨者謂之比，言其齒密比也。'《釋名·釋首飾》：'梳數言比，比於梳，其齒差數也。'"[1]427 梳、枇義從其齒疏密而來。

【學官】《常談考誤》2192

學舍曰學官，俗謂學宮，非也。漢賈誼《治安策》曰："學者，所學之官也。"顏師古注："官，謂官舍。"《劉歆傳》："諸子傳説，猶廣立於學官，為置博士。"蓋官者，管也，一職立一官，使之典管，故以官舍名官耳。

按：官、管同源。殷寄明先生認為二字共具"圓周義"，他説："即'官'字本身亦寓有圓義。《説文》訓'官'為'吏事君也'，實非本義。楊樹達《積微居小學金石論叢·釋官》：'官指地，非指人，凡云校官或云學官者，無不指學舍而言。'參以甲骨卜辭和銘文，知為篤論。"[3]305 可知，學官之"官"，義源於官舍之圓形。

二　揭示轉語以釋義

轉語，是指因時代變遷或地域不同等原因而在讀音上稍有變化的一組詞語，通過語音線索，找到詞語的源頭，其義自明。轉語一詞是揚雄在其《方言》中首先提出的，他揭示轉語所用的術語有"轉語"和"語之轉"兩個。在《集成》中，指明轉語現象而明義的例子很多，常用術語有"某為某之轉"、"轉某為某"、"聲之轉"、"一聲之轉"等。如：

【唱盲詞】《土》196

《楊誠齋集》有："聽盲婦攜琵琶唱鼓子詞。"支小白撰《小青傳》云："或呼琵琶唱盲詞。"今人謂之盲字，字為詞字之轉，以為盲者所唱，故名。

按：盲詞這種民間說唱藝術明清時期曾流行一時，當時的文學作品中多有例證，如明代仁和（今屬杭州）人徐士俊雜劇《春波影》第三齣："我近日愛聽盲詞，把俞二娘這件事譜在琵琶婦口中，到也新耳。"清代常州人陳森《品花寶鑒》第三十七回："否則打鑼鼓，看戲法，聽盲詞，在人皆可消遣。"其它文獻中未見有稱之為"盲字"者，"盲字"應為編者顧張思家鄉太倉一帶的方言，吳語當中"字""詞"讀音頗為相近，故有此變。

【那亨】【幾夥】《土》281

何如曰那亨。方氏《通雅》云："即晉人寧馨之轉。"今人或云能亨，或云那何，蓋馨轉為亨，亨又轉為何也。又謂幾何曰幾夥，見《正字通》："夥，音禍，多也。"今呼如蝦去聲。

按：清胡文英《吳下方言考》卷二："《世說》：'劉真長見王丞相，丞相以腹熨彈棋局云：何那澗？'案，何，虛問之辭。那澗，猶如何也。吳中呼何為那澗。"《康熙字典》"澗"字："又吳音何乃淘，猶言那行。"又"夥"字："今吳音謂多曰夥，問幾何曰幾夥。"何轉讀為夥亦為方言發音習慣所致。

【滴蘇】《土》"注子"條 203

　　陸容《菽園雜記》云："急須，溺器也。以其應急而用，故名。"趙襄子漆智伯頭以為飲器。注："飲，於禁切，溺器也。"今人以暖酒器為急須，飲字誤之耳。吳音須與蘇同，又轉急為滴，遂呼為滴蘇。

【礓礤】《土》213

　　寺院階級曰礓礤。吳任臣《字彙補》"礓"作"姜"。云"姜礤石"，見《大內規制記》。礤，音擦，今呼如鏟，聲之轉也。《廣韻》"礓"注："礫石也。"

　　按：王利器先生曾討論過此詞，所引材料豐富，可補以上材料之不足："乾隆《蘇州府志》卷二《風俗·方言》：'階級曰僵礤。'翟灝《通俗編·居處》：'礓礤子，《武林舊事》卷六《諸小經紀》有賣礓礤子。《字彙補》：'礤言擦。姜礤石出《大內規制記》。'案此當為階磴之稱，而杭俗以呼樓梯之簡者。'"[四]P69 由此可知"礓礤"亦為吳語方言。吳語中"礤"與"鏟"音近。

【稙】【孰】《稱》650

　　案：《釋名》："青徐人謂長婦曰稙，荊豫人稱長婦曰孰，繼長婦謂幼婦曰娣，少婦謂長婦曰姒。"總而言之，此蓋弟婦謂其兄妻之稱，而非舅姑稱其媳婦也。曰稙、曰孰、曰姒，一聲之轉耳。方言異音同實，往往如此。

以上諸條都是因地域不同而形成的通語與方言詞之間的語轉，同一個詞語在不同的地區就會有不同的讀音，進而使詞形也發生相應的變化，記音字變得五花八門，但通過讀音的線索，都能溯其來源，使詞語意義變得明晰。方言與通語之間的差別越大，發生語轉的幾率就越大，所以在操吳語的顧張思所編《土風錄》中，記錄的轉語用例最多。

三 辨明通假以釋義

古籍用字多通假，如拘泥於字形求其義，勢必誤入歧途。因聲求義，找到其本字，其義自現。《集成》中的求義類辭書在尋求本字方面著力較多，很好地解決了一大批詞義問題。如：

【煖房筵】《俚》12

男婚之夕，女家設讌謂之煖房筵。此風不知何所起。或曰當作餪。《聞見錄》："宋景文公納子婦，其婦家饋食致書曰：'以食物煖女。'文公曰：'錯用煖字，從食，從奧。'"其子退檢書，《博雅》中有此字。今考韻書注："女嫁三日送食曰餪。"非初婚之夕設讌煖房之謂也。今人移居，親友攜酒穀會集，亦曰煖房，又曰溫居。

按：《說文·火部》："煖，溫也。從火，爰聲。"段注："今人讀乃管切。同煗。"朱駿聲《說文通訓定聲》："煖，字亦作暖。"《廣雅·釋言》："餪，饋也。"王念孫疏證："餪者，溫存之意。唐段公路《北戶錄》引《字林》云：'餪，饋女也。'又引《證俗音》云：'今謂嫁女後三日餉食為餪女。'"《玉篇》："餪女也。"《廣韻·緩韻》："女嫁三日送食曰餪。"可見，"煖房筵"之"煖"應為"餪"。

【家公】【家家】《俚》13—14

鄉俗：外孫稱外祖父曰家公，外祖母曰家家。古人稱家者，內之也，如家父、家兄之類是也。《列子》"家公執席"注："謂家長也。"《後漢》："侯霸子孫稱其祖父曰家公。"則外祖父當曰外家公耳。齊瑯邪王儼謂太后曰："有緣更見家家。"是子孫稱祖母曰家家，則外祖母當曰外家家耳。或曰家家猶姑姑也，漢曹大家者，班大姑也。蓋尊之如母姑云耳。齊文宣帝兄女樂安公主亦稱胡太后為大家，是婦亦稱姑爲大家也。

按：家家爲姑姑的借字。周振鶴、游汝傑曾説明了外祖母稱
"家家"的原因："鄂中和湘東北有些地方將外祖母稱爲〔kaka〕，
寫出來應是'姑姑'。'姑'字古讀〔ka〕。《説文》：'姑，夫母
也。'在古代舅姑既是對夫家父母的稱謂，又同時也是對妻家父
母的稱謂。妻母對子輩而言當然是外祖母了。今天'姑姑'是父
親的姊妹，含義已經轉移。"[5]180王興才進一步説明了語音分化的
結果："家古代屬於見母魚部字，因'見溪群曉匣'母的字到今
音分化爲兩組：一組是舌根音 g、k、h，另一組是舌面音 j、q、
x。今音韻母若是 i、ü，或以 i、ü 爲韻頭，今音聲母爲舌面音，
音韻學上謂之團音。因此，普通話讀作 jiā，而方言讀作 gā 也反
映了古音的留存。"[6]252可見，家、姑古音相同，因而"姑"借爲
"家"，流傳至今。

【火伴】《俚》15

俗呼同旅爲火伴。樂府《木蘭辭》："出門看火伴，火伴
皆驚忙。"是也。《瑯琊漫抄》："作役者十人爲火。"蓋火伴
之義。或曰：古字火與夥通。

又【火伴】《里》1465

唐兵制：府兵十人爲火，火有火長。彍騎之制：内駕手
擇六户白丁、宗丁、品子孫壯强者爲四籍。十人爲火，五火
爲團。《通典》："一人曰燭，二人曰比，三人曰參，比參曰
伍，伍人爲烈，烈有頭，二烈爲火，立火子，五火爲隊，則
彍騎之團也。府兵以三百人爲團，則大團也。"

按：據兵制可知，"十人爲火"，同火者稱"火伴"，得名之
由甚明。《説文·多部》："齊謂多爲夥。从多果聲。"後作"夥
伴"，取"多"義成詞，"火"遂假借爲"夥"，"火"爲本字。

【剪柳】《俚》51

割人衫袖以搯財物謂之剪柳。北人謂之小李。《西湖遊

覽志餘》作"剪綹"。按：韻書無"綹"字。《類聚音韻》："綹，音柳。"注云："剪刐，割也。"

按：《康熙字典》："刐，《集韻》：力九切，音柳。割也。"《玉篇·刀部》："刐，割也。"可見"剪柳"應作"剪刐"，"剪"和"刐"義近連用，代指以此手段行竊之人。《稱謂錄》"剪綹"條引《通俗編》："世每誤書綹為柳，如《水南翰記》唐皋詩：'爭奈京城剪柳多。'又案《説文》：'緯十縷為綹。'沈佺期詩：'上有仙人長命綹。'柳綹二字異義同音，均有可剪，故易誤耳。"[7]981 以"綹"為本字而從《説文》義，未妥。俞理明先生認為："明清時期，最流行的稱呼是'剪綹'，其中的'綹'本指繫物的條帶（用系放隨身攜帶小件錢物的荷包或佩飾品），也泛指身上的其他衣物，是一個動賓結構的動詞。"[8]139 又"'小綹'因同音或音近關係，派生出'小擄''小掠''小侣''小利''削利''小李'等形式，不同的書面形式，來源於口語中的同一原型。"[8]142 可為一説。但在以上諸説中，以"刐"為綹、擄、掠、侣、利、李等諸字的本字似乎更為妥當。

【和頭】《土》212

棺前後曰和頭，見《呂氏春秋》："季歷葬渦水之尾，灤水衝齧其墓，見棺之前和。"謝惠連《祭古冢文》中有："二棺正方，兩頭無和。"酈氏《水經注》："見胡公棺前和。"《廣雅》："棺其當謂之㮐。"㮐即和也。

按：《廣雅·釋器》"㮐"字，王念孫疏證："當，謂棺前後蔽也。"《廣韻·戈部》："㮐，棺頭。"《玉篇·片部》："㮐，棺㮐也。"皆為"㮐"。《説文·口部》："和，相䜌也。從口禾聲。""和"本無"棺前後當"之義，實為"㮐"之假借字。

【翮背】《直》402

翮，見《左傳》疏："今人以薄鬹塗物謂之翮紙、翮帛。"背見陸遊詩"自背南唐落墨花。"又《輟耕錄》載：

"裱背十三科，俗作糊褙，字非。"按：《説文》："黏，户吳切，黏也。或从米作粘。"此正糊字。若餬訓寄食，傳疏尚是假借字。

按：《説文·食部》："餬，寄食也。从食胡聲。户吳切。"餬从食，無"黏"義，當為借字。黏、糊為異體字，都有"黏"義，為本字。

【白綽】《直》421

或稱白著，即《南史》所謂"白瀹雞子"也。按：《説文》"鬻"字注："以灼切，以肉及菜内湯中薄出之也。"《汗簡》："鬻音淪。"《廣韻》"淪""瀹"字注竝與鬻同，則知古曰淪，今曰綽、曰著，同義而異聲也，亦聲相似而謁也。

按：《説文·水部》段注："淪，漬也。此葢謂納於污濁也。故廁於此。《孟子》'淪濟漯'，言浚治其污濁也。淪與鬻同音而義近，故皆假淪爲鬻。今人曰煠，助甲切。古人曰淪，亦作氿。"可知，綽、著皆為"鬻"之通假字。

【醔濁】《常談考誤》2202

今世俗謂人不明曰醔濁，蓋以酒為喻也。《字書》："醔，音斛；濁，音獨。"《孺子之歌》以濁叶足，古樂府："獨漉獨漉，水深泥濁。"《漢書》："潁水濁，灌氏族。"讀皆同獨，特人未習見之耳。作鶻突或作糊涂者，皆非。

按：醔，當為醠的異體字。《字彙》："醠，胡谷切，濁酒也。"《篇海類編·食貨類·酉部》："醠，濁酒也。"以酒比喻人的心智不清，合於情理。此詞後世寫法頗多，如鶻突、糊塗、鶻突、糊突、胡涂等，皆為此詞的變寫形式。

當然，在尋求本字的過程中亦出現了一些偏差，有的是將幾個平行的記音字中的一個定為本字，有的誤將異體字識為通假字，足見各辭書編者對各種用字現象的認識還有待進一步提高。如：

【僧道賵錢】《土》195

僧道法事畢,與之錢曰賵錢。案:《玉篇》"賵"注:"賵,錢也。"《正字通》云:"供齋下賵禮。"俗語所謂有齋有襯,當為此字。《廣韻》:"與嚫同。嚫,施也。"案隋煬帝《與法師奉智書》云:"弟子一日恭嚫。"是亦可作嚫。

按:施於僧道之錢稱"賵",賵來源於梵語,為 dakṣiṇā 的省稱,全譯為"達嚫"。賵、嚫、襯皆為記音字。

【鞓帶】《土》200

方濶帶曰鞓帶。按:《姑蘇志·雜事》:"宋嘉祐中,崑山縣海上飄泊一船,船中三十餘人,繫紅鞓角帶。方鵬《崑山志》譌作'紅鞋'。詳其人乃新羅島云云。"鞓,本作靪,音汀。《玉篇》:"皮帶也。"今俗聲重,呼作挺。

按:《玉篇·革部》:"靪,皮帶靪。鞓,同靪。"二字為異體字,以靪為本字,似有偏差。

【瓜瓟】《土》220

瓜瓤曰瓜瓟,見《廣韻》二十二"霰"注。《集韻》云:"瓜中瓟也。"張補庵云:"《爾雅·釋草》釋文'辧'字有'力見反'一音。"則瓟當為辧。《本艸》作"練",非也。

按:《説文·瓜部》:"瓣,瓜中實。"瓣有瓜瓤義,又與瓟同音,二字應為異體字的關係。

【丁】《直》409

俗以纜船著岸曰丁。按:揚子《方言》"舟"一條下:"維之謂之鼎。"蓋平仄之訛也。

按:董志翹先生認為在這個意義上"鼎"亦非本字,祇是較早用例而已。他説:"其中'維之謂之鼎'之'鼎',即'矴、碇'之義。或許當時尚未為表"維舟之具"的"dìng"造一專字,或許是揚雄記録方言的原則是重音不重形,在這裏揚雄用表'三足兩耳形古器物'之'鼎'這個同音字來記録了實際語言中表‘指維舟之石礅’的這個詞而已。"[9]124 又 "‘鼎’上古端母耕部，‘矴’為丁定切，上古亦為端母耕部，兩字同音，所記當為一詞。"鼎為停舟之具，後寫作"矴"或者"碇"。又"上古‘丁’為端母耕部；‘定’、‘亭’為定母耕部；‘奠’為定母真部（耕、真通轉），聲近義通，均有‘止息’之義（如從‘丁’得聲之‘叮’、‘盯’亦有‘止’、‘定’義）。"[9]125 觀此，"纜船著岸曰丁"，丁作動詞"止"義亦可通。

四　結　語

從總體上看，在各書的詞語考釋之中，因聲求義已經成為最主要的求義方法之一，諸編者充分吸收前人的研究成果，以語音為線索，從同源、語轉以及通假等各個方面進行勘察求證，得出了許多令人信服的結論。但其考釋并非完美，有些考證不夠嚴密，導致結論不明，甚至出現偏差，似與段、王等人"以古音求古義"的考據方法還存在不小的差距。

〔注釋〕

①標明詞條出處時，各辭書書名首字無相重者，一律以書名首字簡稱，書名首字相同的幾種辭書則用全稱。書名後標注的數字為上海古籍出版社1989 年影印出版的《明清俗語辭書集成》的頁碼。

〔主要參考文獻〕

[1] 王力 . 同源字典 [M]. 北京：商務印書館，1982.

[2] 劉興隆 . 新編甲骨文字典 [M]. 北京：國際文化出版公司，1993.

[3] 殷寄明 . 漢語同源字詞叢考 [M]. 上海：東方出版中心，2007.

[4] 王利器 . 陳曄《瑣碎錄》跋尾 [A]. //錢伯城主編 . 中華文史論叢（第 56 輯）[C]. 上海：上海古籍出版社，1998.

［5］周振鶴，游汝傑．方言與中國文化［M］．上海：上海人民出版社，2006.

［6］王興才．漢語詞匯語法化和語法詞匯研究［M］．北京：人民出版社，2009.

［7］長澤規矩也輯．明清俗語辭書集成［M］．影印版．上海：上海古籍出版社，1989.

［8］俞理明．從"剪綹"到"小綹""小李"和"二流子"——明清以來一組有關小偷和不務正業者的同源俗語詞［A］．//項楚主編．中國俗文化研究．第 5 輯．［C］．成都：巴蜀書社，2009.

［9］董志翹．中古近代漢語探微［M］．北京：中華書局，2007.

Demonstration of Seeking Meanings Through Sounds in Anthology of Slang Dictionaries in Ming and Qing Dynasties

Li Dengqiao

(College of Foreign Languages, Liaocheng University,

Liaocheng252059, China)

Abstract：*Anthology of Slang Dictionaries in Ming and Qing Dynasties* consists of 20 slang dictionaries from Ming and Qing dynasties to the period of Republican China, with textual criticism in most of the books intending to seeking meanings through sounds, which is a popular method in many books and is applied in this paper in three aspects to solve the meaning problems：the first is to interconnect the cognate words；the second, to reveal transformed words and phrases；the third, to distinguish borrowed words.

Keywords：slang dictionaries in Ming and Qing dynasties；seeking meanings through sounds；cognate words；transformed words and phrases；borrowed words

(李登橋，聊城大學外國語學院，郵編　252059)

從《釋名》看中古真諄韻形成時代

宋華強

内容摘要：根據前人對魏晉南北朝詩文用韻和音切的分析，中古真諄臻三韻最遲於兩晉時期已經形成。但是詩文用韻祇能反映出韻部，不能反映出韻部内部的情況；音切在東漢末年產生，對之前的情況則無能為力；前人已經重視到聲訓對於研究漢代語音的重要性，但主要是從上古音角度進行研究。本文試着從中古音角度對《釋名》中和真文兩部有關的聲訓材料進行分析，希望借此找出真諄臻韻類形成的時代。

關鍵詞：《釋名》　漢朝　《切韻》音系　真韻　諄韻　臻韻　真部　文部

一　前人對上古真文兩部發展到中古過程的研究①

按照上古真文兩部發展到中古的情況，真部主要發展爲中古真諄臻山先仙六韻（還有部份字入梗攝，這部份字與先秦耕部關係密切），文部主要發展爲中古真諄臻文欣魂痕山先仙十韻，其中魂痕文欣四韻字皆來自上古文部，其餘韻兩部皆有字歸入。這裏我們主要討論真諄兩韻字的情況。我們知道，真諄兩韻僅僅存在開合口的區別，實際上是一個韻。由於臻韻祇有莊組字，真韻缺少莊組字，且二韻在押韻和《切韻》以前的許多音切中皆不分，故在這裏把臻韻歸入真韻中一起討論。

（一）從詩文押韻上的研究及其局限

　　上古真文兩部，在漢代以後的韻文中合用增多，故羅常培、周祖謨二位先生認爲二部已經合併②，王力先生根據張衡詩文用韻認爲二部並未合併，但認爲部份文部字轉入真部③；到魏晉時期，二部字除部份歸入元部（後元部分爲寒仙兩部，這部份字歸入仙部），二部完全合併，後晉時魂痕分出，南北朝前期真諄臻、文欣又分立；到了南北朝後期，元韻與魂痕合用，欣韻則多與真諄臻合用，文韻多獨用：《切韻》這幾韻的體系基本形成④（衹有欣韻在《切韻》系韻書中仍然排在文韻後）。

　　根據現有對押韻研究的成果，真諄臻三韻最遲南北朝前期業已形成，且範圍已和《廣韻》相差不大。不過押韻韻部並不等同於實際語音，押韻一般只注重韻腹韻尾接近，韻頭相近與否則可不管，此外還會摻雜入一些人爲因素，比如作者審音的嚴格與否，且押韻允許合韻，這些都使得押韻反映的語音事實打了一定的折扣。可以看到，從三國到南北朝後期，韻部由33部，到兩晉的39部，南北朝前期的39部（和兩晉有所不同），再到南北朝後期的55部，一直在增加，許多韻在南北朝前期還是同用，到了南北朝後期都分用起來⑤，這些顯然不止是語音變化所造成的。

　　（二）從魏晉音注上的研究及其局限

　　東漢末期，反切產生。由於反切的功用爲注音，所以在審音上比較嚴格。通過一些晉時的音注材料，我們看到，晉時在押韻上合用的真諄臻文欣五韻，在晉時的音注中，大多數分爲兩類：真諄臻一類，文欣一類⑥。通過這些反切，我們找到了押韻中湮沒的語音差異，從而把這兩類韻的分立時間提前到了兩晉。

　　至於漢末以前，反切尚未產生，要研究當時語音的情況，先秦時有《詩經》押韻、諧聲系統、異文等材料，兩漢時期自然不能以諧聲系統爲參照標準，兩漢押韻較寬，即使可以把大量合韻現象排除，其押韻情況亦衹能歸納出韻部情況，對於韻部內部的情況則無能爲力，異文等材料則太過零散。這時，聲訓材料則可助我們一臂之力。

(三)從東漢聲訓上的研究

所謂聲訓，"亦稱音訓，是取聲音相同或相近的字來解釋字義"的一種訓詁方式⑦。東漢時聲訓材料極其豐富，如班固《白虎通德論》，劉熙《釋名》，許慎《說文解字》中都有許多聲訓材料。聲訓的審音準確性雖然不及音切（畢竟其主要目的爲訓詁而非注音），亦會出現不同韻部合用的現象，還有一些對轉的現象，但總體上比兩漢的押韻要嚴格一些，故亦可以加以運用。

劉冠才在《兩漢韻部與聲調研究》中以押韻、聲訓、通假、漢讀等材料來論證自己的觀點。其中在論證上古真文兩部在兩漢的關係時，根據押韻材料，可以看出，上古真文兩部在東漢大部份方言中已經同用，但聲訓材料仍然顯示二部分用大於合用，可證二部主要元音仍然不同。不過劉冠才主要是從上古韻部來看兩漢情況，如果我們從中古《切韻》音系來看這些材料，又會有一些不同的結論。

二 《釋名》中真文兩部字的情況⑧

我們根據劉冠才《兩漢韻部與聲調研究》中列出的真文兩部聲訓情況，參照王先謙《釋名疏證補》進行核對，並根據《廣韻》（《廣韻》中未收入的字則根據《集韻》，這些字多爲異體字）標注這些字中古所屬韻，看看《釋名》中中古真諄兩韻的情況。

(一)《釋名》中真真爲訓的情況⑨

首先我們看看劉冠才歸納出的《釋名》中真真爲訓的情況。《釋名》中真真爲訓的一共26條，分別爲：

《釋天》：申（真）身（真）年（先）進（真）辛（真）新（真）

《釋地》：田（先）填（先）

《釋州國》：晉（眞）進（眞）秦（眞）津（眞）

《釋形體》：人（眞）仁（眞）身（眞）神（眞）津（眞）進（眞）

鬢（眞）濱（眞）蹁（先）扁（先）腎（眞）引（眞）

《釋姿容》：引（眞）演（仙）眠（先）泯（眞）牽（先）弦（先）

《釋親屬》：姻（眞）因（眞）親（眞）襯（臻）嬪（眞）賓（眞）

《釋言語》：信（眞）申（眞）進（眞）引（眞）

《釋首飾》：瑱（先眞）鎮（眞）

《釋書契》：印（眞）信（眞）印（眞）因（眞）

《釋車》：靷（眞）引（眞）鞇（眞）因（眞）

《釋喪制》：殯（眞）賓（眞）

這26條中各被釋字和訓釋字的《廣韻》所屬不盡相同：

1. 眞韻類（包括諄、臻，下同）自訓

《釋天》：申（眞）身（眞）辛（眞）新（眞）

《釋州國》：晉（眞）進（眞）秦（眞）津（眞）

《釋形體》：人（眞）仁（眞）身（眞）神（眞）津（眞）進（眞）

鬢（眞）濱（眞）腎（眞）引（眞）

《釋親屬》：姻（眞）因（眞）親（眞）襯（臻）嬪（眞）賓（眞），

《釋言語》：信（眞）申（眞）進（眞）引（眞）

《釋書契》：印（眞）信（眞）印（眞）因（眞）

《釋車》：靷（眞）引（眞）鞇（眞）因（眞）

《釋喪制》：殯（眞）賓（眞）

2. 先韻類（包括仙、山，下同）自訓

《釋地》：田（先）填（先）

《釋形體》：蹁（先）扁（先仙）

《釋姿容》：牽（先）弦（先）

3. 真韻類與先韻類互訓

《釋天》：年（先）進（真）

《釋姿容》：引（真）演（仙）眠（先）泯（真）

《釋首飾》：瑱（先真）鎮（真）

其中"瑱"又有震韻讀法，陟刃切，意義與先韻類相同，如果取陟刃切一音則不能算真韻先韻互訓，但考慮震韻讀法後世不存，在這裏也認定爲真韻類與先韻類發生關係。

4. 真真爲訓小結

可以看出，真部中真韻類自訓的有 19 條，比例達到了約 73.08%，真韻先韻互訓算上有異讀的"瑱"也祇有 4 條，僅佔不足 15% 的比例，應該説真韻類獨立是顯而易見的。

（二）《釋名》中文文爲訓的情況

劉冠才《兩漢韻部與聲調研究》列出的文文爲訓的材料共 38 條，其中有《釋形體》囪峻，《釋名》中無此條，所以刪去，得 37 條，分別爲：

《釋天》：旻（真）閔（真）春（諄）蠢（諄）雲（文）雲（文）

雲（文）運（文）昏（魂）損（魂）氛（文）粉（文）

艮（痕）限（山）

《釋地》：坤（魂）順（諄）

《釋山》：岬（先）吮（諄）

《釋水》：淪（諄）倫（諄）穿（仙）川（仙）

《釋州國》：郡（文）群（文）

《釋形體》：跟（魂）根（魂）臀（魂）殿（先）吻（文）抆（文）

眼（山）限（山）筋（欣）靳（欣）

《釋親屬》：婚（魂）昏（魂）孫（魂）遜（魂）孫（魂）遁（魂）

《釋言語》：順（諄）循（諄）

《釋飲食》：吮（諄）循（諄）饙（文）分（文）

《釋綵帛》：綸（諄）倫（諄）

《釋首飾》：巾（真）謹（欣）粉（文）分（文）

《釋衣服》：裙（文）群（文）

《釋宮室》：檼（欣）隱（欣）門（魂）捫（魂）囤（魂）屯（魂）

《釋典藝》：墳（文）分（文）論（諄魂）倫（諄）

《釋用器》：鐫（仙）鐏（魂）斤（欣）謹（欣）

《釋兵》：盾（諄魂人名）遁（魂）

《釋車》：輪（諄）綸（諄）

《釋疾病》：遜（魂）遁（魂）

我們將這些材料的被釋字和訓釋字從《廣韻》角度進行梳理：

1. 真韻類自訓

《釋天》：旻（真）閔（真）春（諄）蠢（諄）

《釋水》：淪（諄）倫（諄）

《釋言語》：順（諄）循（諄）

《釋飲食》：吮（諄）循（諄）

《釋綵帛》：綸（諄）倫（諄）

《釋車》：輪（諄）綸（諄）

2. 文韻類（包括欣，下同）自訓

《釋天》：雲（文）雲（文）雲（文）運（文）氛（文）粉（文）

《釋州國》：郡（文）群（文）

《釋形體》：吻（文）扐（文）筋（欣）靳（欣）

《釋飲食》：饋（文）分（文）

《釋首飾》：粉（文）分（文）

《釋衣服》：裙（文）群（文）

《釋宮室》：檼（欣）隱（欣）

《釋典藝》：墳（文）分（文）

《釋用器》：斤（欣）謹（欣）

3. 魂韻類（包括痕，下同）自訓

《釋天》：昏（魂）損（魂）

《釋形體》：跟（魂）根（魂）

《釋親屬》：婚（魂）昏（魂）孫（魂）遜（魂）孫（魂）遁（魂）

《釋宮室》：門（魂）捫（魂）囷（魂）屯（魂）

《釋疾病》：遜（魂）遁（魂）

4. 先韻類自訓

《釋水》：穿（仙）川（仙）

《釋形體》：眼（山）限（山）

5. 真韻類與文韻類互訓

《釋首飾》：巾（真）謹（欣）

6. 真韻類與魂韻類互訓

《釋地》：坤（魂）順（諄）

《釋典藝》：論（諄魂）倫（諄）

《釋兵》：盾（諄魂人名）遁（魂）

上面《釋典藝》中聲訓爲“倫”的“論”《廣韻》中有三讀：力迍切，有言理，諄韻；盧昆切，說也、議也、思也，魂韻；盧困切，議也，慁韻。根據王先謙《釋名疏證補》，這裏的“論”爲《鹽鐵論》《潛夫論》之“論”，爲“議”之義，故取魂韻系音。《釋兵》中聲訓爲“遁”之“盾”有兩讀：食尹切，干盾，準韻；徒損切，趙盾人名，混韻。於義準韻之讀爲長，因此這一條算作准（諄）混（魂）互訓。

7. 真韻類與先韻類互訓

《釋山》：呷（先）吮（諄）

8. 魂韻類與先韻類互訓

《釋天》：艮（痕）限（山）

《釋形體》：臀（魂）殿（先）

《釋用器》：鐉（仙）鐏（魂）

9. 文文爲訓小結

我們將《釋名》中文文爲訓數量列表如下：

韻類	真真	文文	魂魂	先先	真文	真魂	真先	魂先
數量	7	12	8	2	1	3	1	3

從上表可以看出，雖然真韻類自訓的例子較少，但文部這些例子中，除先先自訓外，真韻、文韻、魂韻自訓的數量都大大高於它們與其他部互訓的數量。就真韻類來說，它的獨立性也是比較明顯的；

（三）真文爲訓的情況

據劉冠才歸納，《釋名》中真文爲訓共有7條，分別是：

《釋天》：電（先）珍（先）辰（真）伸（真）

《釋形體》：凶（真）峻（諄）

《釋長幼》：齔（臻）洗（齊佳）

《釋言語》：人（真）忍（真）

《釋典藝》：典（先）鎮（真）

《釋樂器》：筍（諄）峻（諄）

我們將這些材料從《廣韻》角度梳理：

1. 真韻類自訓

《釋天》：辰（真）伸（真）

《釋形體》：囟（真）畯（諄）

《釋言語》：人（真）忍（真）

2. 先韻類自訓

《釋天》：電（先）昣（先）

3. 真韻類與先韻類互訓

《釋典藝》：典（先）鎮（真）

4. 真韻類與蟹攝字發生關係

《釋長幼》：齔（臻）洗（齊佳）

其中"洗"畢沅注當爲"洒"，爲"洗"異體，又有卦韻一讀，先秦文部這兩字發展到中古發生對轉，變爲陰聲韻。

5. 真文爲訓小結

可以看出，這些例子雖然較少，但是真韻類自訓的比例仍然過了半數。

（四）真元爲訓與文元爲訓

劉冠才歸納的真元爲訓和文元爲訓的例子對當時的真部狀況亦有參考價值。

1. 真元爲訓

真元爲訓一共 15 條，其中《釋兵》淵宛重出，故刪去一條，得 14 條。還有真月爲訓的一條，也加在這裏，一共 15 條。分別爲：

《釋天》：天（先）顯（先）天（先）坦（寒）玄（先）縣（先）

寅（真）演（山）

《釋州國》：鄰（真）連（仙）

《釋形體》：肩（先）堅（先）

《釋姿容》：引（真）演（山）

《釋親屬》：玄（先）縣（先）

《釋採帛》：絹（仙）絓（先）

《釋兵》：淵（先）宛（元）箭（仙）進（真）翦（仙）進（真）

《釋車》：輓（真）綿（仙）

《釋疾病》：眩（先）縣（先）

《釋宮室》：徹（薛仙入）緊（真）

其中中古真韻類與這些元（月）部字發生關係的祇有 7 條，且皆與其中的先韻類發生關係。

2. 文元爲訓

文元爲訓共有 20 條，分別爲：

《釋天》：暈（文）卷（仙元）震（真）戰（仙）

《釋山》：岷（先）阮（諄）

《釋水》：川（仙）穿（仙）

《釋姿容》：奔（魂）變（仙）

《釋形體》：吻（文）免（仙）

《釋親屬》：昆（魂）貫（桓）

《釋言語》：亂（桓）渾（魂）

《釋飲食》：飧（魂）散（寒）膰（魂）饌（寒）

《釋首飾》：衰（魂）卷（仙元）冕（仙）文（文）

《釋衣服》：禪（魂）貫（桓）

《釋宮室》：困（諄）綣（元）唇（諄）緣（仙），

《釋樂器》：塤（元）喧（元）

《釋船》：船（仙）循（諄）

《釋疾病》：酸（桓）遜（魂）胗（真）展（仙）言（元）詵（臻）

其中中古真韻類的字與這些元部字發生關係的祇有 7 條，且皆與其中的先韻類發生關係。

三　結　論

從《切韻》音系來看《釋名》中真文兩部的情況，我們發現，在《釋名》時期，無論是上古真部還是文部，内部都發生了一定的分化，即中古的真韻類、文韻類、魂韻類（不包括元）和先韻類（包括元，元與魂痕押韻是南北朝後發生的變化）在這時界限已經比較明顯，且從真文爲訓的例子可以看出，真部真韻類與文部真韻類關係也比較密切，我們從真元爲訓與文元爲訓的例子中發現這兩部的真韻類字與元部發生的關係，無論從數量還是從性質上差别都不大。根據這些，我們認爲，《切韻》中真韻系在東漢時期已經形成。《廣韻》中真韻類分爲真諄臻三韻，其中真諄兩韻在《切韻》、《勘謬補缺切韻》中仍不分，《廣韻》分爲兩韻屬於開合口分韻，並非音系的改變；臻韻祇有莊組字，真韻缺少莊組字，二韻在魏晉以及南朝衆多音注中皆不分，《切韻》審音"剖析毫釐，分别黍累"，可能是真韻莊組字到了《切韻》時代音值上産生了某種差異，故分爲兩韻。

王力在《漢語語音史·漢代音系》中雖不承認真文合併，但卻提到"先秦文部'辰珍震貧振畛銀'等字轉入真部"[③]。從《切韻》音系看，這些字都屬於中古真韻類，可以作爲本文的旁證。

〔注釋〕

① 本文《切韻》以前之分韻稱"部"，《切韻》及以後之分韻稱"韻"，"韻"舉平聲以諧上去。

② 參見羅常培、周祖謨《漢魏晉南北朝韻部演變研究（第一分册）》，科學出版社，1958 年，第 36 頁。

③ 參見王力《漢語語音史》，中國社會科學出版社，1985 年，第 84 頁。

④ 以上參見周祖謨《魏晉宋時期詩文韻部的演變》、《齊梁陳隋時期詩文韻部研究》，具體内容可見《周祖謨語言學論文集》，商務印書館，2001

年，第 157、185 頁。

⑤ 以上參見周祖謨《魏晉宋時期詩文韻部的演變》、《齊梁陳隋時期詩文韻部研究》，具體内容可見《周祖謨語言學論文集》，商務印書館，2001年，第 148—151、177—179 頁。

⑥ 可參看范新干《東晉劉昌宗音研究》，崇文書局，2002 年，第 82—85 頁；蔣希文《徐邈音切研究》，貴州教育出版社，1999 年，第 105—111頁；簡啓賢《郭璞音》，《雲南教育學院學報》，1990 年第 3 期，第 78、79頁。

⑦ 據郭在貽《訓詁學》（修訂本），中華書局，2005 年，第 44 頁。

⑧ 以下材料皆取自劉冠才《兩漢韻部與聲調研究》，巴蜀書社，2007年，第 63—64 頁。

⑨ 所謂真真爲訓指被釋字和訓釋字上古都屬真部，下同。

⑩ 據王力《漢語語音史》，中國社會科學出版社，1985 年，第 84 頁。

〔主要參考文獻〕

［1］劉冠才. 兩漢韻部與聲調研究. 成都：巴蜀書社，2007.

［2］羅常培，周祖謨. 漢魏晉南北朝韻部演變研究·第一分册. 北京：科學出版社，1958 年.

［3］周祖謨. 魏晉宋時期詩文韻部的演變. //周祖謨語言學論文集.北京：商務印書館，2001.

［4］周祖謨. 齊梁陳隋時期詩文韻部研究. //周祖謨語言學論文集.北京：商務印書館，2001.

［5］范新干. 東晉劉昌宗音研究. 武漢：崇文書局，2002.

［6］簡啓賢. 郭璞音. 雲南教育學院學報. 1990（3）.

［7］蔣希文. 徐邈音切研究. 貴陽：貴州教育出版社，1999.

［8］王力. 漢語語音史. 北京：中國社會科學出版社，1985.

［9］郭在貽. 訓詁學. 修訂本. 北京：中華書局，2005.

［10］清王先謙. 釋名疏證補. 北京：中華書局，2008.

［11］宋本廣韻. 南京：江蘇教育出版社，2008.

［12］宋刻集韻. 北京：中華書局，1989.

The Formation Time of the Mid—ancient Chinese Rhyme Zhen（真）and Zhun（諄）fromShiming（釋名）

Song Huaqiang

(Department of Chinese Language and Characters, Guizhou Normal University, Guiyang 550001, China)

Abstract: The mid—ancient rhyme Zhen（真）, Zhun（諄）, and Zhen（臻）was formed in Jin（晉）Dynasty at the latest from the study of the rhyme and Fanqie（反切）of that time by the seniors. However, the rhyme can only reflects the rhyme categories, but short for the situation in the rhyme category; Fanqie（反切）was created in the last years of DongHan（東漢）, and could do nothing for the situation before it; Shengxun（聲訓）was valued by seniors for the study of the phonology in Han（漢）Dynasty, but was mainly researched by the aspect of ancient Chinese. This paper is trying to analyse the Shengxun（聲訓）data of the ancient rhyme category Zhen-bu（真部）and Wenbu（文部）in Shiming（釋名）by the aspect of mid—ancient Chinese, and hope to find out the formation time mid—ancient rhyme Zhen（真）, Zhun（諄）, and Zhen（臻）.

Keywords: Shiming（釋名）; Han（漢）Dynasty; the phonetic system of Qieyun（切韻）; Zhen（真）; Zhun（諄）; Zhen（臻）; Zhenbu（真部）; Wenbu（文部）

（宋華强，貴州師範大學文學院，郵編　550001）

《資治通鑑》胡注地名的語音研究價值

周　勤

内容摘要：胡注地名中的語音材料既印證了地名存有古音的遺跡，也展示了上古至宋元語音的歷時演變，方言和外族語對地名讀音的影響，以及同音和多音對地名變更的作用等。另外，胡注所載同一外來地名在不同時期的語音形式也能在一定程度上揭示其相應時代的漢語和外來語的語音面貌。

關鍵詞：《資治通鑑》　胡注　地名　語音

對於《資治通鑑》胡三省音注（簡稱"胡注"或"音注"）的語音，前人已經有較爲系統的研究，比如馬君花博士論文《〈資治通鑑音註〉音系研究》及其基於此的《〈資治通鑑音注〉音系特點研究——兼與江灝先生商榷》等相關文章。這些成果不但從宏觀上給我們演繹了胡注的語音面貌，揭示了胡注音系的時代性質，而且也爲我們研究胡注詞匯的性質，把握胡注詞匯的時代層次奠定了基礎。然而這些胡注音系的研究成果也有一些不足之處，即將胡注中出現的各類音注"同等對待"，比較明顯的就是將胡注的各種引注與胡氏自注歸爲一類，將普通詞匯與專有名詞的注音混同，把它們放在同一時空層面，歸入胡三省所代表的宋元之際的雅音及少量吳音的語音系統。唯有當無法解釋一些語音現象時，纔將個別引注及專有名詞注釋當成誤注或者存古對待[1]。由於詞匯變化並不平衡，一般來説，普通詞匯比專有詞匯

要快一些，故專有名詞往往更能夠存留一些古音，當然也能保留
一些語音演變的痕跡。又因作爲胡注地位和價值重要體現的《通
鑑》地理注跨越了上古、中古和近代，並非一個時空層面，所
以，胡注地名的形成既有時間因素也有地域因素，其語音既表現
出上古的遺跡及上古至近代的流變，也在一定程度上表現出方音
和外來語音的元素。下面我們就從聲、韻、調等分析胡注地名中
的一些語音現象，借此看看胡注地名在語音方面的研究價值。

一　胡注地名與聲母研究

胡注地名的語料中有些反映了不同時期聲母的面貌，如：

晉氏南渡，僑置青州於江北；裕平廣固，置北青州於東
陽，而江北之青州如故。今向彌以北青州刺史戍碻磝，東陽
之青州亦如故，向，式亮翻。(8/118/3702)

如淳曰：脽者，河之東岸特堆堀，長四五里，廣二里
餘，高十餘丈。汾陰縣治脽之上；后土祠在縣西。汾在脽之
北，西流與河合。師古曰：脽者，以其形高起，如人尻脽，
故以名云。一説，此臨汾水之上，地本名郊，音與葵同，彼
鄉人呼葵音如誰，故轉而爲脽字耳。故《漢舊儀》曰郊上。
脽，音誰。(2/20/660)

後周武帝逐吐谷渾，置洮陽郡；唐洮州及臨潭縣所治，
即洮陽城也。泥和，即《水經注》所謂迷和城，洮水徑其
南，又在洮陽城東。宋白曰：洮州臨洮郡，郡城本名洮陽，
在洮水之北，乃吐谷渾所築，南臨洮水，極峻險，今之洪和
城。吐，從暾入聲。谷，音浴。洮，土刀翻。(9/137/4306)

倉松縣，自漢以來屬武威郡，後涼呂光改曰昌松縣。
將，即亮翻。(7/101/3204)[①]

碻磝城，濟北郡治所，沿河要地也。碻，丘交翻。磝，

牛交翻。楊正衡曰：礉，口勞翻。杜佑曰：礉，口交翻。
礉，音敎。(7/105/3336)

    將，即亮翻。使，疏吏翻。濟，子禮翻。睢，音雖。睢
陵縣，前漢屬臨淮郡，後漢屬下邳郡，孝武大明元年，度屬
濟陰郡。沈約曰：濟陰本屬兗州，其民流寓徐土，因割地爲
郡境。隋並睢陵入夏丘縣，唐以夏丘爲虹縣，屬泗州，復漢
舊縣名也。虹，《漢書》音貢，今音絳。杜佑曰：睢陵縣故
城，在泗州下邳縣東南。(9/131/4095)

從第一到第四條主要體現了胡注地名聲母的存古現象，其中第二
和第四條不但展現了胡注地名聲母有存古的痕跡，還證明了地名
中的方音元素。第一條地名"向彌"的"向"，胡三省注爲"式
亮翻"，而《廣韻·陽韻》是許兩反，曉母、陽韻、上聲，開口
三等。胡三省此注切上字爲書母（照係三等），切下字爲陽韻去
聲，開口三等。當然，我們可以説《廣韻》記錄的是普通用語中
的讀音，而胡注中所記爲專有名詞地名的讀音，故兩者的差異不
但表現在聲母上，在聲調上也不同。對於這種聲母現象，有人提
出屬見組與正齒音章組的演變關係問題[2]。

    與第一條相關的還有第二條。這條中胡氏引顏師古注"脽"
"地本名郊，音與葵同，彼鄉人呼葵音如誰，故轉而爲脽字耳。"
顏師古此處也是對這一地名得名的一種推測。倘若這一推測成
立，那麼從"脽"地名可以看出：由於"郊"與"葵"同音，而
"脽"地方言中"葵"音又同"誰"，即見組與章組之間在漢代的
"脽"地方言中出現了混同的現象。這種現象在上古地名中具有
一定的普遍性，已經成爲上古見章母關係較有力的佐證[3]。

    第三條胡注"泥和，即《水經注》所謂迷和城"，"泥和"與
"迷和"構成異文關係。據胡注可知二者在北朝時期同現，且泥
和又是北魏吐谷渾王伏連籌所建，因此或爲外來詞的不同音譯形
式在地名中的反映。"泥"爲泥母字，"迷"爲明母，二字的韻和

調都同。所以，這個地名的兩種形式很可能是記音時泥母與明母的通轉所致。另外，從目前音韻學界對上古泥母與明母之間的演變關係來看[4]，泥母與明母之間本就是"近親"關係。"泥"與"迷"之音實則爲音轉關係。轉變的條件一般爲三等介音或高元音[5]。又《水經注》卷二"洮水又東逕迷和城"。清人趙一清釋："《魏志·鄧艾傳》：'景元三年，破姜維於侯和。'《通鑑·齊武帝紀》：'魏主召吐谷渾王伏連籌入朝，伏連籌辭疾不至，輒修臨洮、泥和二城，置戍兵守焉。'胡三省曰：'泥和，即《水經注》所謂迷和城。洮水逕其南，又逕洮陽城東。宋白曰：洮州臨洮郡城本名泥陽，在洮水之北，乃吐谷渾所築，南臨洮水，極險峻。今謂之洪和城。'共和即洪和，也侯和，即泥和，亦即迷和耳。"趙一清又按："共和山迷和城，蜀漢姜維與魏鄧艾戰於侯和。後魏太和十五年，吐谷渾王伏連籌修泥和城，枹罕鎮將長孫百年攻拔之。四名總爲一地音聲之轉耳。後魏於此置洪和郡，後周於此置美相縣，在今陝西洮州衛南。"[6]可見，"泥和"與"迷和"由同一地名的音轉形成，其中還體現了上古時期泥母與明母不同部位鼻音的内在關係。

第四條胡注指出後涼時期武威"倉松縣"更名爲"昌松縣"。"倉松縣"又作"蒼松縣"，"倉""蒼"二字通用[7]。"倉"在上古爲清母、陽韻、平聲[2]，"昌"爲昌母，屬照係三等聲母，韻和調與"倉"相同。《廣韻》時期"倉"和"昌"的聲、調没有發生變化，"倉"由陽韻變爲唐韻。一般認爲上古章組（即照係三等）與端知組關係密切，莊組（即照係二等）歸入精組是確定的。然而在實際語音演變中以上幾組音都有混同的現象，致使這幾組聲母之間的關係比較複雜，比如知章莊組與精組之間存在混同[3]。又如這條胡注裏出現的精組清母與照三組昌母字的更換。"倉""昌"在上古時期，由於韻和調相同，"倉"又屬於精組，"昌"爲中古照係三等字，那麼二者在上古時期是否具有同音關係，至遲到《廣韻》時期分流而成爲不同的讀音？由第一則胡注可以知道，上古以來的"倉松縣"到東晉十六國的後涼改爲"昌松縣"應當不僅是字義的選取，同時也有語音的條件。至少可以由此證明到東晉時期武威倉松縣一地的方言中"倉""昌"還是同音的。實際上在現代的西南官話中這兩個字也是同音的[8]，同時筆者調查了現在武威地區的人，其方言也是這樣的情況。

第五和第六條胡注地名再現了聲母的歷時演變。第五條"磽磝城"，胡三省注"磝"爲"牛交翻"，杜佑用直音注爲"磝，音敖"。根據《廣韻・肴韻》，"磝，五交切"，與杜佑注音同，同時切上字"五"與"牛"都屬疑母。故唐代這兩個反切切出的音值應該是相同的。那麼，爲何胡三省要將同爲疑母的切上字"五"換成"牛"，我們認爲這不太可能是毫無意義的隨意更換，祇能説明胡三省所處的宋元之際"磝"的聲母當用"牛"？表示更恰當，也就是説"五"的聲母已經從後鼻音靠近零聲母了。這個切上字的變更實際表現了從唐代到宋元之際疑母内部的分流。

第六條地名"虹縣"之"虹"，胡注引《漢書注》"音貢"自注爲"今音絳"。按《漢書・孔光傳》卷八一："光禄勲匡衡舉光方正，爲諫議大夫。坐議有不合，左遷虹長。"顏師古注："不合，謂不合天子意也。虹，沛縣也。音貢。"又《地理志》卷二八上："虹，莽曰貢。"顏師古注："虹，亦音貢。"胡三省注爲"絳"是引自《廣韻・東韻》："縣名，在泗州。今音絳。"對此地名《廣韻》又注爲"古送切"，即"貢"。簡言之，《廣韻》對"虹"共列有三個讀音，其一是户公切，匣母，東韻，平聲合口一等。其二爲"貢"音，其三是"絳"音。另據《廣韻・江韻》，"絳"爲古巷切，音杠，説明在唐宋時期"絳""杠"同音，都是洪音字。據李新魁《上古"曉匣"歸"見溪群"説》[9]一文可以推知，從聲母來看"虹"的"貢"音和"絳"音皆存古音，而"户公切"之音（與現代"紅"同音）當爲後起之音。由此條胡注還可以得出："虹縣"之"虹"在漢代音"貢"，唐宋時期讀如"杠"。比較兩組讀音可以看到，這兩個時期聲母都保存了洪音古讀，語音上的不同之處其實祇是因爲韻母發生了變化，由東韻變爲江韻，合口轉爲開口。韻母的變化當然與江韻與東韻間的關係，以及江韻的源流有關。上古江韻屬於東部，按王力《南北朝詩人用韻考》，在南北朝的第三期江韻已經從第一期的東江同用而變成了江陽混合[10]。"虹縣"之"虹"的韻母從漢代的東韻到到唐宋的江韻實際上正是江韻從東部分化出來的痕跡。據此可以推知"虹"字的"絳"音可能並非起於唐代，或許在南北朝時期已經形成。

　　關於聲母演變線索的還有如：

　　　　酈道元曰：武功縣太一山，古文以爲終南山，在武功縣西南。按鄠、長安之西南山皆曰終南山；"終"，亦作"中"。（13/191/5993）

　　"終南山"也作"中南山"，"終"與"中"，上古都屬冬部，中古都屬東韻，都是平聲，但二者的聲母不同，"終"聲母是源自章母，"中"上古爲端母，中古歸入知母。照系與知組在《中原音韻》中已經合流，但從胡注可以看出在宋元之際"終""中"已經成爲同音字，故知章合流至少在宋元之際已經發生。

　　上述胡注地名既表現出上古聲母的遺留，也印證了上古至近代聲母的一些變化，同時還體現了方音對地名讀音的影響。這些都展示出胡注地名在漢語聲母歷時演變中的研究價值。下面再看看胡注地名在韻母研究方面的意義。

二　胡注地名與韻母研究

　　以下胡注中的地名揭示了漢語韻母的一些變化現象。如：

　　　　酈道元曰：吐京即漢西河郡吐軍縣，夷、夏俗音訛也。

後魏置吐京郡。隋隰州石樓縣，魏吐京郡地。(9/124/3911)

魏世祖太平真君九年，置吐京郡。《水經注》曰：吐京，即漢西河郡土軍縣，夷夏俗音訛也。(10/140/4400)

西平，漢落都之地；禿髮所都樂都，即落都也；唐爲鄯州。(9/129/4052)

刪丹縣，漢屬張掖郡，後漢、晉屬西郡，後魏曰山丹，隋復曰刪丹，屬甘州。(14/212/6743)

新樂，古鮮虞子國，漢爲新市縣，隋改曰新樂，唐屬定州。《九域志》：在州西南五十里。宋白曰：新樂縣，隋開皇十六年置。新樂者，漢成帝時中山孝王母馮昭儀隨王就國，建宮於樂里，在西鄉，呼爲西樂城，後語訛，呼"西"爲"新"，故曰新樂。(19/271/8871)

第一和第二條音注都是關於地名"吐京"，按胡氏所引《水經注》，此地本爲漢代"西河郡吐軍縣"，是因爲"夷、夏俗音訛"而至讀音改變成爲"吐京"。"京"和"軍"都是見母平聲字，二者的不同祇在於韻母，前者爲開口，後者爲合口，但都是三等，且都是陽聲韻，因而語音比較相近，所以在北朝時期後魏人將"吐軍"稱之爲"吐京"，體現漢語地名被外族借入後語音方面的變化。第三條，"刪丹縣"後魏曾改爲"山丹"，其性質與第一二條的"吐京"類似，都受到外族語的影響，不同的是"刪""山"在上古同音，中古時期分化，如《廣韻》中刪韻和山韻分作兩個韻部，從各家對二者的擬音也可以看出兩者在韻腹上有差別，當然到《中原音韻》中又合流而同音。對於"刪""山"分流的時期據這條胡注中地名的變更可以推知或始於隋朝。第四條，"新樂城"由"西樂城"訛變而成。"新""西"都是心母平聲，不同在於韻，上古前者爲真部，後者爲脂部，二者音近具有陰陽對轉的條件，故出現地名的訛變現象。

以上是胡注地名中表現出的一些韻母關係。這些地名音注既體現了外來語對地名語音的影響作用，也爲上古到中古漢語韻母的演變提供了旁證。下面我們再看看胡注地名中的聲調現象。

三　胡注地名與聲調研究

有些胡注中的地名反映了聲調變化的現象，如：

> 帝指授諸軍所出之道，多用漢縣舊名。《漢志》：鏤方、長岑、朝鮮，屬樂浪郡。蓋馬，屬玄菟郡，有蓋馬大山。遼東，漢郡名。溟海，蓋即漢樂浪郡之海冥縣。建安、南蘇、扶餘，皆高麗國城守之處。沃沮，亦古地名，是時其地已入新羅界。鏤，郎豆翻。菟，音塗。朝，音潮。鮮，音仙。沮，子餘翻。樂，音洛。浪，音郎。(12/181/5659)

> 徙莫祇蠻在囊蠻之西。"朗州"，當作"郎州"。武德元年，開南中，仍舊置南寧州，貞觀八年，改爲郎州，以其地本夜郎國也。(13/199/6265)

> 穀遠縣，漢屬上黨郡，晉省，蓋其地猶存舊縣名也。劉昫曰：穀遠，今沁源縣。宋白曰：漢穀遠故縣，在沁源縣南百五十步，孤遠故城是也。《晉地記》云：穀遠，今名孤遠，後代語訛耳。郝散事見上卷四年。(6/83/2627)

第一條"朝鮮"之"鮮"音"仙"，《廣韻》中也是平聲，說明這個地名中的"鮮"字中古到宋元之際一直都是平聲，與現代取向不同。第二條"郎州"誤作"朗州"，一則源於對該地得名之源不清，二則也是因爲"郎""朗"語音相近而造成別字，前者爲平聲後者爲上聲，此條是上聲與平聲的混同。第三條"穀遠"改作"孤遠"，也是"後代語訛"所至。"穀"和"孤"上古以來都是見母字，但前者上古屋部中古屋韻，入聲字，後者上古爲魚部，中古爲模韻，平聲字，二者韻腹相近（王力所擬韻腹相同），故晉代改"穀"爲"孤"表現出由入聲轉入陰聲的陰陽對轉現象，隨着韻母的變化，聲調發生變易。

以上地名音注表現出的一些聲調現象，既有外來語因素，如"朝鮮"，也有上古以來聲調的分合轉變的影響。

四　胡注地名中的其他語音現象

以上我們主要是從聲韻調單方面來看胡注的地名，實質上胡注地名中大量地名並非單純地表現語音某一方面的變更現象，而是綜合變化，上面所舉的個別例子已經有所展示，下面我們再進一步看這類地名音注的複雜語音現象。

有些胡注地名再現了古音，如：

> 《郡國志》：句注，山險名，在雁門陰館縣。《括地志》：句注山在代州雁門縣西北三十里。杜佑曰：句注山，即代州雁門縣西陘嶺。句，音鉤，又如字，又音拘。(1/11/373)

這一條"句注山"之"句"胡三省羅列了三個讀音，《廣韻》中也羅列了三個音，分別：九遇切，章句之句；古侯切，曲義，也用於專有名詞"高句驪"等；其俱切，平聲，冤句縣名。二者的注音其實是對應的。"音鉤"即古侯切，"如字"即九遇切，屬通用語中的語音，"音拘"是其俱切。當然這三個語音之間有內在的音轉關係。然作爲"句注"這一專有名詞，當祇有一個讀音，《廣韻》中沒有羅列這一地名，據《大清一統志》卷一百十四[11]"句注山"一條之注："按李璋《河東記》：句注以山形句轉水勢注疏而名，亦曰陘嶺。自雁門以南謂之陘南，以北謂之陘北。漢中平以後，陘北之地皆爲荒外。魏晉中並以句注爲塞，分別內外。實南、北巨防。《考州志》云，注山與雁門山岡隴相接，故亦有雁門之稱，而北斗、夏屋並相附近，大抵州境諸山得名者皆句注之支脈耳。"且胡三省又將"鉤"列爲首音，由此可見，"句注"之"句"當取"鉤"音，並且這個讀音當爲"句"這一字的最古讀音。胡氏此處附帶將此字的另外兩個音附於後，但並非意為"句注"有三種讀法。又如：

> 賢曰：允，音鉛；街，音皆，屬金城郡，故城在今涼州昌松縣東面，城臨麗水，一名麗水城。（4/44/1430）

> 允吾縣，漢屬金城郡，《晉志》省。劉昫曰：唐鄯州龍支縣，漢允吾縣。允吾，音鉛牙。（8/111/3512）

這兩條都涉及到地名中"允"的讀音，前一條是"允街"，後一條為"允吾"。據胡注可知兩地名中的"允"都讀為"鉛"。作為普通詞彙，"允""鉛"同聲母，但韻調不同，《廣韻》時代一為準韻上聲，一為仙韻平聲。作為地名"允"的"鉛"音存留了古音的痕跡，上古兩者都是喻母，前者為文部，後者為元部，韻尾相同而發生旁轉現象。又"允吾"之"吾"音"牙"，也是上古音的遺跡，上古二字同音，都是疑母魚部平聲字。"允""吾"這兩個字的古音在地名"允吾"中得以保存，而普通詞彙中都已經變化。再如：

> 解，漢古縣也，後魏曰安定，西魏改曰南解，又改曰綏化，又曰虞鄉；武德元年，更名解縣，別置虞鄉縣，並屬蒲州。朝，直遙翻。散，悉亶翻。解，戶買翻。將，即亮翻。（13/186/5827）

"解"縣，按胡注為"解，戶買翻"，存留了漢代的讀音。聲母為匣母，且是洪音，聲調為上聲，並且到宋元之際仍保持這一讀法。有如現在西南官話中螃蟹的"蟹"的讀音[xai42][12]。

有些胡注地名記載了同一地名外來詞在不同時期的音變現象，如：

> 龜茲，音丘慈，唐人又讀為屈佳。（12/171/5329）

這是一條有關外來地名的音訓。"龜茲，音丘慈"，最早源出於《漢書·地理志》應劭注。通常理解為應劭用直音法為地名"龜茲"注音，顏師古在《漢書注》中也因此而得出"龜，音丘。

茲，音慈。"《廣韻》也收録"龜"的兩個讀音，其中一個爲居求切，即丘音。地名"龜茲"的這種讀法一直沿續至今，所不同的是到近代聲母變爲細音母。當然，也有人提出異義，認爲應劭並非注音，而是改讀，如同"巧克力"與"朱古力"的關係，其音當讀如本字[13]。我們先看看上古非地名的"龜"與"丘"的語音情況。"龜"上古爲見母之部平聲字，"丘"爲溪母之部平聲字，二者僅是同部位聲母全清與次清的差别。再看非地名的"茲"與"慈"的語音情況，上古"茲"作普通詞匯時語音爲精母之部平聲，而"慈"爲從母之部平聲，僅表現爲同部位聲母清濁的不同。因此，無論應劭是注音還是改譯，上古階段二者的語音都應該是相似的，正如現代方言中存在送氣與否以及清濁有别的字音混同現象，上古地名中也存有這種類似的混同情況[14]。又按胡注"唐人又讀爲屈佳"，這應當是唐人的改譯。因此我們贊同：《漢書》中的"龜茲"，應劭所説的"丘慈"以及其它史籍如《新唐書》"屈茲"，唐人的"屈佳"，佛教文獻中"歸茲""屈茨""屈支""拘夷""俱支那"等，元代"苦先""曲先"，清代"庫車"都應該是該外來地名在不同時期因受不同語言的影響而形成的不同音譯形式，不存在注音的問題[15]。同時，根據"龜茲"在上古的形態及讀音可以推知，該外來地名的原始語音前一音節（段）開頭部分的輔音當與見或溪母相近，後一音節（段）開頭部分當與精或從母相近。據目前學界的研究來看，該地名應該是古代月氏人命名的地名，原語作 kutsi，佛典及相關文獻受梵語影響作 kuci，九世紀後龜茲歸回鶻，受其語影響稱之爲 kūsdn、kusan，此即元明譯音的來源，清代稱"庫車"當與突厥語系統的維吾爾人語 kuca 相關[16]。這些都是因受不同時代不同語言影響而採用不同漢字記録的同一地名之音，其中，"龜茲"纔是西漢時期對西域地名的漢語音譯[17]，這爲我們留下了一些西漢語音的痕跡。再如：

　　　　姑臧縣，屬武威郡。劉昫曰：姑臧縣，秦月氏戎所處，
　　匈奴名蓋藏城，語訛爲姑臧城。長，知兩翻。(3/43/1378)
　　"姑臧"縣是個古代少數民族在西域留下的地名，地處武威。
今人考證得出姑臧在蓋藏（臧）城的基礎上整修而成，與後來的
武威城地理位置相應[18]。胡三省引五代劉昫注，認爲是秦漢時
"月氏戎所處"，匈奴取名爲"蓋藏城"，因語訛而成爲"姑臧"。
或説在王隱《晉書》中已經有這種觀點[19]，即"此城匈奴所築，
舊名蓋藏城，後人語訛爲姑臧城。"① 如此則晉人已經認同姑臧爲
匈奴人所建並命名，"姑臧"爲匈奴語"蓋藏"或"蓋臧"的訛
變。又或有人從西域民族居住史以及現代相應民族語言角度考證
出"姑臧"來自羌語，是羌語地名。"姑"爲古羌部落的"種"
姓，而羌語"臧"意爲"家族""部落"，與藏語 ngut s'ang 相
應[20]。倘此論成立，則"姑臧"或"蓋藏"都應該是上古時期
漢語對羌語的音譯。"姑"和"蓋"在上古都是見母，"姑"爲魚
部，"蓋"爲月部，前者爲平聲後者爲入聲，從與藏語 ngut s'ang
的音節關係來説，應該説"蓋藏"更接近於此結構。且無論是胡
三省的音注還是今人的研究都證明"蓋藏"是早期的音譯，"姑
臧"是訛變之後的音譯詞。
　　有些胡注體現了地名訛變與不同時期的文字同音相關，如：
　　　　"河間"，當作"河關"。河關縣，前漢屬金城郡，後漢
　　屬隴西郡。以地里考之，河關、臨洮在狄道西，姜維自狄道
　　西拔河關、臨洮，意欲收魏之邊縣以自廣耳。(6/76/2419)
　　"河關"這一地名誤作"河間"，與"關""間"兩字的讀音
有一定關係。兩個字在上古都是平聲見母元部字，屬同音字，因
此出現同音誤記現象。這類同音誤記現象還有如：
　　　　無極縣，漢屬中山國，晉省。"無"，本作"毋"。唐武
　　后萬歲通天二年，始改"毋"字爲"無"；此當作"毋"。
　　(7/99/3131)

　　這條唐人改晉代地名"無極縣"爲"毋極縣"，"無""毋"同音，故爲同音字替換。又如：

　　　　"庭"，當作"亭"；其地在鄴西南。(8/108/3413)

　　在這條中胡三省指出地名"沙庭"當作"沙亭"。雖然從表面上看僅是涉及地名的文字問題，但實際上是晉宋時期地名中的同音替換現象。

　　胡注中有些地名的變更體現了一字多音對地名的影響，如：

　　　　武帝置清河郡於盤陽，廣川郡於武強。《五代志》：齊郡長山縣，舊曰武強，置廣川，後併東清河平原二郡入焉，改曰東平原郡；隋廢郡，改武強曰長山。則是平原、清河、廣川三郡皆置於隋長山縣界。盤陽，漢般陽縣也，屬濟南郡。應劭曰：在般水之陽。按《水經注》：般陽縣西南即梁鄒縣。劉昫曰：唐淄州淄川縣，漢般陽縣地也。(9/131/4111)

　　這條中魏晉"盤陽縣"由漢代"般陽縣"而來。可能源於同音誤寫所致，但也與"般"的又音過多有關。

　　還有一些胡注地名表現出方言俗語對地名音變的影響，如：

　　　　賢曰：綿曼，縣名，屬真定國；故城在今恒州石邑縣西北；俗音訛謂之人文故城也。(3/40/1296)

　　"綿曼"縣，按胡注"俗音訛謂之人文故城也"，可以看出唐人或有受方言影響，稱"綿曼"爲"人文"，出現了對應聲、韻的混同。

　　綜上所述，胡三省地名音注記錄了不少的語音現象，既體現了地名存留古音的遺跡，也從地名變更或讀音變化中展示了語音的歷時演變以及方言和外族語對地名讀音的影響。另外，藉助胡注中不同時期少數民族的音譯地名與其民族語言的對比也能在一定程度上爲我們揭示其相應時代漢語和外族語的語音面貌。同時，胡注地名所反映的語音現象與它們的出現及變更時代的對應研究，還能爲語音演變斷代的細化補充材料。

〔注釋〕

①文中所有胡注出處標示序號由三部分組成：《資治通鑑》册數，卷數和頁碼。

②以下注音上古音系參考唐作藩《上古音手册》，丁聲樹、李榮《古今字音對照手册》，中古音參照《廣韻》及潘悟雲"《廣韻》查詢系統"，《集韻》，近代參照《中原音韻》。因引用量多，故一並於此加以説明。

③這方面在現在的某些方言中有比較明顯的表現，如曾錢怡《古知章莊聲母在山東方言中的分化及其跟精見組的關係》對此有很詳實的論證，見《中國語文》2004 年第 6 期。

④經查證當是引自《太平寰宇記》。

〔主要參考文獻〕

[1] 馬君花. 《資治通鑑音註》音系研究. 首都師範大學博士論文，2008：59－60.

[2][3][14] 張樹錚. 從上古地名異稱看上古聲母——上古地名研究之一. 古漢語研究. 1991（3）：57－62.

[4] 潘悟雲. 漢語歷史音韻學. 上海：上海教育出版社，2000.

[5] 胡海瓊. 也説"柔"字——兼論泥母與明母在上古的交替. 語言研究，2010（1）：105－107.

[6] 水經注釋. //文淵閣《四庫全書》第 50 册. 臺北：商務印書館，1986：41.

[7][18] 郝樹聲. 敦煌懸泉里程簡地理考述. 敦煌研究，2000（3）：102－107.

[8][12] 許寶華，宮田一郎主編. 漢語方言大詞典. 北京：中華書局，1999.

[9] 李新魁. 上古"曉匣"歸"見溪群"説. 學術研究，1963（2）：92－102.

[10] 王力. 南北朝詩人用韻考. //王力文集. 第十八卷. 濟南：山東教育出版社，1991.

[11] 大清一統志. 卷一百十四. //文淵閣《四庫全書》第 476 册. 臺

北：商務印書館，1986：317.

　　[13] 馮潔軒. "雍茲" 讀音辨正. 中國文化，1995 (1)：97—99.

　　[15] [17] 周連寬. 大唐西域記史地研究叢稿. 北京：中華書局，1984.

　　[16] 黃盛璋.《西天路竟》箋證. 敦煌學輯刊，1984 (2)：1—13.

　　[19] 薛仰敬. 甘肅縣市釋名. 西北史地，1997 (4)：15—35.

　　[20] 張力仁. 地名與河西的民族分佈. 中國歷史地理論叢，1998 (1)：207—214.

On the Value of Phonetic research for Hu San—xing's
Notes on Location names in Zizhitongjian

Zhou qin

(Department of Literature and News, Chongqing Three Gorges
University, Chongqing 404010, China)

Abstract: The phonetic materials of Hu San xing's notes that note location names in *Zizhitongjian* not only proved that location names preserved old Chinese phonology, but revealed the diachronic development of speech — sound from the ancient times to Song and Yuan Dynasty, the influence of dialect and foreign language on location names, homophonic and polyphonic effect on name changes. Furthermore, the sound changes of the same names in different periods of foreign words revealed their corresponding era of Chinese and foreign language voice appearance to some extent.

Key words: *Zizhitongjian* ; Hu San-xing's notes; location name; speech —sound

（周勤，重慶三峽學院文學與新聞學院，郵編　404010）

評李圃"字素"理論*

曾小鵬　武曉麗

内容摘要：字素理論是持續了千年的漢字結構理論的討論中，在西方語言學理論的影響下，從文字和語言的關係角度重新審視漢字的結構和性質所形成的文字結構新理論。作者對這一理論提出兩點商榷意見。

關鍵詞：字素　漢字構形　李圃

一　"字素"理論的説明

"字素"理論是李圃先生從 20 世紀 90 年代開始，逐漸形成的一套分析漢字結構的理論體系。《甲骨文文字學》是第一部以字素理論爲基礎的文字學力著。字素理論不僅在漢字結構研究中給人以面貌一新的印象，而且對漢字以外的表意體系文字的結構研究也有指導作用。這些年，還出現了一些以字素理論來研究民族古文字的論著。從類型來看，中國文字學家的結構理論可以粗略地分爲兩大陣營，一類是以説文"六書"爲基礎的，我們可暫稱爲"六書派"；另一類則是在前者的基礎上，借鑒西方語言學的有關理論，將文字放在語言系統中，從文字和語言的關係角度

---

* 本文爲教育部社科基金（12YJC740115）、中國博士後基金（2012M511887）、重慶博士後科研特助（XM20120025）、西南科技大學博士基金（11sx7113、11sx7114）資助項目。

重新審視漢字的結構和性質。王寧先生的 "漢字構形學"、李圃先生的 "字素" 理論，就是這一過程中形成的新的思想。後一類可暫稱作 "字（形）素派"。

中國古代的知識份子很早就關注漢字的結構問題，力圖從結構上對漢字進行解釋。如 "止戈爲武"、"反正爲乏"、"自環者謂之私，背私者謂之公" 等，但是都祇是零星而不系統的，直到東漢許慎，才在《説文解字·敍》中首次對六書進行了闡述，並利用他的 "六書" 理論逐一分析了九千多個漢字，分 540 部首，揭示了漢字形體結構的系統，建立起漢字的形義體系。

由於許氏對 "六書" 的説解非常簡約，每書寥寥八字定義，僅舉兩例，除了形聲字外，具體説解中也沒有説明，由是概念模糊不清，造成 "六書相兼" 的局面。最爲明顯的是在 "轉注" 和 "假借" 二書上，一千多年來聚訟紛紜，迄無定讞。明清時期，學者們開始從六書本身去尋找解決的辦法，明代楊慎首先提出 "四體二用"[1]346説，清代戴震、段玉裁繼承此説，認爲前四書與後二書分屬不同的平面，逐漸得到多數學者的認同。針對持續兩百年的 "六書" 與 "四體二用" 的論爭，蘇寶榮指出二者其實沒有本質的區別，"我們不妨稱所謂 '六書' 造字説爲反映語言與文字關係的包含不同層面的廣義造字説，稱 '四書' 造字説爲專門説明漢字形體結構的狹義造字説，而戴、段提出的 '四體二用' 説，不失爲 '快刀斬亂麻' 的做法。"[2]

針對傳統 "六書" 説的不足，尤其不能説明小篆以前的甲、金文字的構形規則，現代學者陸續又提出了新的理論。其中影響較大的有唐蘭的 "三書" 説[3]、陳夢家、裘錫圭的新 "三書" 説[4]，詹鄞鑫的 "新六書"[5]和張玉金的 "新四書"[6]造字説。

應該説，"六書派" 圍遶 "六書" 所進行的長達千年的的討論，主要還是集中在三個問題上，一是造字和用字；二是表意各類別的界限；三是所分類型是否能涵蓋所有的漢字。

在總結歸納漢字結構理論的過程中，條目寬泛簡要，就會抹殺漢字豐富多樣的結構類型；條分縷析得過細，又犯了層次繁瑣的理論大忌。所以，"兜了一圈之後，又回到'六書'的名稱"。迄今，不管是哪種學說，都沒有產生壓倒許說的影響。但我們並不能全然地下一個"無謂的爭論"的結論，文字學家們在這個過程中，迸發出了不少智慧的火花，這爲"字（形）素派"理論的創建提供了深厚的積澱。

李圃先生的"字素"[7][8]是基於漢字和漢語語素之間的關係而提出的。"字素是漢字的形與音義相統一的最小的結構要素"，根據能否獨立成字分爲基本字素和準字素，字綴是沒有讀音和意義，衹有簡單形體追加在字素上起區別音義的功能的造字單位。"造字過程包括取象造字的發生階段和借成字向語素回歸的表示階段，造（引者按：疑是"成"字之誤）字爲中間環節。"[9]前一階段是造字階段，形成不同的造字法，如獨素造字、合素造字、加素造字、更素造字、移位造字、省變造字、綴加造字和借形造字等 8 類；後一階段形成多種表示法，如象形、指事、會意、形聲等。字素分處於靜態和動態兩個系統而有不同的聚合，靜態系統指進入造字過程之前的字素系統，包括前述的基本字素和準字素；動態系統是指字素進入構字過程的系統，包括穩性字素和活性字素，穩性字素是指由靜態字素直接表示語素音或義的（即處於字的"上位"）的單個字素，而活性字素是直接表示語素音或義的（也是處於字的"上位"），由穩性字素（基本字素和準字素）構成的字素結合體。組成活性字素的原基本字素和準字素，由於没有直接與字所記錄的語素的音和義發生關係，所以"失去了字素的地位而處於（字的）下位層面"，叫做"活性字素的内部結構成分"。

二 關於 "字素" 理論有關問題的評析

"字素" 理論可貴之處在於，借用普通語言學的結構理論，系統地描繪了漢字系統的層級關係以及字素間的組合和聚合關係。並以 "兩階段—中間環節" 的模式，首次從邏輯上給予造字法以全新的定義，避免了前人在造字和表詞這對概念上的糾葛，我們認爲，用字法從根本上來説，就是表詞方法。

但是，"字素" 理論本身也存在一些問題，使得其體系不夠嚴密。下面分別討論。

1. 字素在體系内的地位飄忽不定

字素的定義是必須要形音義一體，這是基於漢字和漢語語素之間的關係而提出來的[3]。字素參與構字過程中，當處在上位時，還是字素，可是處於下位時，就 "失去了字素的地位"，變成了 "活性字素的内部結構成分"。比如漢字 "日" 是取象造字的象形字，也是一個基本字素（靜態系統）；"盟" 字是從皿明聲的形聲字，"明" 是組成 "盟" 字的 "活性字素"，其中的 "日" 和 "月" 由於不直接和 "盟" 的語素的音義發生關係，就 "失去了字素的地位"，成爲 "活性字素的内部結構成分"，對此我們不禁想問：

A. "盟" 字中的構件 "日" 和 "日" 字的構件 "日" 是不是同一個構件？

B. "盟" 字中的構件 "日" 到底是不是字素？

A 問題的答案大概不會有爭議，回答是肯定的，即這兩個 "日" 是相同的構件。

B 問題的回答無外乎有兩種：一種回答是否定的，"盟" 字中的構件 "日" 失去了字素的地位，變成了 "活性字素的内部結構成分"；另一種回答祇能是帶條件的部分肯定，即承認 "盟"

字中的構件 "日" 是字素, 但在這失去了字素的地位, 變成了 "活性字素的内部結構成分"。

否定的回答必然導致帶出另一個難以回答的問題: "盟" 字中的構件 "日" 和 "日" 字的構件 "日" 何以同體而不同位? 部分肯定的回答則又陷入了自我矛盾。

我們認爲, 處於造字下位層次的結構成分儘管不直接表示語素的音和義, 仍然應該是字素, 因爲它仍然是形音義的結合體, 祇不過其音義不直接體現而已。更何況, 類似 "娶" 字中同樣處於下位的構字成分 "又", 很難説從意義上與 "娶" 的語素義没有一點關係。"字素" 理論中有 "類位交變, 類隨位變" 的表述, 也認爲一個字素在參與搆造不同的字形時, 會有義類的變化, 既然承認字素的 "義" 是個不定值, 就不必拘泥於字素僅限於字的結構的上位, 可以把 "活性字素" 看做 "字素結合體", 是體積更大的造字單位, 和單個的字素同屬一個層級。

"字素" 地位的不穩定, 源於對字素過於苛刻的定義。任何一種文字都是形音義三位一體的, 但是, 字形、字音和字義三者卻不是一個層面的, 在表音或表意體系的文字中, 三者的結合是通過不同的認知途徑完成的。表音文字是以具有表音功能的字母記錄語言中的語音, 然後繫聯語音所代表的詞義。而漢古文字則是通過字形聯想到詞義, 再繫聯起詞義的 "物質外殼" 語音的。一個成字從結構上可以切分出更小的構件, 所得的每個構件在成字中承擔了各自的表義功能, 但是這些個構件並不能從成字的讀音中承接過來各自的讀音。也就是説, 不是每個構件 (字素) 都是可以有讀音的, 李圃先生也注意到這個問題, "一般來説, 絶大部分的字素是從它們獨立構成獨體字中獲取的音義。祇有少數不能獨立搆造獨體字的準字素是秦漢時期的學者爲稱説之便而據形體涉義確定的擬音。"[8]可見, 作爲 "形與音義相統一" 的字素的 "音", 本身也不是由一個標準而來的。

漢字的構件單位——字素,其實應該是 "形義" 相統一的結合體,即不是每個參與造(構)字的字素都是有音的。漢古文字在形聲字以前,就是通過構件的組合(字形的變化),進而指向了思維中的概念(詞義),語音全然沒有參與到造字中來,祇是在成字之後貼上的一塊商標而已。

2. 字綴地位尷尬

"'字綴' 指造字過程中用以別音別義的綴加成分","字綴不具備形與音、義相統一的特性,更不能單獨構成新字,而祇是綴加在字素之上,改變原字素的音義創造新字"。由於字素定義必須是 "形音義" 的統一,所以 "字綴" 是被排除在字素之外的[7]16。

如前所述,字素是基於語言中的語素而提出來的,在語言學理論中,語素就是最小的語法單位,不存在任何比它小或平級的單位。字素理論中的 "字綴" 倒讓人想起了 "前、中、後綴"。語言學中的 "前、中、後綴" 是語素的一種,是附着在詞根語素之上的詞綴語素。可見,"字素" 理論中的 "字綴" 卻沒能享受到 "詞綴" 的待遇,被排除在字素之外了。原因乃 "字綴" 不能達到 "形音義" 一體的標準。我們看到,"字素" 理論在構件這一層級,出現了兩種性質的結構單位——字素和字綴,在理論歸納上,祇突出了二者的次要區別,卻忽視了它們都是構成新字的結構單位這一主要共同點,這不能説是好的選擇。

字綴之所以地位如此尷尬,源於 "這種綴加成分是對事物以及事物之間的關係意義的虛擬,而不是物象的實指。" 甲骨文中被李圃先生判作字綴的,其實不少就是表具體意義的象形符號[7]26,而不是記號。如 (力),字象耒形,耒是翻土用的農具,字下一短豎表示手持或腳踏以助力的部件,整字是個獨體象形字。李氏錯誤地將字下一短豎看成字綴,是指示犁鏵所在的記號。再如 、 (亦)字腋下一點或兩點,唐蘭釋爲汗液之形,非指示符號；⺇（父）是男子手持石斧之形，金文父癸鼎⺶具象更顯。此外，還有"雨、祭"等多字，李圖都視作綴加字素，短豎和短點被當成毫無音義的字綴，它們其實都有具體所指，或是獨體象形，或是合體象形和會意的形符。甲骨文已是發展成熟的象形文字，字形的簡省和抽象，使得許多字形喪失了"構意"，當然我們不排除甲骨文中有純指示符號，但畢竟不是多數。鑒於許多字綴還難以和字素截然區別開，所以，將字綴劃歸字素，不失爲一種合適的方式。而且這也是適合整體框架的，語言中的語素本就含有詞綴這一類，詞綴是附着在詞根上，和詞根平級的語素，當然它應該是和基本字素平級的一級造字單位。

3. "兩階段一中間環節"模式割裂了造字與表詞的内在關係

"字素"理論對這一模式是這樣描述的[8]：

漢字的造字過程經歷兩個階段一個中間環節：第一階段是以語素（音義的結合體）爲出發點去取象造字，即漢字的發生階段；第二階段是以語素（音義的結合體）爲歸着點憑藉成字向語素回歸。前一階段是造字階段，由於取象造字方式方法的不同，形成多種造字方法；後一階段是表示階段，由於表示語素的方式的差異，形成多種表示法。在這兩個階段中間有一個中間環節，這就是成字。整個過程可以用起、承、轉、合四個環節加以概括，即以語素爲出發點的造字取象（起），所取之象的成字本身造意（承），取象造意不等於所要表示的語素音義，因而必須從取象造意向昇華了的表詞造意轉化（轉），最終達到表詞之造意同所要表示的語素（音義）的契合（合）。在總結了獨素造字、合素造字、加素造字、更素造字、移位造字、省變造字、綴加造字和借形造字等 8 類造字法之後，又歸納出象形、指事、會意、形聲等幾種表詞法。造字法和表詞法的關係如下圖[8]121。

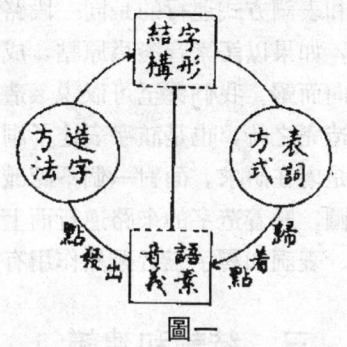

圖一

很明顯，作者認爲由字形結構向語素意義回歸的表詞階段，是循着另一條路線進行的，和造字階段是完全不同的路徑。對此觀點我們不敢苟同。打個比方，有款智力遊戲叫 “孔明鎖”，它是將兩個形狀奇妙的鐵環套在了一起，拆卸它們的唯一方式，是想辦法找到當初將它們套在一起的角度，順着原路逆行回去才能分開。同樣，當造字者想爲某個語素造出一個字形時，會用一個或多個字素，或者把某個字素修改一下等等方法來造一個新字，但在這個造字的過程中，他選擇哪些字素，如何修改，怎麼擺放它們的位置，抑或是去重新造一個新的字素，都是有目的和針對性的行爲，作爲這一造字行爲的結果——成字，它的結構成分擔負何種功能，結構成分之間如何分工協作並按造字者的意願去完成表詞的作用，這一朝向原點的回歸，也祇有循着來路逆行回去方可完成。讓我們模仿一個造字和表詞的過程，造字者想爲表 “去” 義、音/uaŋ^{214} /1 的語素造一個字，於是他從既有的材料（字素）中選取了 ㇇ 和 ㇙ 這兩件，採取上下結構的方式組成一個新字 ㇙（往），表面上看，這個字固然是用 “合素造字” 法造出的，然而造字者的内心又何嘗不是始終把持着一個 “意音” 的觀念呢？造字者選哪個材料，這個材料做何用途是胸有成竹的：他以 ㇇ 做義符，以發音跟/uaŋ^{214} /相似或同音的 ㇙ 上下叠置而成。

所以，造字法和表詞方式運行的是同一段路程，區別在於行進方向的不同而已，如果以語素音義爲原點，成字爲終點，前者是順行，後者則逆向而歸。我們甚至可以説，造字和表詞是同時進行的，當一個字造完之時，也是該字表達了詞的時候，造字是表面形式，表詞才是内在訴求。面對一個不認識的字形，祇有仔細推敲造字者的意圖，順着造字的來路逆行而上，纔有可能求得該字的本義。造字、表詞和釋字三者雖然作用有別，其旨一也。

三　結論和建議

字素和字綴的地位問題，其實是由同一個原因帶來的——字素的定義。如果我們把字素定義爲"漢字的形與義統一的最小的結構單位"的話，同一個字素在漢字體系中，始終是可以參與組合造字的字素，而不會因爲處於不同的表義層次而有所改變。同理，由於字綴也是漢字的結構單位，字綴一般是用點、線或簡單的圖形表示，起改變字形進而區別字的音義的作用，儘管它可能没有讀音，但在字素的集合中，這是不用擔心的問題。此外，字素的概念調整之後，不僅字素和字綴的地位穩固可控，而且，"活性字素的内部結構成分"這樣的概念可得以簡化，"類位交變，類隨位變"[8]之類的表述不再變得那麼晦澀難懂。

我們覺得，不僅要對字素的定義重新修正，而且還要增加一個"字位"的概念出來。音素和音位這對概念就是一個很好的例子，音素是從音質角度劃分出的最小語音單位，音位則是一種語言中從區別意義的角度劃分出來的最小語音單位。音素着眼於語音的自然屬性，而音位要兼顧語音的社會屬性。王寧先生倡導的"漢字構形學"就有形素與形位的概念，形素是對漢字進行拆分所得到的基礎構形元素[9]；"形位是根據構形功能同異的原則，從個體的自然狀態下的形素中歸納出來的可區別構形功能的最小形體單位，是具有相同構形功能的形素群。”[10]26李圃先生的 “字素” 其實相當於王寧先生的 “形素”，將那些字形相近、構形功能相似的字素規整在一起，用形位這個概念統轄其下，纔有利於對漢字的結構進行客觀的描寫和研究。

〔注釋〕

① 此處當然是假設，上古的讀音肯定不同。

〔主要參考文獻〕

[1] 張斌，許威漢主編. 中國古代語言學資料匯纂·文字學分册 [M]. 福州：福建人民出版社，1993.

[2] 蘇寶榮，李智. 歷史地辯證地認識、評價和運用 “六書說” [J]. 河北師範大學學報，2005（6）.

[3] 唐蘭. 中國文字學 [M]. 上海：上海古籍出版社，2005.

[4] 裘錫圭. 文字學概要 [M]. 北京，商務印書館，1988.

[5] 詹鄞鑫. 漢字說略 [M]. 瀋陽：遼寧教育出版社，1991.

[6] 張玉金，夏中華. 漢字學概論 [M]. 南寧：廣西教育出版社，2001.

[7] 李圃. 甲骨文文字學 [M]. 上海：學林出版社，1995.

[8] 李圃. 字素理論及其在漢字分析中的應用 [J]. 學術研究，2000（4）.

[9] 王寧. 漢字構形學講座 [M]. 上海：上海教育出版社，2002.

[10] 鄭振峰. 甲骨文字構形系統研究 [M]. 上海：上海教育出版社，2006.

Evaluation Of Lipu Grapheme Theory

Zeng Xiaopeng And Wu Xiaoli

(College Southwest University of Science and Technology，Mianyang 621010，China)

Abstract：Grapheme theory is the new theory of Chinese characters structure which is formed in the discussion lasted one thousand years，under the influence of western linguistic theories，from the view of the relation of words and language to re—examine Chinese characters structure and propertiesis formed by the structure　of　theory. The author of this paper put forward two questions.

Key words：Grapheme theory ；formation

（曾小鵬、武曉麗，西南科技大學文學與藝術學院，郵編　621010）

"羽昱翌翼異"字際關係辨析

張金霞

内容摘要：古文字中"羽昱翌翼異"等字在形、音、義方面既有聯繫又有區別，學術界對這幾個字的釋讀及其之間的孳生演變關係存在諸多分歧。論文對它們進行了重新的梳理和辨析，理清了它們之間的分化演變的脈絡。

關鍵詞：羽　昱　翌　翼　異　字際關係

甲骨文中有 、、 等形體，前人多有考釋。《甲骨文編》（中國科學院考古研究所 1965：167，169，285）、《甲骨文字典》（徐中舒 2003：385，387，724）將其分別釋之爲羽、翊、昱字。目前學術界對其在卜辭中的用法已基本達成共識，這三個字在卜辭中都可以用於表示次於今日的將來某日的時間詞，略相當於現代漢語中的"翌"字。但它又不同於現代漢語的"翌日"，即"不限於明日，有後數日、或一、二十日乃至六十日者"（徐中舒 2003：386）。如，乙 6385：甲寅卜，㱿貞：羽乙卯易日。丙502：甲午卜，爭貞：羽乙未用羌？續存下 166：庚辰卜，貞：羽乙未卜西單田，受□年□後上 20.1：甲辰卜，貞：翊日乙王其宜於羣衣不遘雨？掇 1.415：癸酉貞：昱乙亥㞢㱿（勺）於大乙？

不過，前人對""這一形體的釋讀，昱、翌與 之間的孳生演變關係，以及與之相關的翼、異之間的關係還存在諸多分歧，有必要進行重新梳理和辨析，弄清它們之間的分化演變的脈絡，這對於甲金文閱讀、傳世文獻典籍的閱讀及漢字史的研究都有意義。

王國維首先將卜辭中之 ⊗、⊗、⊗ 諸體釋作《說文》的"昱"字，即後世典籍之"翌"。他認爲以上諸翌字作 ⊗、⊗、⊗、⊗、⊗、⊗ 諸體，或但作 ⊗，或從立，或從日，又有兼從立、從日者，如小盂鼎 ⊗ 之是也。……然則盂鼎之 ⊗，其爲翌字無疑也。又其字從日、從立，與《說文》訓明日之昱正同，因悟卜辭上述諸體皆昱字也。後世假用翌字，今《尚書》作翼，則唐衞包所妄改。……惟卜辭之翌，雖十九指斥明日，亦間指第三日、第四日，與《說文》明日之訓稍異耳。（于省吾 1996：1856）王氏對卜辭中這類形體用法的揭示得到了後來學者的廣泛認同，事實也證明這一解釋是正確的。祇是王氏認爲 ⊗ 即鼠之初字則不可取。

王國維之後，又有很多學者在王氏考釋的基礎上對卜辭中這幾類形體進行了分析研究，尤其是對 ⊗ 的字形分析用功頗多。就筆者目前掌握的材料來看，比較有代表性的看法主要有兩種，一種觀點認爲 ⊗ 爲"翼"之初文，另一種觀點認爲 ⊗ 爲"羽"之初文。

把 ⊗ 看作"翼"的初文的代表人物是葉玉森。葉玉森在《鉤沉》中説："按釋鼠通獵，通臘，於卜辭均不合。自以王氏釋翌爲正，惟其字多肖蟲翼或鳥翼形，如同叶第四版之 ⊗ 作矯翼形尤肖。予舊釋爲翼之象形，古文變而從立作 ⊗，乃翌之所由孳，又變而從日作 ⊗，乃昱之所由孳。《書》《武成》《金縢》'翼日'之翼，乃本字。翌昱並後起。"（于省吾 1996：1858）王襄在其《古文流變臆説》中也有類似的看法。他説："'昱，明日也'又'翊，飛貌，'《爾雅·釋言》：'翌，明也'《尚書·金縢》：'王翌日乃瘳。'昱翊同誼，古殆是一字而有或體。殷契昱之初文作✸、✸諸形，凡百數十名，繁簡任意，無一同者。蓋制字之始，取象於蟬翼，因摹寫匪易，故無定形，疑爲翼之本字，借爲翌日字。天寶時，衛包盡改《尚書》之翌爲翼，或見古文固如此歟。後則因其與日有關，加偏旁之日作✸，爲會意字，又因其由立得聲，乃加立作✸，爲形聲字，✸、✸皆從✸演出。"（于省吾 1996：1857）

把✸釋爲"羽"之初文當首推唐蘭先生。其實，唐先生最初也把✸釋爲"翼"之本字。他在其《卜釋》中説："✸當釋羽翼之形，翼之本字也，王先生釋鼠非是。"（于省吾 1996：1858）後來他又改變了看法，釋✸爲"羽"之初文。他在其《殷虛文字記》中説："葉玉森謂象蟲翼，上有網膜，當即古象形翼字，雖較釋鼠爲勝，亦未確。蓋蟲翼之象，本無佐證，且何以不象鳥翼乎？按字形，卜辭之✸，即後世之翊，則其所從之✸，即應是羽字，本皦然無可疑……羽字所象，則鳥羽之形也。作✸、作✸，猶可見其仿佛。余向者謬謂羽象羽翼之形，乃翼之本字，今乃悟其非是。蓋毛羽皮革，咸共日用，而其形可象，故原始文字已可有之。若翼字則用既不繁，形復難象，古初始借異字以爲之，蓋異象人舉兩手，有類夫翼也。形聲字興，乃制、翼兩字。則翼不當有象形字也。"（唐蘭 1981：12）

此後，釋✸爲羽之初文幾成定論。如，《甲骨文編》："✸，此亦羽字，象羽翼之形。卜辭借用爲翌，昱字從此。"（中國科學院考古研究所 1965：167）《甲骨文字集釋》："以卜辭✸小篆作翊視之，唐氏釋✸爲羽是也。"（李孝定 1965：2207）《甲骨文字典》："（✸）象鳥羽之形，爲羽之初文。……卜辭用羽與翊、昱同。"（徐中舒 2003：386）

姚孝遂先生在《甲骨文字詁林》的"按語"中則以爲"✸"這一形體"初形究屬何所取意，難以確指"。曰："卜辭羽、翊、✸通用無別。均當讀作《説文》訓爲'明日'之昱。典籍多作翌或翼。唐蘭論圖書之分途，其説極是。書者務趨簡約，去圖像已遠。但卜辭昱字所從之形體仍極繁雜，猶未趨於約易，謂其象鳥羽之形，終覺不類。且以 🔸 爲羽，唯一有力之根據爲翌字從羽，故此必爲羽字。然小篆爲已經訛變之形體，且《説文》訓翌爲飛皃，難以據此推斷古文字初形之所象。昱日之義，無形可象，衹能假借爲之。"（于省吾 1996：1871）

吳其昌認爲 🔸 爲羽翼之形，但它究竟是"羽"字初文還是"翼"字初文，他卻没有明確指出。（吳其昌 2008：16）

今按：正像唐蘭等先生所言，🔸 像鳥羽之形，是"羽"的象形字。不過，"羽"、"翼"意義相關，🔸 也像翅形，也可以是"翼"的初文。這就是古文字中的異字同形現象。後來人們爲表示翅的 🔸 加注了聲符"立"而創造了形聲字 🔸 字，這也就是今天的翊、翌字的來源。翊、翌屬異體字，是由於偏旁位置不同而形成的異體字。

羽、翼的分化跟星與晶的分化關係類似。"星"字本作 ⊹ 形，像衆星羅列之形，它又可以表示星星發出的精光，也是"晶"字的初文。後來人們又在 ⊹ 上加注聲符"生"創造了形聲字 🔸 專門表示"星"字。古文字中類似的例子還有很多，如令、命；立位等。在商代甲骨文中，令、命爲一字，寫作" 🔸 "、" 🔸 "，從 А 從 卩。林義光曰："卩即人字，從口在人上……象口發號，人跽伏以聽也。"（陳初生 1987：859）後來爲了分化其職務，人們就以"令"字爲基礎，加注意符"口"另造了"命"字。立、位在古文字中原來都寫作" 🔸 "，像人正面站立之形，爲站立之義。由"站立"之義引申有"位置"之義，《甲骨文編》、《金文編》之收録均如此。如《頌壺》："且，王各大室，即立。宰引右頌入門，立中廷。""即立"就是"即位"，"立中廷"之"立"乃爲站立之義。後來，爲了分化其職務，人們就以"立"字爲基礎，加注意符"人"另造了"位"字以示區别。

　　因爲◆、◆在卜辭中被借來表示次於今日的將來某日的時間詞，人們又在◆形上加注表意符號“日”創造了◆字專門表示這一意義。這就是“昱”字的來源。《説文》：“昱，明日也。從日，立聲。”◆也是一個形聲字，從⊟，◆聲。“立”，上古屬來母緝部；“翼”，上古屬餘母職部。二者上古聲母都屬舌音，韻部都是入聲韻，主要元音相同，所以“立”、“翼”上古語音相近。而“羽”上古屬匣母魚部，與“立”讀音相差較遠。這進一步證明，◆是“翼”的初文。

　　“翼”是後起字，應該是由“翌”字改换聲符而形成的異體字，意思是鳥的翅膀。段玉裁於《説文解字》“昱”字下注曰：“俗人以翌與翼形相似，謂翌即翼。唐衛包改《尚書》六‘翌’皆爲‘翼’，而昱日之義廢矣。”段玉裁所説的俗人之説或許正是古文字痕跡的遺留。翌、昱、翼在上古讀音相同，都是餘母職部字。因爲“翌”在甲骨卜辭和金文中是被借用來表示時間的，因而“翼”也被借用來表示時間，如據段玉裁所説的唐衛包將《尚書》中的“翌日”改爲“翼日”就表示明日，次日，第二天。《尚書·武成》：“惟一月壬辰旁死魄，越翼日癸巳，王朝步自周，於征伐商。”《尚書·金縢》：“公歸，乃納册於金縢之匱中。王翼日乃瘳。”《尚書·召誥》：“越五日甲寅，位成。若翼日乙卯，周公朝至於洛，則達觀於新邑營。越三日丁巳，用牲於郊，牛二。越翼日戊午，乃社於新邑。”《尚書·顧命》：“惟四月哉生魄，王不懌。甲子，王乃洮頮水，相被冕服，憑玉几。……越翼日乙丑，王崩。”孫星衍《尚書今古文疏證》注：“翼，同昱；又，翼，與翌通。”

　　到了現代漢語，人們反而不用本來專門爲表示時間而創造的“昱”字來表示明日了。《現代漢語詞典》“昱”有兩個義項：❶日光。❷照耀。現代漢語已經固定用“翌”字表示次於今日、今年的，“翌日”即次日，“翌年”即次年。“翌”的異體字“翊”

則表示輔佐、幫助。這應該是由於人們的用字習慣而形成的文字分工，語言和文字都具有約定俗成性。

　　綜上所述，𦐇像羽翼之形，是羽、翼二字的初文。後來在𦐇上加注聲符"立"創造了𦒜這一形聲字來表示翅膀的意義。由於𦐇、𦒜在甲骨卜辭中都被借用來表示次於今日的將來某日的時間詞，後來又在𦐇上加注意符"日"創造了𦒖字專門表示這一時間詞，即《説文解字》中的"昱"字。"翼"是在𦒜的基礎上改換聲符而産生的後起字。

　　古文字中還有個"異"字，甲骨文、金文字形基本相同，作𤰞形。有人認爲"異"是"翼"的本字。如，《金文常用字典》"異"字條析形曰："高鴻縉曰：'象人戴由（竹器）而以手扶翼之形。'當即翼之本字，後用爲奇異字。"（陳初生 1987：286）于省吾《澤螺居詩經新證》卷中"詒厥孫某以燕翼子"條曰："'翼子'二字應連讀，翼訓覆翼，即《生民》篇'鳥覆翼之'的'覆翼'，金文本作𤰞，不從羽，象舉兩手自衛其頭部之形，引伸之則爲輔翼或覆翼，典籍作翼，乃後起字。"（于省吾 1982：154）周大璞主編《訓詁學初稿》在"緒論"部分的"訓詁學的任務及其目的"一節中，説到訓詁學可用以指導語文教學，提高語文教學水平，其中舉了成語"小心翼翼"的例子進行説明。書中説："某中學老師講成語'小心翼翼'，學生問：小心何以跟翼翼連在一起？老師解釋説：翼的本字是異，甲骨文作𤰞，像頭頂物之形。頭頂物，自然小心，故而叫小心翼翼。異爲何又作'差異'呢？這是詞義引申的結果，頭頂物自然要兩手分開夾住，兩手各在一方，就是差異。異後來又用作飛鳥的兩個翅膀，加個'羽'旁作區別字。老師這些解釋，無不是訓詁知識的運用。"（周大璞 2008：6）

　　根據前面的分析，"異"衹是"翼"的聲符，而不是"翼"的本字，"翼"的初文作𦐇，後作𦒜。其實，于省吾先生在其

《雙劍誃諸子新證》中也有類似的看法。《晏子春秋·內篇·雜下四》:"鴞當陛,布翌伏地而死。"于省吾新證:"按,古有'翌''異'無'翼'。甲骨文'翌'字作 ^羽,亦作 ^羽作 ^羽,右象羽翅形。《說文》:'昱,明日也。' ^羽,翄也,重文作翼,乃後起字。古昱日及羽翼字本均作翌,此云布翌,乃古字之僅存者。"(吳澤虞 1962:378) 這裏于省吾先生也認爲 ^羽 象羽翅形,翌爲古羽翼字。但他又沒有明確指出 ^羽、翌就是古"翼"字,而且其中又提到古有"異"字,似乎仍然認爲"翼"是"異"的後起字。

其實,"異"應該是"戴"的初文。陳初生編纂《金文常用字典》引高鴻縉曰"異""象人戴由(竹器)而以手扶翼之形",已經看出"異"與"戴"之間的關係。楊樹達就明確指出"異"即"戴"之初字。楊樹達《積微居金文説》:"甲文異字作人頭上戴物,兩手奉之之形,異蓋戴之初字。戴從戈者,加聲旁耳。"劉靜《文化語言學研究》:"異,甲骨文作 ^異,金文作 ^異,像巫祝舉雙手往頭上戴面具,爲'戴'字初文。戴此面具見人而驚異,所以表示驚異、奇異之義。"(劉靜 2006:77) 總之,"異"是"戴"的初文。從語音上來説,二者在上古讀音也相近。"異"上古屬餘母職部字,"戴"上古屬端母之部字。聲母都屬舌音,韻部之、職對轉。

另外,周大璞主編《訓詁學初稿》中對成語"小心翼翼"的解釋是一個訓詁問題,不需要從字形上進行分析。"小心翼翼"這一成語出自《詩經》,原本形容恭敬謹慎的樣子。《詩經·大雅·大明》:"維此文王,小心翼翼。"鄭玄箋:"小心翼翼,恭慎貌。"《詩經·大雅·烝民》:"令儀令色,小心翼翼。"鄭玄箋:"令,善也。善威儀善顏色,容貌翼翼然恭敬。"這裏的"翼翼"是表示恭敬的樣子。後來,可能是因爲"翼翼"與"小心"連在一起使用而受到"小心"意義的影響,"翼翼"表示恭敬的意義逐漸減弱,"小心翼翼"主要偏重於表示小心謹慎的意思,最後凝固成成語"小心翼翼"就用來形容舉動十分謹慎，絲毫不敢疏忽。《詩經》中還有多處用到"翼翼"一詞的地方。如《大雅·文王》："世之不顯，厥猶翼翼。"毛傳："翼翼，恭敬。"朱熹注："翼翼，勉敬也。"《大雅·常武》："王旅嘽嘽，如飛如翰……綿綿翼翼，不測不克。"毛傳："翼翼，敬也。"朱熹注："翼翼，不可亂也。"《小雅·楚茨》："我黍與與，我稷翼翼。"鄭玄箋："黍與與、稷翼翼，蕃廡貌。"朱熹注："與與、翼翼，皆蕃盛貌。"《小雅·信南山》："疆場翼翼，黍稷或或。"朱熹注："翼翼，整飭貌。"《商頌·殷武》："商邑翼翼，四方之極。"朱熹注："翼翼，整飭貌。"《大雅·綿》："其繩則直，縮版以載，作廟翼翼。"朱熹注："翼翼，嚴正也。"《小雅·采薇》："四牡翼翼，象弭魚服。"朱熹注："翼翼，行列整治之狀。"《小雅·采芑》："乘其四騏，四騏翼翼。"鄭玄箋："翼翼，壯健貌。"《詩經》中這些"翼翼"跟與它搭配的被形容事物有密切關係，它所表示的意義往往有一定的不確定性，或表示恭敬貌，或表示嚴整貌，或表示繁盛貌，或表示壯健貌等，對這些意義，我們都不能用小心來解釋。

其實，"翼翼"是一個叠音單純詞，即叠音詞（或稱"重言"）。叠音詞是由兩個相同的音節重疊起來構成的雙音詞，是以音表義的，不能把它拆開來解釋，更不能從字形上強加分析。像那位中學老師那樣解釋"翼翼"，是沒有認清叠音詞的性質，犯了"望文生訓"的毛病。

〔主要參考文獻〕

陳初生．金文常用字典．西安：陝西人民出版社，1987.

李孝定．甲骨文字集釋．臺北："中央研究院"歷史語言研究所，1965.

劉靜．文化語言學研究．北京：中華書局，2006.

唐蘭．殷虛文字記．北京：中華書局，1981.

吳其昌．殷虛書契解詁．武漢：武漢大學出版社，2008.

吳則虞．晏子春秋集釋．北京：中華書局，1962.

徐中舒．甲骨文字典．成都：四川辭書出版社，2003.

于省吾．甲骨文字詁林．北京：中華書局，1996.

于省吾．澤螺居詩經新證．北京：中華書局，1982.

周大璞．訓詁學初稿．武漢：武漢大學出版社，2008.

中國科學院考古研究所．甲骨文編．北京：中華書局，1965.

〔引書簡稱表〕

丙：張秉權《殷虛文字丙編》。

掇：郭若愚《殷契拾掇》。

後：羅振玉《殷虛書契後編》。

續存：胡厚宣《甲骨續存》。

乙：董作賓《殷虛文字乙編》。

The discrimination of the connection between "Yu Yu Yi Yi Yi"

Zhang Jinxia

(School of Liberal Arts, Shandong Normal University,
Jinan250014, China)

Abstract: In ancient writing, "Yu Yu Yi Yi Yi" have connections as well as differences in form, pronounciation and meaning. The academic world has many different opinions on the explain of the letters and the breeding and evolution relationship between them. The paper did the pectination and discrimination anew, and clarified the thread of their differentiation and evolution.

Key words: Yu Yu Yi Yi Yi ; words connection

（張金霞，山東師範大學文學院，郵編　250014）

《漢語史研究集刊》稿約要求

1. 本刊提倡扎實語料基礎，在拓寬傳世典籍語料研究領域的同時，重視出土文獻與活的語言資料，并汲取相關學科的研究成果；提倡微觀與宏觀相結合，在繼承傳統文獻的同時吸收現代語言學的理論和方法，探求語言現象產生的原因和演變規律。

2. 來稿請用繁體字書寫。全文一般不超過 12000 字，包括 100 字左右的内容提要、3—5 個關鍵詞。特別提示：請在文末附上文章題目、内容提要以及關鍵詞的英文翻譯。來稿半年後未得到本刊答復，作者可自行處理。因人力限制，來稿恕不退還。

3. 本刊採用匿名審稿，來稿請寫上論文題目、作者姓名、工作單位、通訊地址以及學術簡歷。正文另起一頁，不署名。

4. 參考文獻祇列出本文直接引用者，並據內容採用以下順序：

一，論文集類：作者、文章標題、文集名稱、編者、出版社、文集出版年份；

二，期刊類：作者、文章標題、期刊名稱、期數、頁碼；

三，專著類：作者、書名、出版社、出版年份；

5. 為便於閱讀，正文中的注釋使用腳注形式。這種注釋應該是對正文内容的附加解釋或補充說明，因此參考文獻或者引用文獻的出處最好不以腳注形式出現。

6. 來稿請寄：四川大學中文系《漢語史研究集刊》編輯部，郵政編碼:610064,並發電子郵件至:hanyus98@163.com。

圖書在版編目（CIP）數據

漢語史研究集刊. 第十六輯/四川大學中國俗文化研究所，
四川大學漢語史研究所編.—成都：巴蜀書社，2013.12
　ISBN 978－7－5531－0372－3

　Ⅰ.①漢… Ⅱ.①四… ②四… Ⅲ.①漢語史—研究—叢刊
Ⅳ.①H1—09

中國版本圖書館 CIP 數據核字（2013）第 280123 號

策劃組稿：楊宗義
責任編輯：譚曉紅　楊宗義
封面設計：楊　丁

漢語史研究集刊（第十六輯）　　四川大學中國俗文化研究所
　　　　　　　　　　　　　　　四川大學漢語史研究所　編

四川出版集團·巴蜀書社出版發行

　　　　　　　　　　　　　　（成都市槐樹街 2 號　郵政編碼 610031）
總編室電話（028）86259397　　發行科電話（028）86259422 86259423
網址　www.bsbook.com
成都蜀通印務有限責任公司印刷

成品尺寸　203mm×140mm　　　　印張 17.5　　字數 450 千
2013 年 12 月第 1 版　　　　　　 2013 年 12 月第 1 次印刷

ISBN 978－7－5531－0372－3　　　　　　定價：45.00 圓
　　　　本書如有印裝質量問題請與工廠調換